高等院校应用型本科财会系列特色教材

Accounting Information Systems

会计信息系统应用

——用友ERP-U8V10.1版

刘海燕◎主　编
王文秀　张　娜◎副主编

上海财经大学出版社

图书在版编目(CIP)数据

会计信息系统应用:用友 ERP-U8V10.1版/刘海燕主编.—上海:上海财经大学出版社,2021.4
(高等院校应用型本科财会系列特色教材)
ISBN 978-7-5642-3699-1/F·3699

Ⅰ.①会… Ⅱ.①刘… Ⅲ.①会计信息-财务管理系统-高等学校-教材 Ⅳ.①F232

中国版本图书馆 CIP 数据核字(2021)第 005399 号

□ 责任编辑 廖沛昕
□ 封面设计 张克瑶

会计信息系统应用
——用友 ERP-U8V10.1版

刘海燕 主 编
王文秀 张 娜 副主编

上海财经大学出版社出版发行
(上海市中山北一路 369 号 邮编 200083)
网 址:http://www.sufep.com
电子邮箱:webmaster @ sufep.com
全国新华书店经销
上海叶大印务发展有限公司印刷装订
2021 年 4 月第 1 版 2021 年 4 月第 1 次印刷

787mm×1092mm 1/16 20.25 印张 518 千字
印数:0 001—4 000 定价:52.00 元

前　言

本书采用案例教学和实践教学相结合的方式，着重讲解会计信息系统(用友 ERP-U8V10.1 版)中财务会计业务处理的基本知识和操作方法。其内容安排合理，文字简明，突出操作技能的训练，完整地实现了会计核算和会计管理的应用方案，不仅能够适应企业管理现代化对会计人员综合素质的要求，而且能使读者在了解用友 ERP 的总体架构的基础上，系统学习财务管理软件的基本工作原理和会计核算与管理的全部工作过程。

在形式安排上，本书每章均采用大型综合案例，将案例融入理论教学，使学生在学习中能够将理论与实践相结合，更好地理解财务软件操作流程，全方位提升学生的学习水平。本书既可以作为会计及相关专业会计信息系统应用的教材，又可以作为会计信息系统培训的教材和业务学习资料。

本书在内容和结构上突出了以下特点：

(1)综合性。

以理论与实践相结合的方式来具体讲解会计信息系统的使用方法，使读者既能掌握用友 ERP-U8V10.1 的总体结构，又能全面了解利用会计信息系统处理会计业务的原理和方法，从而满足熟练使用用友 ERP-U8V10.1 财务管理软件处理会计业务和进行会计数据综合查询的需要。

(2)实用性。

采用案例教学和实践教学的方式，能够促进学生知识、能力、素质的全方位提高，有效地提高学员的综合实践能力，以适应信息化管理企业对会计人员综合素质的要求。

(3)新颖性。

本书所选用的案例都是企业实际案例，内容覆盖面广，第二章、第三章、第四章、第十章使用一个完整的案例对操作过程进行讲解，案例具有连贯性，能使学生更好地理解会计信息系统的操作流程。同时，账务资料都采用最新施行的《企业会计准则》，所涉及的税法内容和财务制度内容也是按照当前最新的规定编写。

本书由刘海燕担任主编，负责设计全书的总体结构和总纂；王文秀、张娜担任副主编，协助主编的相关工作。本书各章分工为：刘海燕负责第二章、第三章、第四章的编写，王文秀负责第一章、第五章、第六章、第七章的编写，张娜负责第八章、第九章的编写，林敏(浙江经贸职业技术学院)负责第十章的编写。

在编写过程中,得到了用友新道科技股份有限公司的大力支持,同时还得到了相关企业人员和项目实施人员的大力支持,在此深表感谢。限于作者的水平,书中缺点和不妥之处在所难免,诚挚地希望读者对本书的不足之处给予批评指正,以便修订完善。

编　者

2021年3月

目 录

第1章　用友 ERP-U8V10.1 简介

学习目标

本章重点介绍了用友 ERP-U8V10.1 的应用范围、运行环境以及财务软件的安装。通过本章学习，能够独立安装 SQL 数据库和用友 ERP-U8V10.1 财务软件。

1.1　用友 ERP-U8V10.1 概述

用友 ERP-U8V10.1 是用友公司为了帮助企业进行精细化管理、降低成本及提升运营效率而专门开发的一套企业经营管理平台，是面向中国市场的企业资源计划系统和全面管理解决方案。系统以企业业务流程为导向、应用价值为主体，将企业基础资源、需求链、供应链三个管理与竞争核心构筑成为三角形业务应用体系，再以业务应用为基础，构筑战略决策应用模式，从而形成金字塔式总体应用价值模型。

用友 ERP-U8V10.1 适用于各类企业，特别是信息化尚未完全深入和亟须提高的企业。系统从提高企业管理水平、优化企业运作的角度出发，实现企业的采购、库存、销售业务管理和全面会计核算。财务管理的一体化，提供了事前计划、事中控制、事后分析的手段来控制经营风险，各系统既相对独立，又分别具有完善和细致的功能，最大限度地满足了用户全面深入的管理需要；同时又能融会贯通，有机地结合为一体化应用，来满足用户经营管理的整体需要。

1.1.1　用友 ERP-U8V10.1 常用系统介绍

用友 ERP-U8V10.1 根据业务范围和应用对象的不同，划分为财务管理、供应链、生产制造、人力资源、决策支持、集团财务、企业门户、行业插件等系列产品，由四十多个系统构成，各系统之间信息高度共享。下面简单介绍常用系统及功能。

(1)财务会计。

财务会计部分主要包括总账管理、薪资管理、固定资产管理、应收款管理、应付款管理、报账中心、财务票据套打、网上银行、UFO 报表和财务分析等模块。这些模块从不同的角度，实现了从预算到核算再到报表分析的财务管理的全过程。其中，总账管理是财务系统中最核心的模块，企业所有的核算最终在总账中体现；薪资管理完成对企业工资费用的计算与管理；固定资产管理包括对设备的管理和折旧费用的核算；应收款管理、应付款管理主要用于核算和管理企业销售和采购业务所引起的资金的流入、流出；报账中心是为解决单位发生的日常报账业务的管理系统；财务票据套打是为了满足单位财务部门、银行部门以及票据交换中心对现有各种票据进行套打、批量套打和打印管理功能的需求；网上银行解决了企业足不出户实现网上支付业务的问题；UFO 报表生成企业所需的各种管理分析表；财务分析提供预算的管理分析、现金的预测及分析等功能，现金流量表则帮助企业进行现金流入、流出的管理与分析。财务会计系统中模块的应用，可以充分满足企事业单位对资金流的管理和统计分析的需求。

(2)供应链管理。

供应链管理部分主要包括物料需求计划、采购管理、销售管理、库存管理、存货核算等模块，主要功能在于增加预测的准确性，减少库存，提高发货供货能力；缩短工作流程周期，提高生产效率，降低供应链成本；减少总体采购成本，缩短生产周期，加快市场周转速度。同时，在这些模块中提供了对采购、销售等业务环节的控制，以及对库存资金占用量的控制，可以完成对存货出入库成本的核算，从而使企业的管理模式更符合实际情况并制订出最佳的企业运营方案，实现管理的高效率、实时性、安全性、科学性、现代化及职能化。

(3)商务智能。

通过管理驾驶舱，帮助企业领导实现了移动办公的需求，企业领导可以随时了解企业的动态信息，起到了对企业进行实时监控的作用。

1.1.2 用友 ERP-U8V10.1 的运行环境

安装会计软件之前需要了解系统运行环境。用友 ERP-U8V10.1 管理软件需要按一定的要求配置硬件环境，具体要求如表 1—1 所示。

表 1—1　　配置硬件环境要求

<table>
<tr><th colspan="2">分　类</th><th>最低配置</th></tr>
<tr><td colspan="2">硬件环境</td><td>服务器：处理器(CPU)Intel Pentium Ⅳ 2.8GB，内存 1GB
客户机：处理器(CPU)Pentium Ⅲ 800M 以上，内存 512M</td></tr>
<tr><td rowspan="5">软件环境</td><td>操作系统</td><td>Windows XP+SP2(或更高版本补丁)
Windows 2003+SP2(包括 R2)(或更高版本补丁)
Windows Vista+SP1(或更高版本补丁)
Windows 2008+SP1(或更高版本补丁)
Windows 7+SP1(或更高版本补丁)
Windows 2008 R2(SP1 或更高版本补丁)</td></tr>
<tr><td>数据库</td><td>Microsoft SQL Server 2000+SP4(或更高版本)
Microsoft SQL Server 2005+SP2(或更高版本)
Microsoft SQL Server 2008+P1(或更高版本)
Microsoft SQL Server 2008+R2</td></tr>
<tr><td>浏览器</td><td>Internet Explorer 6.0+SP1 及更高版本</td></tr>
<tr><td>信息服务器</td><td>IIS 5.0 及更高版本</td></tr>
<tr><td>Net 运行环境</td><td>.NET Framework 2.0 Service Pack1
.NET Framework 3.5 Service Pack1</td></tr>
</table>

【提示】

以上环境需要在安装用友 ERP-U8V10.1 软件之前按顺序完成。浏览器一般由系统自带，无须另外安装。

1.2　用友 ERP-U8V10.1 软件的安装

用友 ERP-U8V10.1 软件的安装包括如下三步操作：安装 IIS（互联网信息服务）、安装数据库（SQL Server 2008 R2 ）、安装用友 ERP-U8V10.1 软件。

1.2.1　安装 IIS（互联网信息服务）

如果电脑操作系统尚未安装 IIS，首先需要进行 IIS 的安装。

在控制面板中打开“程序”菜单，在“程序和功能”栏选择“打开或关闭 Windows 功能”，在 Windows 功能窗口中勾选“Internet 信息服务”项目，点击【确定】，完成 IIS 的安装，如图 1－1 所示。

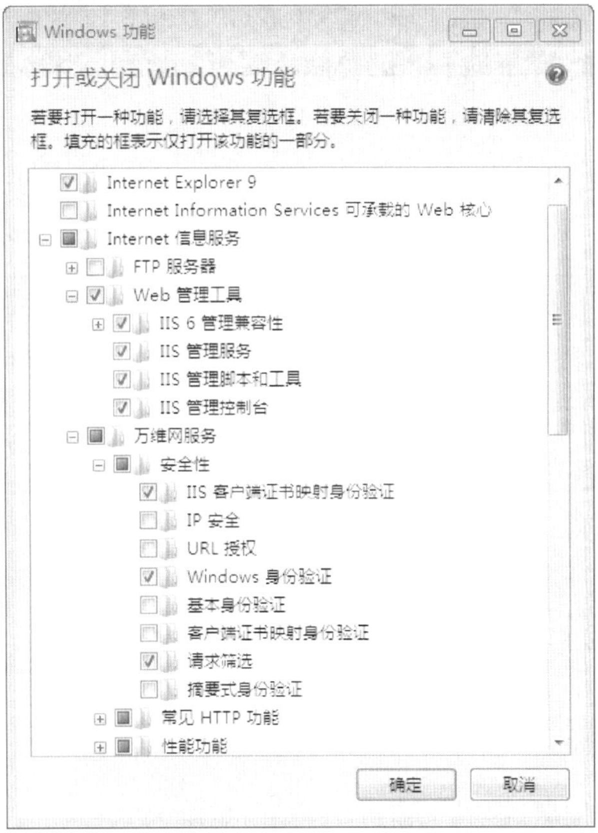

图 1－1

1.2.2　安装数据库（SQL Server 2008 R2 ）

（1）将 SQL Server 2008 R2 安装盘插入光驱后，SQL Server 2008 R2 安装盘将自动启动安装程序；或手动执行硬盘目录下的 SQLFULL_x64_CHS.exe 文件，如图 1－2 所示。

图 1—2

(2)运行后出现"SQL Server 安装中心",在左侧的目录树中选择"安装",在右侧的选择项中,选择"全新安装或向现有安装添加功能"按钮,然后进入安装程序,如图 1—3 所示。

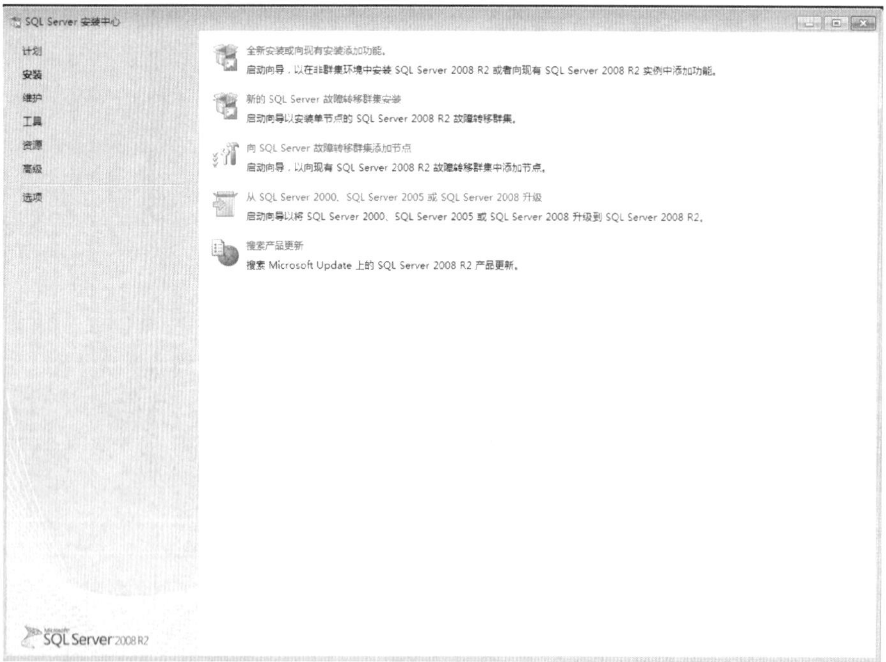

图 1—3

(3)安装程序支持规格,全部通过,点击【确定】,如图 1—4 所示。

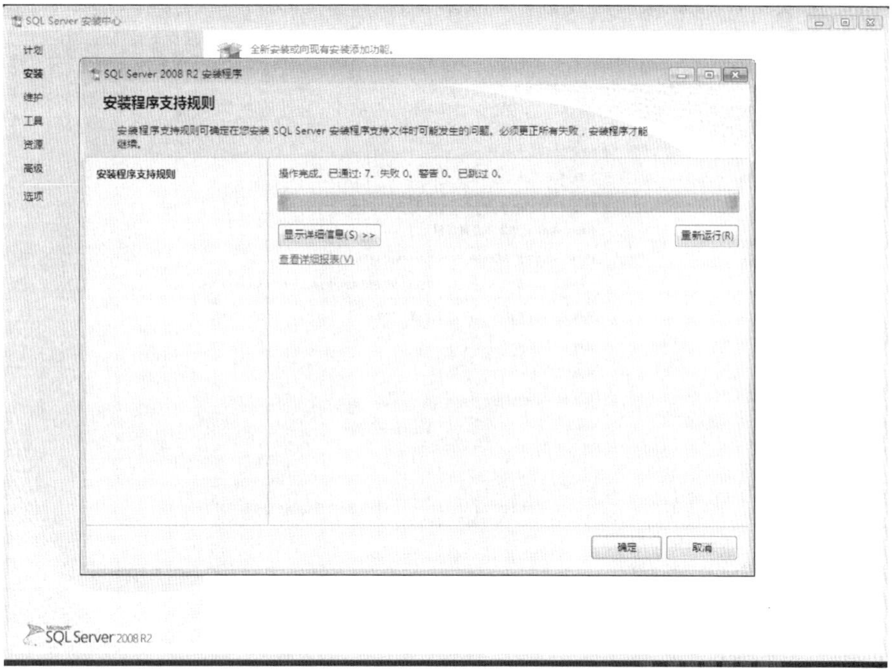

图 1—4

(4)输入正确产品密钥,点击【下一步】,如图 1—5 所示。

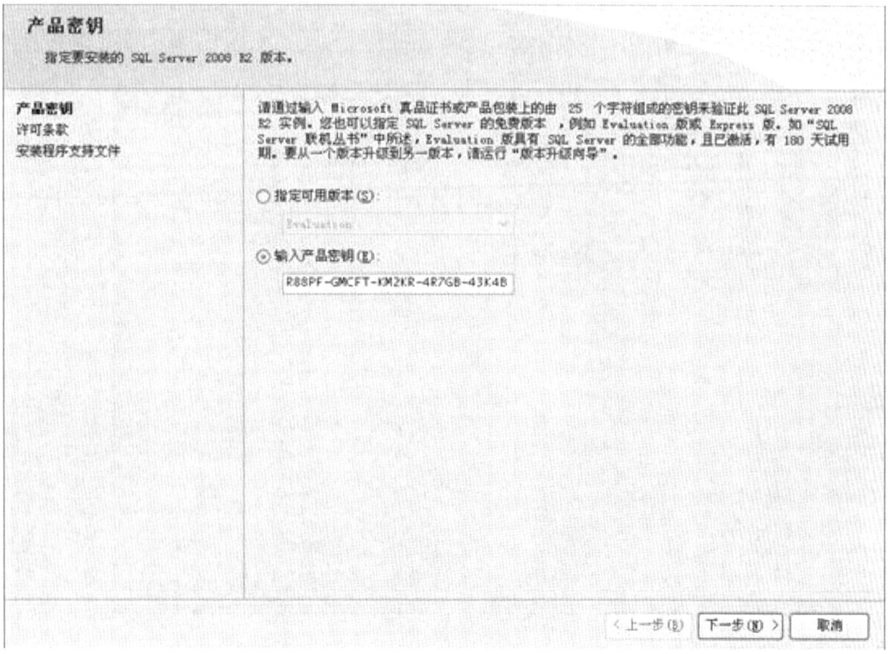

图 1—5

(5)勾选“我接受许可条款”,点击【下一步】,如图 1—6 所示。

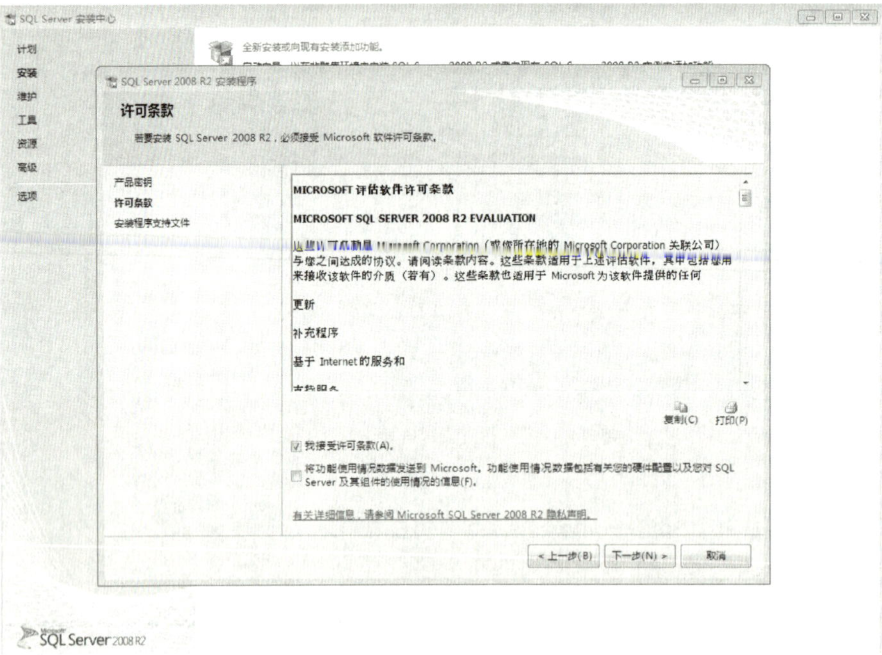

图 1—6

(6)安装程序支持文件运行完毕,点击【安装】,如图 1—7 所示。

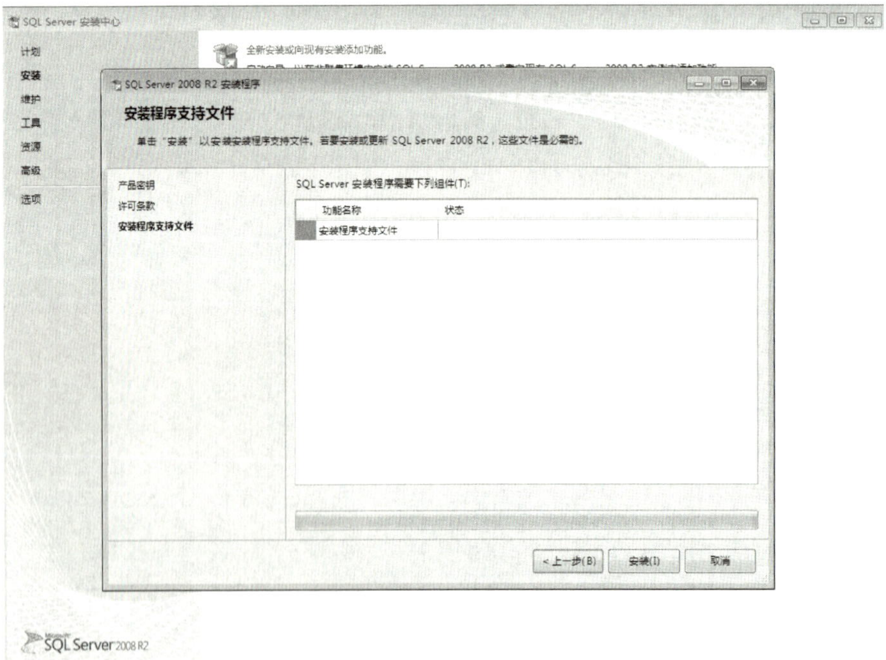

图 1—7

(7)安装程序支持规则通过,点击【下一步】,如图 1—8 所示。

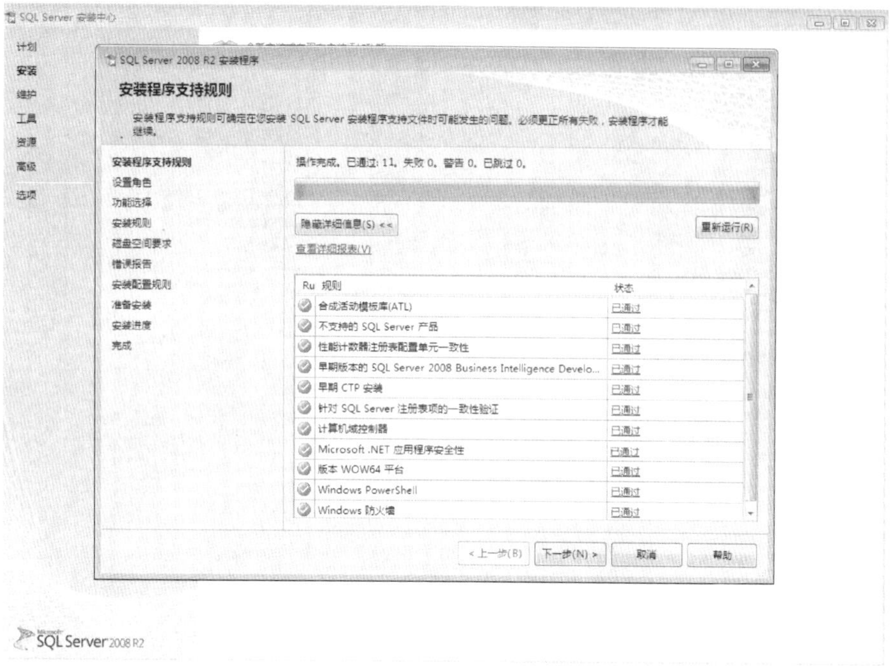

图 1—8

(8)设置角色，选择“SQL Server 功能安装”，点击【下一步】，如图 1—9 所示。

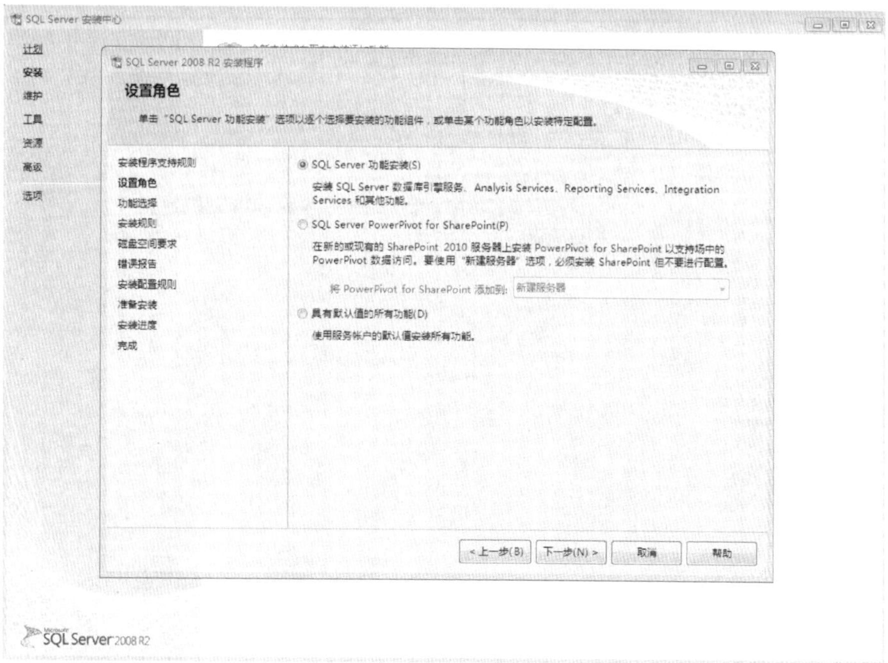

图 1—9

(9)功能选择，点击“全选”按钮，点击【下一步】，如图 1—10 所示。

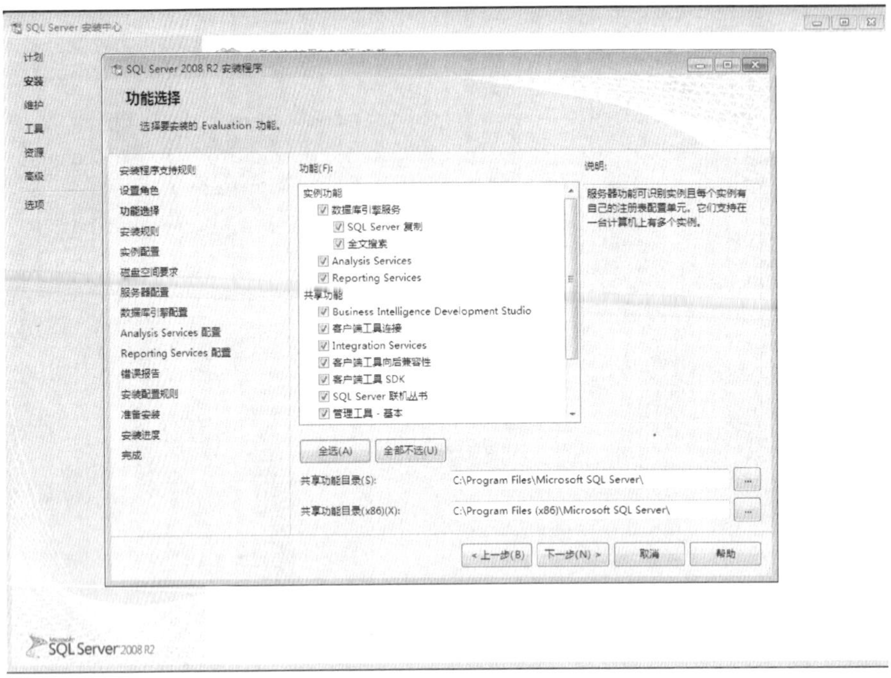

图 1—10

(10)安装规则通过,点击【下一步】,如图 1—11 所示。

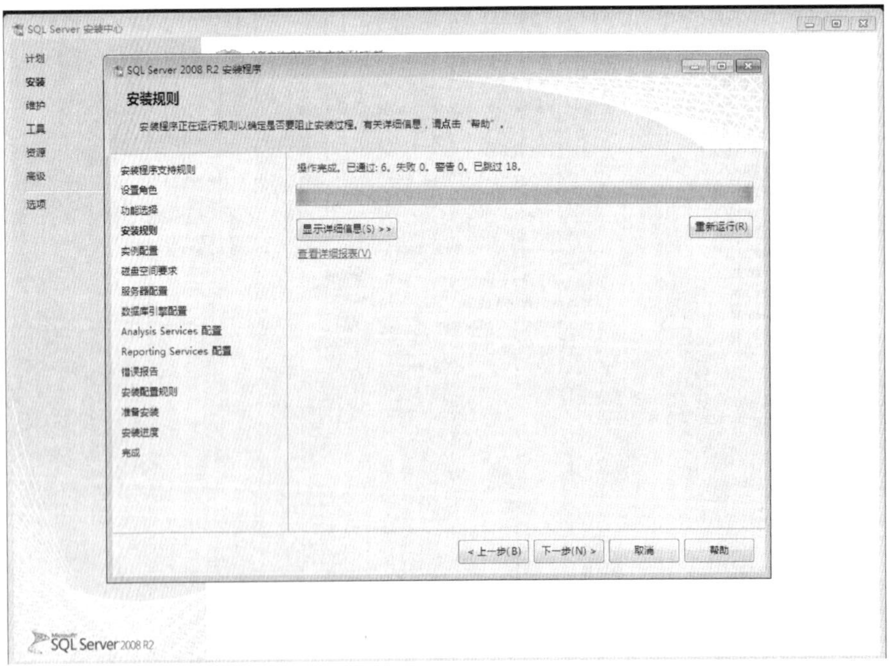

图 1—11

(11)实例配置,选择“默认实例”,点击【下一步】,如图 1—12 所示。

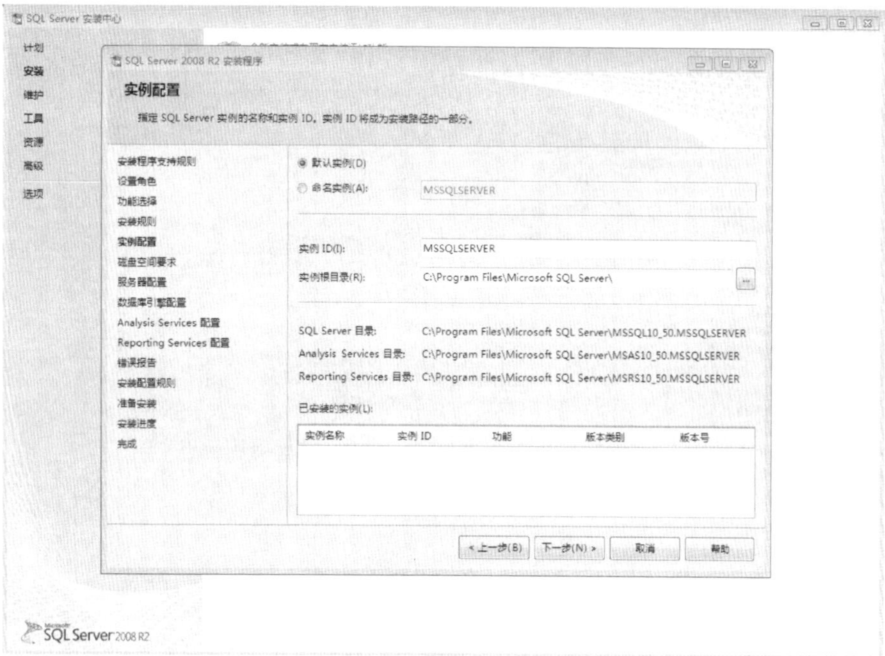

图 1—12

(12)显示安装所需的空间大小，点击【下一步】，如图 1—13 所示。

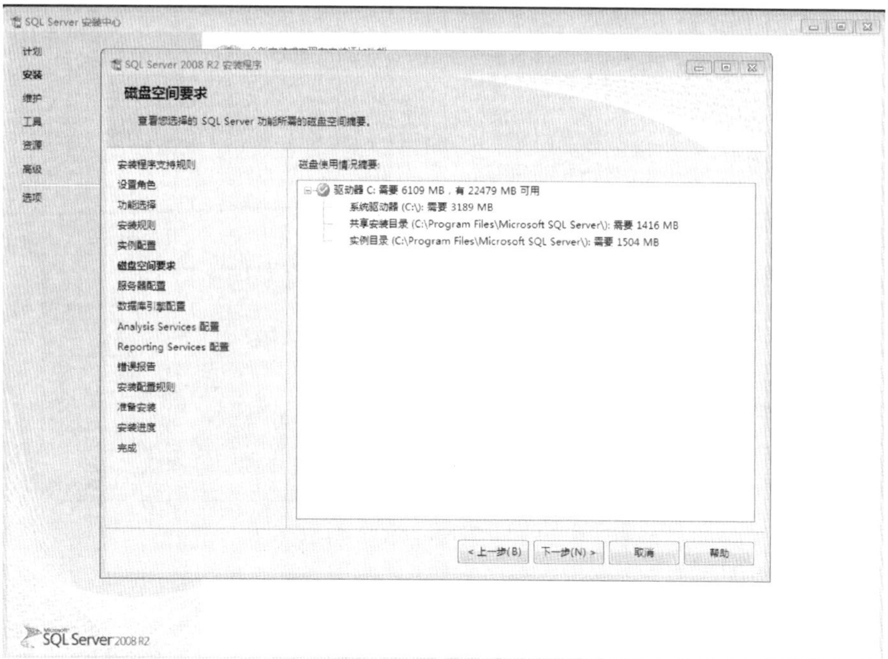

图 1—13

(13)服务器配置，首先要配置服务器的服务账户，即让操作系统用哪个账户启动相应的服务。选择“对所有 SQL Server 服务使用相同的账户”。操作完成后点击【下一步】，如

图 1－14、图 1－15 所示。

图 1－14

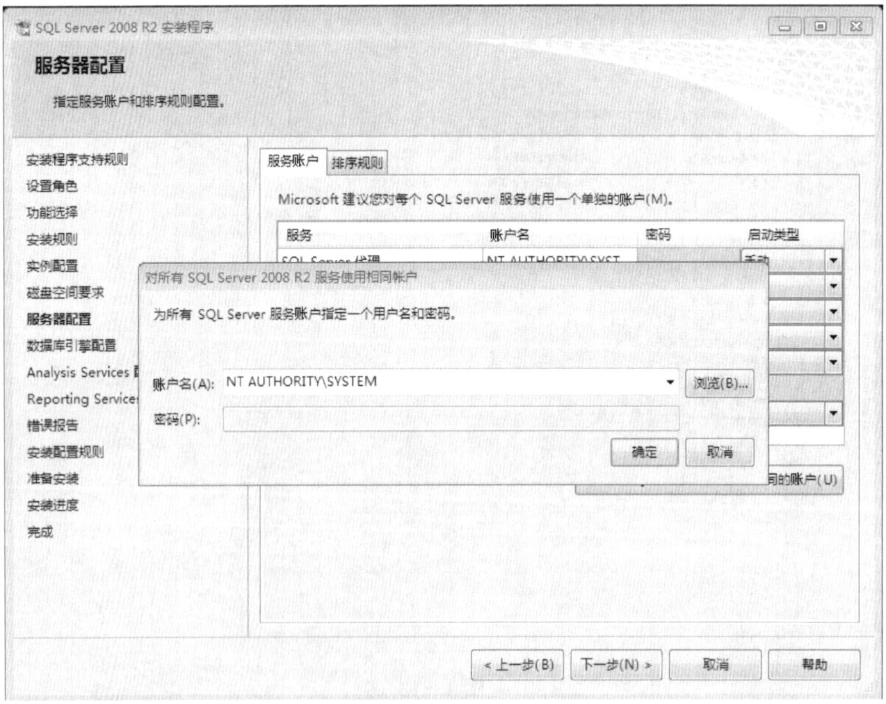

图 1－15

(14)使用混合身份验证，设置自己的用户密码。然后添加一个本地账户方便管理即可，依次设置数据目录和 FILESTREAM,然后点击【下一步】,如图 1—16 所示。

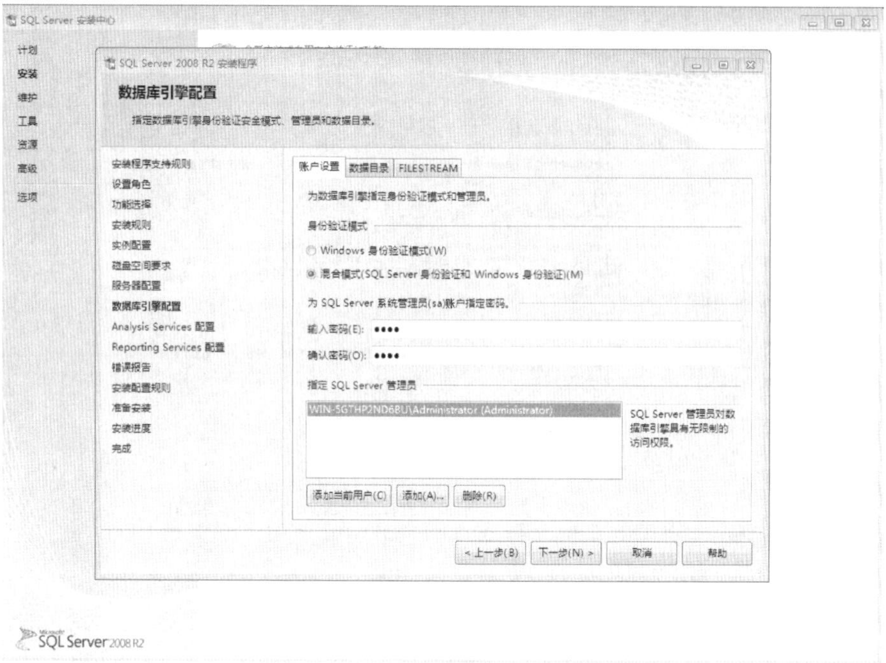

图 1—16

(15)下面的步骤比较简单,点击【下一步】等待安装即可,如图 1—17 至图 1—20 所示。

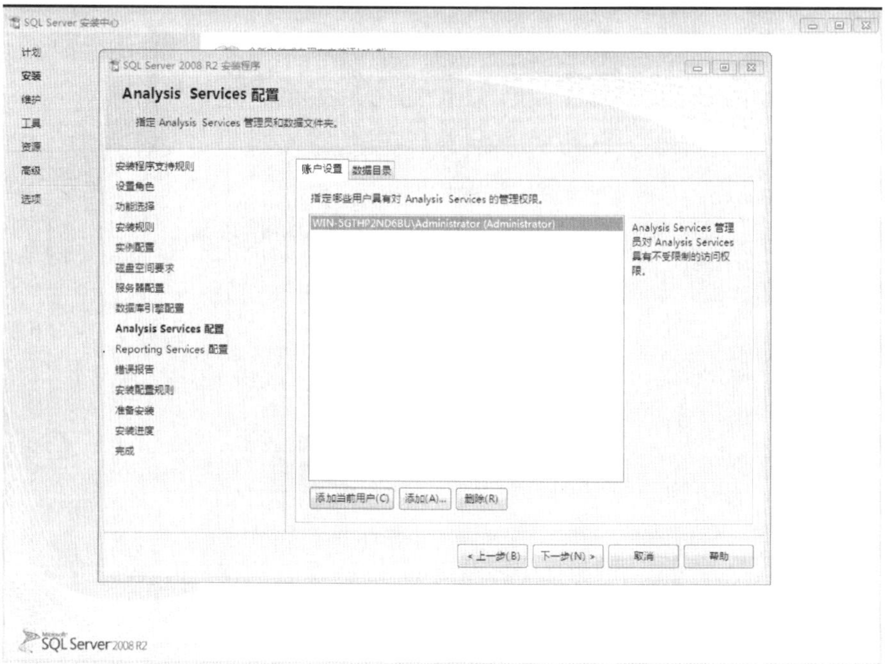

图 1—17

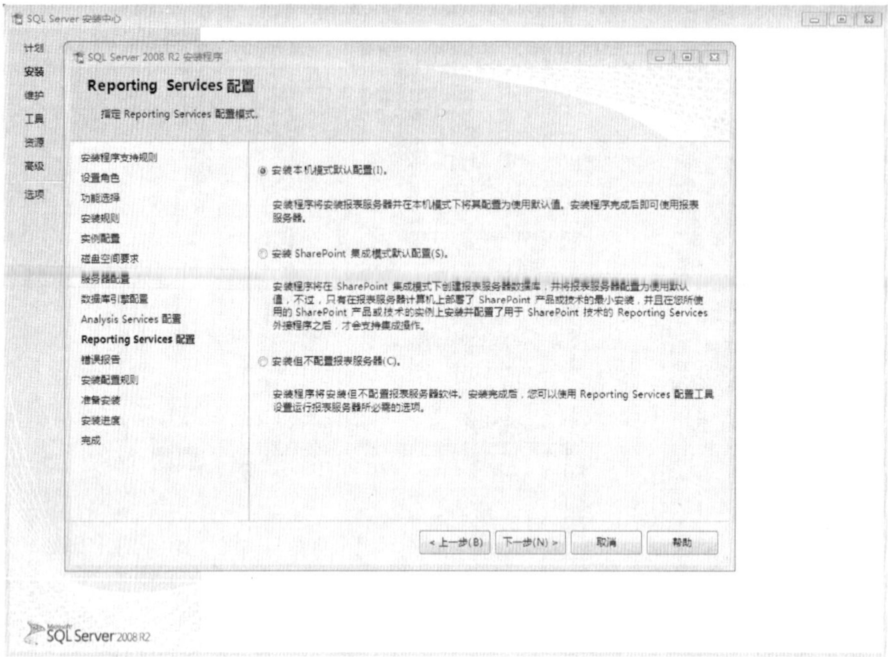
SQL Server 安装中心
计划
安装
维护
工具
资源
高级
选项
SQL Server 2008 R2 安装程序
Reporting Services 配置
指定 Reporting Services 配置模式。
安装程序支持规则
设置角色
功能选择
安装规则
实例配置
磁盘空间要求
服务器配置
数据库引擎配置
Analysis Services 配置
Reporting Services 配置
错误报告
安装配置规则
准备安装
安装进度
完成
安装本机模式默认配置(I)。
安装程序将安装报表服务器并在本机模式下将其配置为使用默认值。安装程序完成后即可使用报表服务器。
安装 SharePoint 集成模式默认配置(S)。
安装程序将在 SharePoint 集成模式下创建报表服务器数据库，并将报表服务器配置为使用默认值，不过，只有在报表服务器计算机上部署了 SharePoint 产品或技术的最小安装，并且在您所使用的 SharePoint 产品或技术的实例上安装并配置了用于 SharePoint 技术的 Reporting Services 外接程序之后，才会支持集成操作。
安装但不配置报表服务器(C)。
安装程序将安装但不配置报表服务器软件。安装完成后，您可以使用 Reporting Services 配置工具设置运行报表服务器所必需的选项。
< 上一步(B)
下一步(N) >
取消
帮助
SQL Server 2008 R2

图 1—18

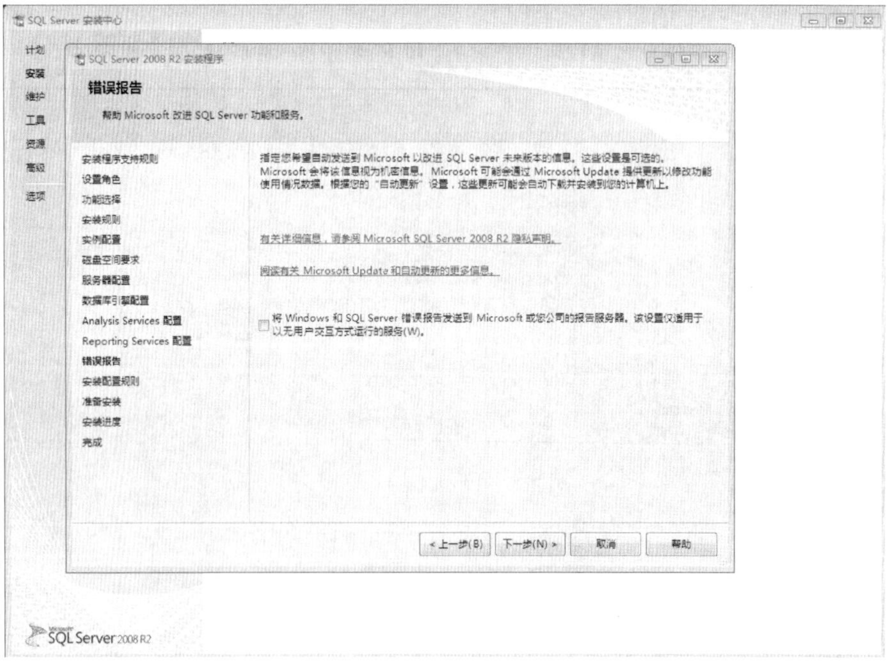
SQL Server 安装中心
计划
安装
维护
工具
资源
高级
选项
SQL Server 2008 R2 安装程序
错误报告
帮助 Microsoft 改进 SQL Server 功能和服务。
安装程序支持规则
设置角色
功能选择
安装规则
实例配置
磁盘空间要求
服务器配置
数据库引擎配置
Analysis Services 配置
Reporting Services 配置
错误报告
安装配置规则
准备安装
安装进度
完成
指定您希望自动发送到 Microsoft 以改进 SQL Server 未来版本的信息。这些设置是可选的。Microsoft 会将该信息视为机密信息。Microsoft 可能会通过 Microsoft Update 提供更新以修改功能使用情况数据。根据您的"自动更新"设置，这些更新可能会自动下载并安装到您的计算机上。
有关详细信息，请参阅 Microsoft SQL Server 2008 R2 隐私声明。
阅读有关 Microsoft Update 和自动更新的更多信息。
将 Windows 和 SQL Server 错误报告发送到 Microsoft 或您公司的报告服务器。该设置仅适用于以无用户交互方式运行的服务(W)。
< 上一步(B)
下一步(N) >
取消
帮助
SQL Server 2008 R2

图 1—19

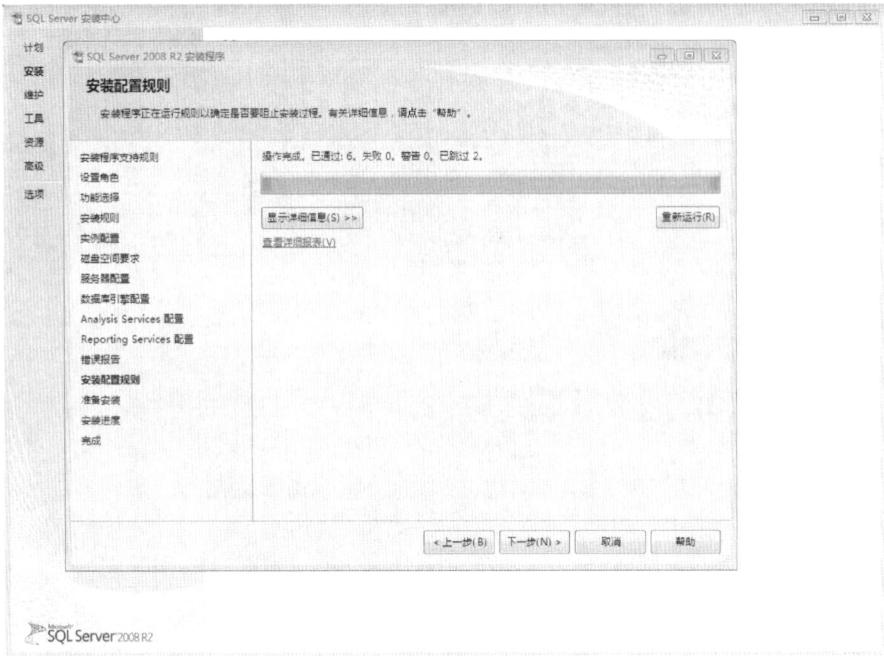

图 1—20

(16)点击【安装】,如图 1—21 所示。

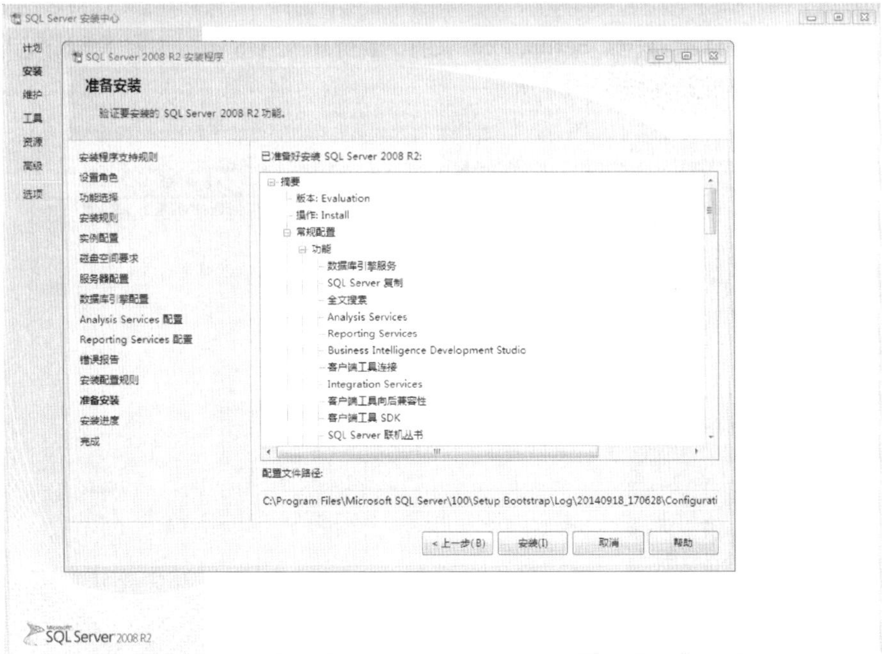

图 1—21

(17)安装完成,点击【关闭】,如图 1—22 所示。

图 1—22

1.2.3 安装用友 ERP-U8V10.1 软件

(1)打开安装光盘目录,双击“Setup.exe”文件,运行用友 U8V10.1 安装程序,进入“安装欢迎”界面,点击【下一步】,如图 1—23 所示。

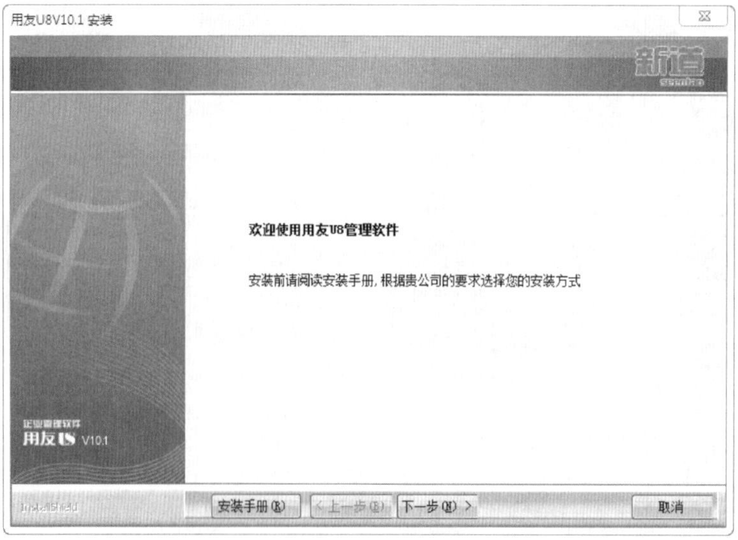

图 1—23

(2)进入“许可证协议”界面,选择“我接受许可证协议中的条款”,点击【下一步】,如图 1—24 所示。

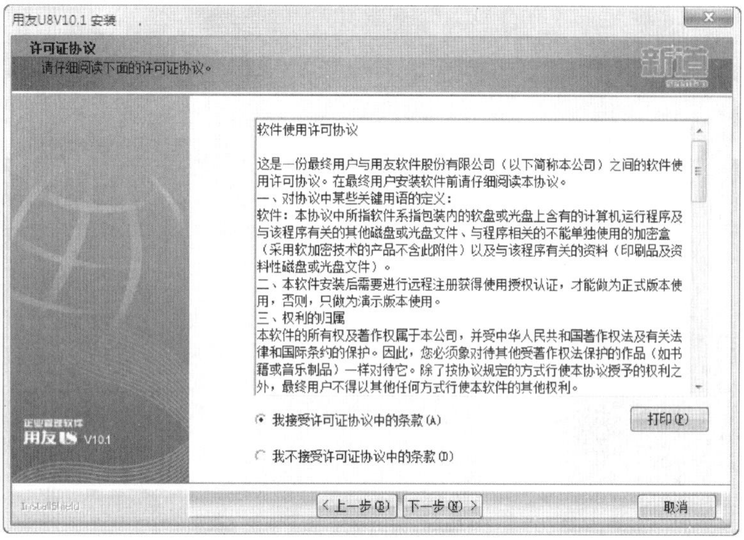

图 1—24

(3)系统首先检测是否存在历史版本的 U8 产品，检测完成并符合安装条件，进入“客户信息”对话框，输入用户名和公司名称，点击【下一步】，如图 1—25 所示。

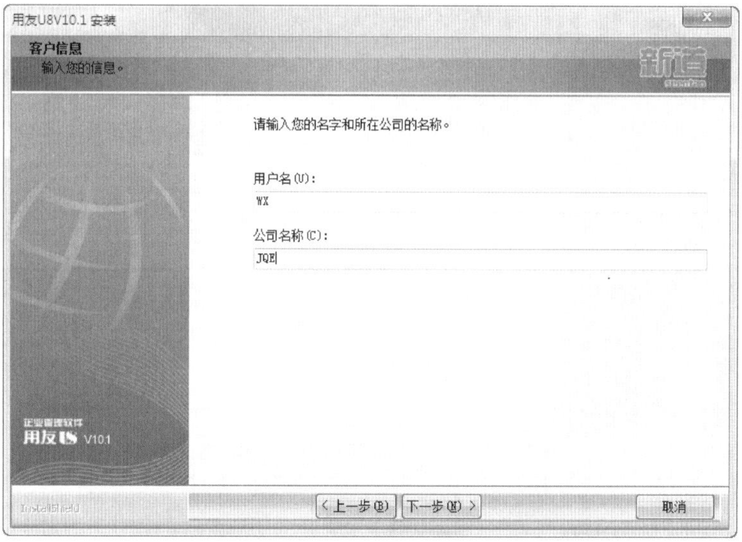

图 1—25

(4)打开“选择目的地位置”对话框，选择安装程序将要存放的文件夹，系统默认为“C:\U8SOFT”，点击【更改】按钮修改安装路径，点击【下一步】，如图 1—26 所示。

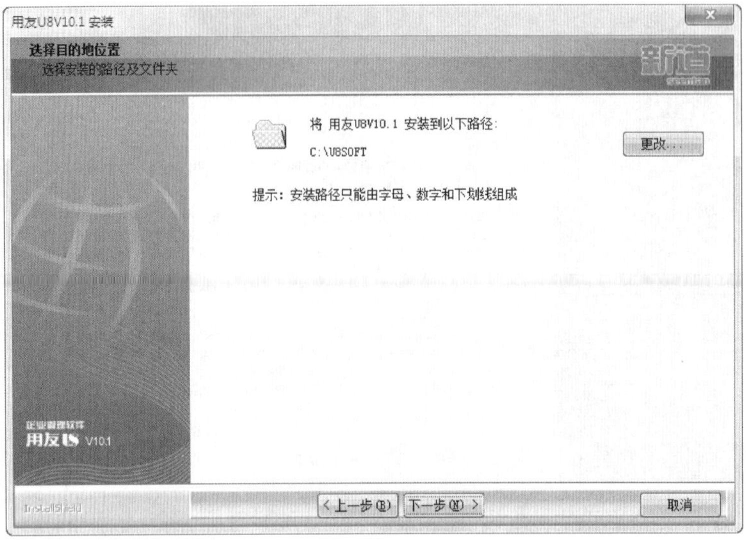

图 1—26

(5)打开“安装类型”对话框,选择“全产品”类型,点击【下一步】,如图 1—27 所示。

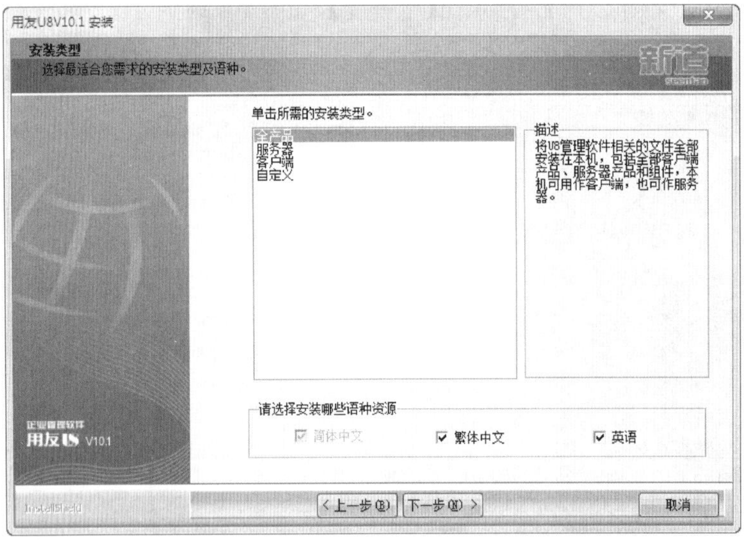

图 1—27

(6)打开“环境检测”对话框,点击【检测】,如图 1—28 所示。

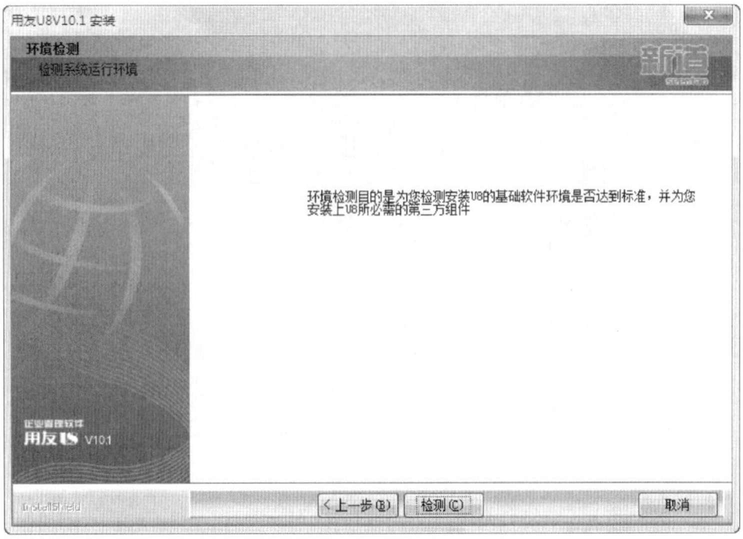

图 1—28

(7)进行系统环境检测,看系统配置是否满足所需条件,若所需环境未满足条件,则点击【安装缺省组件】,进行缺省组件安装,如图 1—29 所示。

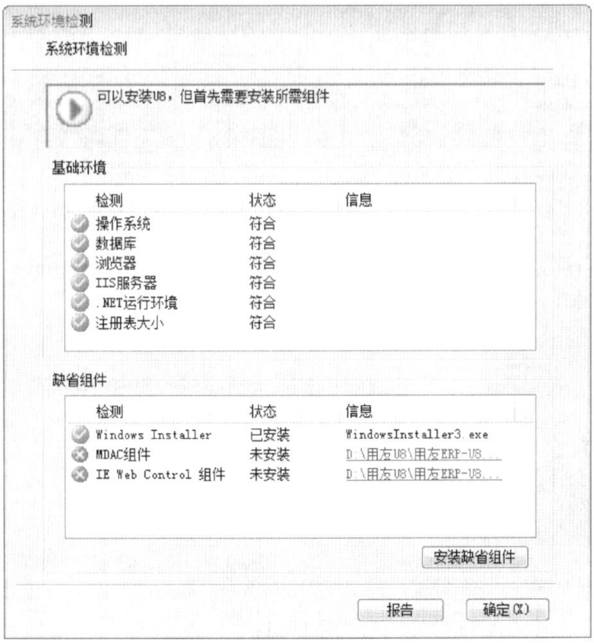

图 1—29

(8)若所需环境已满足,则点击【确定】按钮,如图 1—30 所示。

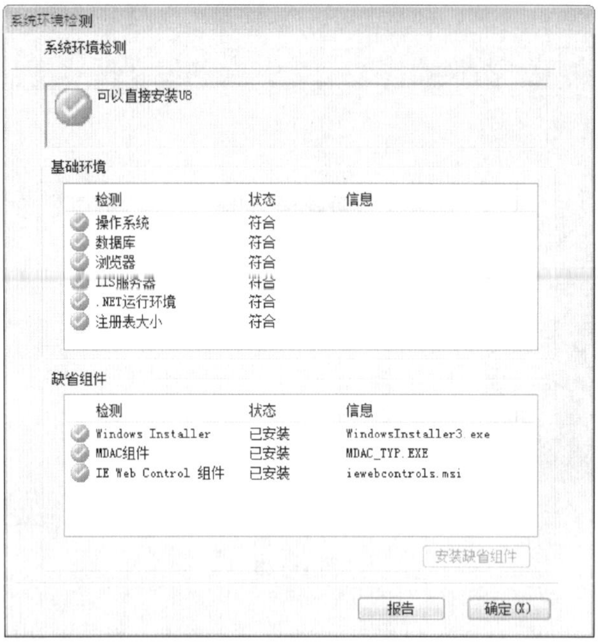

图 1—30

(9)返回安装界面,点击【安装】,如图 1—31 所示。

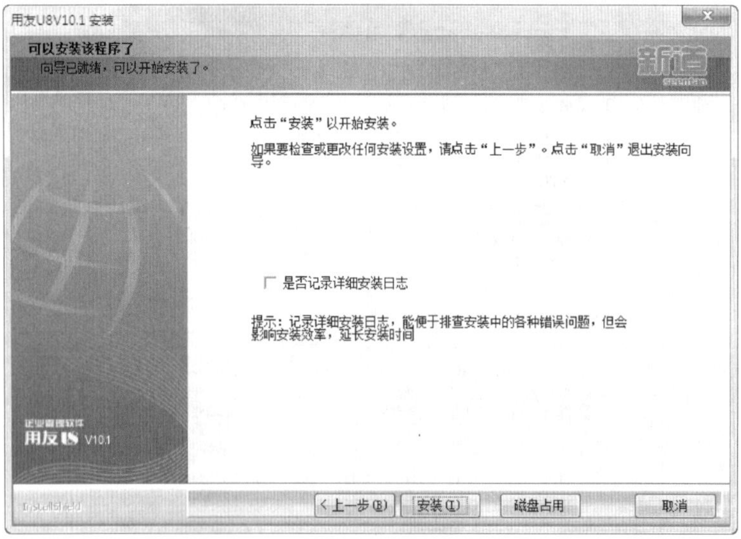

图 1—31

(10)进行安装,呈现安装状态,如图 1—32 所示。

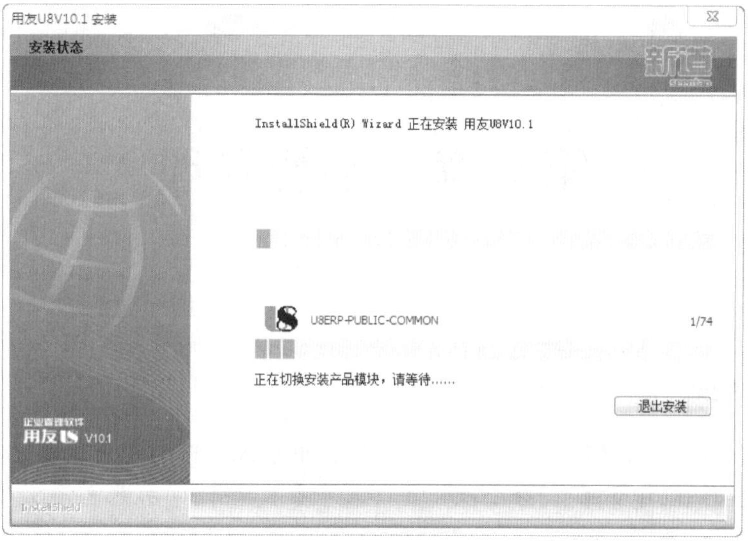

图 1—32

(11)文件复制完成后，显示系统安装完成界面，提示是否需要立即重新启动计算机，在此建议选择"是，立即重新启动计算机"，点击【完成】，完成用友 U8V10.1 软件的安装，如图 1—33 所示。

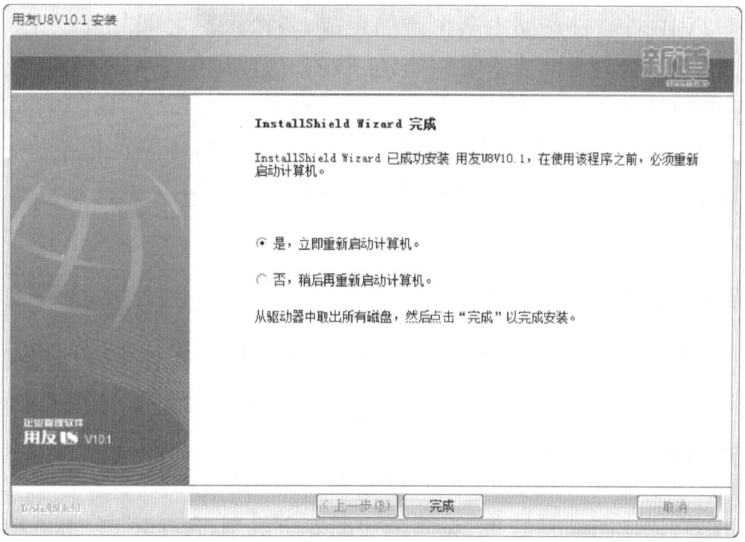

图 1—33

第2章　系统管理

学习目标

本章重点介绍了用友ERP-U8V10.1管理软件中系统管理的应用。通过本章学习，能够掌握如何设置操作员、建立账套、分配操作员权限等基本操作；掌握账套修改、账套输出、账套引入、账套删除等账套管理功能；设置备份计划、升级数据、显示上机日志等系统安全管理功能；掌握建立年度账、清空年度数据、引入和输出年度账、结转上年数据等年度账管理功能。

2.1　系统管理概述

用友ERP-U8V10.1软件产品由多个产品组成，各个产品之间相互联系、数据共享，完全实现财务业务一体化的管理。对于企业资金流、物流、信息流的统一管理提供了有效的方法和工具。由于用友ERP-U8V10.1软件所含的各个产品是为同一个主体的不同层面服务的，并且产品与产品之间相互联系、数据共享，因此，就要求这些产品具备如下特点：具备公用的基础信息、拥有相同的账套和年度账、操作员和操作权限集中管理并且进行角色的集中权限管理、业务数据共用一个数据库。

2.1.1　系统管理的主要功能

系统管理包括新建账套、新建年度账、账套修改和删除、账套备份，根据企业经营管理中的不同岗位、职能建立不同角色，新建操作员和权限的分配等功能。系统管理的使用者为企业的信息管理人员：系统管理员Admin和账套主管。

系统管理模块主要能够实现如下功能：对账套的统一管理，包括建立、修改、引入和输出；对操作员及其功能权限实行统一管理，设立统一的安全机制，包括用户、角色和权限设置；对年度账的管理，包括建立、引入、输出年度账，结转上年数据，清空年度数据。

2.1.2　系统管理的操作流程

系统管理主要对系统操作和系统数据进行管理。系统操作管理包括设置操作员权限以及查询系统操作记录；数据维护实现数据的备份、恢复等功能。如图2—1所示。

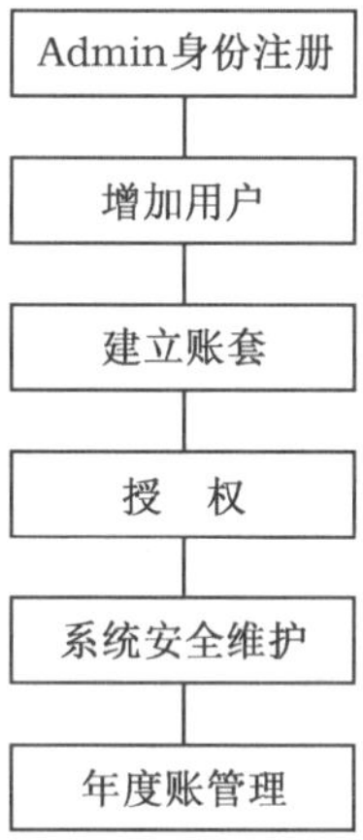

图 2—1

2.2　系统管理应用案例

当用户安装好用友 ERP-U8V10.1 系统后，就可以建立本单位的核算账套，首先需要运行系统服务下的系统管理模块，进行相应子账套的建立，否则其他子系统将无法正常使用。

2.2.1 【案例 2—1】 建账

(1)启动系统管理。

以"Admin"的身份注册。

(2)增加三位用户。

001 富丽、002 李阳、003 关星宇。

(3)建立账套信息。

善粮食品加工有限公司是一家专业生产、销售豆油等粮食商品的公司，属于增值税一般纳税人企业，增值税税率为 13%。随着公司业务的不断发展、壮大，原有的财务手工核算不能满足公司发展的工作需要，计划从 2021 年 1 月 1 日起开始使用用友 ERP-U8V10.1 软件。操作内容如下：

①账套信息：账套号 001，账套名称为"善粮公司"，启用日期为 2021 年 1 月 1 日。

②单位信息：单位名称为"善粮食品加工有限公司"，简称为"善粮公司"，税号为 55557788。

③核算类型：企业类型为"工业"，行业性质为"2007 年新会计制度科目"，科目预置语言为"中文(简体)"，账套主管选"富丽"，"按行业性质预置科目"。

④基础信息：存货、客户及供应商均分类，无外币核算。

⑤编码方案：

会计科目的编码方案为 4222；

客户分类和供应商分类的编码方案为 22；

部门的编码方案为 22；

存货分类的编码方案为2222；
收发类别的编码级次为22；
结算方式的编码方案为2；
其他编码项目保持不变。
⑥数据精度：保持系统默认设置。
(4)分配用户权限。
李阳：审核岗位，拥有“公用目录设置”“总账”中的所有权限。
关星宇：出纳岗位，拥有“公用目录设置”“总账”中的所有权限。

2.2.2 【案例2—2】 账套管理

(1)修改账套信息。
将无外币核算改为有外币核算。
(2)输出账套信息。
将001账套输出至路径“C\”。
(3)引入账套信息。
将路径为“C\001账套”的账套引入。
(4)删除账套信息。
任意新建111账套，然后删除。

2.2.3 【案例2—3】 系统安全管理

设置账套备份计划：为了数据安全，对001账套进行自动备份，设置“1每日备份”。每日对重要数据进行账套备份，发生天数为1天，从16:00点开始，有效出发时间为1小时，旧账套数据保留30天，数据保存在“C:\001账套”路径下。

2.3 系统建账

建账是企业在使用用友ERP-U8V10.1应用系统之前，需要在系统中建立企业的基本信息、财务核算要求、财务人员信息、财务人员核算权限等信息，具体包括“Admin”身份注册、增加(或修改、删除)用户、建立账套、授权四步内容。

2.3.1 “Admin”身份注册

系统管理模块只有系统管理员(Admin)和账套主管能够注册进入，但系统管理员(Admin)和账套主管看到的登录界面是有差异的，系统管理员登录界面只包括服务器、操作员、密码、语言区域，而账套主管则包括服务器、操作员、密码、账套、操作日期、语言区域。新账套的建立操作，以系统管理员(Admin)身份注册，而修改账套则以账套主管身份注册。

【案例2—1】 启动系统管理

【操作步骤】

(1)【开始】—【用友ERP-U8V10.1】—【系统服务】—【系统管理】，进入系统管理模块，点击【系统】—【注册】功能菜单，显示登录系统界面，如图2—2所示。

图 2—2

(2)在“操作员”栏中输入 Admin,“密码”为空,“账套”默认为 default,点击【登录】进入系统管理窗口,如图 2—3 所示。

图 2—3

【提示】

首次登录时,Admin 密码为空。为安全起见,可及时更改密码,方法如下:在密码栏目中输入正确的密码后,点击“改密码”复选框,点击【确定】。系统界面弹出“设置操作员密码”窗口,用户输入新的密码,并在确认处输入相同口令,进行【确定】即可。

2.3.2　增加(或修改、删除)用户

用户是指有权限登录系统,对系统进行操作的人员。只有设置了具体的用户之后,才能进行对账套的相关操作。

【案例 2—1】　增加三位用户

【操作步骤】

(1)【权限】—【用户】,如图 2—4 所示。

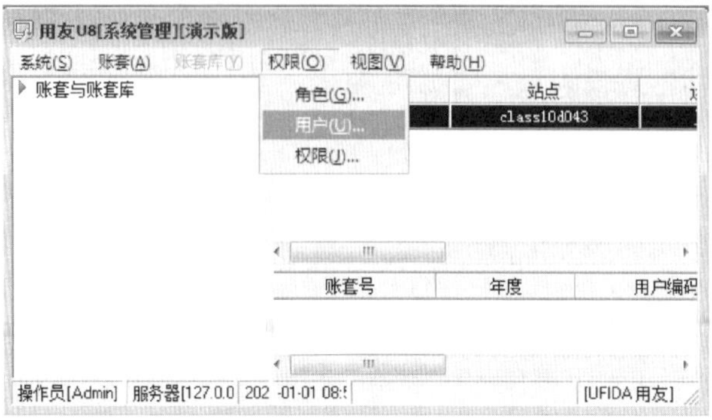

图 2—4

(2)点击【增加】,录入编号、姓名、口令、所属部门、E-mail、手机号,点击【增加】,保存新增用户信息,如图 2—5 所示。

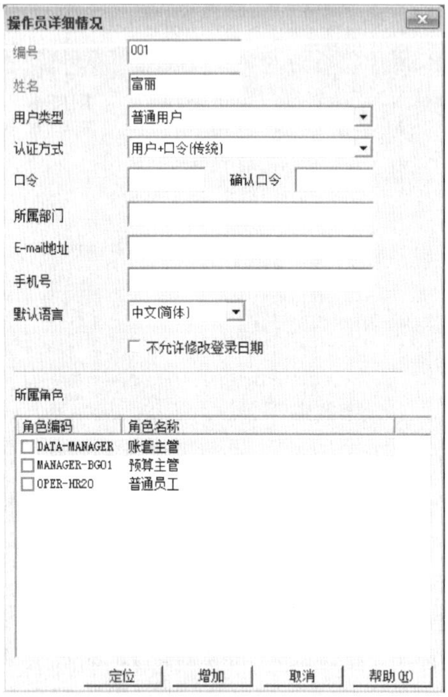

图 2—5

(3)增加用户之后,在用户列表中看不到该用户,点击【刷新】,可以进行页面的更新,能看到所有的新增用户,如图 2—6 所示。

图 2—6

【提示】

①修改用户信息时，选中要修改的用户，点击【修改】，能修改口令、所属部门、E-mail、手机号和所属角色等信息，点击【确定】保存修改信息。此时系统会在"姓名"后出现【注销当前用户】，如果需要暂时停止使用该用户，则点击此按钮。此按钮会变为【启用当前用户】，再点击则继续启用该用户，如图 2—7 所示。

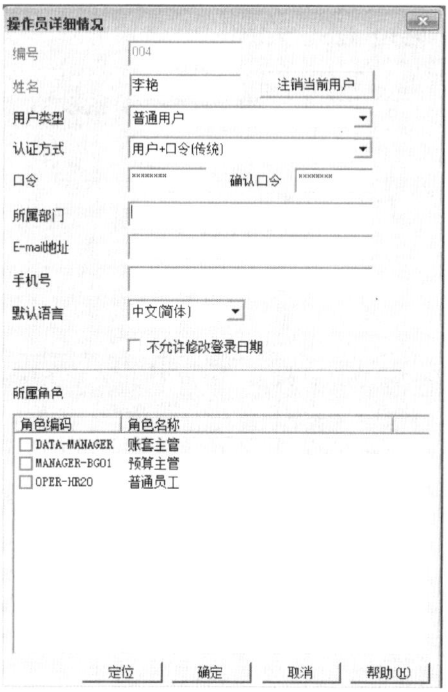

图 2—7

②删除用户信息时，选中要删除的用户，点击【删除】，可删除该用户，但正在启用的用户不能删除，点击【退出】，退出当前的功能应用，如图 2—8 所示。

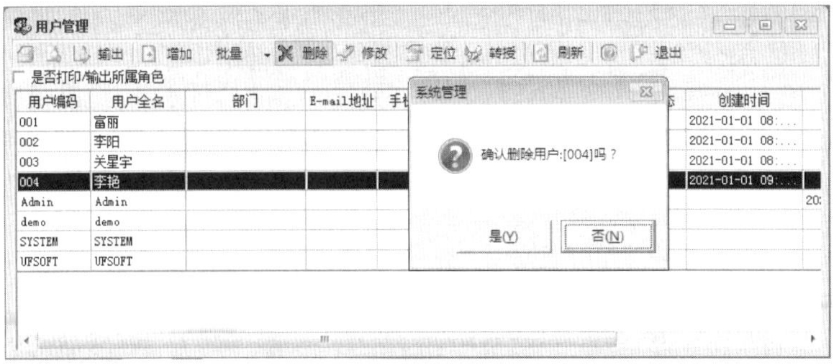

图 2—8

2.3.3 建立账套

在使用系统之前，首先要新建本单位的账套，只有系统管理员才有权限创建新账套。

【案例 2—1】 建立账套信息

【操作步骤】

(1)【账套】—【建立】，如图 2—9 所示。

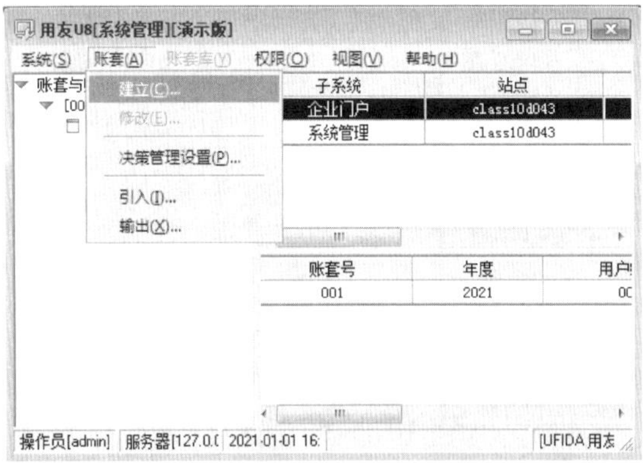

图 2—9

(2)新建空白账套，点击【下一步】，继续建账；如取消此次建账操作，则点击【取消】，如图 2—10 所示。

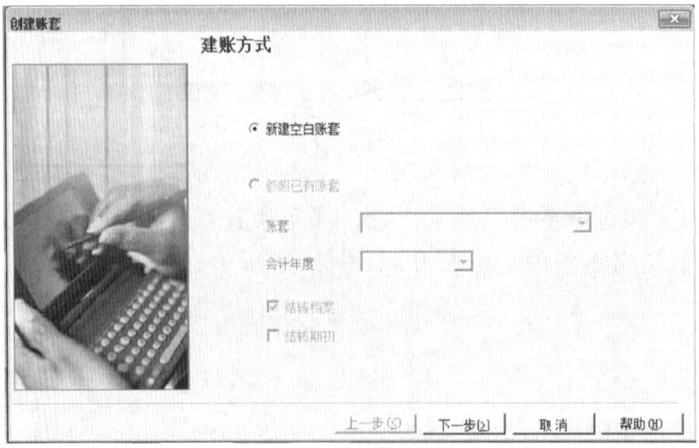

图 2—10

(3)输入账套信息,点击【下一步】,如图 2—11 所示。

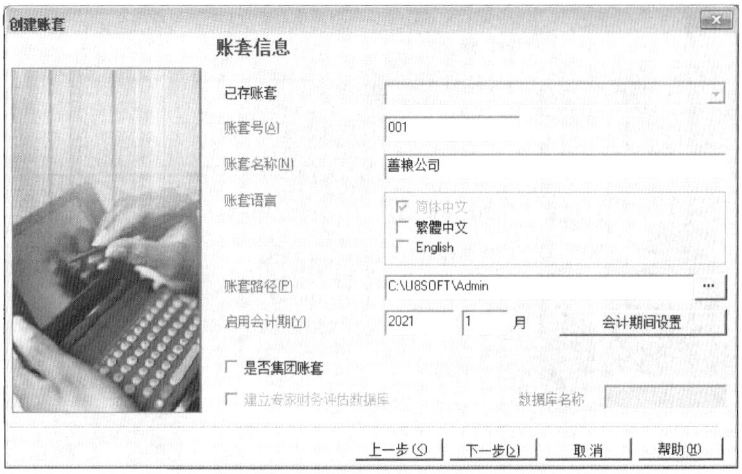

图 2—11

【提示】

①已存账套:系统将现有的账套以下拉框的形式在此栏目中表示出来,用户只能参照,而不能输入或修改。其作用是在建立新账套时避免重复建立。

②账套号:用来输入新建账套的编号,必须输入,不能是已存账套中的账套号,可输入 001—999 的 3 个字符。

③账套名称:用来输入新建账套的名称,作用是标识新账套的信息,用户必须输入,可以输入 40 个字符。

④账套路径:用来输入新建账套所要被保存的路径,必须输入,可以点击参照按钮“...”输入,但不能是网络路径中的磁盘,系统默认路径为 C:\U8SOFT\Admin。

⑤启用会计期:用来输入新建账套将被启用的时间,具体到“月”,必须输入。

(4)输入单位信息,点击【下一步】,如图 2—12 所示。

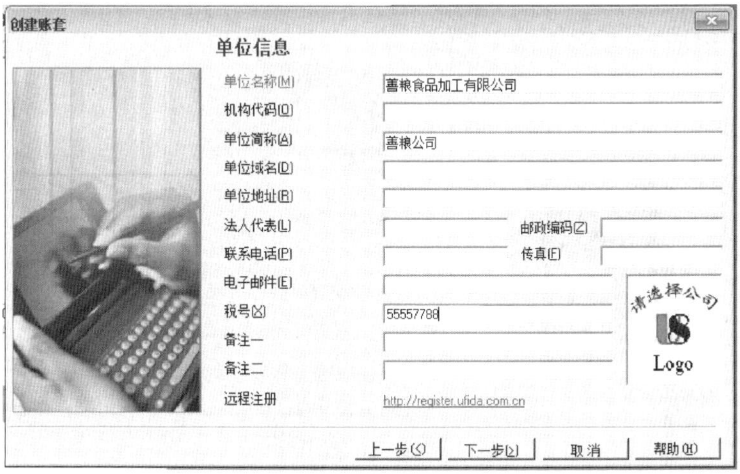

图 2—12

(5)输入核算类型设置,点击【下一步】,如图 2—13 所示。

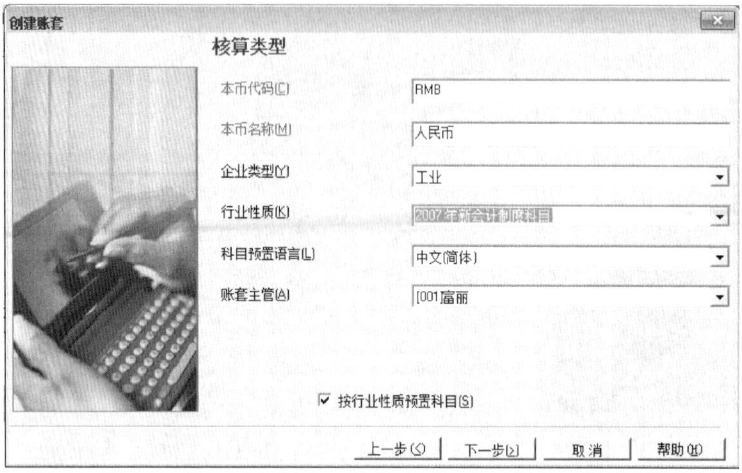

图 2—13

【提示】

①行业性质,必须从下拉框中选择输入本单位所处的行业性质,系统会根据企业所选行业(工业和商业)预制一些行业的特定方法和报表。

②账套主管,只能从下拉框中选择输入。对于账套主管的设置和定义参考操作员和划分权限。

③是否按行业性质预置科目,如果用户希望预置所选行业的标准一级科目,则在该选项前打勾,那么进入产品后,会计科目就由系统自动设置;如果不选,则由用户自己设置会计科目。

(6)输入完成后,点击【下一步】,进行基础信息设置,输入完成后,点击【完成】,如图 2—14 所示。

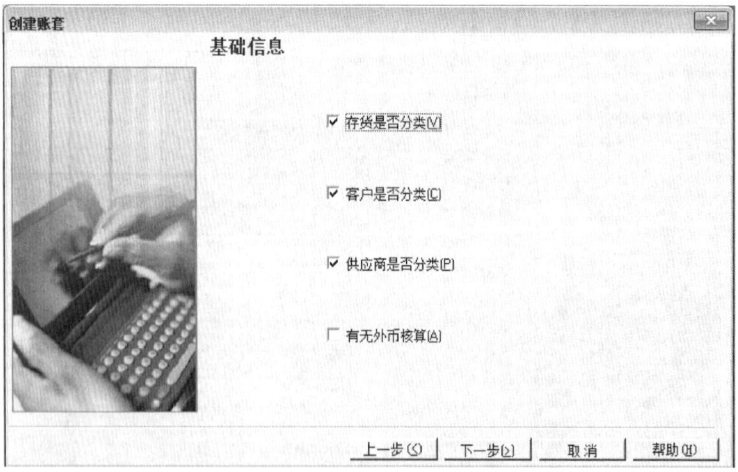

图 2—14

【提示】

①存货是否分类:如果存货较多且类别繁多,就可以在"存货是否分类"选项前打钩,进行分类管理;如果存货较少且类别单一,就可以选择不进行存货分类。如果选择了存货分类,那么在进行基础信息设置时,必须先设置存货分类,然后才能设置存货档案。

②客户是否分类:如果客户较多,需进行分类管理,就可以在"客户是否分类"选项前打钩,表明对客户进行分类管理;如果客户较少,就可以选择不进行客户分类。如果选择了客户分类,那么在进行基础信息设置时,必须先设置客户分类,然后才能设置客户档案。

③供应商是否分类:如果供应商较多,需进行分类管理,就可以在"供应商是否分类"选项前打钩,表明对供应商进行分类管理;如果单位的供应商较少,就可以选择不进行供应商分类。如果选择了供应商分类,那么在进行基础信息设置时,就必须先设置供应商分类,然后才能设置供应商档案。

④有无外币核算:如果有外币业务,例如,用外币进行交易业务或用外币发放薪资等,就可以在此选项前打钩。

(7)系统提示"可以创建账套吗",点击【是】完成上述信息设置;点击【否】返回确认步骤界面;点击【上一步】,返回"基础信息"设置;点击【取消】,取消此次建账操作,如图 2—15 所示。

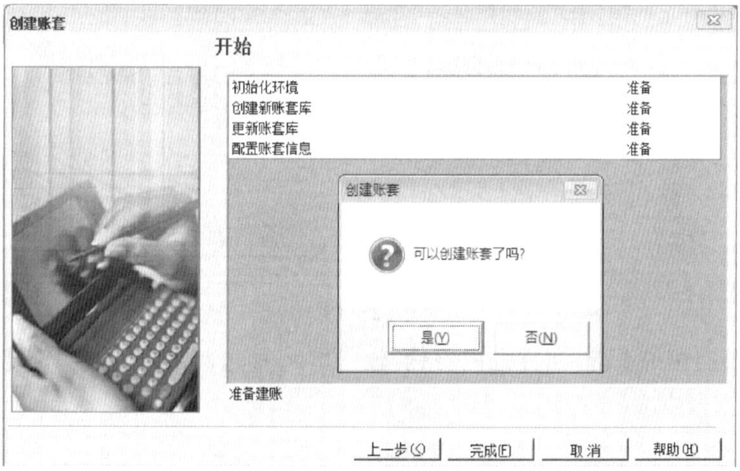

图 2—15

(8)建账完成后,可以继续进行"编码方案"设置和"数据精度"定义,也可以从【企业门户—基础信息—基本信息】进入【编码方案】和【数据精度】功能进行设置,如图 2—16、图 2—17 所示。

图 2—16

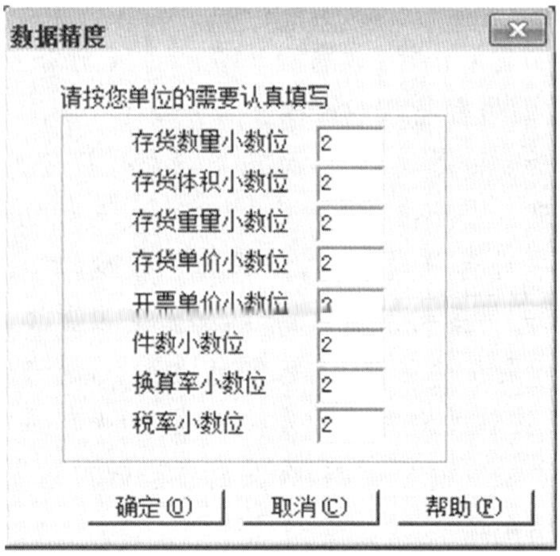

图 2—17

(9)通过以上步骤,即可完成新账套的建立。当提示“现在进行系统启用的设置?”时,可选【是】进行系统启用,也可以选【否】并从【企业门户—基础信息—基本信息】进入【系统启用】功能进行设置,本账套点击【是】,进入“系统启用”设置,如图 2—18 所示。

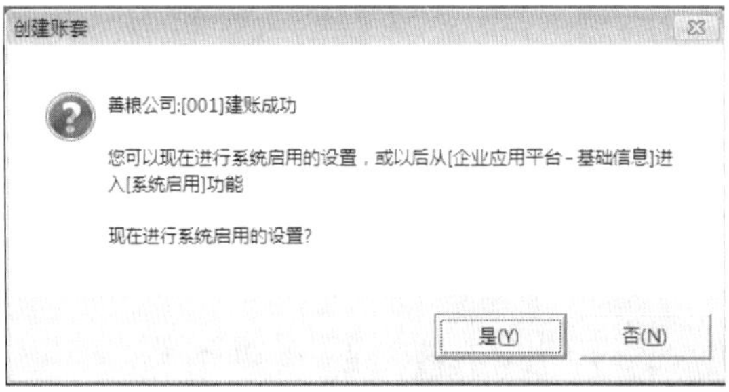

图 2—18

(10)选择要启用的系统,在方框内打钩,输入“年、月、日”后,点击【确定】,如图 2—19 所示。

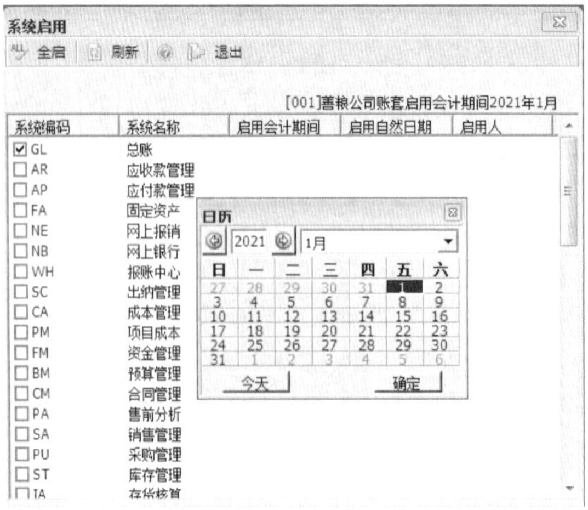

图 2—19

(11)点击【是】,启用当前系统,“Admin”为启用人,如图 2—20 所示。

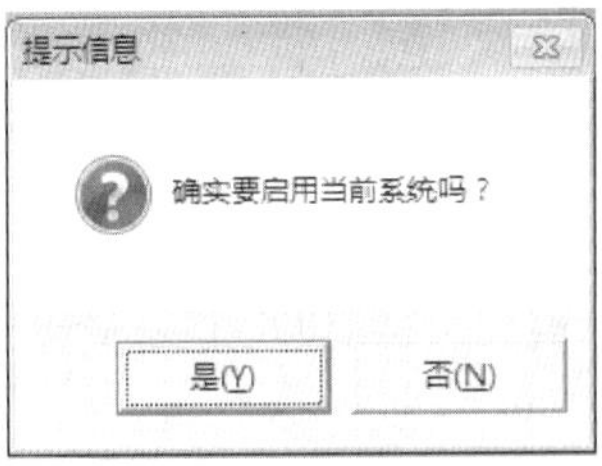

图 2—20

(12)点击【确定】,启用“企业应用平台”,如图 2—21 所示。

图 2—21

2.3.4　授权

随着经济的发展,用户对管理的要求不断变化、提高,权限管理必须向更细、更深的方向发展。用友 ERP-U8V10.1 除了提供用户对各模块操作的权限管理之外,还相应地提供了金额的权限管理和对数据的字段级和记录级的控制,不同的组合方式将为企业的权限控制提供有效的方法。权限管理主要包括三个层次:

第一,功能级权限管理。该权限将提供划分更为细致的功能级权限管理功能,包括各功能模块相关业务的查看和分配权限。

第二,数据级权限管理。该权限可以从两个方面进行权限控制,一个是字段级权限控制,另一个是记录级权限控制。

第三,金额级权限管理。该权限主要用于完善内部金额控制,实现对具体金额数量划分级别,对不同岗位和职位的操作员进行金额级别控制,限制他们制单时可以使用的金额数量,不涉及内部系统控制的不在管理范围内。

功能权限的分配在系统管理中的【权限】分配设置,数据权限和金额权限在【企业门户】—【基础信息】—【数据权限】中进行分配。对于数据级权限和金额级权限的设置,必须是在系统管理的功能权限分配之后才能进行。

【案例 2—1】　分配用户权限

【操作步骤】

(1)【权限】—【权限】,进行权限分配,如图 2—22 所示。

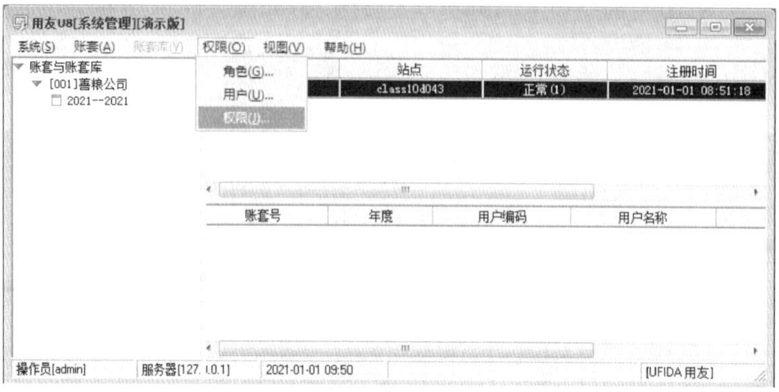

图 2—22

(2)先选账套“001”,再选用户“李阳”或“关星宇”,点击【修改】,设置“公用目录设置”“总账”中的所有权限,点击【保存】,如图 2—23 所示。

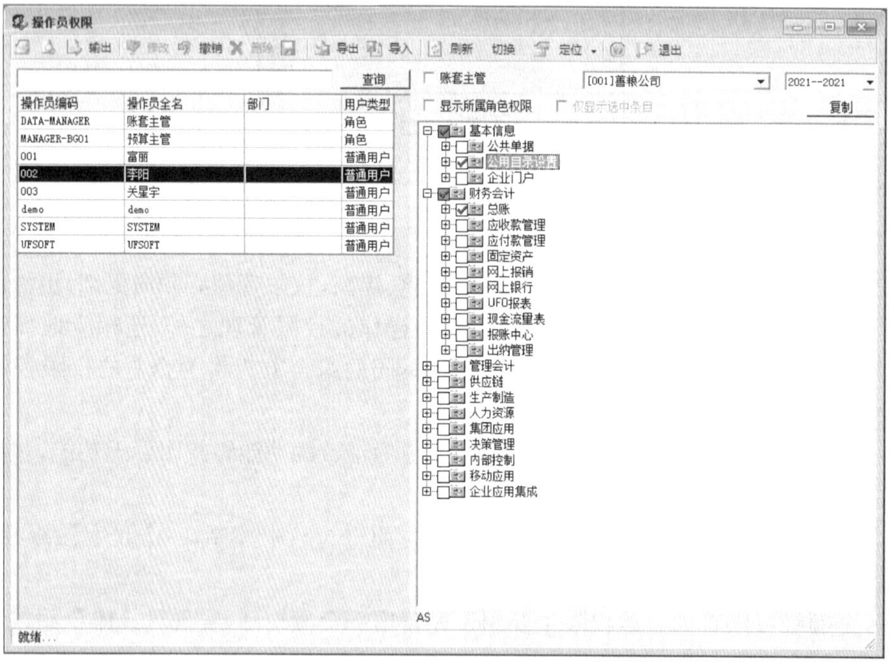

图 2—23

2.4 账套管理

账套管理主要指对新建的账套进行修改、输出、引入和删除。其中,只有账套主管才有权进行账套修改;账套的引入、输出和删除则由系统管理员负责。

2.4.1　账套修改

系统管理员建立账套时设定了账套主管，账套主管可以在未使用相关信息的前提下，对某些账套信息进行修改。

【案例 2—2】　修改账套信息

【操作步骤】

(1)只有账套主管才有权限修改账套，用户以“账套主管”的身份登录，选择相应的账套，进入系统管理界面，如图 2—24 所示。

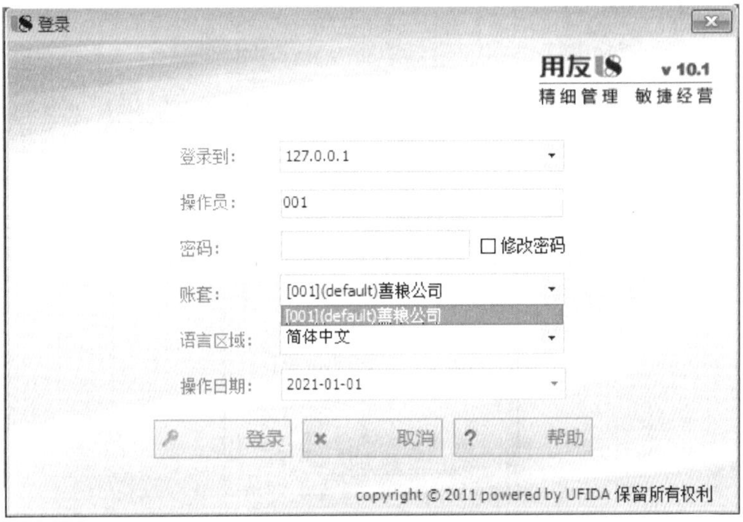

图 2—24

(2)选择【账套】菜单中的【修改】，进入修改账套的功能，如图 2—25 所示。

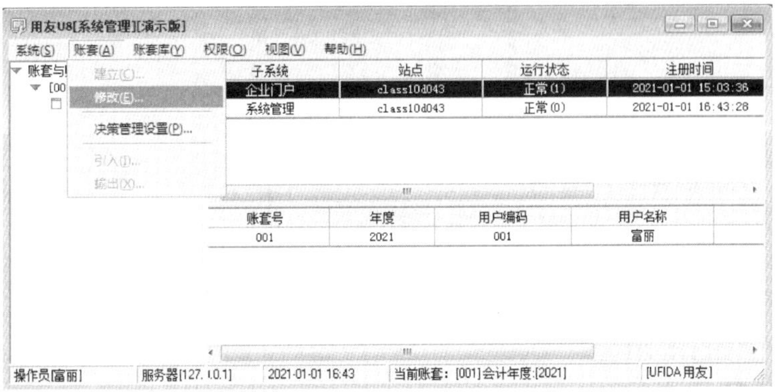

图 2—25

(3)将基础信息中“无外币核算”改为“有外币核算”，点击【完成】，表示确认修改内容，如图 2—26 所示。

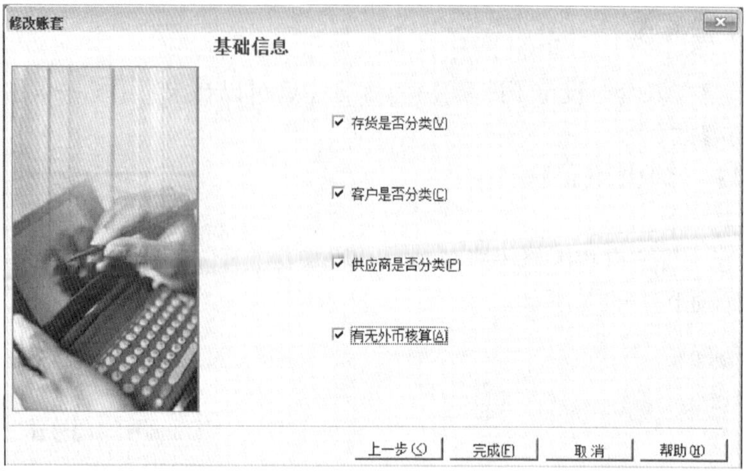

图 2—26

(4)点击【是】,确认修改账套,如图 2—27 所示。

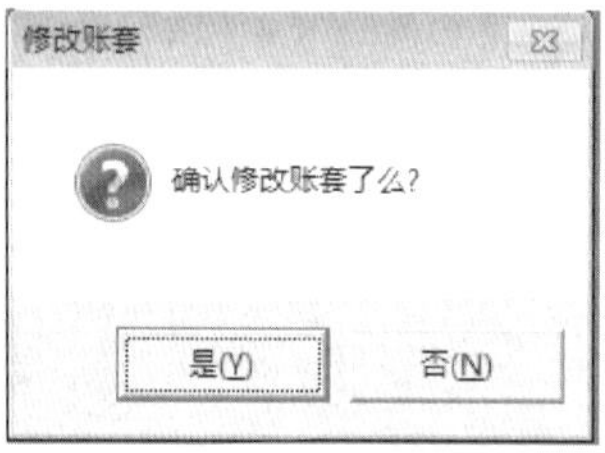

图 2—27

(5)点击【确定】,完成修改,如图 2—28 所示。

图 2—28

2.4.2　账套输出

账套输出功能是指将所选的账套数据进行备份输出。对于企业系统管理员来讲,定时地将企业数据备份出来存储到不同的介质上(如常见的硬盘、光盘、网络磁盘等),对数据的安全性是非常重要的,只有系统管理员(Admin)才有权限进行账套输出。

【案例 2—2】　输出账套信息

【操作步骤】

(1)以"Admin"身份登录,点击【账套】—【输出】,如图 2—29 所示。

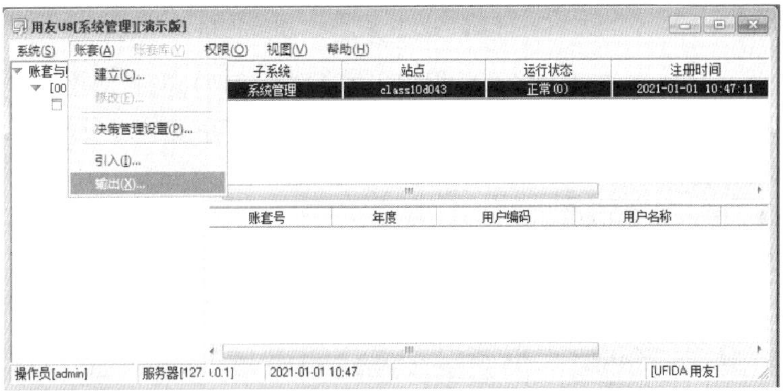

图 2—29

(2)在"账套号"处选择需要输出的账套,选择输出文件位置,点击【确认】完成输出,如果备份账套时所选的目录下已有账套备份,则新数据会覆盖原有数据,如图 2—30 所示。

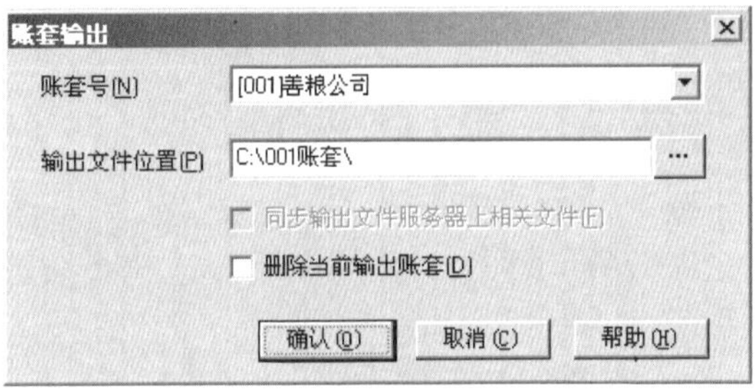

图 2—30

(3)系统提示输出是否成功的标识,点击【确定】,如图 2—31 所示。

图 2—31

(4)找到存放目录 C:\查看,有两个备份文件,如图 2—32 所示。

图 2—32

2.4.3 账套引入

账套引入功能是指将系统外某账套数据引入本系统。例如，当账套数据遭到破坏时，将最近复制的账套数据引入本账套，就能够继续做账务处理，只有系统管理员(Admin)才有权限进行账套引入。

【案例 2—2】 引入账套信息

【操作步骤】

(1)以“Admin”身份登录，点击【账套】—【引入】，如图 2—33 所示。

图 2—33

(2)选择要引入的账套数据备份文件和引入路径，点击【确定】表示确认，如想放弃，则点击【取消】，如图 2—34 所示。

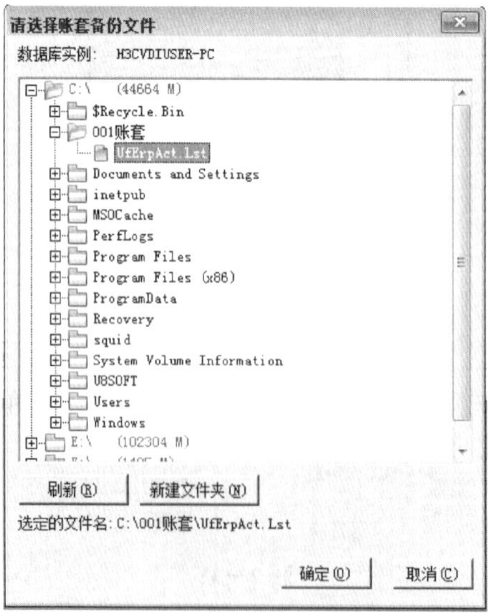

图 2—34

(3)点击【确定】后,系统提示账套引入成功,如图 2—35、图 2—36 所示。

图 2—35

图 2—36

2.4.4　账套删除

账套删除是指一次性将该账套下的所有数据彻底删除。账套删除和账套输出备份的操作基本一样,区别只是在输出选择界面选中删除操作和完成备份后的删除确认。只有系统管理员(Admin)才有权限进行账套删除。

【案例 2—2】　删除账套信息

【操作步骤】

(1)以"Admin"身份登录,点击【账套】—【输出】,"账套号"处选择需要输出的账套,并选中"删除当前输出账套",点击【确认】进行输出。然后系统会提示输出的路径,点击【确定】,则完成输出,如图 2—37 所示。

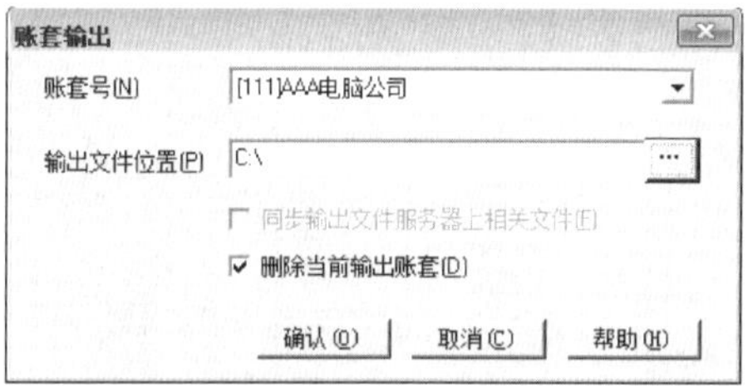

图 2—37

(2)当系统提示"真要删除该账套吗?",点击【是】,则系统删除该账套;若点击【否】,则不删除当前输出账套,如图 2—38、图 2—39 所示。

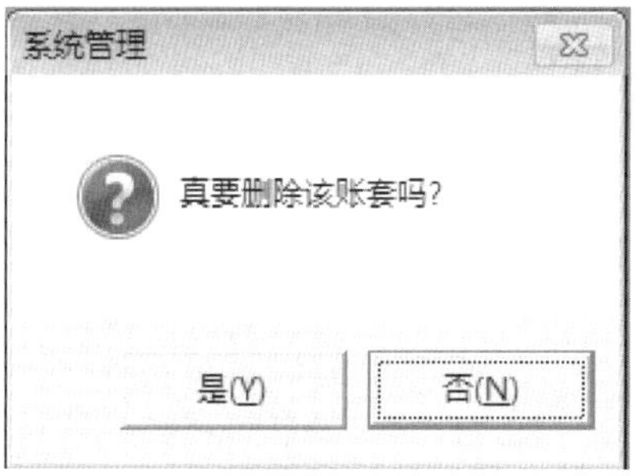

图 2—38

图 2—39

2.5 系统安全管理

2.5.1 设置自动备份计划

设置自动备份计划，是自动定时对设置好的账套进行输出（备份）。设置备份计划的优势在于可以定时、自动输出多个账套，在很大程度上减轻了系统管理员的工作量，同时可以更好地保障系统的安全性。

【案例 2—3】 设置账套备份计划

【操作步骤】

（1）以“Admin”身份登录，点击【系统】—【设置备份计划】，弹出【设置备份计划】功能界面，点击【增加】，如图 2—40 所示。

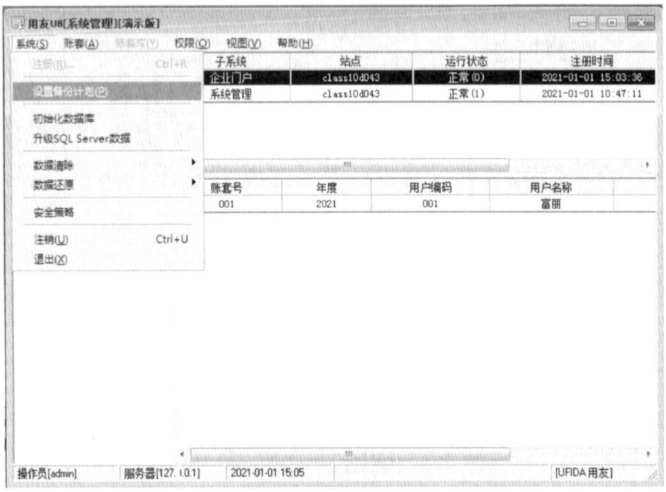

图 2—40

（2）录入计划详细情况，点击【增加】，进行保存，如图 2—41 所示。

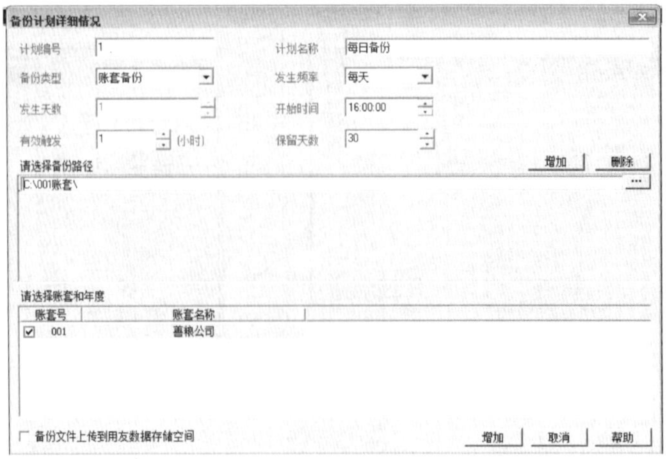

图 2—41

(3)在备份计划设置窗口内,可进行修改、删除等操作,如图 2—42 所示。

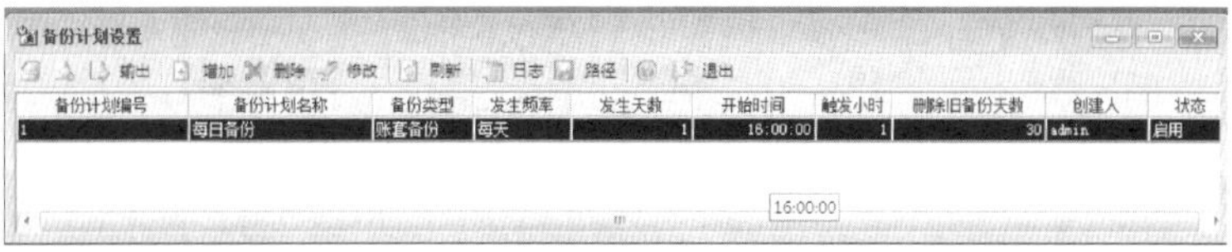

图 2—42

【提示】

①发生频率:系统提供“每天、每周、每月”3 个时间段以供选择,可以根据备份文件的实际要求进行选择。

②发生天数:如果“发生频率”为“每天”,系统不允许选择“发生天数”;如果“发生频率”为“每周”,系统允许选择的“发生天数”为“1—7”的数字(1 代表星期日,2 代表星期一,以此类推);如果“发生频率”为“每月”,系统允许选择的“发生天数”为“1—31”的数字,如果其中某月的天数不足设置的天数,系统则会在当月的最后一天来进行数据备份。例如,在系统中设置为 30 天,但在 2 月实际不足 30 天时,系统会在 2 月的最后一天进行数据备份。

③有效触发:如遇到网络故障或数据冲突无法备份时,则以备份开始时间为准,在有效的触发时间范围内,系统可反复进行数据备份,直到备份完成为止。

④保留天数:系统可以自动删除时限之外的备份数据,当数值为 0 时系统认为永不删除备份。例如,设置为 100,则系统以机器时间为准,将前 100 天的备份数据自动删除。

2.5.2　升级数据

任何一个应用系统的功能拓展和完善都是无止境的。随着信息技术的不断发展,应用系统的开发不断融入新的技术和更为先进的管理理念,这样就存在需要不断地对老系统的数据进行更新的问题。为保证客户数据的一致性和可追溯性,用友 ERP-U8V10.1 应用系统在系统管理中提供了升级工具,可以使用此功能一次性地将数据升级到新产品中。在升级之前,一定要将原有数据进行备份,并在用友 ERP-U8V10.1 中建立基本设置参数与以前版本一致的账套。

2.5.3　清除系统运行异常

在系统运行过程中,由于死机、网络阻断等都有可能造成系统异常,针对系统异常,系统管理中提供了“清除单据锁定”和“清除异常任务”两项功能。

(1)清除单据锁定。

【操作步骤】

①在使用过程中由于不可预见的原因造成单据锁定时,有关单据的操作不能正常进行,此时选择【视图】—【清除单据锁定】命令,如图 2—43 所示。

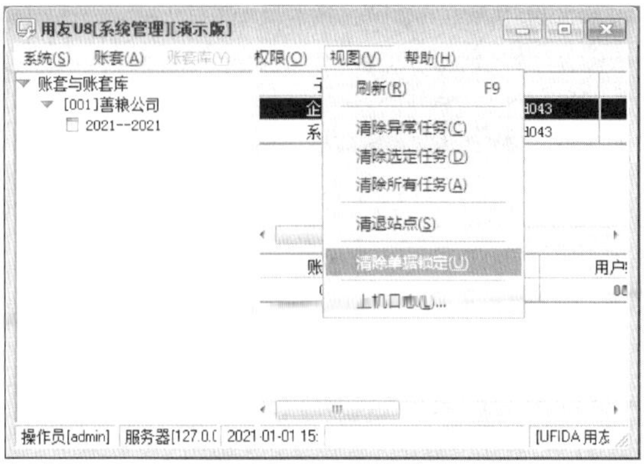

图 2—43

②选择所要“清除单据锁定”的账套，点击【确定】，即可恢复正常功能的使用，如图 2—44 所示。

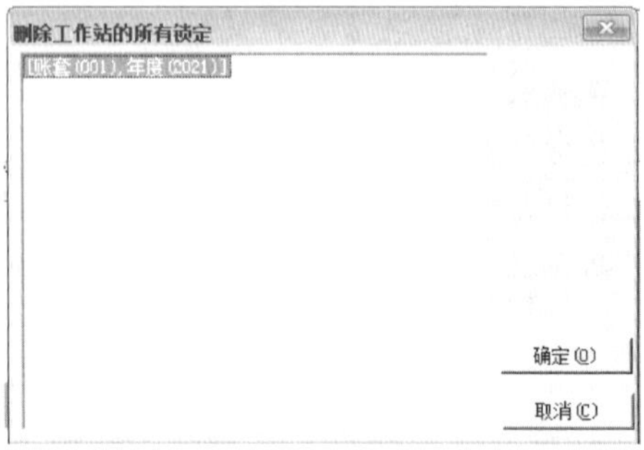

图 2—44

(2)清除异常任务。

【操作步骤】

如果用户服务端超过限制时间未工作或由于不可预见的原因非法退出某系统，则系统会视此为异常任务，在系统管理主界面显示提示信息“运行状态异常”，系统会在到达服务端失效时间时，自动清除异常任务。在等待时间内，用户也可选择【视图】—【清除异常任务】命令，自行删除异常任务，以释放异常任务所占用的系统资源，如图 2—45 所示。

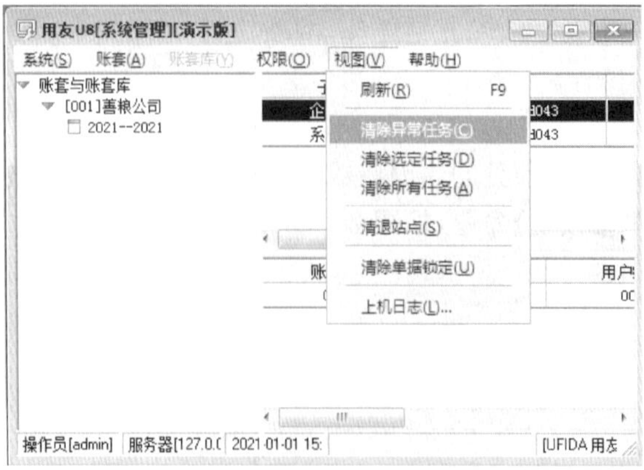

图 2—45

2.5.4　上机日志

为了保证系统的安全运行，系统随时会对各个产品或模块中的每位操作员的上下机时间、操作的具体功能等情况进行登记，形成上机日志，以便使所有的操作都有记录、有迹可循。

【操作步骤】

(1)【视图】—【上机日志】，如图 2—46 所示。

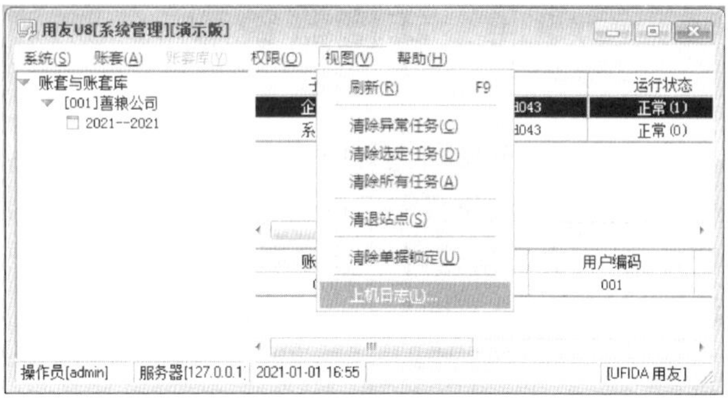

图 2—46

(2)打开“日志过滤”对话框，输入或选择过滤条，点击【确认】，如图 2—47 所示。

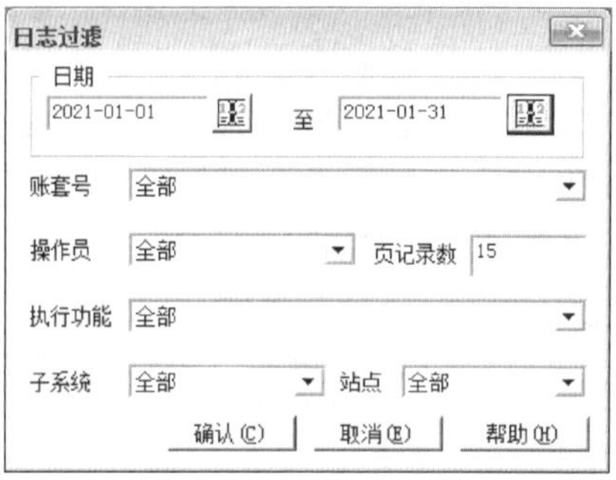

图 2—47

(3)符合条件的上机日志都显示出来，可以对上机日志的内容进行删除、排序等操作，如图 2—48 所示。

日期	时间	操作员	执行功能	子系统	账套号	年度	工作站	退出时间	退出状态
2021-01-01	2021-01-01 08:57:10	[Admin]Admin	增加用户 {001}	系统管理			CLASS10D043	2021-01-01 8:57:10	正常
2021-01-01	2021-01-01 08:57:19	[Admin]Admin	增加用户 {002}	系统管理			CLASS10D043	2021-01-01 8:57:19	正常
2021-01-01	2021-01-01 08:57:47	[Admin]Admin	增加用户 {003}	系统管理			CLASS10D043	2021-01-01 8:57:47	正常
2021-01-01	2021-01-01 09:14:59	[Admin]Admin	增加用户 {004}	系统管理			CLASS10D043	2021-01-01 9:14:59	正常
2021-01-01	2021-01-01 09:17:11	[Admin]Admin	删除用户 {004}	系统管理			CLASS10D043	2021-01-01 9:17:11	正常
2021-01-01	2021-01-01 09:50:14	[Admin]Admin	创建账套 {善粮公司}	系统管理	001	2021	CLASS10D043	2021-01-01 9:50:14	正常
2021-01-01	2021-01-01 09:52:41	[Admin]Admin	增加用户权限 {019FD115-...	系统管理	001	2021	CLASS10D043	2021-01-01 9:52:41	正常
2021-01-01	2021-01-01 09:52:41	[Admin]Admin	增加用户权限 {019FD115-...	系统管理	001	2021	CLASS10D043	2021-01-01 9:52:41	正常
2021-01-01	2021-01-01 09:52:41	[Admin]Admin	增加用户权限 {019FD115-...	系统管理	001	2021	CLASS10D043	2021-01-01 9:52:41	正常
2021-01-01	2021-01-01 09:52:41	[Admin]Admin	增加用户权限 {019FD115-...	系统管理	001	2021	CLASS10D043	2021-01-01 9:52:41	正常
2021-01-01	2021-01-01 09:52:41	[Admin]Admin	增加用户权限 {019FD115-...	系统管理	001	2021	CLASS10D043	2021-01-01 9:52:41	正常
2021-01-01	2021-01-01 09:52:41	[Admin]Admin	增加用户权限 {019FD115-...	系统管理	001	2021	CLASS10D043	2021-01-01 9:52:41	正常
2021-01-01	2021-01-01 09:52:41	[Admin]Admin	增加用户权限 {019FD115-...	系统管理	001	2021	CLASS10D043	2021-01-01 9:52:41	正常
2021-01-01	2021-01-01 09:52:41	[Admin]Admin	增加用户权限 {019FD115-...	系统管理	001	2021	CLASS10D043	2021-01-01 9:52:41	正常

图 2—48

【提示】

上机日志是动态的，它随着系统的使用情况而不断发生变化，因此要想看到最新的上机日志，就要实时地将上机日志的内容予以刷新。刷新的办法是：用鼠标在菜单栏中点击【刷新】，当日志存储到一定数量的时候，系统会提示您进行清除日志工作，具体的操作方法，请按系统提示进行即可。

2.6 年度账管理

在系统中，用户不仅可以建立多个账套，而且在每一个账套中存放不同年度的会计数据。对不同的核算单位、不同时期数据的操作只需通过设置相应的系统路径即可进行，而且由于系统自动保存了不同会计年度的历史数据，对利用历史数据的查询和比较分析也显得特别方便。年度账管理主要包括建立年度账、清空年度数据、引入和输出年度账及结转上年数据等内容。

2.6.1 建立年度账

年度账的建立是在已有上年度账套的基础上，通过年度账的建立，在每个会计期间结束时自动将上个年度账的基本档案信息结转到下一年度账中。对于上年余额等信息则需要在年度账结转操作完成后，由上个年度自动转入下一年的新年度账中。

以"账套主管"的身份选定需要建立新年度账的账套和时间，注册进入【用友 ERP-U8V10.1】—【系统服务】—【系统管理】，选择【年度账】—【建立】命令，打开"建立年度账"对话框。对话框中有"账套"和"会计年度"两个栏，均为系统默认，不能修改。"账套"栏自动显示的是用户注册进入时所选的账套；"会计年度"栏自动显示的是当前会计年度的下一个年度。只有建立了上年度的账套后，才能建立下一年的年度账(初次使用的客户要特别注意)。

2.6.2 清空年度数据

当用户发现某年度账中错误太多，或不希望将上一年度的余额或其他信息全部转入下一年度时，可使用清空年度数据的功能将年度数据清空。"清空"并不是指将年度账的数据全部清空，而是要保留一些信息，主要有基础信息、系统预置的科目报表等。保留这些信息主要是为了方便用户使用清空后的年度账重新做账。在清空年度账数据前一定要先将数据备份到其他存储介质，再进行操作。清空年度账只是清空数据，并不清除基础设置和档案的内容。

以"账套主管"的身份注册进入【用友 ERP-U8V10.1】—【系统服务】—【系统管理】，选择【年度账】—【清空年度数据】命令，打开"清空年度数据库"对话框。从下拉列表中选择要清空的年度账的年度，点击【确定】。为了保险起见，系统还将弹出一个窗口，要求用户再度进行确认，确认后系统进行清空年度数据操作。年度数据清空后，系统弹出提示信息"清空年度数据库成功!"。

2.6.3 引入和输出年度账

年度账操作中的引入和输出与账套操作中的引入和输出的含义基本一致，作用都是对数据进行备份与恢复。所不同的是年度账操作中的引入和输出不是针对整个账套，而是针对账套中某一年度的年度账进行的。

年度账的引入操作与账套的引入操作基本一致，不同之处在于引入的是年度数据备份文件。在输出操作的界面上选择的是具体的年度而非账套。年度账的备份数据是年度开始至备份时刻的所有数据。如 1 月启用，现在是 5 月，则年度账数据是指从 1 月到 5 月的所有数据。

2.6.4　结转上年数据

企业的日常工作是持续进行的，为了进行统计分析，需要人为地将企业持续的经营时间划分为一定的时间段。一般以"年"为最大单位来统计。每到年末，启用新年度账时，需要将上一年度中的相关账户的余额及其他信息结转到新的年度账中。

以"账套主管"的身份注册进入【用友 ERP-U8V10.1】—【系统服务】—【系统管理】，此时注册的年度应该是需要进行结转的年度，如需要将 2020 年的数据结转至 2021 年，则需要以 2021 年注册进入。选择【年度账】—【结转上年数据】命令，选择相应模块结转功能进行上一年度数据的结转。各相关模块确认后，系统将自动进行检查并给出相关提示。

由于系统内模块众多，彼此之间存在数据传递关系，因此，结转上一年度数据的操作不能随意地进行，需要遵从一定的顺序，用户应根据本企业所启用的所有功能模块的实际情况按顺序进行结转。

第3章　企业应用平台

学习目标

本章重点介绍了用友 ERP-U8V10.1 管理软件中企业应用平台的主要功能。通过本章学习，能够掌握如何启用系统；设置编码方案、数据精度等基本信息；设置机构人员、客商信息、外币、会计科目、凭证类别、项目档案、结算方式等基础档案；设置单据格式、编号。

3.1　企业应用平台概述

3.1.1　企业应用平台功能

企业应用平台，用于存储在企业内部和外部的各种信息，使企业员工、用户和合作伙伴能够访问其所需的信息。通过企业应用平台，企业员工可以访问企业的各种信息，定义自己的业务工作，并设计自己的工作流程。从而实现信息的及时沟通、资源的有效利用、与合作伙伴的在线和实时的链接，进而提高企业员工的工作效率以及企业的处理能力。

企业应用平台主要提供了以下几个方面的功能：业务工作、基础设置、系统服务、消息中心、报表中心和工作中心等。用友 ERP-U8V10.1 应用系统包括了基础设置、财务会计、管理会计、供应链、生产制造、人力资源、集团应用及企业应用集成等十几个子系统，以及系统管理、系统配置等多个软件管理工具。为了方便用户进行集中管理、快速进入各相关子系统，这些子系统与功能模块都集中列示在“业务导航视图”中，如图 3－2 至图 3－4 所示。

“工作列表”拥有“业务工作”“系统服务”和 “基础设置”三个主要选项卡。在使用 ERP-U8V10.1 应用系统前，需要做很多的准备工作，包括启用需要使用的子系统、根据本单位信息化管理的需要设置基础档案、业务内容及会计科目等，这些功能模块都集中在“基础设置”选项卡中；在“业务工作”选项卡中则包含了财务会计、供应链、生产制造、人力资源等进行日常业务工作所使用的子系统，提供了快速进入业务工作的途径，还可以定义自己的功能组及功能菜单；“系统服务”选项卡集中了系统管理、服务器配置、工具和权限等。

3.1.2　企业应用平台进入方式

企业应用平台的进入方式为：选择【开始】—【用友 ERP-U8V10.1】—【企业应用平台】，进入企业应用平台模块；在“操作员”栏中输入用户编码，在“密码”栏中输入密码，在“账套”栏中输入账套，在“操作日期”栏中输入企业启用“总账”的启用时间，点击【确定】进入企业应用平台窗口，如图 3—1 所示。

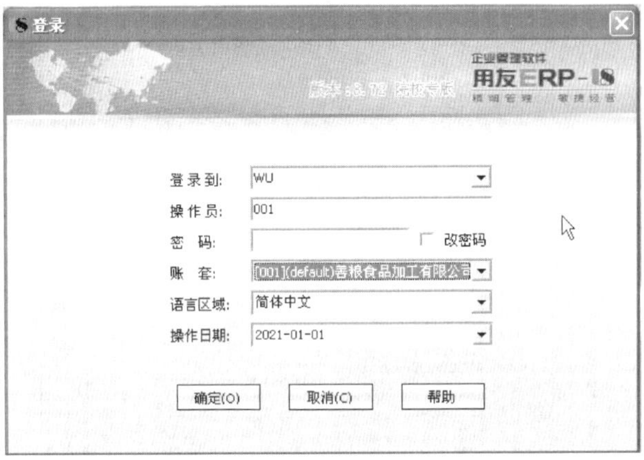

图 3—1

为了方便用户进行集中管理、快速进入各相关子系统，这些子系统与功能模块都集中列示在“企业应用平台”的“业务导航视图”中。“工作列表”分为“业务工作”选项卡，主要包括财务会计、内部控制、企业应用集成、U8 应用中心等进行日常业务工作所使用的子系统，如图 3—2 所示。

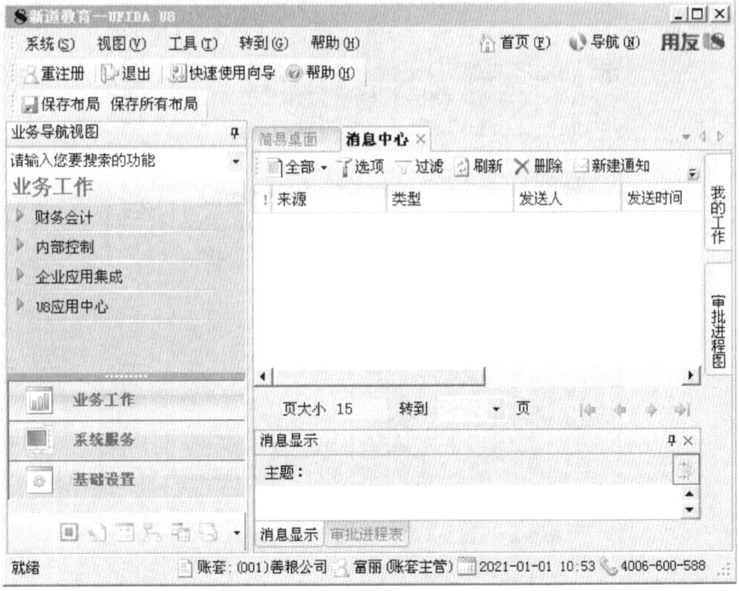

图 3—2

“系统服务”选项卡，集中了系统管理、服务器配置，工具和权限等业务，如图 3—3 所示。

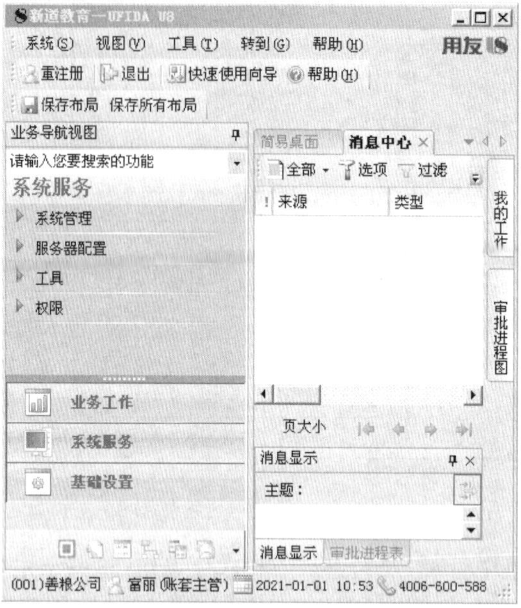

图 3—3

“基础设置”选项卡，具有基本信息、基础档案、业务参数、个人参数、单据设置、档案设置等功能，如图 3—4 所示。

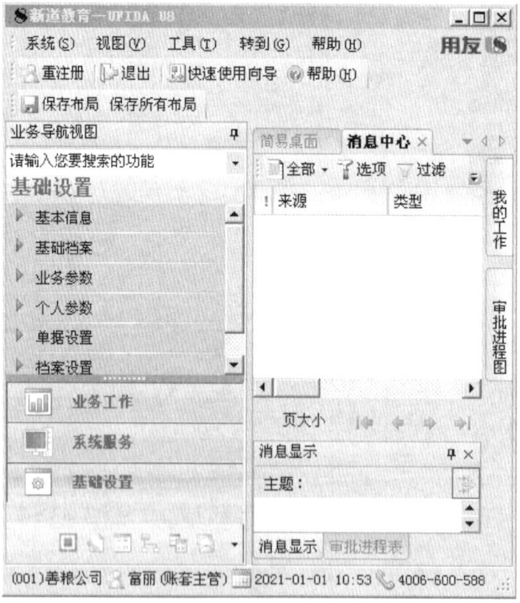

图 3—4

在日常使用时，不同的用户通过注册进行身份识别，进入企业应用平台后看到的界面是相同的，但由于不同用户具有不同的操作权限，因此，每个人能进入的功能模块是不同的。需要进入某一模块时，只需在业务工作列表中打开该模块所属的子系统，单击相应模块即可。

3.1.3　企业应用平台操作流程

企业应用平台集中了用友 ERP-U8V10.1 应用系统的所有功能，为各个子系统提供了一个公共的交流平台。通过企业应用平台中的“基础设置”，可以完成各模块的基础档案管理以及数据权限划分等设置。通过企业应用平台，可以对各模块的界面风格进行个性化订制，可以方便地进入任何一个有权限的模块，如图 3—5 所示。

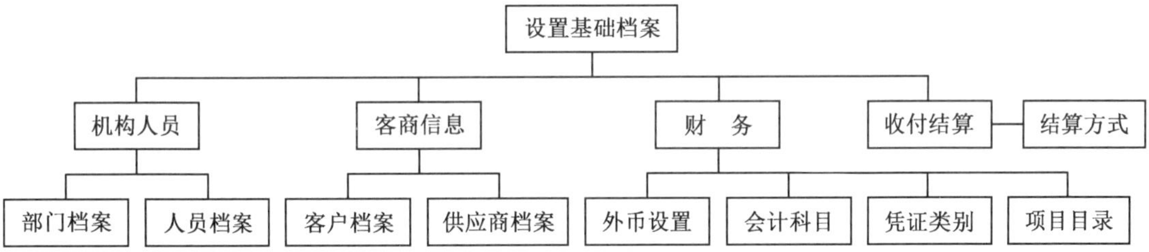

图 3—5

3.2　基础设置应用案例

进入企业应用平台后，首先要启用系统、设置用到的所有基础数据，然后才能进行正常的日常业务处理。基础设置就是把手工资料经过加工整理，根据本单位建立信息化管理的需要，建立软件系统应用平台，是手工业务的延续和提高。企业账套信息沿用“第 2 章 2.2 系统管理应用案例”。

3.2.1　【案例 3—1】　基本信息

(1)启用“总账”系统，启用日期为 2021-01-01。如果建账时，Admin 已经启用“总账”，则省略此操作。

(2)编码方案精度不用修改。

(3)数据精度不用修改。

3.2.2　【案例 3—2】　机构人员

(1)部门档案。

部门档案如表 3—1 所示。

表 3—1　　部门档案

部门编码	部门名称	成立日期
01	生产部	2021 年 1 月 1 日
0101	生产一部	2021 年 1 月 1 日
0102	生产二部	2021 年 1 月 1 日

续表

部门编码	部门名称	成立日期
02	工程部	2021年1月1日
03	采购部	2021年1月1日
0301	采购一部	2021年1月1日
0302	采购二部	2021年1月1日
04	业务部	2021年1月1日
0401	业务一部	2021年1月1日
0402	业务二部	2021年1月1日
05	财务部	2021年1月1日
06	人事部	2021年1月1日

(2)人员档案。

人员档案如表3－2所示。

表3－2　　人员档案

人　员		性别	部门名称	雇用状态	人员类别	生效日期	业务或费用部门
10101	张大力	男	生产一部	在职	正式工	2021-1-1	生产一部
20001	赵若男	女	工程部	在职	正式工	2021-1-1	工程部
30001	倪飞雪	女	采购部	在职	正式工	2021-1-1	采购一部
30101	李向南	男	采购一部	在职	正式工	2021-1-1	采购一部
40001	李雨彤	男	业务部	在职	正式工	2021-1-1	业务一部
40101	王磊	男	业务一部	在职	正式工	2021-1-1	业务一部
40201	何亮	男	业务二部	在职	正式工	2021-1-1	业务二部
50001	富丽	女	财务部	在职	正式工	2021-1-1	财务部
50002	李阳	女	财务部	在职	正式工	2021-1-1	财务部
50003	关星宇	男	财务部	在职	正式工	2021-1-1	财务部
60001	刘颖	女	人事部	在职	正式工	2021-1-1	人事部

3.2.3 【案例3－3】 客商信息

(1)客户分类。

客户分类如表3－3所示。

表 3—3　　客户分类

分类编码	分类名称
01	批发
02	零售
03	代销
04	专柜

(2)客户档案。

客户档案如表 3—4 所示。

表 3—4　　客户档案

客户编码	客户简称	所属分类	税　号	属　性	开户银行	账　号
0001	华瑞公司	批发	65003154	工行	122	国内、服务
0002	鼎新贸易公司	批发	650108777	中行	683	国内、服务
0003	宏益公司	专柜	655000123	建行	458	国内、服务
0004	中通公司	代销	655452453	招行	868	国内、服务

(3)供应商分类。

供应商分类如表 3—5 所示。

表 3—5　　供应商分类

分类编码	分类名称
01	原料供应商
02	辅料供应商
03	其他

(4)供应商档案。

供应商档案如表 3—6 所示。

表 3—6　　供应商档案

供应商编码	供应商简称	所属分类	税　号	属　性
DYYXGS	大益有限公司	原料供应商	313564664	采购
YKMY	营口贸易	辅料供应商	310469795	采购
AJGS	艾建公司	其他	310546508	服务

3.2.4 【案例 3—4】 财务

(1)外币设置。

币符：$；币名：美元；汇率小数位：2 位；最大误差：0.01；折算方式：外币 * 汇率＝本位币，固定汇率，1 月记账汇率为 6.40。

(2)会计科目设置。

会计科目设置如表 3—7 所示。

表 3—7 会计科目

类型	科目编码	科目名称	计量单位	辅助账类型
资产	1001	库存现金		指定科目
资产	1002	银行存款		指定科目
资产	100201	工商银行北京支行		
	100202	建设银行红旗支行	美元	外币核算
资产	1121	应收票据		客户往来(总账核算)
资产	1122	应收账款		客户往来(总账核算)
资产	1221	其他应收款		个人往来
资产	1123	预付账款		供应商往来(总账核算)
资产	1403	原材料		
资产	1411	周转材料		
资产	1405	库存商品		
	140501	豆油	吨	数量核算、项目核算
资产	1601	固定资产		
负债	2001	短期借款		
负债	200101	工商银行北京支行		
负债	2201	应付票据		供应商往来(总账核算)
负债	2202	应付账款		供应商往来(总账核算)
负债	2203	预收账款		客户往来(总账核算)
权益	4001	实收资本		
成本	5001	生产成本		
成本	500101	人工费		项目核算
成本	500102	材料费		项目核算
成本	500103	制造费用		项目核算
成本	5101	制造费用		
成本	510101	折旧费		
损益	6001	主营业务收入		
损益	600101	豆油业务收入	吨	项目核算
损益	6401	主营业务成本		
损益	640101	豆油业务成本	吨	项目核算
损益	6601	销售费用		
损益	660101	折旧费		部门核算
损益	660102	薪资		部门核算
损益	660104	广告费		部门核算
损益	6602	管理费用		
损益	660201	折旧费		部门核算
损益	660202	工资		部门核算
损益	660203	差旅费		部门核算
损益	660204	电话费		部门核算

(3)定义凭证类别。

定义凭证类别为“记账凭证”。

(4)项目目录设置及项目目录维护。

项目目录设置及项目目录维护如表 3—8、表 3—9 所示。

表 3—8　　项目目录

项目大类名称	项目级次	项目核算科目
豆油成本核算（普通项目）	一级 1 位长度	库存商品\豆油、生产成本\人工费、生产成本\材料费、生产成本\制造费用、主营业务收入\豆油业务收入、主营业务成本\豆油业务成本

项目分类定义：1，无分类

表 3—9　　项目目录维护

项目编号	项目名称	是否结算	所属分类码	所属分类名称
001	豆油	否	1	无分类

3.2.5 【案例 3—5】 收付结算

定义结算方式。

结算方式如表 3—10 所示。

表 3—10　　结算方式

编　码	名　称	是否票据管理
01	现金支票	不需要票据管理
02	转账支票	不需要票据管理
03	电汇结算	不需要票据管理

3.3 基本信息设置

基本信息包括系统启用、编码方案和数据精度三方面的内容。

在建账套时，Admin 已经设置了相关信息。由于 Admin 不能进行具体的业务操作，可能设置的这些参数不符合账套的实际情况，因此，允许账套主管对其重新设置。

3.3.1 系统启用

【案例 3—1】 启用“总账”系统

启用日期为“2021-01-01”。如果建账时，Admin 已经启用“总账”，则省略此操作。

【操作步骤】

(1)【基本信息】—【系统启用】，如图 3—6 所示。

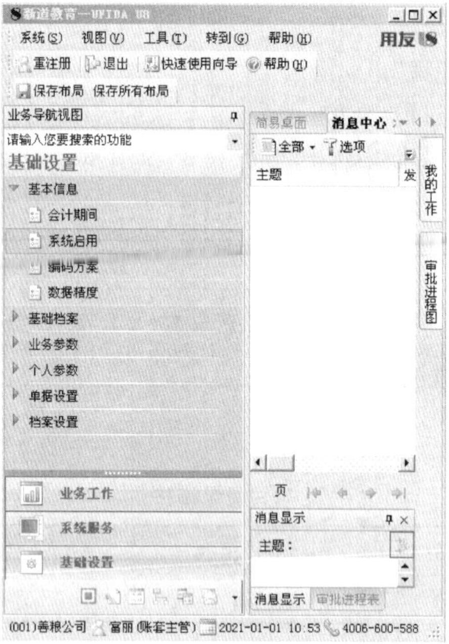

图 3—6

(2)一般在建立账套时，由“Admin”启用系统；如果没有启用，或者 Admin 设置的参数不符合账套的实际情况，则可以账套主管身份，重新进行系统启用，录入“启用日期”，点击【确定】，启用后需要【重注册】刷新界面，如图 3—7 所示。

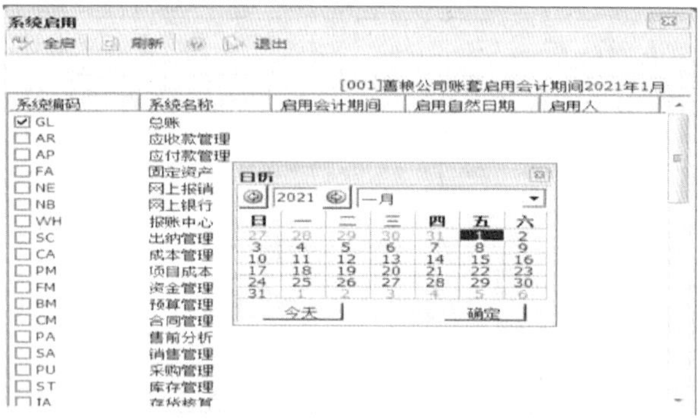

图 3—7

3.3.2 编码方案

为了方便分级核算、统计、管理，需要对基础数据的编码进行分级设置，各级编码长度可自行设计。可分级设置的内容有科目编码、客户分类编码、部门编码、存货分类编码、地区分类编码、货位编码、供应商分类编码、收发类别编码和结算方式编码。编码级次和各级编码长度的设置将决定用户单位如何编制基础数据的编号，进而构成用户分级核算、统计和管理的基础。

【案例 3—1】 编码方案精度不用修改

【操作步骤】

(1)【基本信息】—【编码方案】,只有账套主管有权限修改编码方案,并且保证是登录后的第一项操作,如图 3—8 所示。

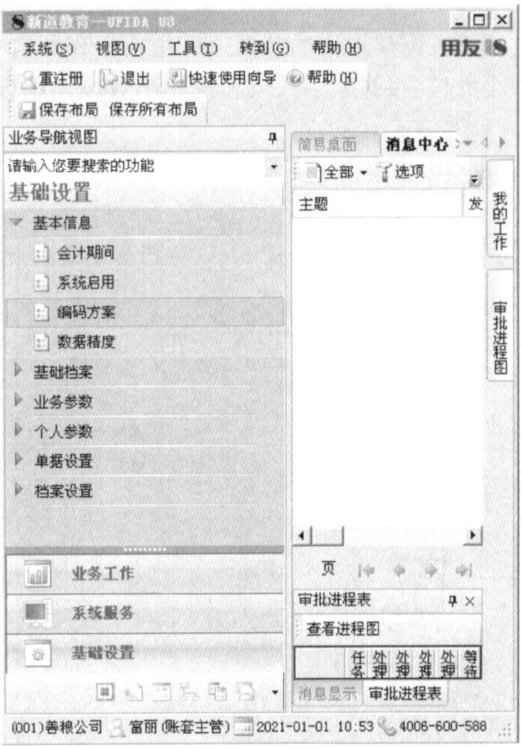

图 3—8

(2)修改编码方案时,级次不能超过最大级数;长度也只能在最大长度范围内,置灰区域表示不可修改。修改后,点击【确定】,如图 3—9 所示。

图 3—9

3.3.3 数据精度

由于各企业对数量、单价的核算精度要求不一致，为了适应各用户企业的不同需求，系统提供了自定义数据精度的功能。需要设置的数据精度主要有存货数量小数位、存货单价小数位、开票单价小数位、件数小数位、换算率小数位和税率小数位。用户可根据企业的实际情况来设置。

【案例 3－1】 数据精度不用修改

【操作步骤】

(1)【基本信息】—【数据精度】，修改数据精度，只有账套主管有此权限，如图 3—10 所示。

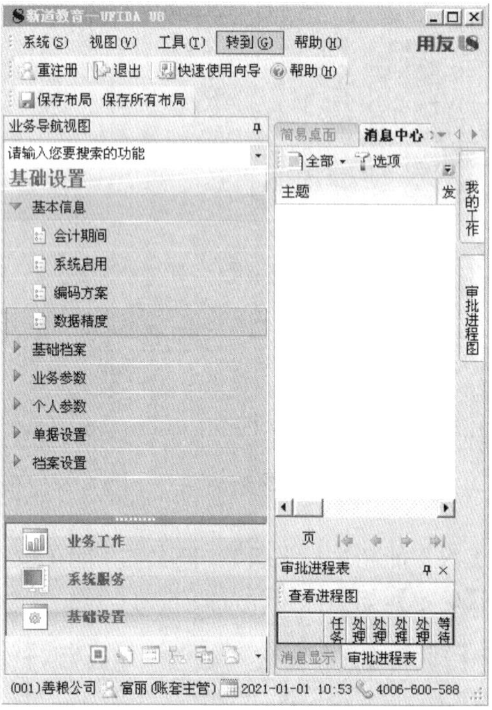

图 3—10

(2)修改后，点击【确定】，如图 3—11 所示。

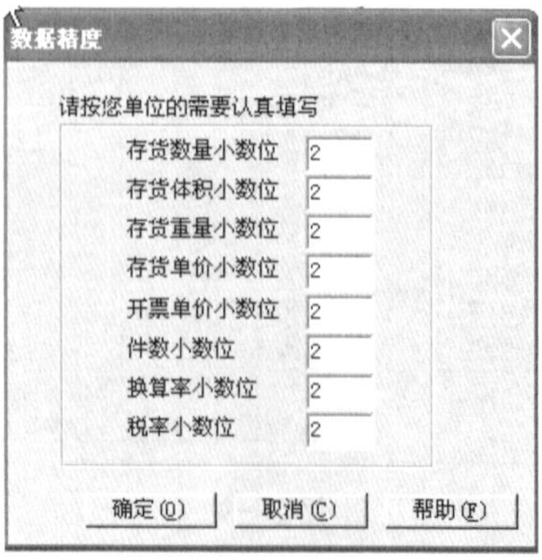

图 3—11

3.4　基础档案设置

设置基础档案就是根据本单位建立信息化管理的需要，建立企业的各种档案，是手工业务的延续和提高。其主要内容包括：设置机构人员、客商信息、财务、收付结算等。

3.4.1　机构人员

【案例 3—2】（1）部门档案（见表 3—11）

表 3—11　部门档案

部门编码	部门名称	成立日期
01	生产部	2021 年 1 月 1 日
0101	生产一部	2021 年 1 月 1 日
0102	生产二部	2021 年 1 月 1 日
02	工程部	2021 年 1 月 1 日
03	采购部	2021 年 1 月 1 日
0301	采购一部	2021 年 1 月 1 日
0302	采购二部	2021 年 1 月 1 日
04	业务部	2021 年 1 月 1 日
0401	业务一部	2021 年 1 月 1 日
0402	业务二部	2021 年 1 月 1 日
05	财务部	2021 年 1 月 1 日
06	人事部	2021 年 1 月 1 日

【操作步骤】

【基础档案】—【机构人员】—【部门档案】，点击【增加】，输入部门编号、部门名称等信息，点击【保存】，如图 3—12 所示。

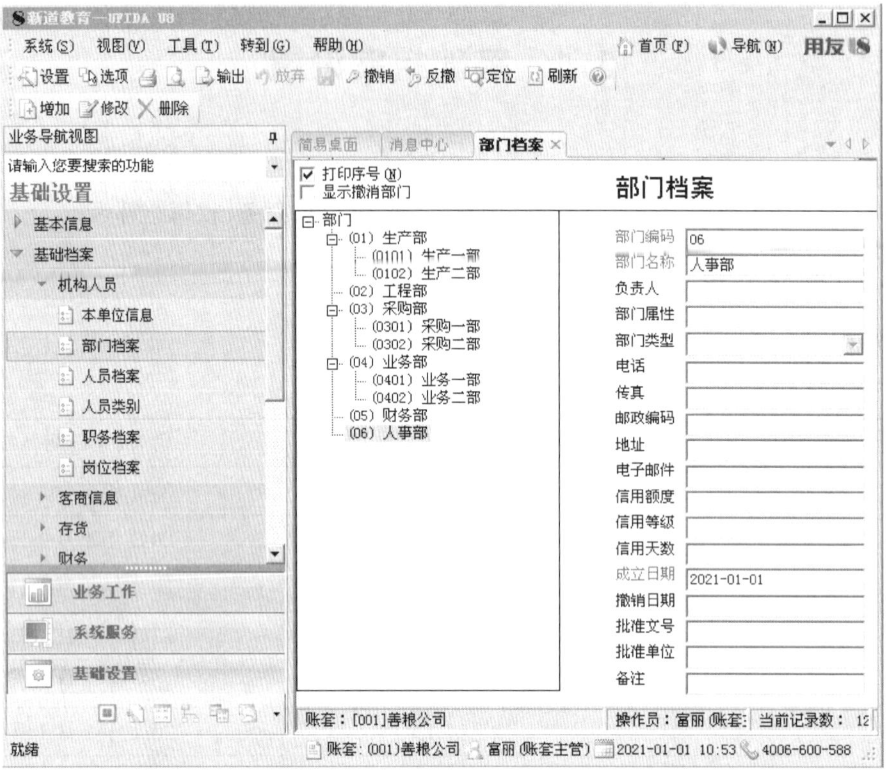

图 3—12

【案例 3—2】 (2)人员档案(见表 3—12)

表 3—12 **人员档案**

人员		性别	部门名称	雇用状态	人员类别	生效日期	业务或费用部门
10101	张大力	男	生产一部	在职	正式工	2021—1—1	生产一部
20001	赵若男	女	工程部	在职	正式工	2021—1—1	工程部
30001	倪飞雪	女	采购部	在职	正式工	2021—1—1	采购一部
30101	李向南	男	采购一部	在职	正式工	2021—1—1	采购一部
40001	李雨彤	男	业务部	在职	正式工	2021—1—1	业务一部
40101	王磊	男	业务一部	在职	正式工	2021—1—1	业务一部
40201	何亮	男	业务二部	在职	正式工	2021—1—1	业务二部
50001	富丽	女	财务部	在职	正式工	2021—1—1	财务部
50002	李阳	女	财务部	在职	正式工	2021—1—1	财务部
50003	关星宇	男	财务部	在职	正式工	2021—1—1	财务部
60001	刘颖	女	人事部	在职	正式工	2021—1—1	人事部

【操作步骤】

①【基础档案】—【机构人员】—【人员档案】,选择要增加人员的末级部门,点击【增加】,如

图 3—13 所示。

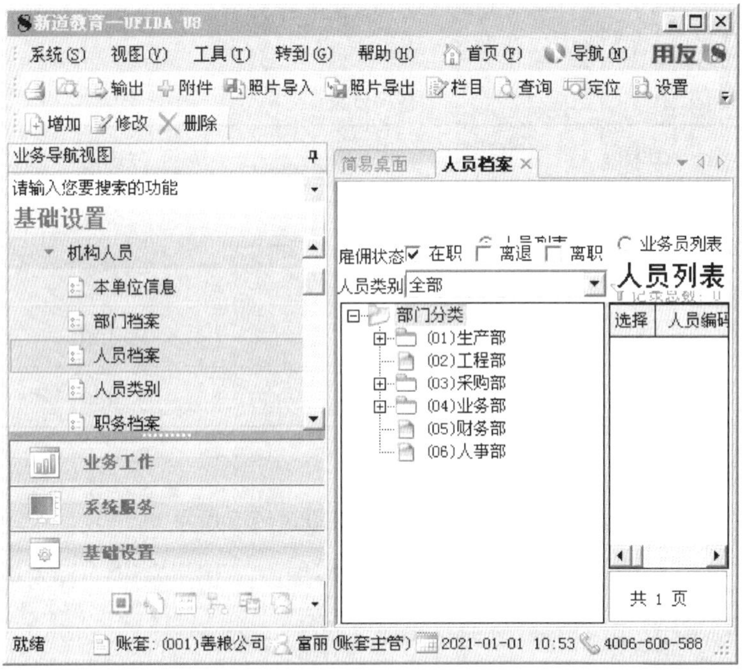

图 3—13

②显示"人员档案"空白页,录入相应内容,如图 3—14 所示。

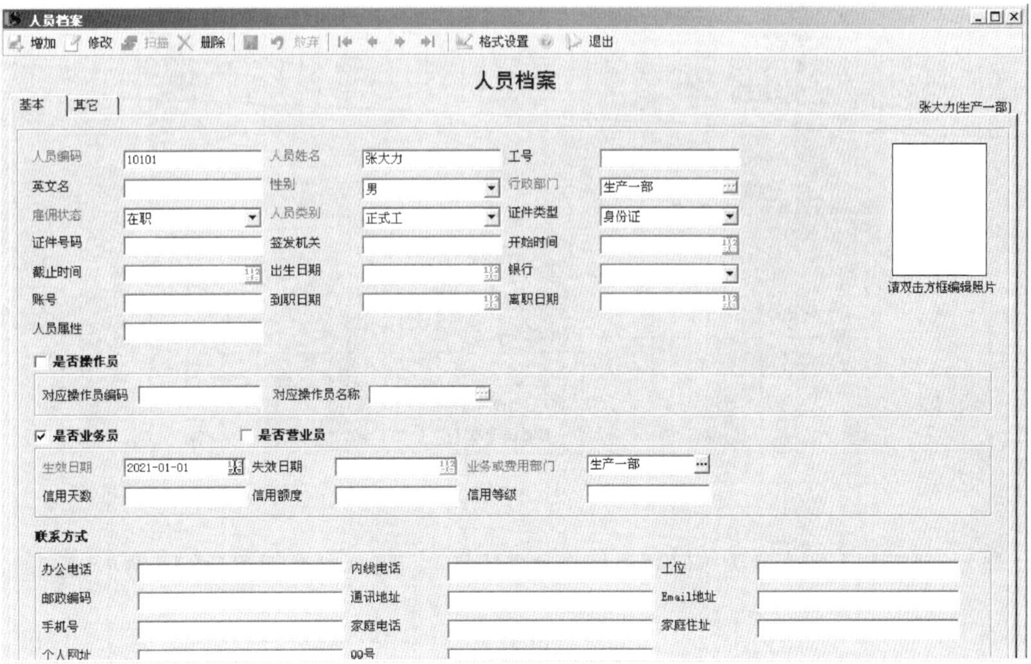

图 3—14

3.4.2 定义客商信息

【案例 3-3】 (1)客户分类(见表 3-13)

表 3-13 客户分类

分类编码	分类名称
01	批发
02	零售
03	代销
04	专柜

【操作步骤】

①【基础档案】—【客商信息】—【客户分类】,如图 3-15 所示。

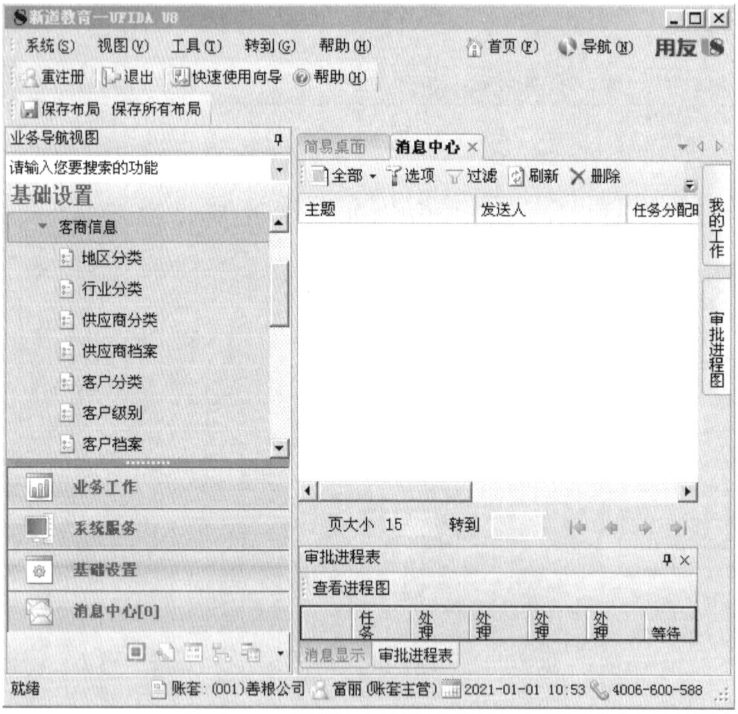

图 3-15

②点击【增加】,输入分类编码和名称等分类信息,点击【保存】,如图 3-16 所示。

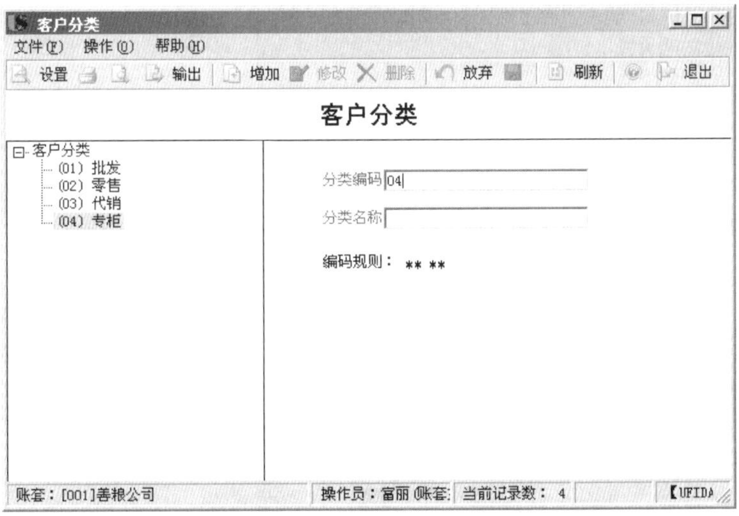

图 3—16

【案例 3—3】（2）客户档案（见表 3—14）

表 3—14　　客户档案

客户编码	客户简称	所属分类	税　号	属　性	开户银行	账　号
0001	华瑞公司	批发	65003154	工行	122	国内、服务
0002	鼎新贸易公司	批发	650108777	中行	683	国内、服务
0003	宏益公司	专柜	655000123	建行	458	国内、服务
0004	中通公司	代销	655452453	招行	868	国内、服务

【操作步骤】

①【基础档案】—【客商信息】—【客户档案】，在左边的树形列表中选择一个末级的客户档案，点击【增加】，如图 3—17 所示。

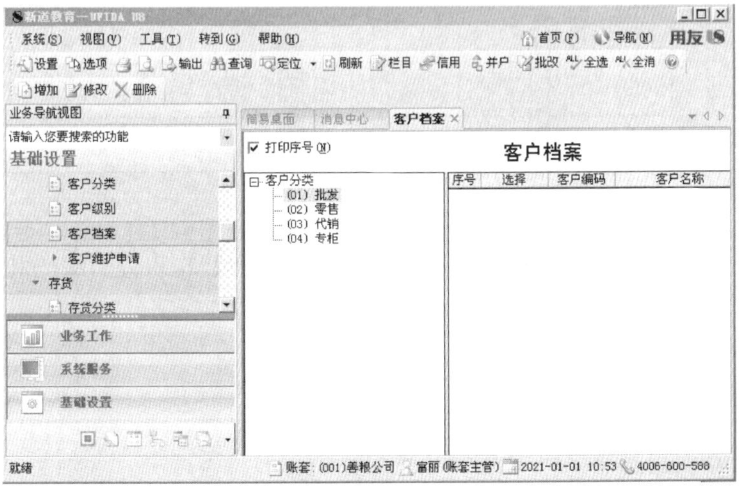

图 3—17

②如果设置了开户银行信息，则需要填写【银行】项内容，默认值为“是”，录入完毕，点击【退出】，如图 3－18 所示。

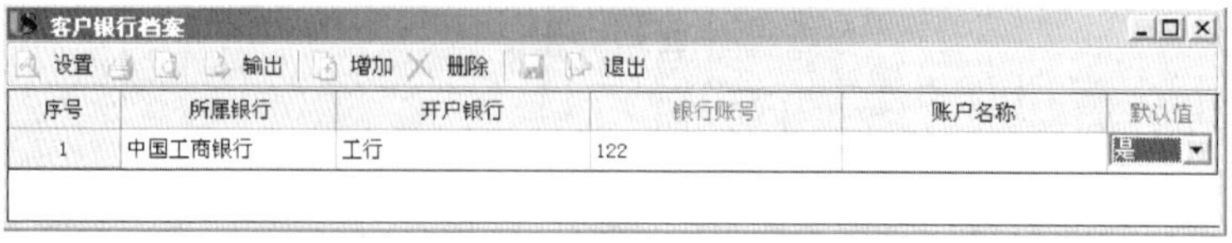

图 3－18

③选择“基本”“联系”“信用”“其他”页签，填写相关内容，点击【保存】，如图 3－19 所示。

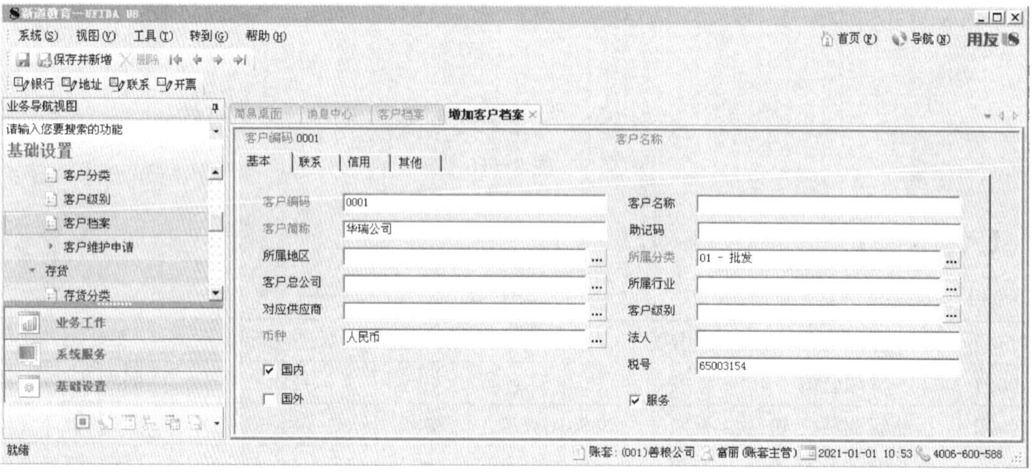

图 3－19

【案例 3－3】 (3)供应商分类(见表 3－15)

表 3－15　　供应商分类

分类编码	分类名称
01	原料供应商
02	辅料供应商
03	其他

【操作步骤】

【基础档案】—【客商信息】—【供应商分类】，点击【增加】，输入分类编码和分类名称，点击【保存】，如图 3－20 所示。

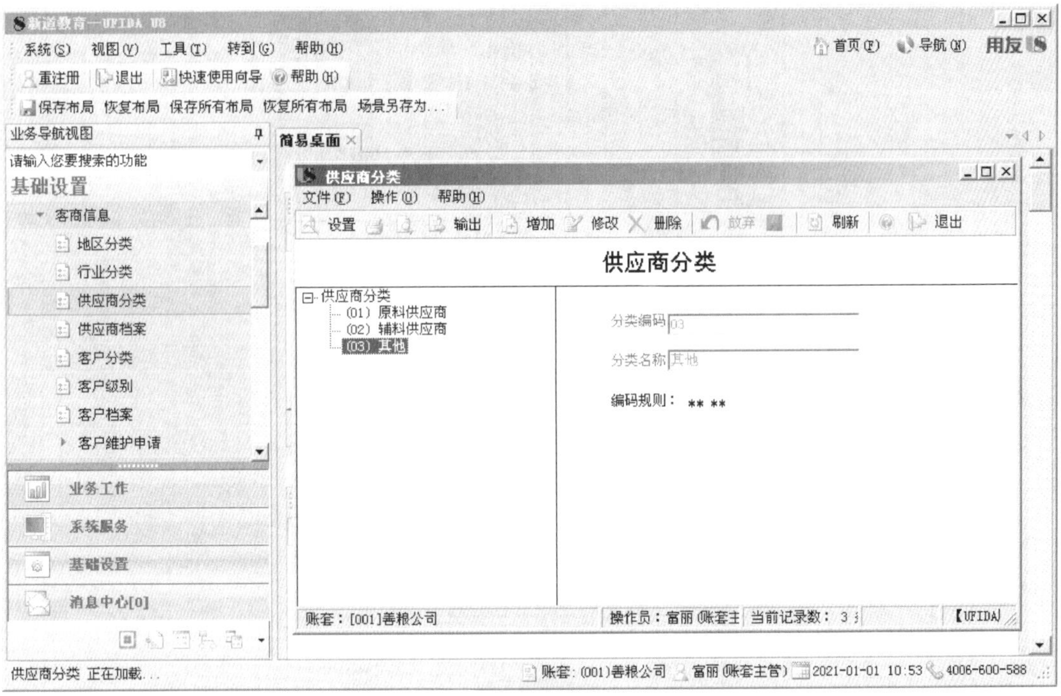

图 3—20

【案例 3—3】 (4)供应商档案(见表 3—16)

表 3—16　　供应商档案

供应商编码	供应商简称	所属分类	税　号	属　性
DYYXGS	大益有限公司	原料供应商	313564664	采购
YKMY	营口贸易	辅料供应商	310469795	采购
AJGS	艾建公司	其他	310546508	服务

【操作步骤】

①【基础档案】—【客商信息】—【供应商档案】,在左边的树形列表中选择一个末级的供应商分类,点击【增加】,如图 3—21 所示。

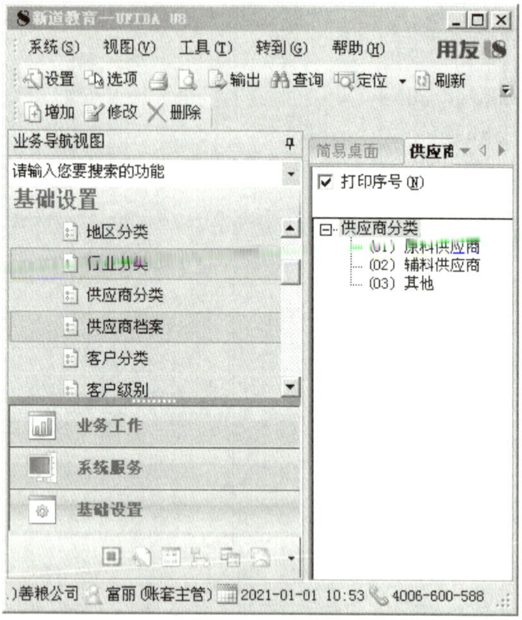

图 3—21

②选择“基本”“联系”“信用”“其他”页签，填写相关内容，然后点击【保存】，如图 3—22 所示。

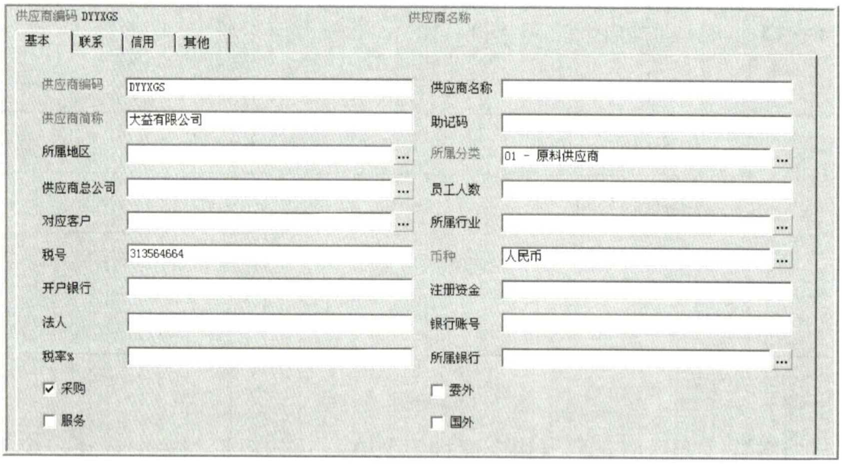

图 3—22

3.4.3　外币设置

汇率管理是专为外币核算服务的。在【填制凭证】中所用的汇率应先在此进行定义，以便制单时调用，减少录入汇率的次数和差错。

使用固定汇率，即使用月初或年初的汇率作为记账汇率的用户，在填制每月的凭证前，应预先在此录入该月的记账汇率，否则在填制该月外币凭证时，将会出现汇率为零的错误。

对于使用变动汇率，即使用当日汇率作为记账汇率的用户，在填制该天的凭证前，应预先在此录入该天的记账汇率。

【案例3—4】　外币设置

币符：$；币名：美元；汇率小数位：2位；最大误差：0.01；折算方式：外币 * 汇率＝本位币，固定汇率，1月记账汇率为6.40。

【操作步骤】

(1)【财务】—【外币设置】，如图3—23所示。

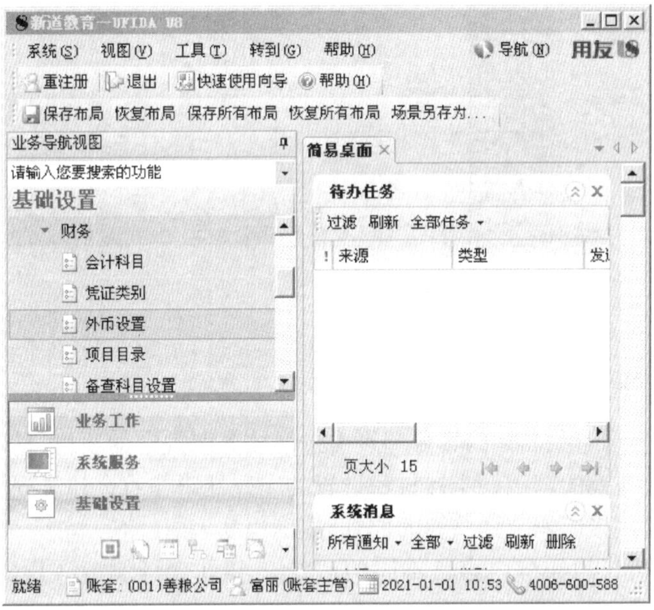

图3—23

(2)点击【增加】，输入"币符""币名"等信息，点击【确认】，如图3—24所示。

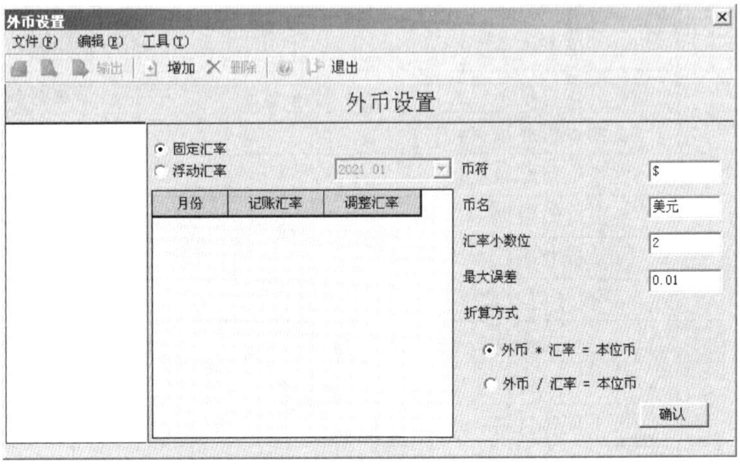

图3—24

(3)选择新录入的外币，登记固定记账汇率，如图3—25所示。

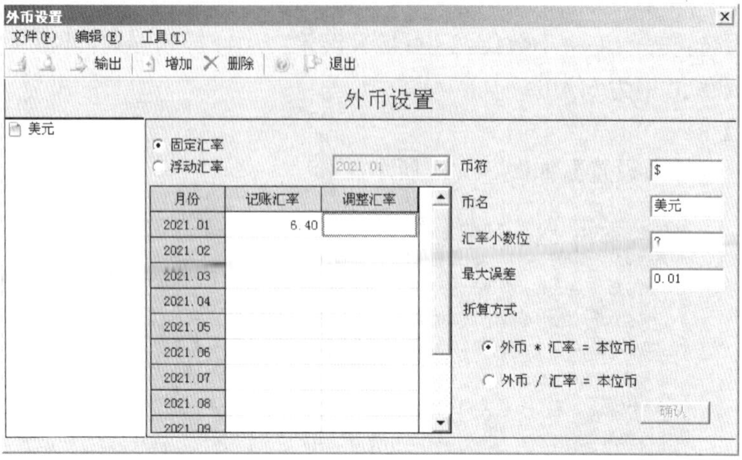

图 3－25

3.4.4 会计科目设置

会计科目是对会计对象具体内容分门别类进行核算所规定的项目，是填制会计凭证、登记会计账簿、编制会计报表的基础。会计科目设置的完整性影响着会计过程的顺利实施，会计科目设置的层次、深度直接影响会计核算的详细、准确程度。

每个会计科目核算的经济内容是不同的，“2007 年新会计制度科目”分为六类：资产、负债、共同、所有者权益、成本、损益。

【案例 3－4】 会计科目设置(见表 3－17)

表 3－17 会计科目

类型	科目编码	科目名称	计量单位	辅助账类型
资产	1001	库存现金		指定科目
资产	1002	银行存款		指定科目
资产	100201	工商银行北京支行		
	100202	建设银行红旗支行	美元	外币核算
资产	1121	应收票据		客户往来(总账核算)
资产	1122	应收账款		客户往来(总账核算)
资产	1221	其他应收款		个人往来
资产	1123	预付账款		供应商往来(总账核算)
资产	1403	原材料		
资产	1411	周转材料		
资产	1405	库存商品		
	140501	豆油	吨	数量核算、项目核算
资产	1601	固定资产		
负债	2001	短期借款		
负债	200101	工商银行北京支行		
负债	2201	应付票据		供应商往来(总账核算)

续表

类型	科目编码	科目名称	计量单位	辅助账类型
负债	2202	应付账款		供应商往来(总账核算)
负债	2203	预收账款		客户往来(总账核算)
权益	4001	实收资本		
成本	5001	生产成本		
成本	500101	人工费		项目核算
成本	500102	材料费		项目核算
成本	500103	制造费用		项目核算
成本	5101	制造费用		
成本	510101	折旧费		
损益	6001	主营业务收入		
损益	600101	豆油业务收入	吨	项目核算
损益	6401	主营业务成本		
损益	640101	豆油业务成本	吨	项目核算
损益	6601	销售费用		
损益	660101	折旧费		部门核算
损益	660102	工资		部门核算
损益	660104	广告费		部门核算
损益	6602	管理费用		
损益	660201	折旧费		部门核算
损益	660202	工资		部门核算
损益	660203	差旅费		部门核算
损益	660204	电话费		部门核算

(1)指定科目。

指定科目是指指定库存现金、银行存款和现金流量科目,是确定出纳的专管科目,供出纳管理使用。

被指定为现金、银行科目的可以查询库存现金、银行存款日记账,进行银行对账,以及在制单中进行支票控制,从而实现现金、银行存款管理的保密性。一般情况下,库存现金科目要指定为现金科目,银行存款科目要指定为银行科目。

由于此处指定的现金流量科目供 UFO 报表系统编制现金流量表时取数函数使用,所以在录入凭证时,对指定的现金流量科目系统自动弹出窗口要求您指定当前录入分录的现金流量项目。

【操作步骤】

①【财务】—【会计科目】,如图 3—26 所示。

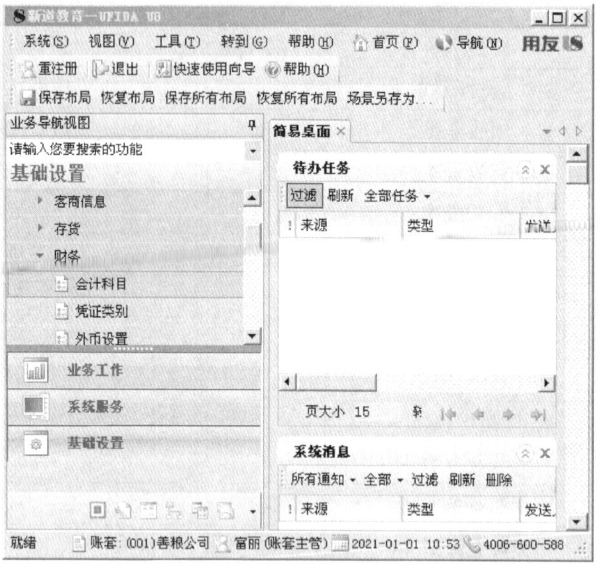

图 3—26

②【编辑】—【指定科目】,如图 3—27 所示。

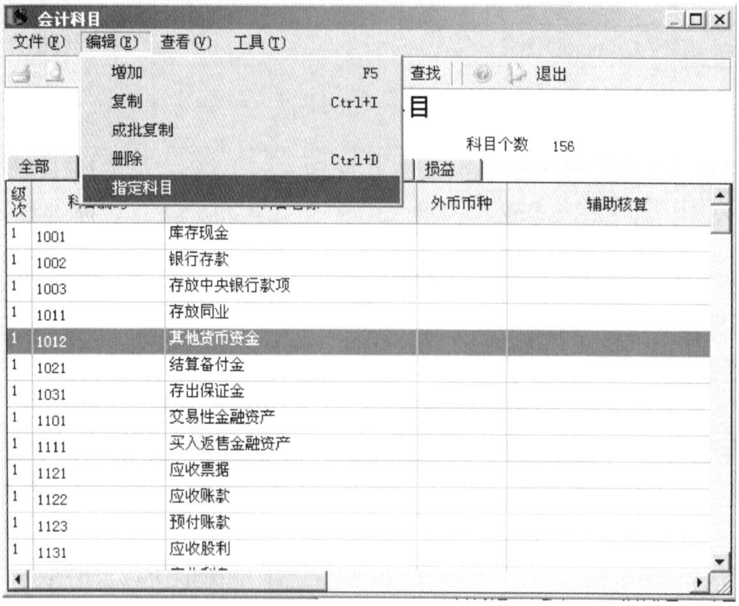

图 3—27

③在此用【 > 】选择,“现金科目”中只指定“库存现金”,如图 3—28 所示。

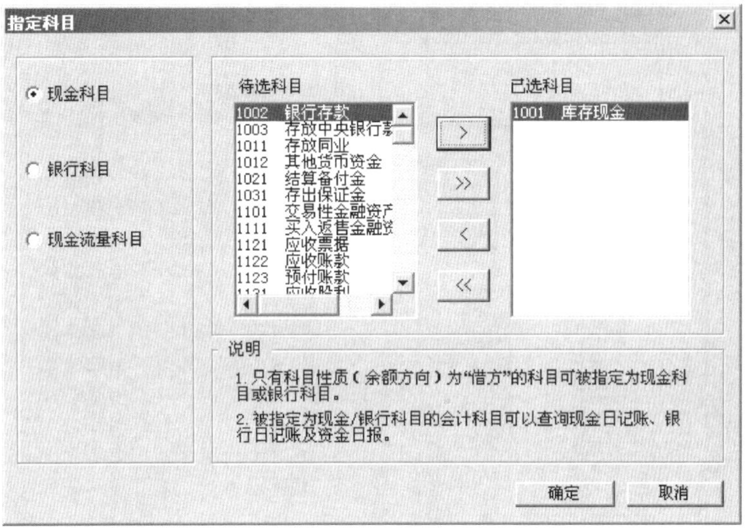

图 3—28

④“银行科目”中只指定“银行存款”，点击【确定】，如图 3—29 所示。

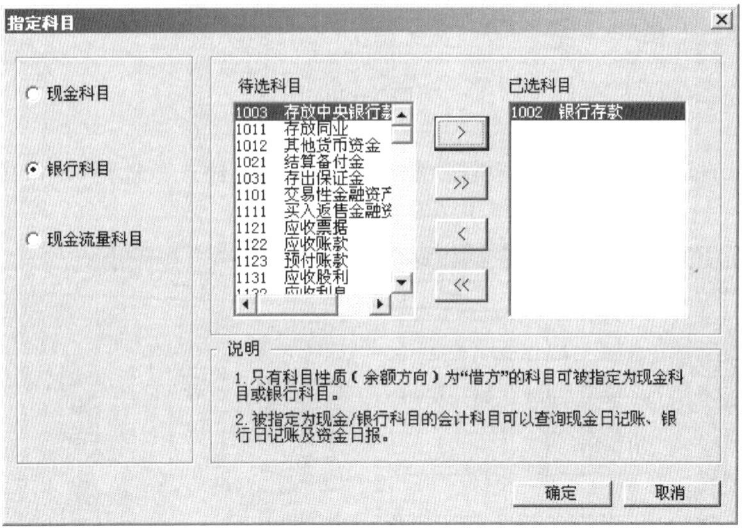

图 3—29

(2)增加会计科目。

【操作步骤】

①点击【增加】，输入科目编码、科目名称等信息，点击【确定】后保存，如图 3—30 所示。

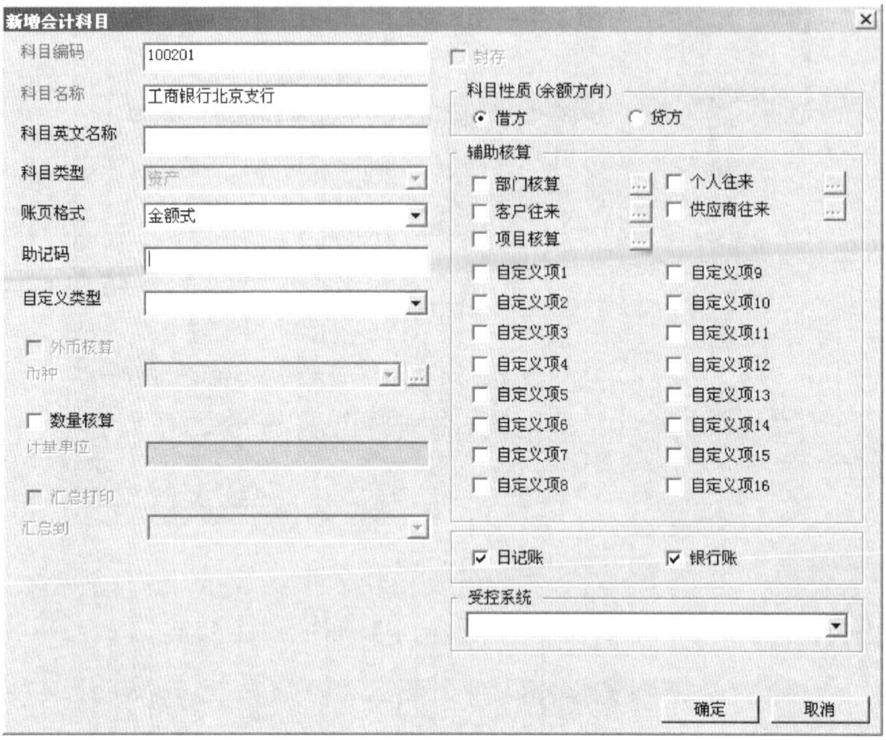

图 3—30

②增加“外币核算”科目时,设置“账页格式”为“外币金额式”,选择“外币核算”,“币种”选择美元,如图 3—31 所示。

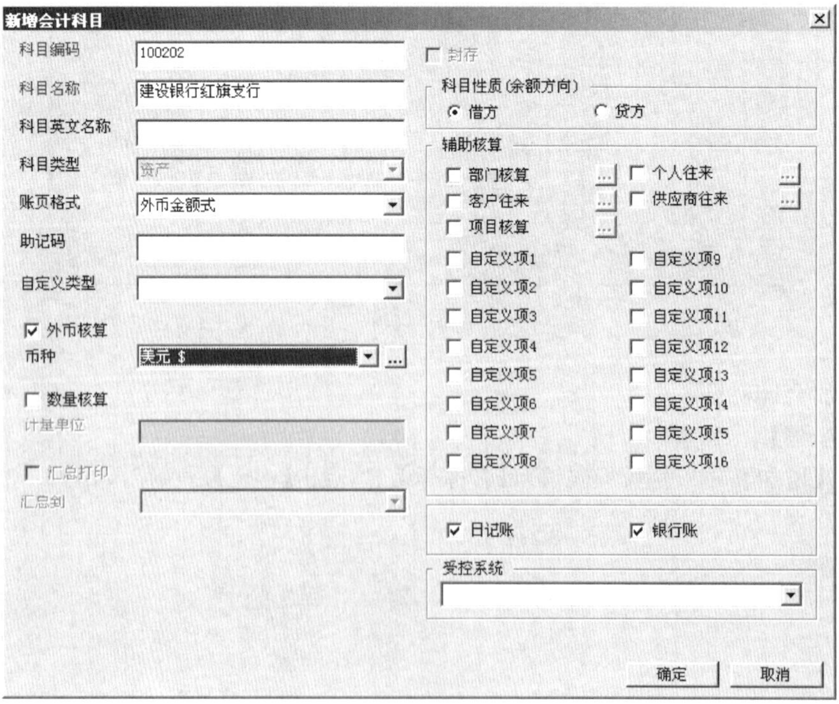

图 3—31

③增加“数量核算”科目时，设置“账页格式”为“数量金额式”，选择“数量核算”，“计量单位”为吨，如图 3－32 所示。

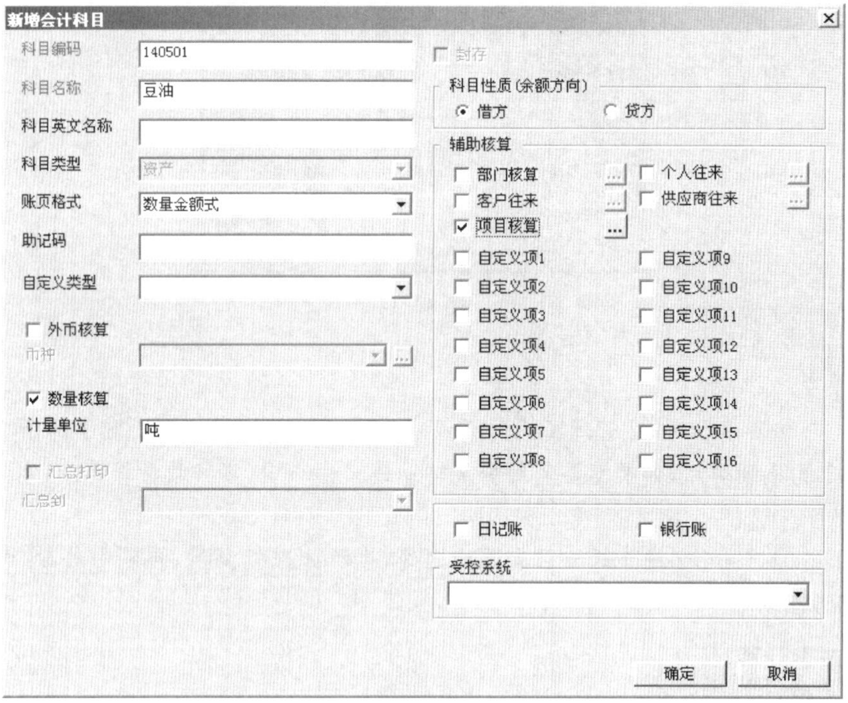

图 3－32

(3)成批复制会计科目。

【操作步骤】

①【编辑】—【成批复制】，如图 3－33 所示。

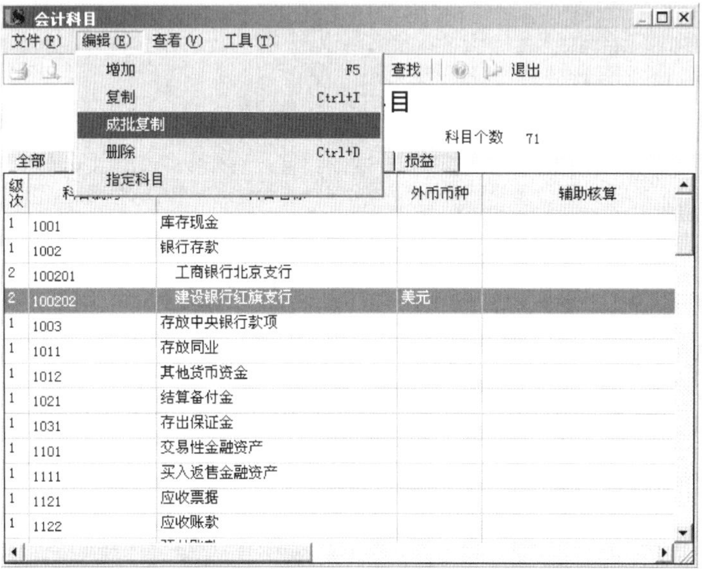

图 3－33

②填写科目编码，选择需要复制携带的辅助核算、数量核算或外币核算，即可成批复制二级明细科目，如图 3－34 所示。

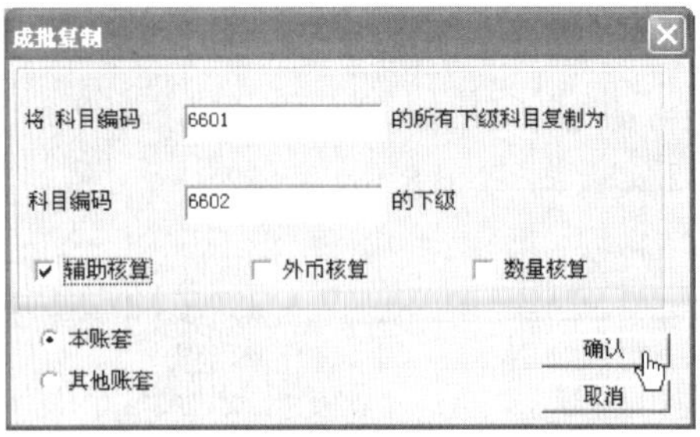

图 3－34

【提示】

①6601 销售费用和 6602 管理费用的下级明细科目基本相同，可将 6601 的所有下级科目复制为 6602 的下级即可，如果需要复制携带辅助核算、外币核算和数量核算的，在三个辅助核算前打钩即可。

②即使 6601 和 6602 的下级科目有不同之处，也可先成批复制，再稍做修改，相比重新设置要快捷方便。

（4）修改会计科目。

【操作步骤】

①选择要修改的科目，点击【修改】或双击该科目进行调整，例如将“其他应收款”科目修改成“个人往来”，如图 3－35 所示。

图 3－35

②将“应收票据、应收账款、预收账款”科目修改成“客户往来”，其对应的“受控系统”选择空，实现总账核算，在“总账”中使用该科目；否则只能在“应收系统”中使用该科目，如图 3—36 所示。

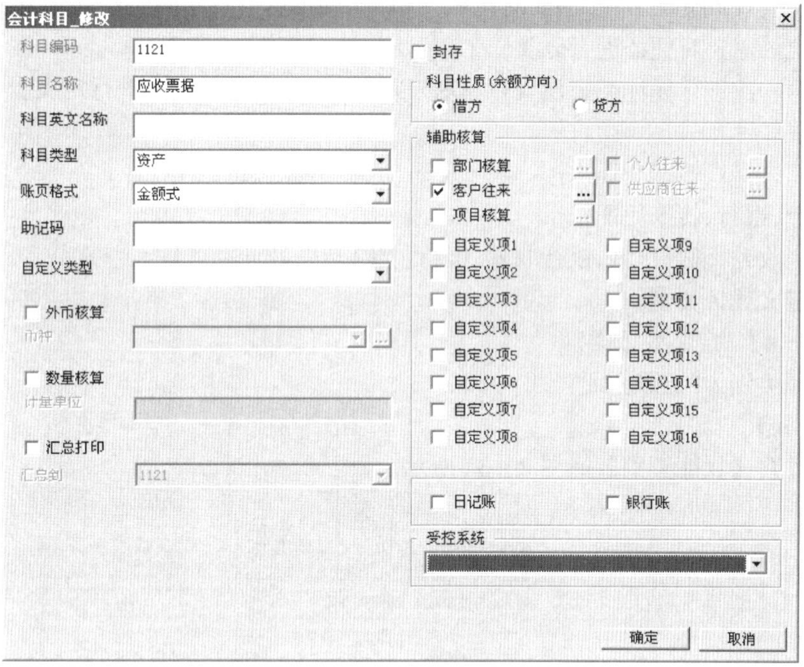

图 3—36

③将“应付票据、应付账款、预付账款”科目修改成 “供应商往来”，其对应的“受控系统”选择空，如图 3—37 所示。

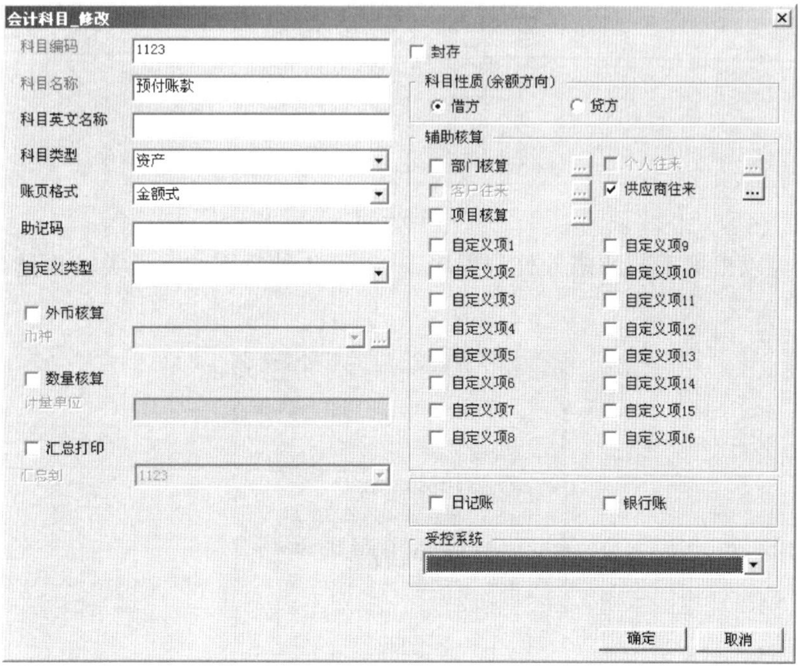

图 3—37

3.4.5 定义凭证类别

为了便于管理或登账方便，需要对记账凭证分类编制，但各单位的分类方法不尽相同，可以按照本单位的需要对凭证进行分类。

如果是第一次进行凭证类别设置，可以按以下五种常用分类方式进行定义。

一是记账凭证；

二是收款、付款、转账凭证；

三是现金、银行、转账凭证；

四是现金收款、现金付款、银行收款、银行付款、转账凭证；

五是自定义凭证类别。

【案例 3－4】 定义凭证类别

定义凭证类别为“记账凭证”。

【操作步骤】

(1)【财务】—【凭证类别】，如图 3－38 所示。

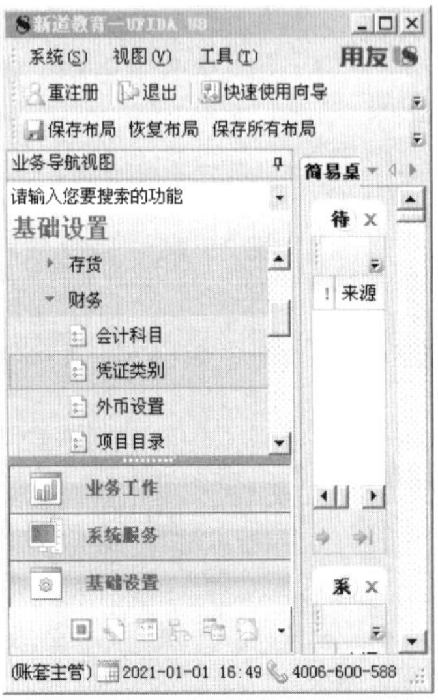

图 3－38

(2)企业可以根据不同的账务处理程序，从以下几种常用的凭证类别里选出一种，如图 3－39 所示。

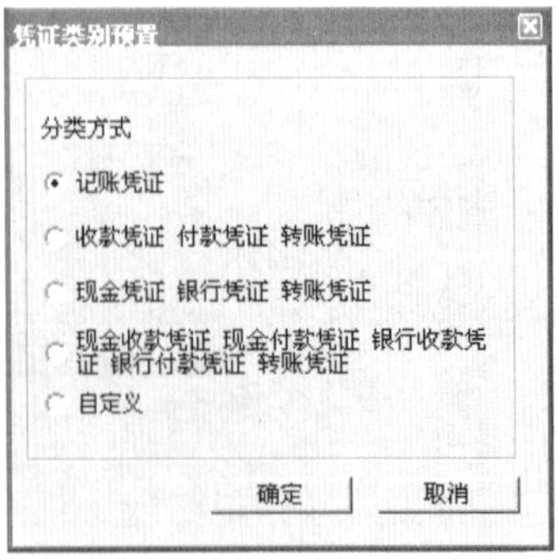

图 3－39

(3)同时,也可自定义凭证类别,点击【增加】,在表格中新增的空白行中填写凭证类别字、凭证类别名称并参照选择限制类型及限制科目等栏目即可,如图3—40所示。

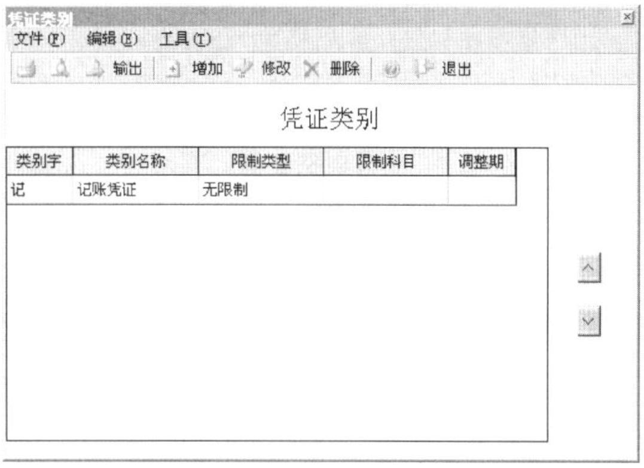

图3—40

3.4.6 项目大类及分类设置

企业在实际业务处理中会对多种类型的项目进行核算和管理,可以将具有相同特性的一类项目定义成一个项目大类,一个项目大类可以核算多个项目,操作流程如图3—41所示。

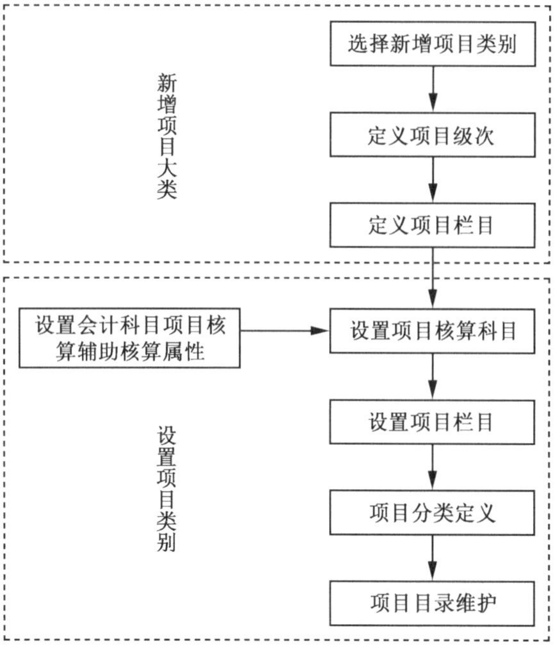

图3—41

【案例3—4】 项目目录设置及项目目录维护(见表3—18、表3—19)

表 3—18　　项目目录

项目大类名称	项目级次	项目核算科目
豆油成本核算（普通项目）	一级 1 位长度	库存商品\豆油、生产成本\人工费、生产成本\材料费、生产成本\制造费用、主营业务收入\豆油业务收入、主营业务成本\豆油业务成本

表 3—19　　项目目录维护

项目编号	项目名称	是否结算	所属分类码	所属分类名称
001	豆油	否	1	无分类

【操作步骤】

(1)【财务】—【项目目录】，如图 3—42 所示。

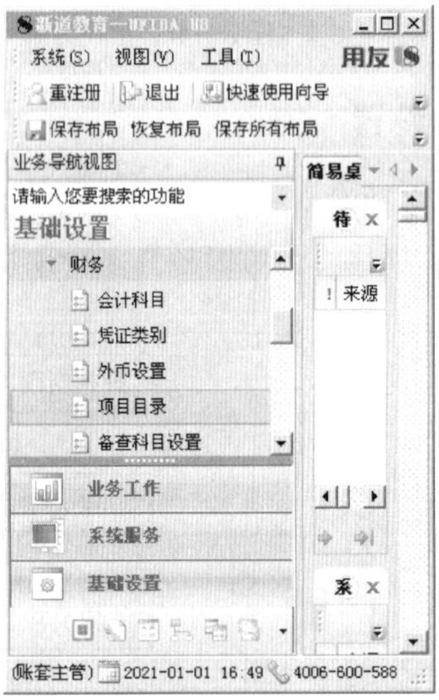

图 3—42

(2)增加项目大类，点击【增加】，录入“新增项目大类名称”，如图 3—43 所示。

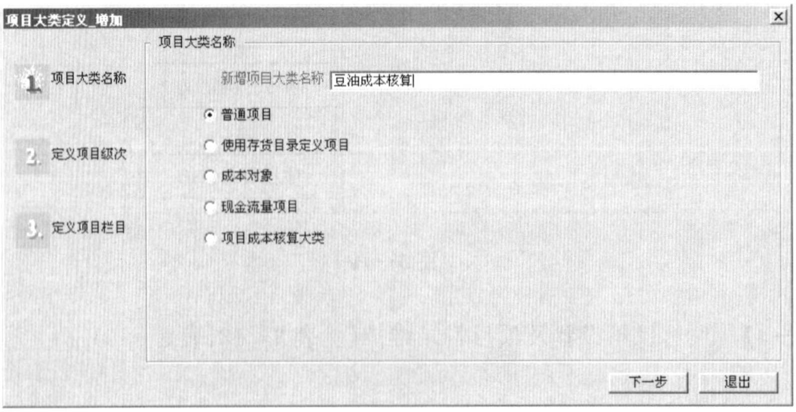

图 3—43

(3)定义项目级次,项目分类共分 8 级,总长度 22 位,单级级长不能超过 9 位。只有在这里定义了项目级次和编码原则,才能进行项目分类定义,如图 3—44 所示。

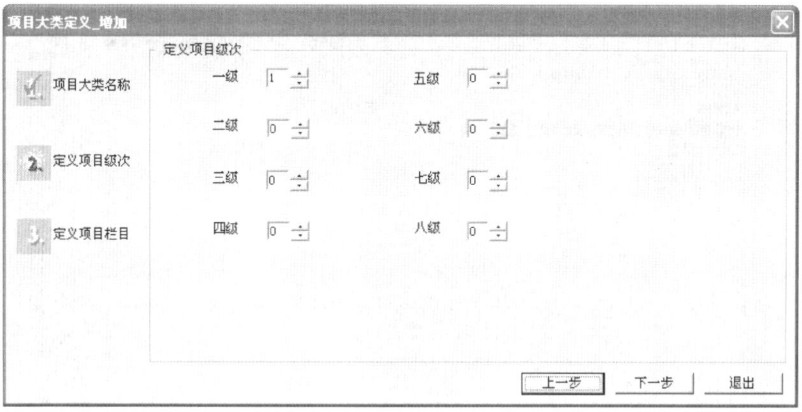

图 3—44

(4)定义项目栏目,可点击【增加】【删除】进行自定义项目栏目设置,白色背景的为可修改内容,灰色背景为不可修改内容,如图 3—45 所示。

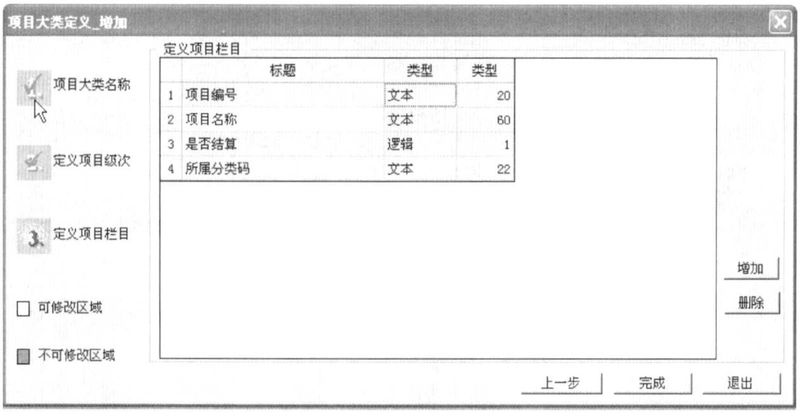

图 3—45

(5)设置项目档案,先从“项目大类”中选择“豆油成本核算”;再从“待选科目”中选择该项目需要的核算科目至“已选科目”,只有在“会计科目”中设置过项目核算的科目,才能作为待选科目,如图 3—46 所示。

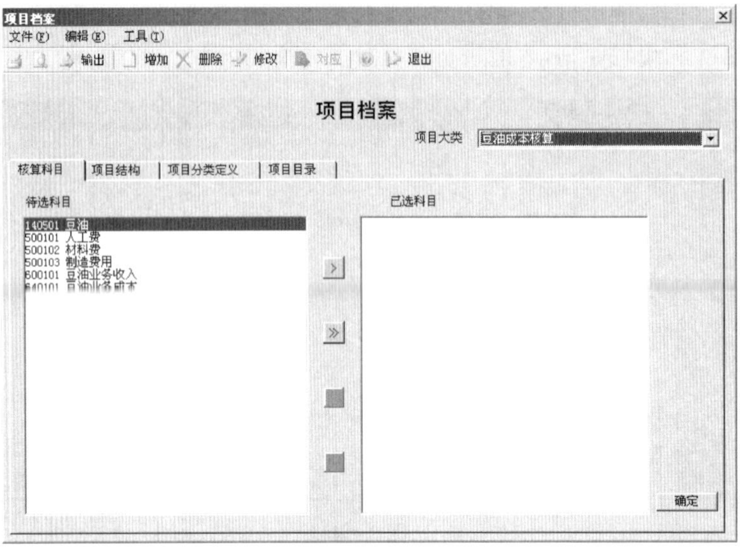

图 3—46

(6)点击【确定】保存设置,如图 3—47 所示。

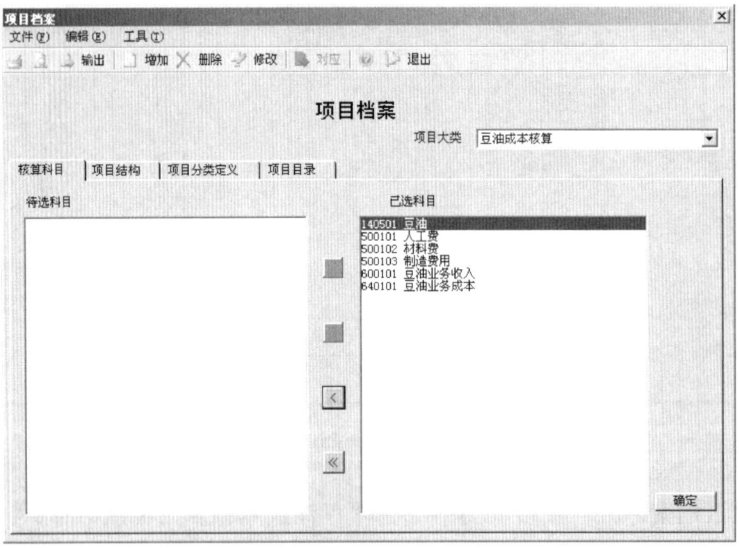

图 3—47

(7)点击“项目分类定义”页签,定义项目分类编码及分类名称,点击【增加】,进行保存,如图 3—48 所示。

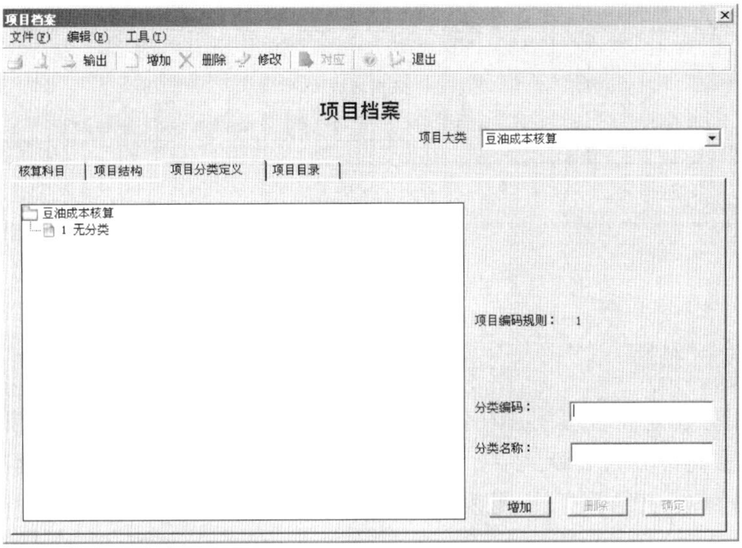

图 3—48

(8)选择“项目目录”页签，点击【维护】，平时项目目录有变动应及时在本功能中进行调整，如图 3—49 所示。

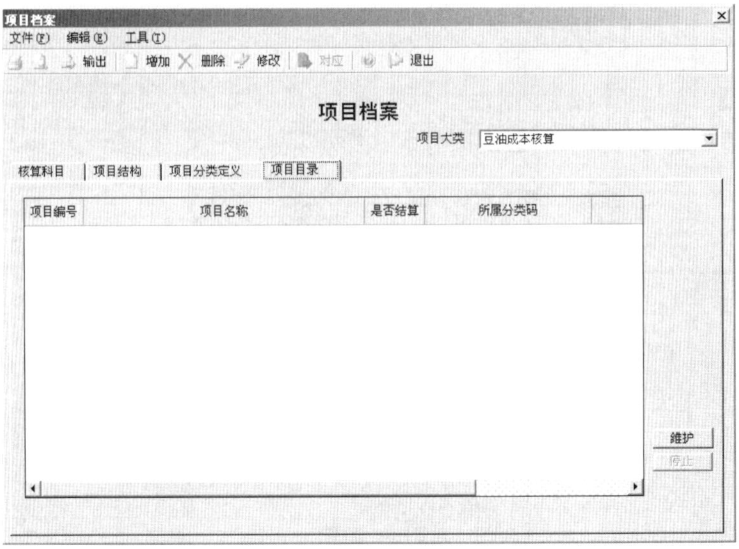

图 3—49

(9)点击【增加】，可增加新的项目目录，项目名称可以重复，项目编号必须唯一，不能重复，若项目没有结算，不可双击“是否结算”栏，如图 3—50 所示。

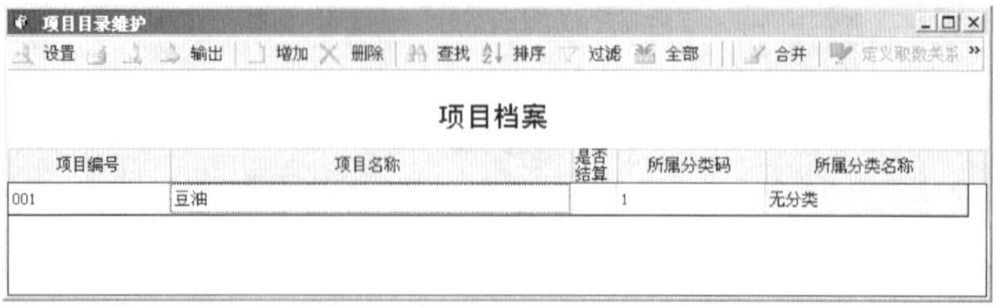

图 3—50

3.4.7 收付结算

结算方式用来建立和管理用户在经营活动中所涉及的结算方式。它与财务结算方式一致,结算方式最多可以分为 2 级。结算方式一旦被引用,便不能进行修改和删除的操作。

【案例 3—5】 定义结算方式(见表 3—20)

表 3—20 结算方式

编　码	名　称	是否票据管理
01	现金支票	不需要票据管理
02	转账支票	不需要票据管理
03	电汇结算	不需要票据管理

【操作步骤】

(1)【收付结算】—【结算方式】,如图 3—51 所示。

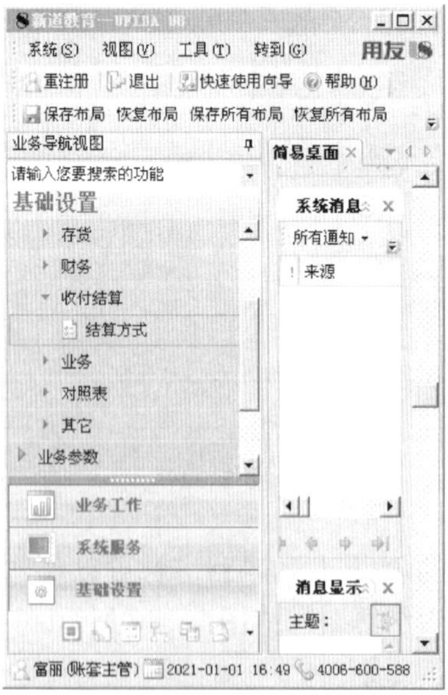

图 3—51

(2)点击【增加】,进行录入,点击【保存】,如图 3—52 所示。

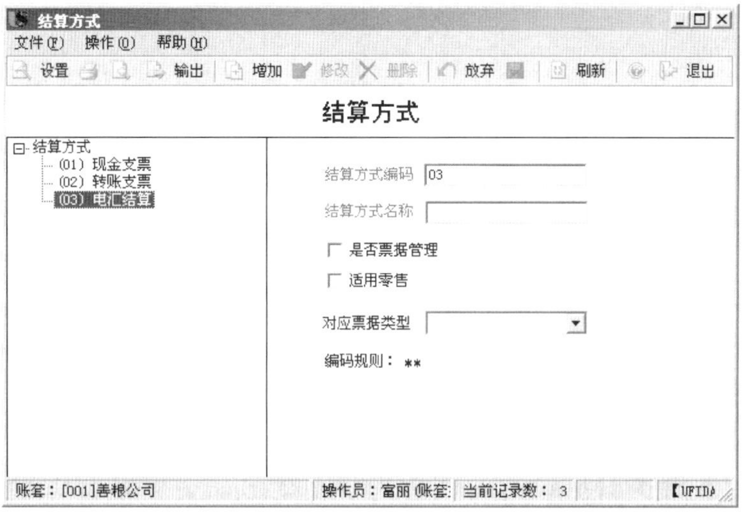

图 3—52

【提示】

支票结算包括“现金支票”和“转账支票”，是否需要票据管理，用户可根据实际情况进行选择。票据管理标志是为出纳对银行结算票据的管理而设置的功能，类似于手工系统中的支票登记簿的管理方式。

(3)修改或删除某种结算方式，点击工具栏上的【修改】或【删除】即可，结算方式一旦被引用，便不能进行修改和删除的操作。

3.5　单据设置

3.5.1　单据格式设置

不同企业处理业务过程中使用的单据可能存在差别，用友 ERP－U8V10.1 系统不仅预置了常用单据模板，同时允许用户对各单据类型的多个显示模板和多个打印模板进行设置，以定义本企业需要的单据格式。每一种单据格式设置分为显示单据格式设置和打印单据格式设置。

【提示】

在单据格式设置状态下，每个单据标题下方有一条蓝色的虚线，这条虚线是划分标题区域和单据表头区域的界线，在显示和打印单据中虚线以上的部分是标题区，所以蓝色虚线是提醒用户在单据设计时，单据表头项目不要超过这条警示线，否则在显示和打印时会被标题区隐藏。保存修改后的模板，并可选择设置好的单据模板保存为打印模板或显示模板。

3.5.2　单据编号设置

根据企业业务中使用的各种单据的不同需求，由用户自己设置各种类型单据的编码生成原则。单据编号设置包括编号设置、对照表、查看流水号三个功能。

第 4 章　总账系统

学习目标

本章重点介绍了用友 ERP-U8V10.1 管理系统中总账系统的功能。通过本章学习，能够掌握设置系统参数；录入期初余额；填制、修改、删除凭证；出纳签字、审核凭证、记账；错账更正；自动转账定义；查询账表；期末对账、结账处理。

4.1　总账系统概述

总账是企业会计核算、管理的核心内容，是确保企业会计信息的科学性和标准化的关键。总账管理适用于各类企业、行政事业单位，可以完成从建立账簿资料、凭证处理、标准账表到月末处理和辅助管理等会计核算和会计管理的各项工作。

总账系统的任务就是利用已经建立的会计科目体系，输入和处理各种记账凭证，完成记账、结账以及对账的工作，输出各种总分类账、日记账、明细账和有关辅助账。

4.1.1　总账系统的主要功能

总账系统的功能主要包括系统设置、凭证处理、账表管理、期末处理等模块。

(1)系统设置。

通过严密的制单控制保证填制凭证的正确性，提供资金赤字控制、支票控制、预算控制、外币折算误差控制以及查看科目最新余额等功能，加强对发生业务的及时管理和控制。制单赤字控制可控制出纳科目、个人往来科目、客户往来科目、供应商往来科目。

(2)凭证处理。

输入、修改和删除凭证，对机内凭证进行审核、查询、汇总和打印。根据已经审核的记账凭证登记明细账、日记账和总分类账。

(3)账表管理。

提供按多种条件查询总账、日记账、明细账、辅助账、余额表等功能；同时具有总账、明细账和凭证联查功能，月末打印正式账簿。

(4)期末处理。

自动完成月末分摊、计提、对应转账、销售成本、汇兑损益、期间损益结转等业务。进行试算平衡、对账、结账、生成月末工作报告。

4.1.2　总账系统与其他子系统的主要关系

总账系统是财务管理系统的一个基本的子系统，既可独立运行，也可同其他系统协同运转。总账系统概括地反映企业供产销等全部经济业务的综合信息，在财务管理系统中处于中枢地位。总账系统接收薪资管理、固定资产、应收应付、资金管理、报账中心、成本管理、项目管理、存货核算等系统生成的凭证。总账系统向 UFO 报表系统、管理驾驶舱系统、财务分析系统等提供财务数据，生成财务报表及其他财务分析表。

4.1.3　总账系统的操作流程

总账系统每月都要循环往复地进行各项日常性会计处理工作，包括凭证录入、审核、记账、结账、查询、自动转账和月末结账等工作，如图 4－1 所示。

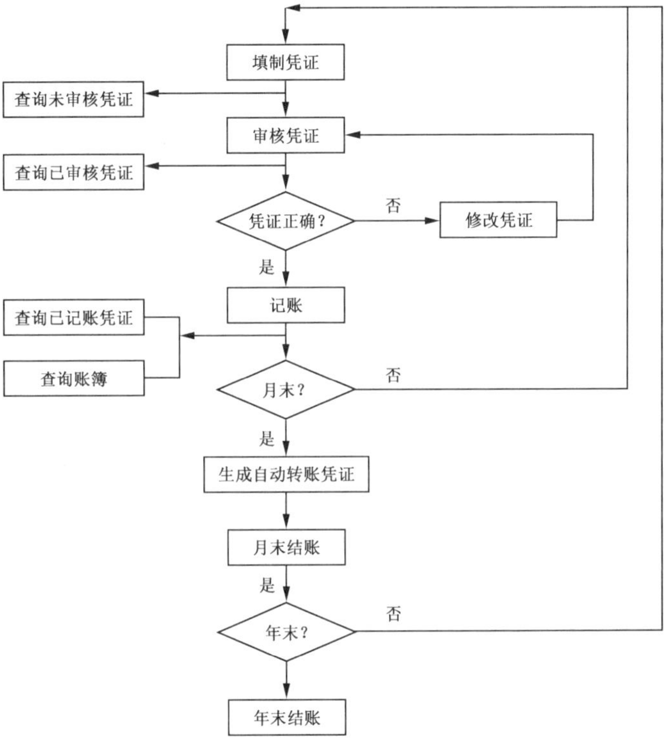

图 4—1

4.2　总账系统案例

本案例信息沿用第 2 章“2.2 系统管理应用案例”和第 3 章“3.2 基础设置应用案例”。

4.2.1　【案例 4—1】　总账设置

(1)设置系统参数。

将制单控制中的“赤字控制方式”改为“严格”；权限控制中选择“出纳凭证必须经由出纳签字”。

(2)录入期初余额。

①总账期初余额，如表 4—1 所示。

表 4—1 总账期初余额

类型	科目编码	科目名称	外币币种	计量单位	数量	辅助账类型	余额方向	期初余额人民币（元）
资产	1001	库存现金				指定科目	借	53 300
资产	1002	银行存款				指定科目	借	1 040 000
资产	100201	工商银行北京支行					借	400 000
资产	100202	建设银行红旗支行				外币核算	借	640 000
资产			美元				借	$100 000
资产	1121	应收票据				客户往来	借	
资产	1122	应收账款				客户往来	借	80 000
资产	1221	其他应收款				个人往来	借	18 000
资产	1123	预付账款				供应商往来	借	
资产	1403	原材料					借	48 900
资产	1411	周转材料					借	4 800
资产	1405	库存商品					借	418 000
资产	140501	豆油		吨	110	项目核算	借	418 000
资产	1601	固定资产					借	1 162 000
负债	2001	短期借款					贷	
负债	200101	工商银行北京支行					贷	120 000
负债	2201	应付票据				供应商往来	贷	
负债	2202	应付账款				供应商往来	贷	46 000
负债	2203	预收账款				客户往来	贷	
权益	4001	实收资本					贷	2 659 000
成本	5001	生产成本					借	
成本	500101	人工费				项目核算	借	
成本	500102	材料费				项目核算	借	
成本	500103	制造费用				项目核算	借	
成本	5101	制造费用					借	
成本	510101	折旧费用					借	
损益	6001	主营业务收入					贷	
损益	600101	豆油业务收入		吨		项目核算	贷	
损益	6401	主营业务成本					借	
损益	640101	豆油业务成本		吨		项目核算	借	

续表

类型	科目编码	科目名称	外币币种	计量单位	数量	辅助账类型	余额方向	期初余额人民币（元）
损益	6601	销售费用					借	
损益	660101	折旧费				部门核算	借	
损益	660102	薪资				部门核算	借	
损益	660104	广告费				部门核算	借	
损益	6602	管理费用					借	
损益	660201	折旧费				部门核算	借	
损益	660202	工资				部门核算	借	
损益	660203	差旅费				部门核算	借	
损益	660204	电话费				部门核算	借	

②应收账款期初余额，如表 4—2 所示。

表 4—2　应收账款期初余额

客　户	方　向	金　额(元)	摘　要	单据日期
华瑞公司	借	50 000	销售商品	2020-10-16
中通公司	借	30 000	销售商品	2020-10-28

③其他应收款期初余额，如表 4—3 所示。

表 4—3　其他应收款期初余额

部　门	个　人	方　向	金　额(元)	摘　要	日　期
业务一部	王磊	借	6 000	借差旅费	2020-10-21
业务二部	何亮	借	4 000	借差旅费	2020-11-15
采购一部	李向南	借	8 000	借差旅费	2020-11-24

④应付账款期初余额，如表 4—4 所示。

表 4—4　应付账款期初余额

供应商	方　向	金　额(元)	摘　要	单据日期
艾建公司	贷	46 000	采购原材料	2020-10-16

4.2.2 【案例 4—2】 日常业务处理

(1)填制凭证。

业务 1:1 月 2 日，公司提取备用金，开出号码为 XJ73402 的现金支票，从工商银行北京支行提取现金 20 000 元，附件 1 张。

借:库存现金　　20 000

　贷:银行存款/工商银行北京支行　　20 000

业务 2:1 月 6 日，生产豆油领用原材料 30 000 元，附件 1 张。

借:生产成本/材料费　　30 000

贷:原材料　　30 000

业务 3:1 月 6 日,向新华商贸公司购买原材料(增加“新华商贸公司”供应商档案,为原料供应商,采购属性,属于增值税一般纳税人企业,增值税税率为 13%),货款 200 000 元及增值税 26 000 元均未支付(增加“应交税费/应交增值税/进项税额”会计科目),材料已验收入库,附件 2 张。

借:原材料　　200 000

应交税费/应交增值税/进项税额　　26 000

贷:应付账款——新华商贸公司　　226 000

业务 4:1 月 10 日销售豆油 30 吨,收入 33 900 美元,豆油业务收入 30 000 美元,增值税款 3 900 美元(增加“应交税费/应交增值税/销项税额”会计科目),附件 2 张。

借:银行存款/建设银行红旗支行　　216 960($ 33 900)

贷:主营业务收入/豆油业务收入　　192 000

应交税费/应交增值税/销项税额　　24 960

业务 5:1 月 10 日,向北京第三粮库售出豆油 50 吨(增加“北京第三粮库”客户档案、专柜销售、服务属性),货款 250 000 元及增值税款 32 500 元尚未收到,附件 1 张。

借:应收账款——北京第三粮库　　282 500

贷:主营业务收入/豆油业务收入　　250 000

应交税费/应交增值税/销项税额　　32 500

业务 6:1 月 20 日,业务一部开出号码为 ZB3528 的转账支票,支付广告费 50 000 元,附件 2 张。

借:销售费用/广告费　　50 000

贷:银行存款/工商银行北京支行　　50 000

业务 7:1 月 30 日,公司报销电话费用,费用归集为管理费用——电话费,财务部:2 110 元,人事部:1 350 元,业务一部:3 500 元,业务二部:5 010 元,现金支付,附件 1 张。

借:管理费用/电话费——财务部　　2 110

管理费用/电话费——人事部　　1 350

管理费用/电话费——业务一部　　3 500

管理费用/电话费——业务二部　　5 010

贷:库存现金　　11 970

业务 8:1 月 30 日,业务一部王磊报销差旅费 5 600 元,交还现金 200 元,附件 2 张。

借:管理费用/差旅费——业务一部　　5 600

库存现金　　200

贷:其他应收款——王磊　　5 800

业务 9:1 月 31 日收到银行对账单,工商银行北京支行存款利息收入 6 250 元入账(增加“财务费用/利息收入”会计科目,财务费用为借方发生额),附件 1 张。

借:银行存款/工商银行北京支行　　6 250

借:财务费用/利息收入　　—6 250

(2)修改凭证。

1 月 30 日,月底未记账前发现公司报销电话费用(0007 号凭证)错误,修改报销部门“业务一部”为“采购二部”。

修正业务信息为：

业务7：1月30日，公司报销电话费用，费用归集为管理费用——电话费，财务部：2 110元，人事部：1 350元，采购二部：3 500元，业务二部：5 010元，现金支付，附件1张。

(3)删除凭证。

1月30日，月底未记账前发现收到银行存款利息收入6 250元(0009号凭证)所附的原始凭证不是本单位的，所以将凭证删除。

(4)出纳签字。

(5)审核凭证。

(6)记账。

(7)红字冲销。

1月30日，记账后发现业务一部王磊报销差旅费的凭证(0008号凭证)报销金额有错误，请用红字冲销凭证进行修改：

第一步，冲销0008号凭证(生成红字0009号凭证)；

第二步，填制一张更正凭证(0010号凭证)：业务一部王磊报销差旅费5 800元，交回现金200元；

第三步，出纳签字；

第四步，审核凭证；

第五步，记账。

4.2.3 【案例4—3】 期末业务处理

(1)设置并生成结转销售成本的转账凭证。

设置并生成结转销售成本的0011号凭证，并进行审核、记账。

(2)设置并生成结转汇兑损益的转账凭证。

设置并生成结转汇兑损益的0012号凭证，美元的月末调整汇率为6.50，财务费用科目为借方的负数发生额，增加“财务费用/汇兑损益”科目，并进行审核、记账。

(3)设置并生成当月结转损益的转账凭证。

首先，设置当月结转损益的转账凭证；

其次，生成结转收入的0013号凭证；

再次，生成结转支出的0014号凭证；

最后，进行审核、记账。

(4)月末对账。

(5)月末结账。

4.2.4 【案例4—4】 无痕迹修改凭证

(1)取消月末结账。

(2)取消月末记账。

(3)取消审核、出纳签字。

(4)修改0001号凭证摘要为“提现”。

(5)重新出纳签字、审核凭证、记账、月末对账、月末结账。

4.3　总账系统初始化

总账系统初始化是将一个通用的总账系统改造为适合本企业核算要求的“专用总账系统”的过程，是应用总账系统的基础。总账系统初始化的内容主要包括设置系统参数和录入期初余额。

4.3.1　设置系统参数

系统在建立新的账套后由于具体情况需要或业务变更，发生一些账套信息与核算内容不符，可以通过此功能进行账簿选项的调整和查看，使得通用总账系统满足本单位的具体核算要求。可更改的项目有：“凭证选项”“账簿选项”“凭证打印”“预算控制”“权限选项”“会计日历”“其他选项”“自定义项核算”八部分内容。

【案例 4－1】　设置系统参数

将制单控制中的“赤字控制方式”改为“严格”；权限控制中选择“出纳凭证必须经由出纳签字”。

【操作步骤】

(1)【财务会计】—【总账】—【设置】—【选项】，如图 4－2 所示。

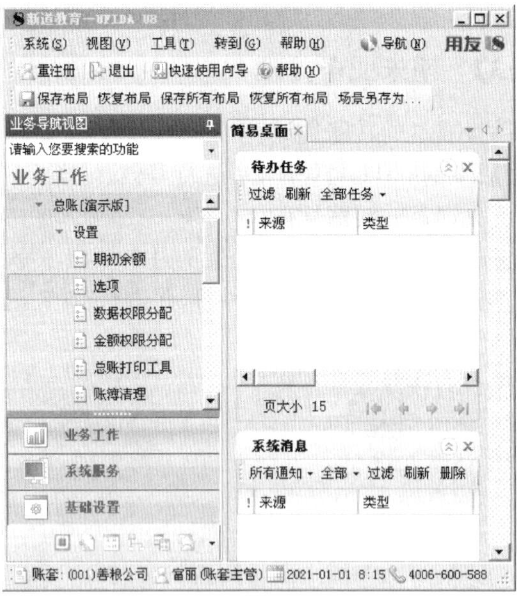

图 4－2

(2)点击【编辑】激活“选项”界面，选择“凭证”选项卡，将赤字控制方式改为“严格”，如图 4－3 所示。

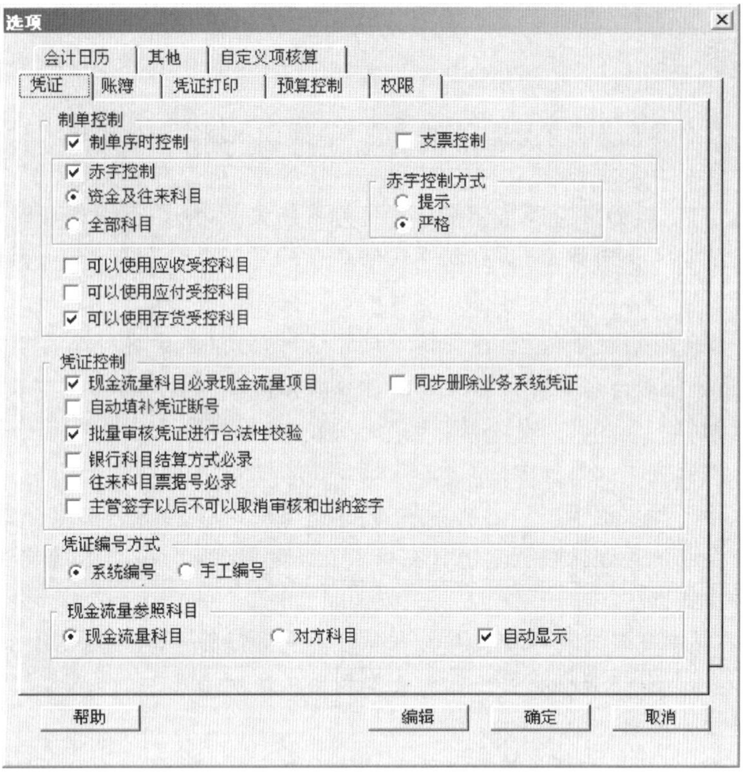

图4—3

【提示】

①制单控制。

制单控制主要设置在填制凭证时，系统应对以下操作进行控制。

制单序时控制：控制系统保存凭证的顺序，可以按凭证号顺序排列，也可以按日期顺序排列。在选择此项制单时，凭证编号必须按日期顺序排列。

支票控制：若选择此项，则在制单时使用银行科目编制凭证时，系统针对票据管理的结算方式进行登记，如果输入支票号在支票登记簿中已存在，系统就提供登记支票报销的功能；否则，系统提供登记支票登记簿的功能。

赤字控制：若选择了此项，则在制单时，当“资金及往来科目”或“全部科目”的最新余额出现负数时，系统将予以提示或不允许保存该凭证。

赤字控制方式：选择赤字控制且制单，当余额出现负数时，如果选择“提示”单选，系统仅仅提示该科目出现负数；如果选择“严格”单选，系统不允许保存该张凭证。

可以使用应收受控科目：若科目为应收款系统的受控科目，为了防止重复制单，只允许应收系统使用此科目制单，总账系统制单时不能使用。如果希望在总账系统也能使用这些科目填制凭证，则应当选择此项。

可以使用应付受控科目：若科目为应付款系统的受控科目，为了防止重复制单，只允许应付系统使用此科目制单，总账系统制单时不能使用。如果希望在总账系统也能使用这些科目填制凭证，则应当选择此项。

可以使用存货受控科目：若科目为存货系统的受控科目，为了防止重复制单，只允许存货系统使用此科目制单，总账系统制单时不能使用。如果希望在总账系统也能使用这些科目填制凭证，则应当选择此项。

②凭证控制。

现金流量科目必录现金流量项目：选择此项后，在录入凭证时如果使用现金流量科目，则必须输入现金流量项目及金额。

自动填补凭证断号：如果选择凭证编号方式为系统编号，则在新增凭证时，系统按凭证类别自动查询本月的第一个断号，默认为本次新增凭证的凭证号。如无断号，则为新号，与原编号规则一致。

批量审核凭证进行合法性校验：在批量审核凭证时，针对凭证进行二次审核，提高凭证输入的正确率，合法性校验与保存凭证时的合法性校验相同。

凭证录入时结算方式和票据号必录：选择此项后，在录入凭证时如果使用银行科目或往来科目则必须输入结算方式和票据号。

主管签字以后不可取消审核和出纳签字：选择此项后，不能取消审核和出纳签字。

同步删除业务系统凭证：选择此项后，在录入凭证时同步删除业务系统凭证。

③凭证编号方式。

系统编号：在填制凭证时由系统按月份和凭证类别顺序编号，不能手工修改。

手工编号：在填制凭证时根据月份和凭证类别手工依次编号。

④现金流量参照科目。

现金流量科目：以现金流量科目为参照科目。

对方科目：以对方科目为参照科目。

自动显示：选择此项，自动显示何种参照科目。

(3)选择“权限”选项卡，选中“出纳凭证必须经由出纳签字”，点击【确定】，如图4—4所示。

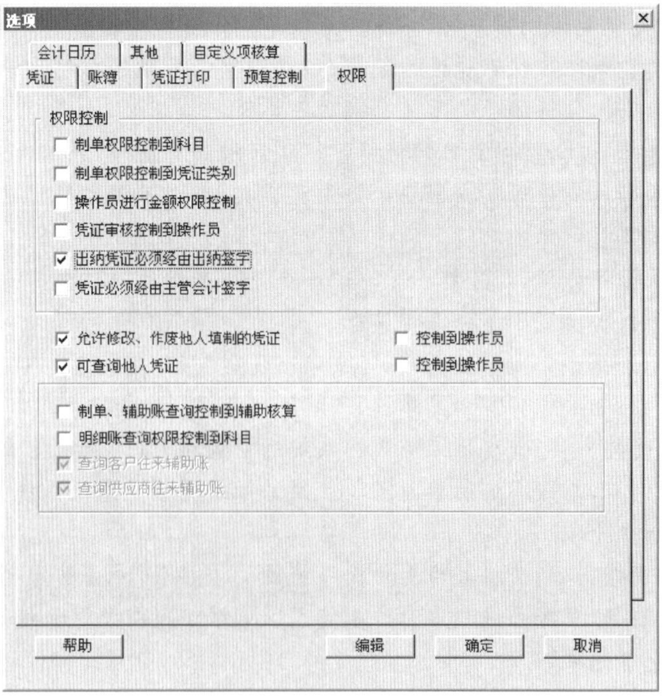

图4—4

4.3.2 录入期初余额

为了保证会计数据连续完整，并与手工账簿数据衔接，在用友 ERP-U8V10.1 系统使用前，还需要将各种基础数据录入系统。这些基础数据主要是各明细科目的年初余额和系统启用前各月的发生额，其上级科目的余额和发生额由系统自动汇总。一般情况下，资产类科目余额在借方，负债、所有者权益（或股东权益）、利润类科目余额在贷方。如果是数量金额类科目还应录入相应的数量和单价。如果是外币科目还应录入相应的外币金额。

在开始使用总账系统时，应先将各账户启用月份的月初余额和年初到该月的借、贷方累计发生额计算清楚，并录入到总账系统中。在录入期初数据时，如果某一科目设置了辅助核算类别，还应录入辅助核算类别的有关初始余额。数据录入完毕后，为了保证数据的准确性，满足数据间的平衡关系，还需要对数据进行校验。

【案例 4—1】 录入期初余额。

（1）直接录入科目余额（见表 4—5）。

表 4—5 总账期初余额

类型	科目编码	科目名称	外币币种	计量单位	数量	辅助账类型	余额方向	期初余额人民币（元）
资产	1001	库存现金				指定科目	借	53 300
资产	1002	银行存款				指定科目	借	1 040 000
资产	100201	工商银行北京支行					借	400 000
资产	100202	建设银行红旗支行				外币核算	借	640 000
资产			美元				借	$100 000
资产	1121	应收票据				客户往来	借	
资产	1122	应收账款				客户往来	借	80 000
资产	1221	其他应收款				个人往来	借	18 000
资产	1123	预付账款				供应商往来	借	
资产	1403	原材料					借	48 900
资产	1411	周转材料					借	4 800
资产	1405	库存商品					借	418 000
资产	140501	豆油		吨	110	项目核算	借	418 000
资产	1601	固定资产					借	1 162 000
负债	2001	短期借款					贷	
负债	200101	工商银行北京支行					贷	120 000
负债	2201	应付票据				供应商往来	贷	
负债	2202	应付账款				供应商往来	贷	46 000
负债	2203	预收账款				客户往来	贷	
权益	4001	实收资本					贷	2 659 000
成本	5001	生产成本					借	
成本	500101	人工费				项目核算	借	
成本	500102	材料费				项目核算	借	

续表

类型	科目编码	科目名称	外币币种	计量单位	数量	辅助账类型	余额方向	期初余额人民币（元）
成本	500103	制造费用				项目核算	借	
成本	5101	制造费用					借	
成本	510101	折旧费用					借	
损益	6001	主营业务收入					贷	
损益	600101	豆油业务收入		吨		项目核算	贷	
损益	6401	主营业务成本					借	
损益	640101	豆油业务成本		吨		项目核算	借	
损益	6601	销售费用					借	
损益	660101	折旧费				部门核算	借	
损益	660102	薪资				部门核算	借	
损益	660104	广告费				部门核算	借	
损益	6602	管理费用					借	
损益	660201	折旧费				部门核算	借	
损益	660202	工资				部门核算	借	
损益	660203	差旅费				部门核算	借	
损益	660204	电话费				部门核算	借	

【操作步骤】

①【总账】—【设置】—【期初余额】，如图 4—5 所示。

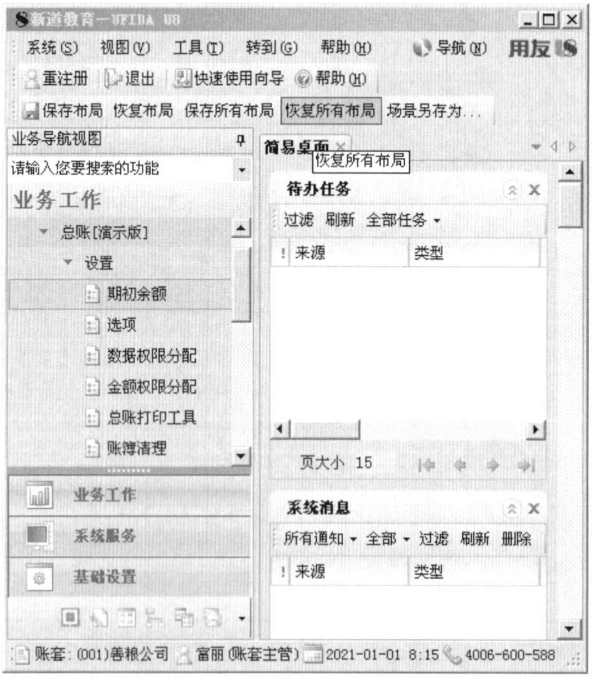

图 4—5

②如果是第一次使用账务处理系统，直接输入科目余额。期初余额栏分三种颜色：白色栏为末级科目，直接录入金额；灰色栏为非末级科目，不用录入金额，系统将根据其下级明细科目自动汇总计算填入；黄色栏为辅助科目，需录入辅助核算详细，如图 4—6 所示。

图 4—6

【提示】

如果是年初建账，可以直接录入年初余额，即期初余额；如果是在年中建账，则可录入启用当月（如 5 月）的期初余额及年初至今的月份（即 1—4 月）的借、贷方累计发生额，系统自动计算年初余额。

③对于外币核算科目必须先录入本币余额，再录入外币余额，如图 4—7 所示。

图 4—7

④对于数量核算科目必须先录入金额，再录入数量，如图 4—8 所示。

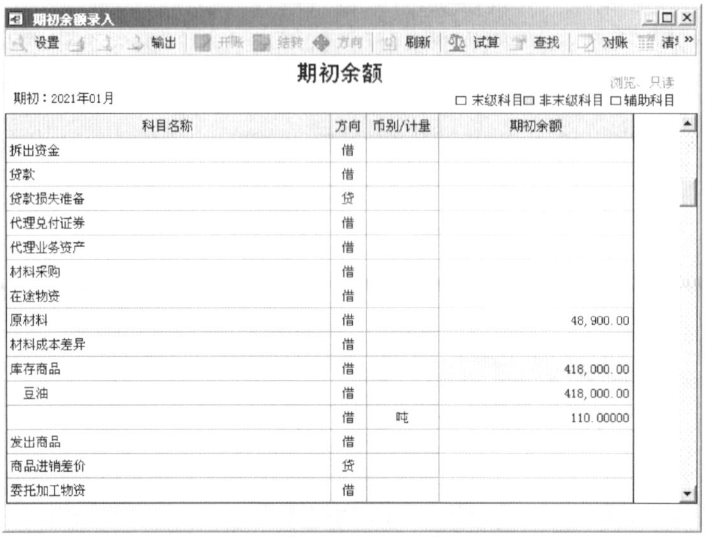

图 4—8

(2)单位往来科目余额录入。

一是应收账款期初余额录入(见表 4—6)。

表 4—6　　应收账款期初余额

客　户	方　向	金　额(元)	摘　要	单据日期
华瑞公司	借	50 000	销售商品	2020-10-16
中通公司	借	30 000	销售商品	2020-10-28

【操作步骤】

①双击应收账款科目的"期初余额"栏,显示"辅助期初余额"录入窗口,双击"期初往来明细",录入详细信息后,点击【汇总】,如图 4—9 所示。

图 4—9

②系统自动将数据汇总到"辅助期初余额"窗口,如图 4—10、图 4—11 所示。

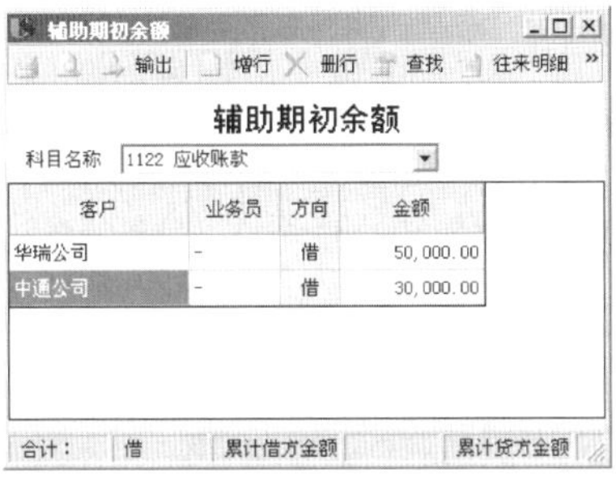

图 4—10

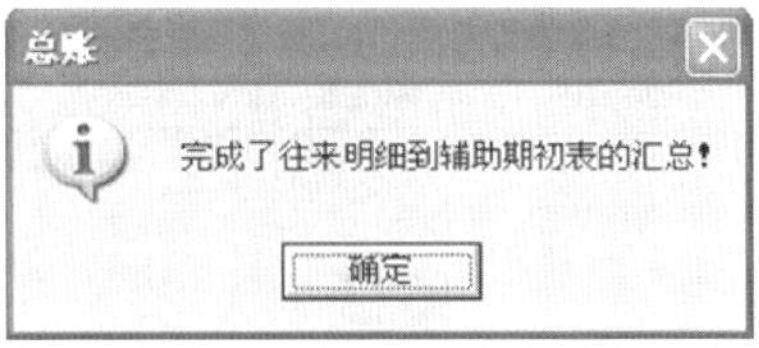

图 4—11

二是应付账款期初余额录入(见表 4—7)。

表 4—7　　应付账款期初余额

供应商	方　向	金　额(元)	摘　要	单据日期
艾建公司	贷	46 000	采购原材料	2020-10-16

【操作步骤】

双击应付账款科目的“期初余额”栏，显示“辅助期初余额”录入窗口，双击“期初往来明细”，录入详细信息后，点击【汇总】，如图 4—12 所示。

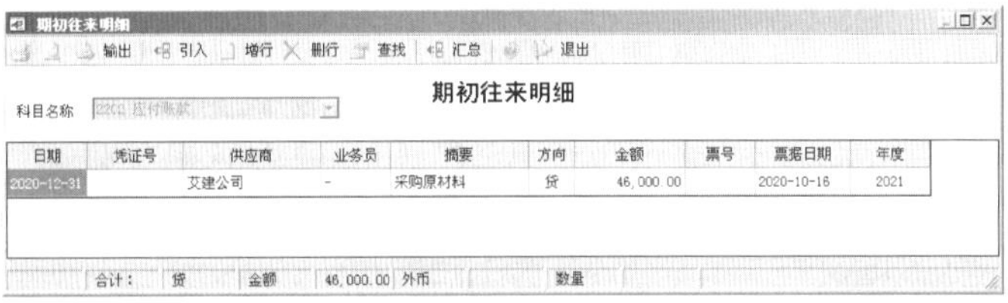

图 4—12

(3)个人往来科目余额录入(见表 4—8)。

表 4—8　　其他应收款期初余额

部　门	个　人	方　向	金　额(元)	摘　要	日　期
业务一部	王磊	借	6 000	借差旅费	2020-10-21
业务二部	何亮	借	4 000	借差旅费	2020-11-15
采购一部	李向南	借	8 000	借差旅费	2020-11-24

【操作步骤】

①双击个人往来科目的“期初余额”栏，显示“辅助期初余额”录入窗口，双击“期初往来明细”，输入各项内容，如图 4—13 所示。

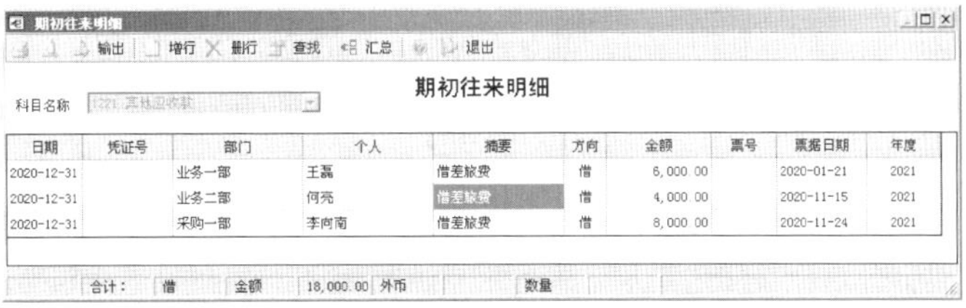

图 4—13

②点击“汇总”后生成“辅助期初余额”，如图 4—14 所示。

图 4—14

(4)项目核算科目余额录入。

【操作步骤】

①双击项目核算科目的“期初余额”栏，如图 4—15 所示。

图 4—15

②屏幕显示“辅助期初余额”录入窗口，点击【增行】，输入事先设置好的项目目录，如图 4—16 所示。

图 4—16

(5)试算平衡。

【操作步骤】

会计科目期初余额录入完毕后，点击【试算】，显示期初试算平衡表，如图 4—17 所示。

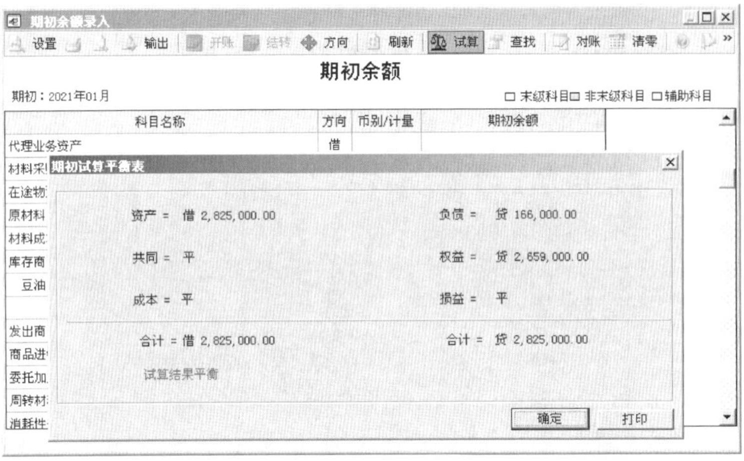

图 4—17

【提示】

①如果“试算结果不平衡”，需要重新调整至平衡后再进行下一步工作。

②期初余额试算不平衡，可以填制凭证但不能记账。

③记账完毕后，不能再录入、修改期初余额，也不能执行“结转上年余额”的功能。

4.4　总账系统日常业务处理

总账中的初始设置完成后，就可以开始进行日常业务处理了。日常业务处理的任务是通过录入和处理各种记账凭证，完成记账工作，查询和打印输出各种日记账、明细账和总分类账，同时对个人往来和单位往来等辅助账进行管理。

4.4.1　填制凭证

记账凭证是本系统处理的起点，也是所有查询数据的最主要的一个来源。日常业务处理首先从填制凭证开始。

【案例 4—2】　填制凭证

(1)辅助结算方式凭证录入。

辅助结算方式凭证，需要录入结算方式、票号和发生日期，在进行银行对账时使用。

业务 1:1 月 2 日，公司提取备用金，开出号码为 XJ73402 的现金支票，从工商银行北京支行提取现金 20 000 元，附件 1 张。

借:库存现金　　　　20 000

　　贷:银行存款/工商银行北京支行　　　　20 000

【操作步骤】

①001 用户富丽进入【凭证】—【填制凭证】，如图 4—18 所示。

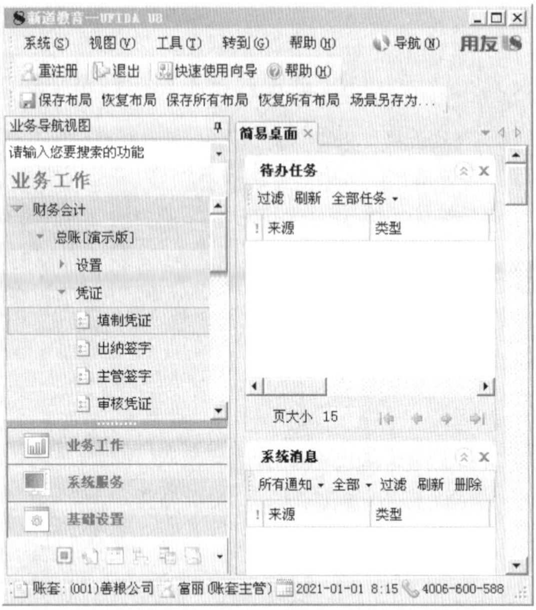

图 4－18

②点击【增加】或按[F5]键，增加一张新凭证，录入摘要，如图 4－19 所示。

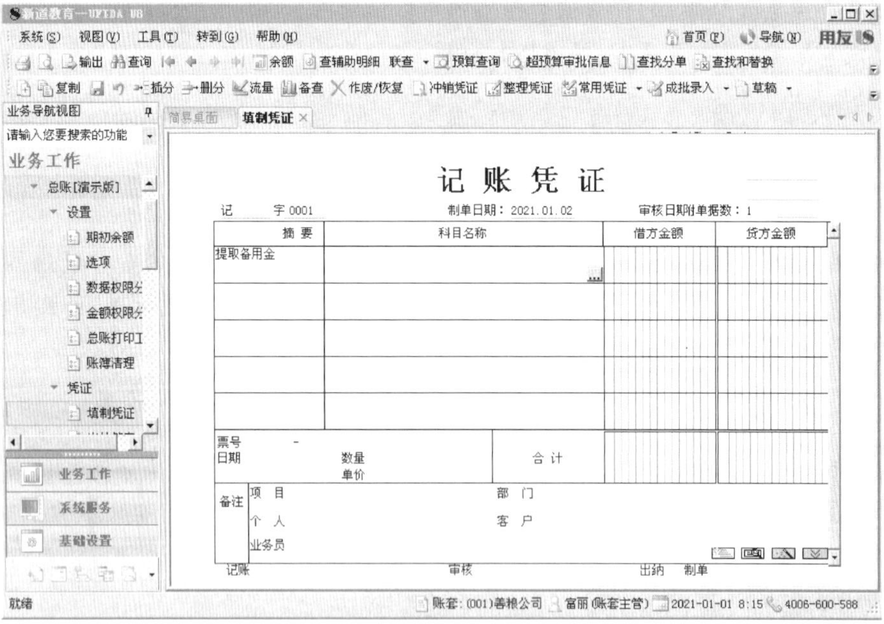

图 4－19

③点击"…科目参照"后，选出会计科目，或者直接录入"银行存款/工商银行北京支行"科目，点击【确定】，如图 4－20 所示。

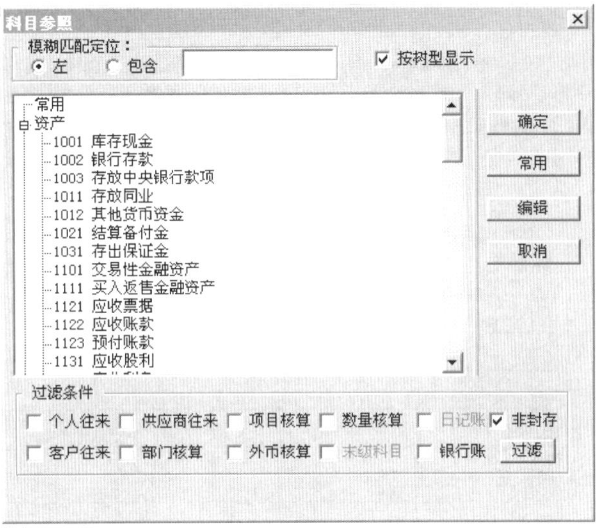

图 4—20

④因为“银行存款”及其下级会计科目设置了“银行账”，所以会自动弹出【辅助项】对话框，录入相关信息，点击【确定】，如图 4—21 所示。

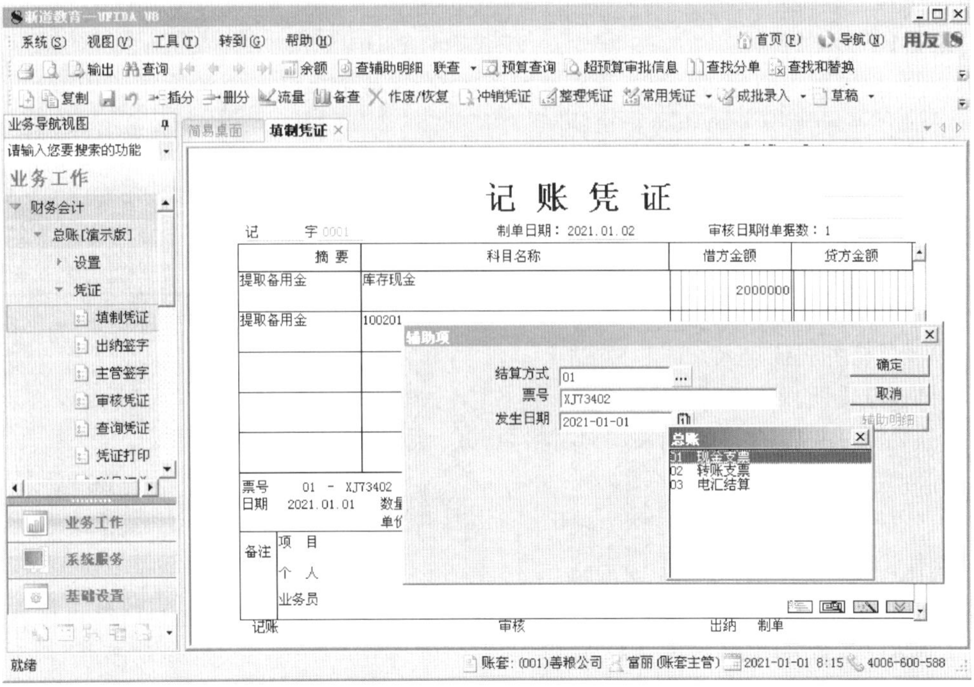

图 4—21

⑤录入完毕，点击【保存】，系统显示一张完整的凭证，如图 4—22 所示。

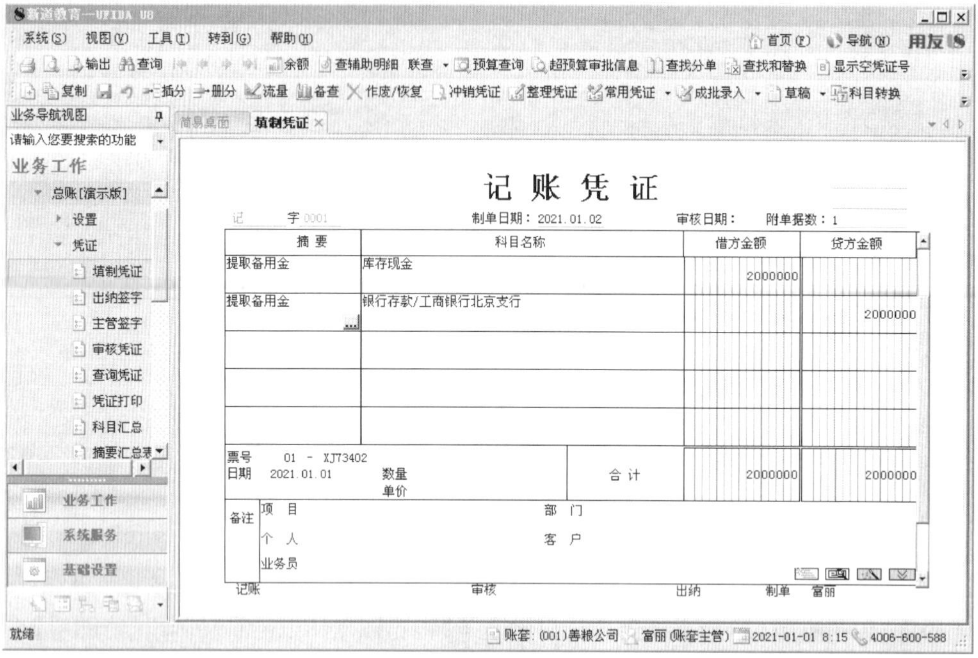

图 4—22

【提示】

①凭证中不同行的摘要可以相同也可以不同，但不能为空；

②“Enter”键，自动复制上行摘要；

③“＝”键，自动计算借贷方差额；

④“—”号，表示红字；

⑤“空格”键，调整借贷方金额方向；

⑥凭证填制完成后，无论继续增加还是退出当前凭证，凭证均可自动保存。

(2)项目核算凭证录入。

项目核算凭证，需要录入项目名称。

业务 2:1 月 6 日，生产豆油领用原材料 30 000 元，附件 1 张。

借：生产成本/材料费　　　　30 000

　　贷：原材料　　　　30 000

【操作步骤】

①点击【增加】，录入“生产成本/材料费”科目后，因为“生产成本/材料费”科目设置了“项目核算”，所以会自动弹出【辅助项】对话框，参照选择项目名称，如图 4—23 所示。

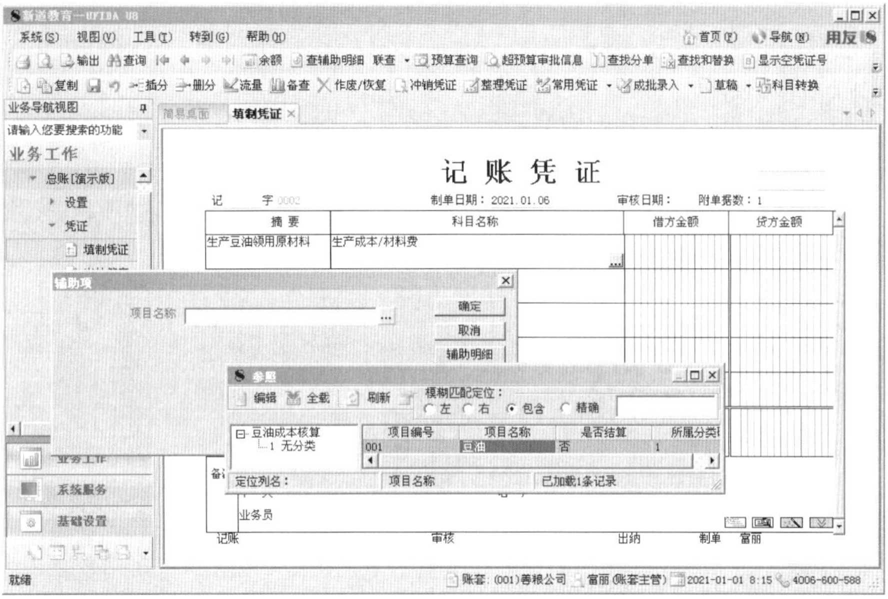

图 4－23

②录入完毕，点击【保存】，系统显示一张完整的凭证，如图 4－24 所示。

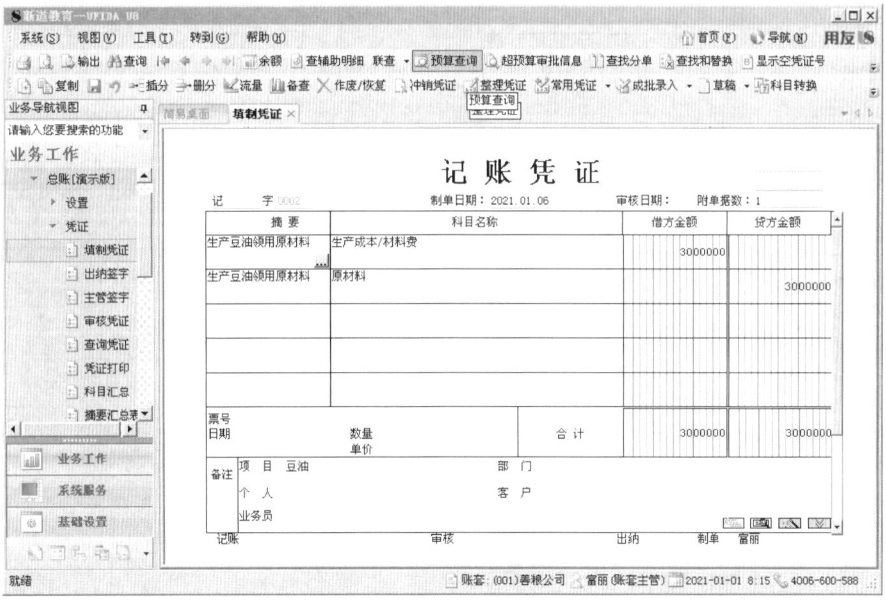

图 4－24

(3)供应商往来核算凭证录入。

供应商往来核算凭证，需要录入供应商、业务员、票号和发生日期。

业务 3：1 月 6 日，向新华商贸公司购买原材料（增加“新华商贸公司”供应商档案，为原料供应商，采购属性，属于增值税一般纳税人企业，增值税税率为 13%），货款 200 000 元及增值税 26 000 元均未支付（增加“应交税费/应交增值税/进项税额”会计科目），材料已验收入库，附件 2 张。

借:原材料　　200 000

　应交税费/应交增值税/进项税额　　26 000

　贷:应付账款——新华商贸公司　　226 000

【操作步骤】

①点击【增加】,录入第二行以后,涉及增加“应交税费/应交增值税/进项税额”会计科目,点击【编辑】,链接至“会计科目”,如图 4－25 所示。

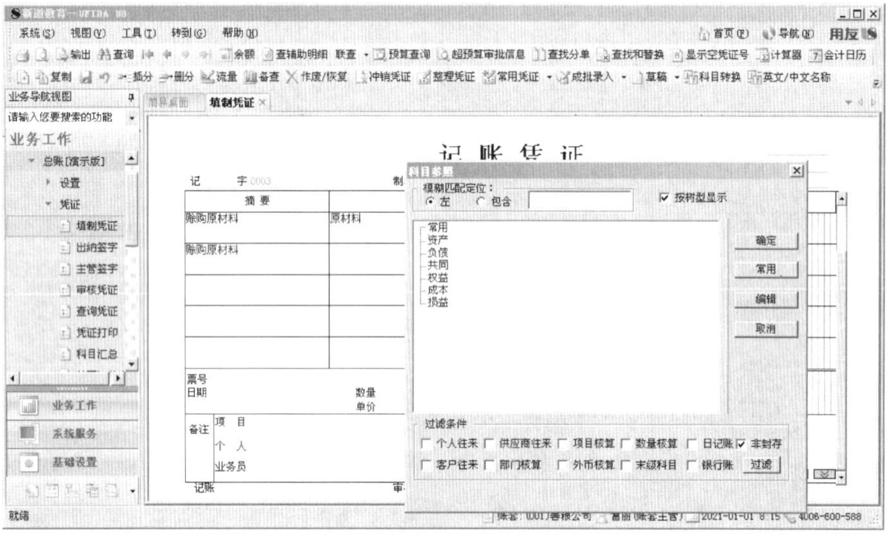

图 4－25

②“应交税费”科目需要设置二级明细科目“应交增值税”、三级明细科目“进项税额”,逐级增加,如图 4－26 所示。

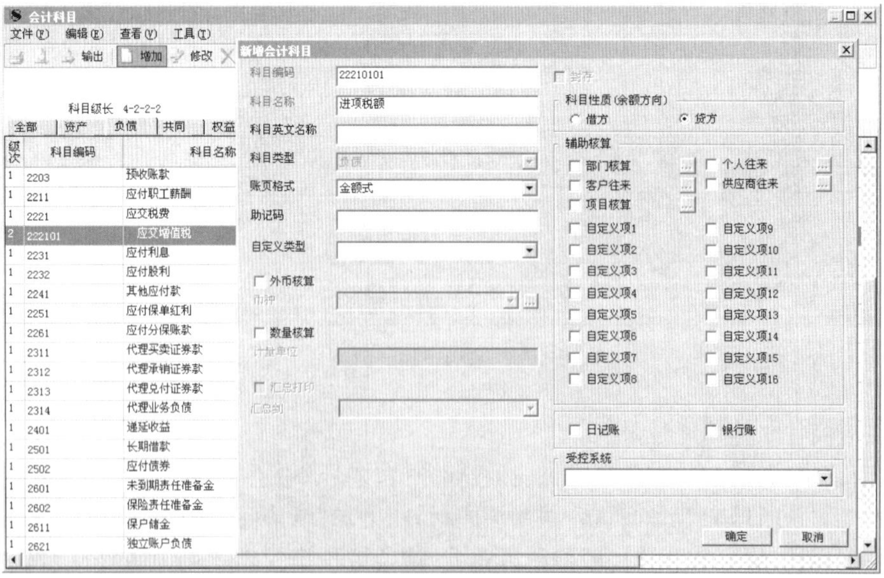

图 4－26

③增加“新华商贸公司”供应商档案，点击参照按钮“...”，再点击【编辑】，链接至“供应商档案”，如图 4—27 所示。

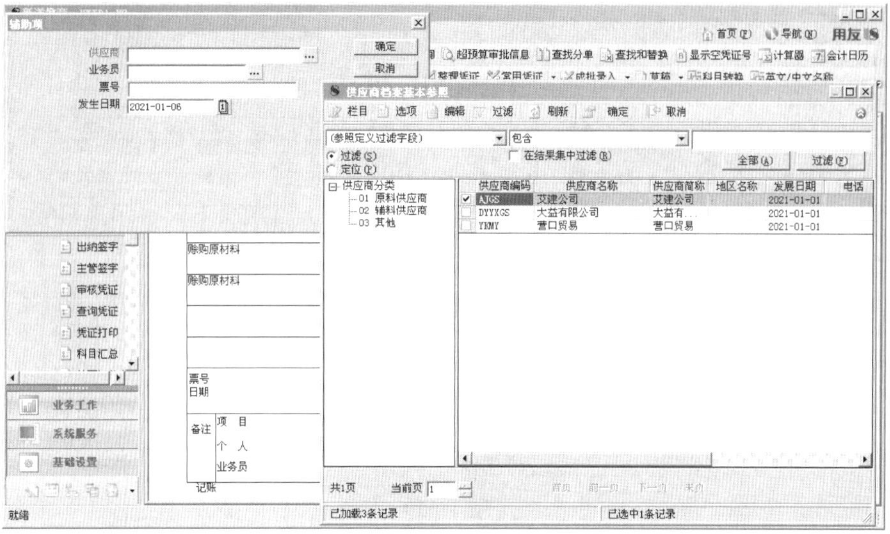

图 4—27

④新增“新华商贸公司”供应商档案，为原料供应商，采购属性，如图 4—28 所示。

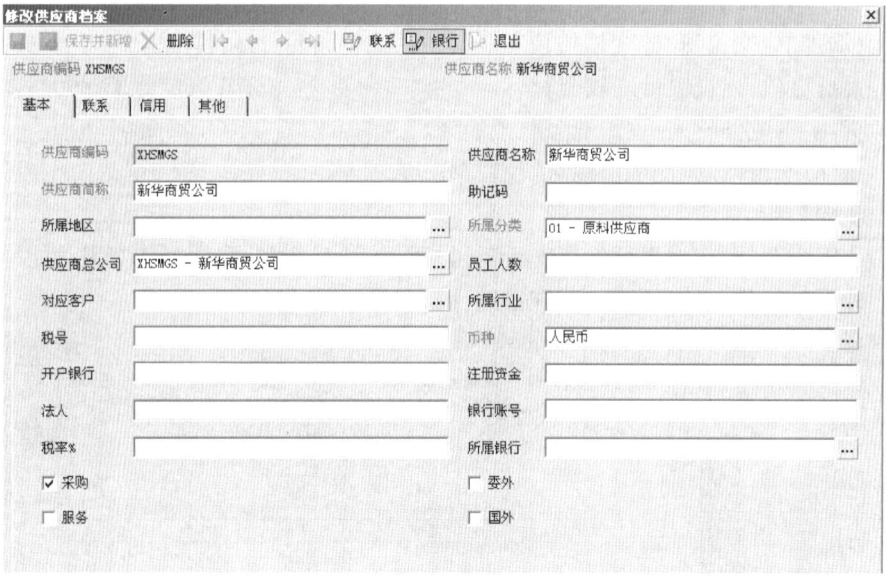

图 4—28

⑤录入完毕，点击【保存】，系统显示一张完整的凭证，如图 4—29 所示。

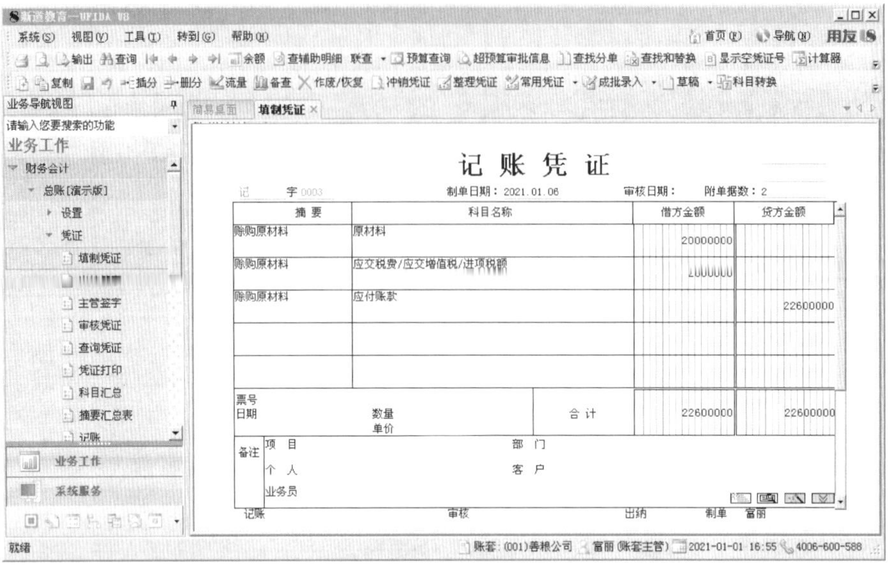

图 4—29

(4)外币核算、数量核算凭证录入。

外币核算凭证，需要录入外币金额；数量核算凭证，需要录入数量、单价。

业务 4：1 月 10 日销售豆油 30 吨，收入 33 900 美元，豆油业务收入 30 000 美元，增值税款 3 900 美元(增加“应交税费/应交增值税/销项税额”会计科目)，附件 2 张。

借：银行存款/建设银行红旗支行　　216 960($33 900)

　　贷：主营业务收入/豆油业务收入　　192 000

　　　　应交税费/应交增值税/销项税额　　24 960

【操作步骤】

①录入“银行存款/建设银行红旗支行”科目后，该科目设置了“外币核算”，所以使用时会自动弹出“外币”栏，录入外币金额，系统自动计算本币金额，如图 4—30 所示。

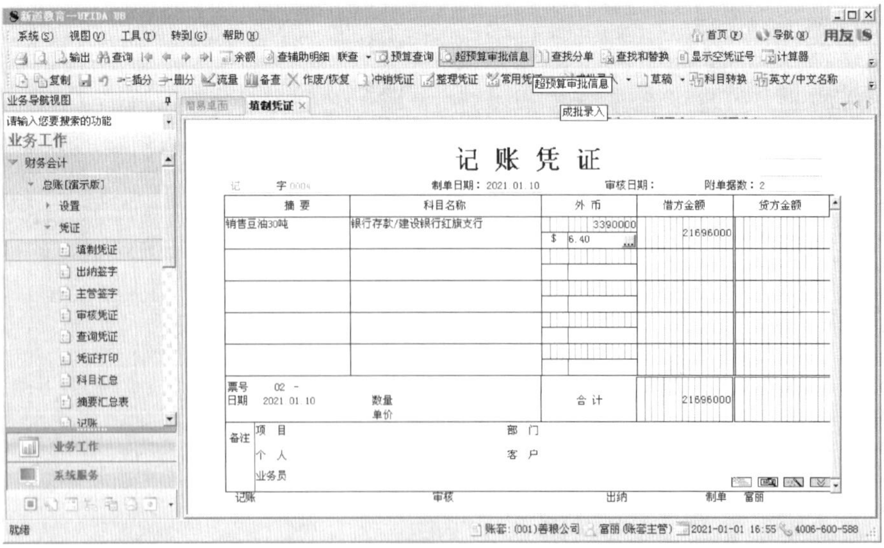

图 4—30

②录入"主营业务收入/豆油业务收入"科目后，该科目设置了"数量核算"和"项目核算"，使用时会自动弹出【辅助项】对话框，录入数量、单价、项目名称，点击【确定】，如图 4—31 所示。

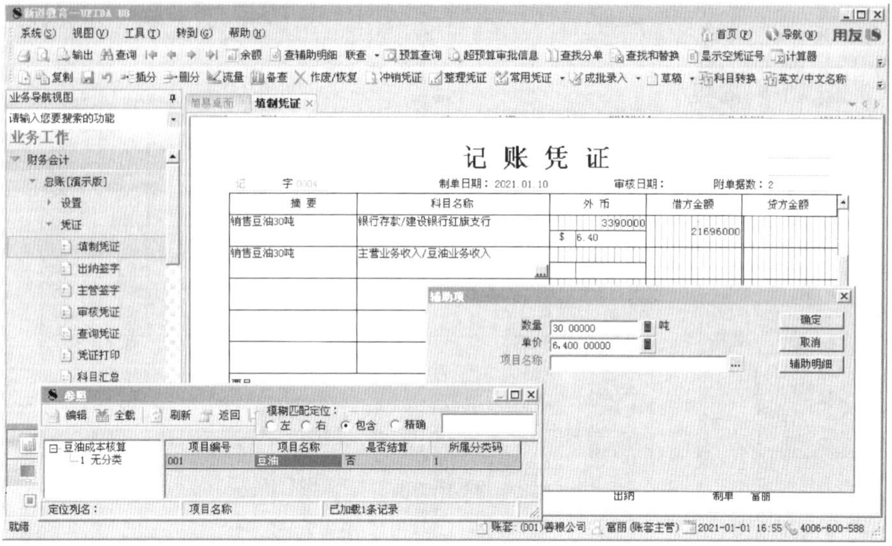

图 4—31

③系统自动计算金额，并记入借方，需要按"空格键"，将"借方金额"调整为"贷方金额"，如图 4—32 所示。

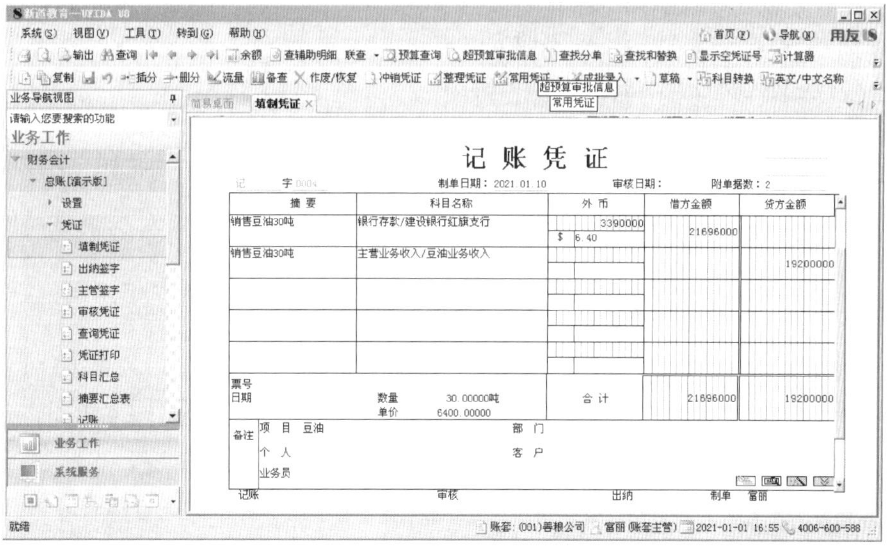

图 4—32

④增加"应交税费/应交增值税/销项税额"会计科目，借贷平衡后按【保存】，如图 4—33 所示。

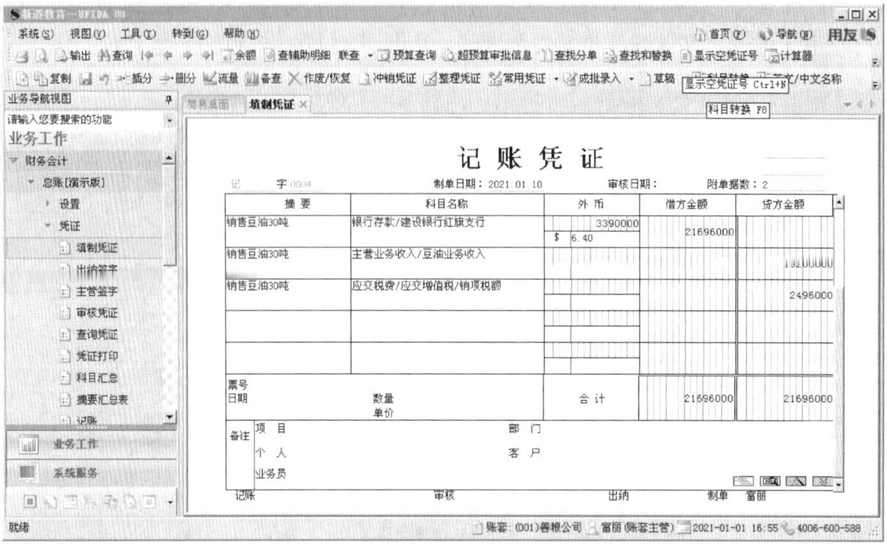

图 4—33

(5)客户往来核算凭证录入。

客户往来核算凭证,需要录入客户名称、业务员、票号和发生日期。

业务 5:1 月 10 日,向北京第三粮库售出豆油 50 吨(增加"北京第三粮库"客户档案、专柜销售、服务属性),货款 250 000 元及增值税款 32 500 元尚未收到,附件 1 张。

借:应收账款——北京第三粮库　　282 500

　　贷:主营业务收入/豆油业务收入　　250 000

　　　　应交税费/应交增值税/销项税额　　32 500

【操作步骤】

①增加新客户,点击【编辑】,链接至"客户档案"对话框,如图 4—34 所示。

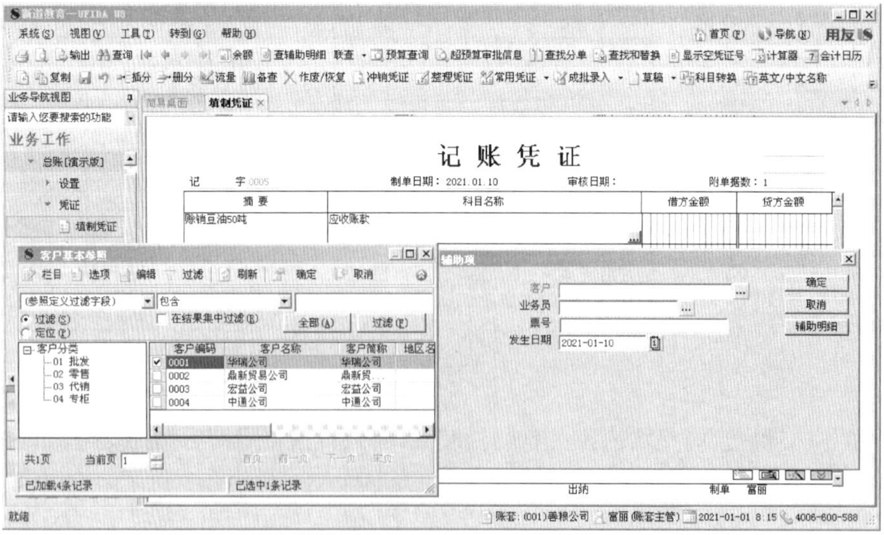

图 4—34

②点击【增加】，增加"北京第三粮库"客户档案、专柜销售、服务属性，如图 4－35 所示。

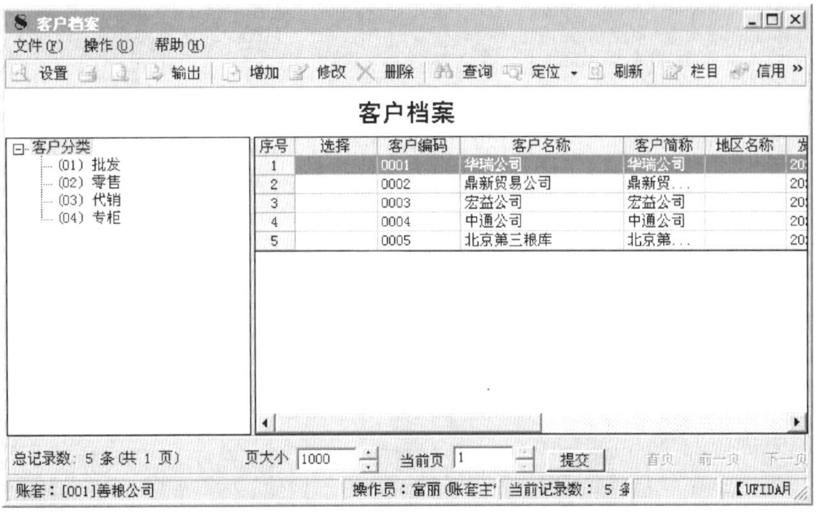

图 4－35

③录入客户、业务员、票号、发生日期，点击【确定】，如图 4－36 所示。

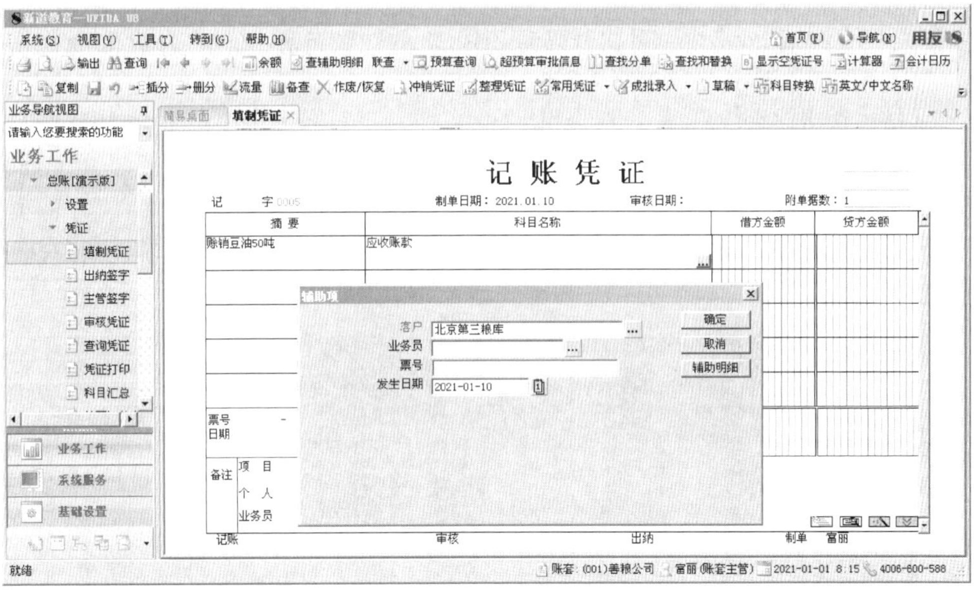

图 4－36

④录入完毕，点击【保存】，系统显示一张完整的凭证，如图 4－37 所示。

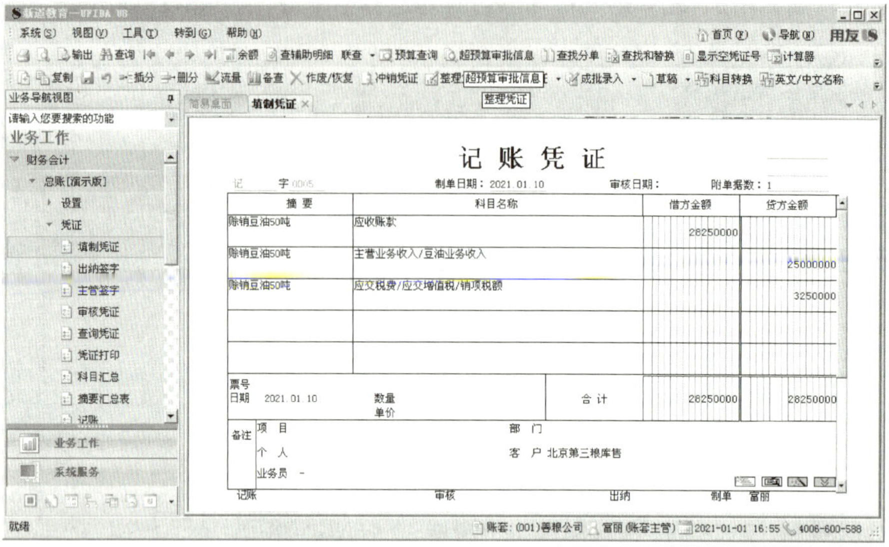

图 4—37

(6)部门核算凭证录入。

部门核算凭证，需要录入部门。

业务 6：1 月 20 日，业务一部开出号码为 ZB3528 的转账支票，支付广告费 50 000 元，附件 2 张。

借：销售费用/广告费　　　　　　　　　　　　　　　50 000

　　贷：银行存款/工商银行北京支行　　　　　　　　　　50 000

【操作步骤】

①录入“销售费用/广告费”科目，该科目设置了“部门核算”，所以弹出【辅助项】对话框，录入部门，如图 4—38 所示。

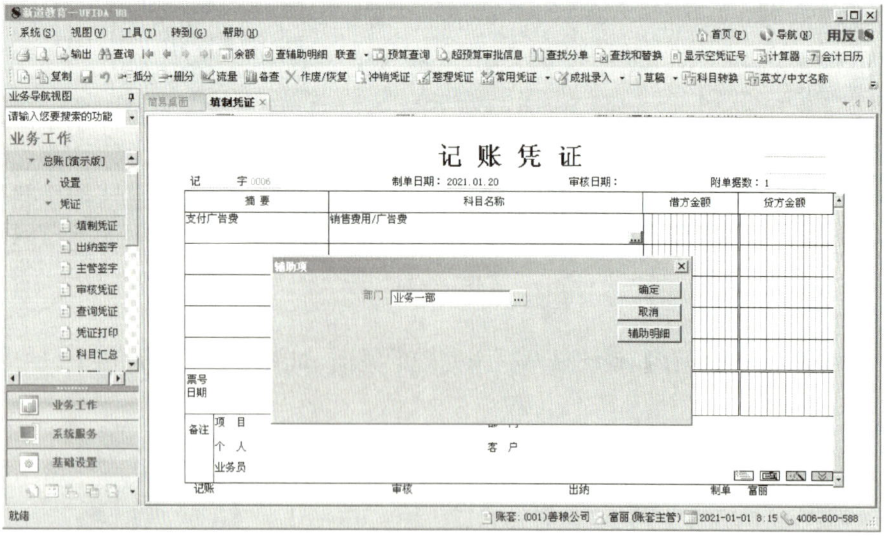

图 4—38

②录入完毕，点击【保存】，系统显示一张完整的凭证，如图 4—39 所示。

图 4—39

(7)部门辅助明细核算凭证录入。

业务 7:1 月 30 日，公司报销电话费用，费用归集为管理费用——电话费，财务部:2 110 元；人事部:1 350 元；业务一部:3 500 元；业务二部:5 010 元，现金支付，附件 1 张。

借:管理费用/电话费——财务部	2 110	
管理费用/电话费——人事部	1 350	
管理费用/电话费——业务一部	3 500	
管理费用/电话费——业务二部	5 010	
贷:库存现金		11 970

【操作步骤】

①增加“管理费用/电话费”科目，弹出【辅助项】对话框，选择【辅助明细】，实现快速录入功能，如图 4—40 所示。

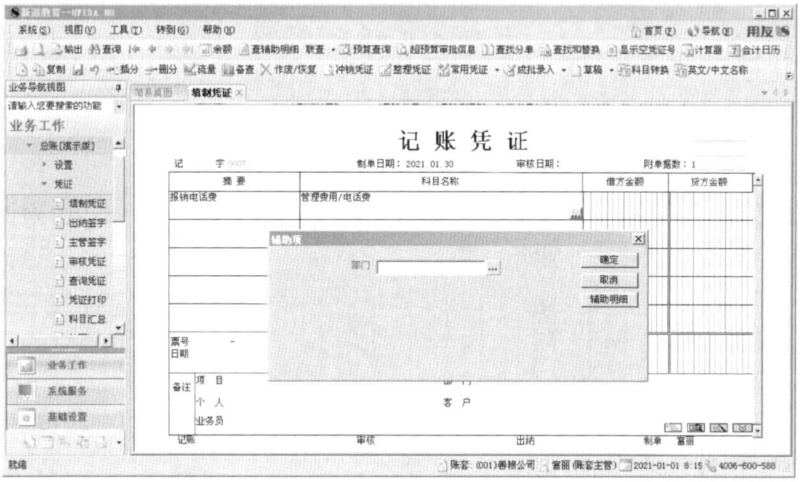

图 4—40

②录入各部门名称及其金额，点击【确定】，如图 4—41 所示。

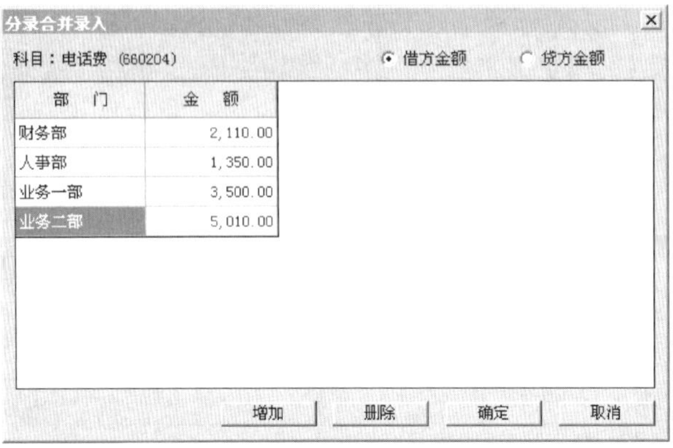

图 4—41

③录入完毕，点击【保存】，并滑动右侧滚动条，即可显示一张完整的凭证，如图 4—42 所示。

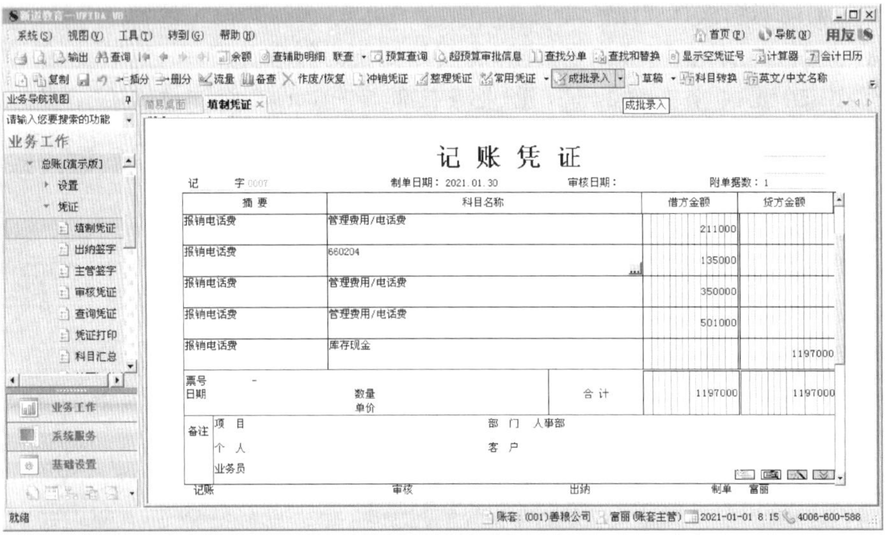

图 4—42

(8)个人往来核算凭证录入。

业务 8:1 月 30 日，业务一部王磊报销差旅费 5 600 元，交还现金 200 元，附件 2 张。

借：管理费用/差旅费——业务一部　　5 600

　　库存现金　　200

　　贷：其他应收款——王磊　　5 800

【操作步骤】

①录入“其他应收款”科目后，该科目设置了“个人往来”核算，所以弹出【辅助项】对话框，录入部门、个人、票号、发生日期，如图 4—43 所示。

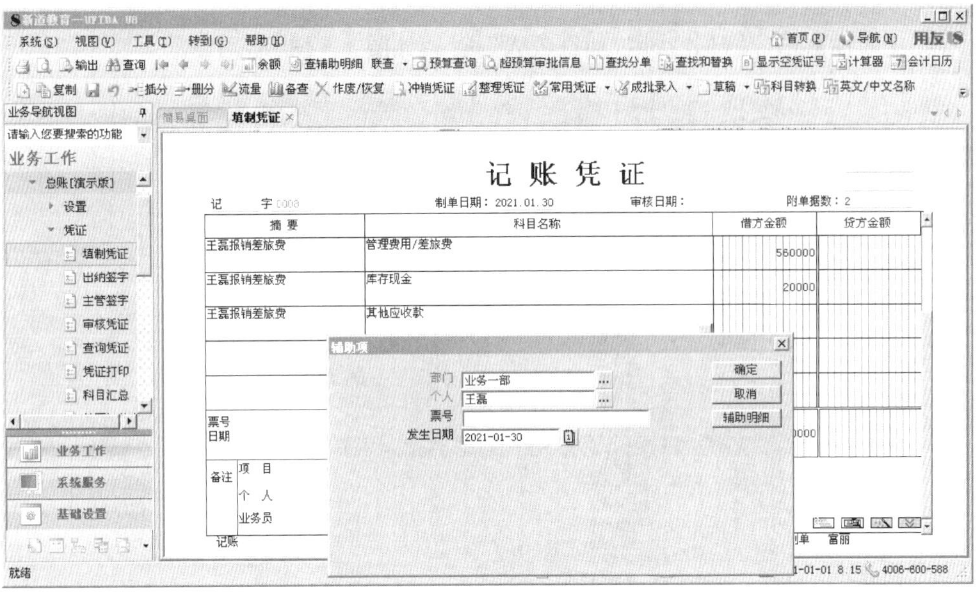

图 4—43

②录入完毕，点击【保存】，系统显示一张完整的凭证，如图 4—44 所示。

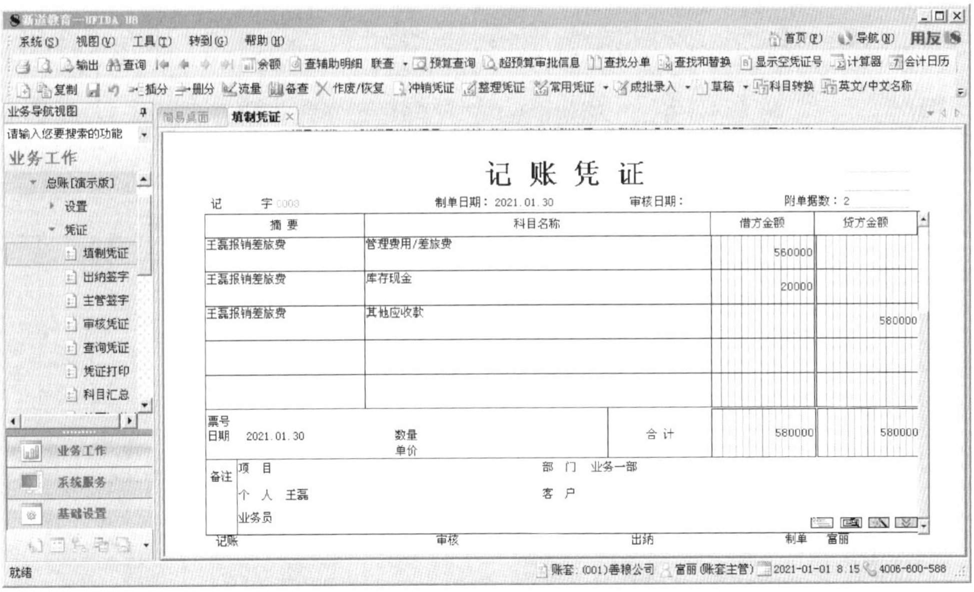

图 4—44

(9)红字凭证录入。

红字凭证，是指金额为负数的凭证。

业务 9：1 月 31 日收到银行对账单，工商银行北京支行存款利息收入 6 250 元入账（增加“财务费用/利息收入”会计科目，财务费用为借方发生额），附件 1 张。

借：银行存款/工商银行北京支行　　　　6 250

借：财务费用/利息收入　　　　—6 250

【操作步骤】

①点击【增加】,增加“财务费用/利息收入”科目,如图 4－45 所示。

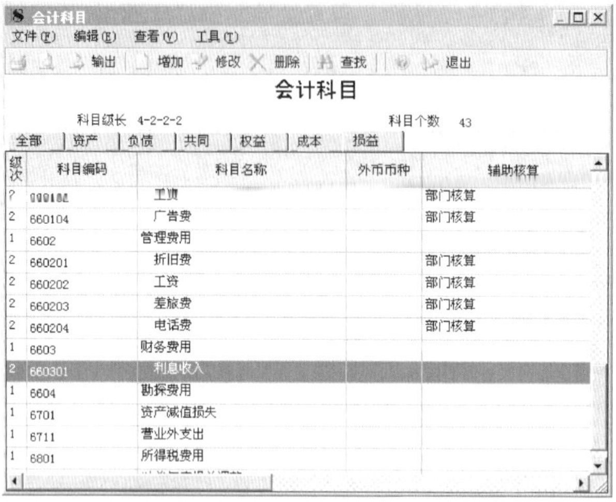

图 4－45

②“财务费用/利息收入”科目为借方金额,以红字体现,录入完毕,点击【保存】,系统显示一张完整的凭证,如图 4－46 所示。

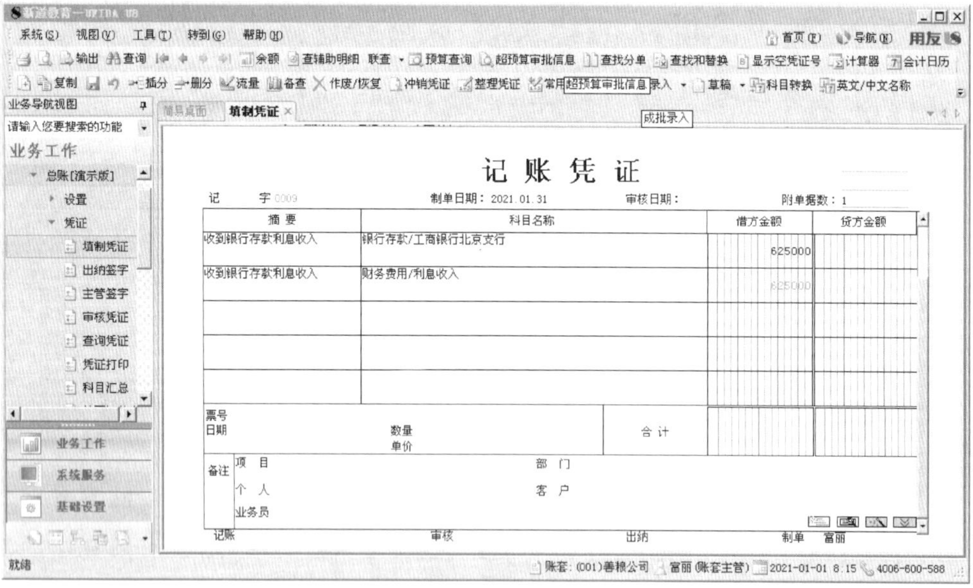

图 4－46

4.4.2 修改凭证

录入凭证时,尽管系统提供了多种控制错误的手段,但误操作是在所难免的,记账凭证的错误,必然影响系统的核算结果。为更正错误,可以通过系统提供的修改功能对错误凭证进行修改。对已经录入但未审核的记账凭证,通过“填制凭证”功能直接修改;对已通过审核但还未记账的凭证不能直接修改,需要先取消审核,再通过凭证"填制凭证"功能进行修改。

【案例 4-2】 修改凭证

1 月 30 日,月底未记账前发现公司报销电话费用(0007 号凭证)错误,修改报销部门"业务一部"为"采购二部"。

修正业务信息为:

业务 7:1 月 30 日,公司报销电话费用,费用归集为管理费用——电话费,财务部:2 110 元;人事部:1 350 元;采购二部:3 500 元;业务二部:5 010 元,现金支付,附件 1 张。

【操作步骤】

(1)【凭证】—【填制凭证】,通过工具栏上的"查询"或单击"上张"或"下张",找到要修改的"0007"号凭证,选择"业务一部"所对应的会计科目,将鼠标移到"业务一部"辅助项的位置,当鼠标变成"钢笔头"的形状时,双击鼠标左键,如图 4-47 所示。

图 4-47

(2)在【辅助项】对话框中将"业务一部"删除,录入"采购二部",如图 4-48 所示。

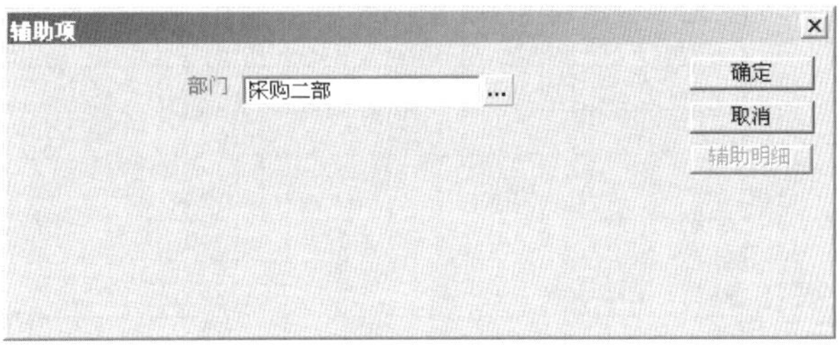

图 4-48

(3)录入完毕,点击【保存】,系统显示一张完整的凭证,如图 4-49 所示。

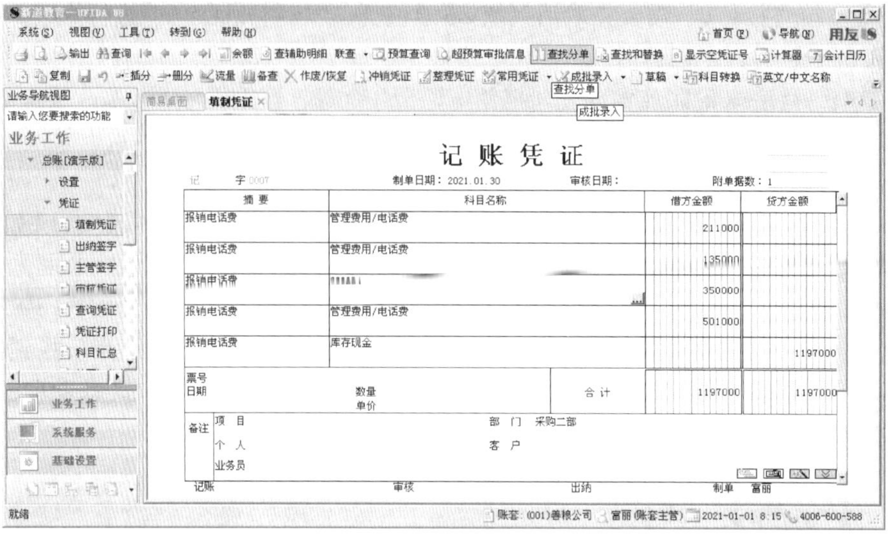

图 4—49

4.4.3 删除凭证

【案例 4—2】 删除凭证

1 月 30 日，月底未记账前发现收到银行存款利息收入 6 250 元(0009 号凭证)所附的原始凭证不是本单位的，所以将凭证删除。

【操作步骤】

(1)【凭证】—【填制凭证】，找到“0009”号凭证，点击【作废/恢复】功能，凭证左上角出现“作废”标记，如图 4—50 所示。

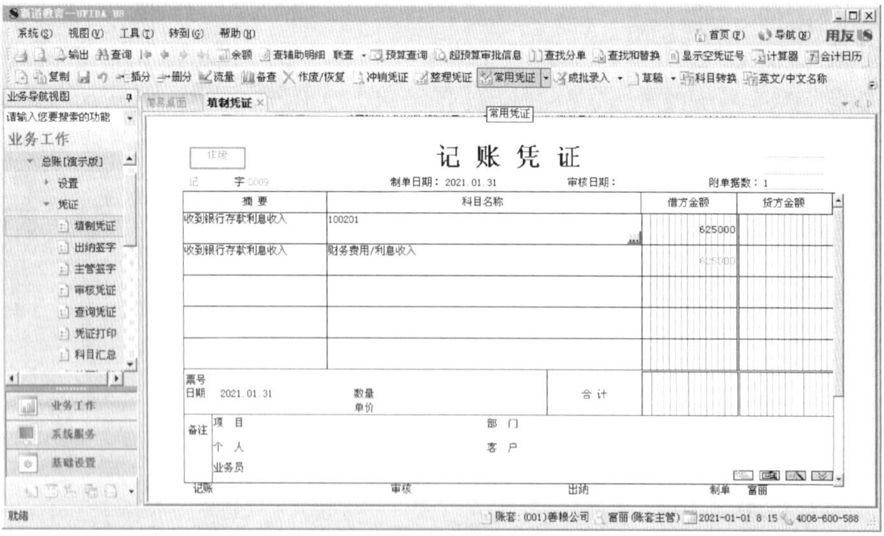

图 4—50

【提示】

①作废凭证保留凭证内容及编号，但不能修改、不能审核。

②记账时，已作废的凭证将参与记账，否则月末无法结账，但系统不对作废凭证进行数据

处理。

③如果想取消“作废”标记，点击“制单”菜单的“作废/恢复”功能，凭证左上角的“作废”标记就会取消。

(2)再点击【整理凭证】功能，选择凭证所在的月份，点击【确定】，在“删除?”栏下的空白处双击鼠标左键，出现“Y”(Yes)的标记，点击【确定】，如图 4—51 所示。

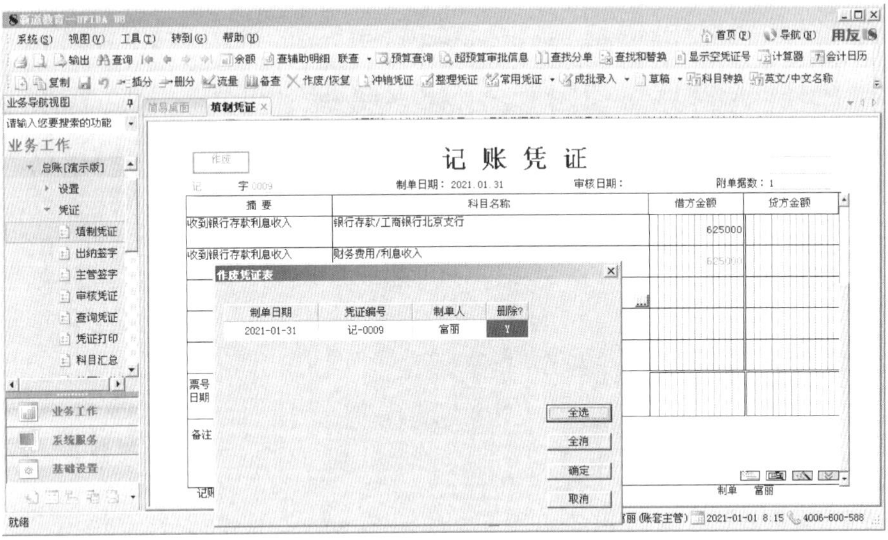

图 4—51

(3)选择“按凭证号重排”点击【是】，如图 4—52 所示。

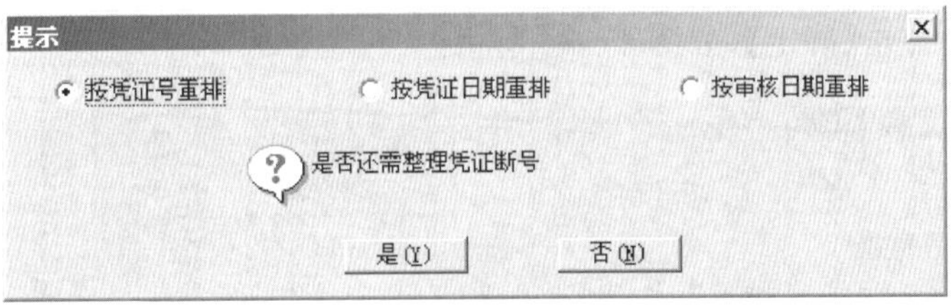

图 4—52

【提示】

①只能对未审核的凭证进行删除。

②删除凭证分两步，先“作废”，再“整理凭证”。

③“是否还需整理凭证断号”，选择【是】，该作废凭证之后的未记账凭证重新编号；选择【否】，该作废凭证的凭证号保留，之后的未记账凭证不重新编号，保留原号。

4.4.4 出纳签字

出纳签字是指由出纳人员通过“出纳签字”功能，对制单员填制的带有“库存现金”和“银行存款”科目的凭证进行检查核对，核对出纳凭证的出纳科目的金额是否正确。如果凭证正确，则在凭证上进行出纳签字；如果认为该张凭证有错误或有异议，则不予进行出纳签字，应交给填制人员修改后再核对。

企业可根据实际需要决定是否要对出纳凭证进行出纳签字管理，若不需要此功能，可在【选项】中取消“出纳凭证必须经由出纳签字”的设置。

【案例 4－2】 出纳签字

【操作步骤】

(1)选择具有出纳权限的 003 号关星宇，进入企业应用平台，点击【凭证】—【出纳签字】，如果没有指定科目，出纳将无权查看涉及“库存现金”和“银行存款”的凭证，如图 4—53 所示。

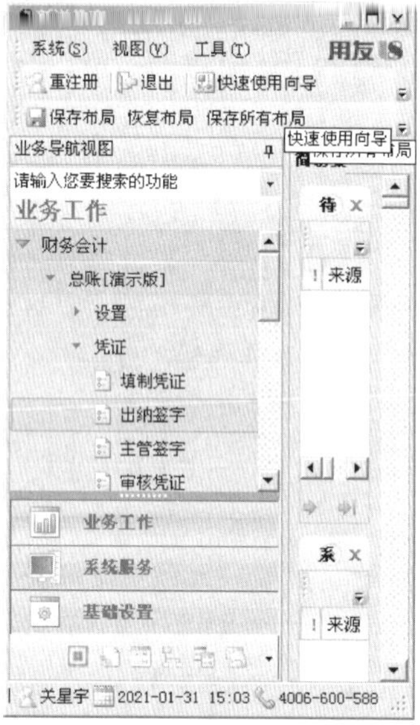

图 4—53

(2)录入日期，点击【确定】，如图 4—54 所示。

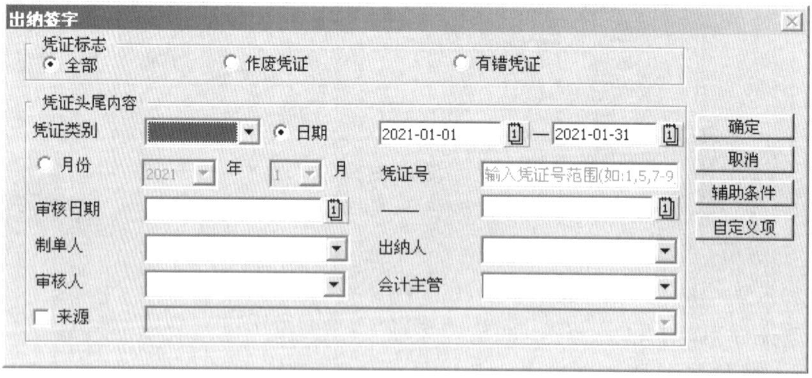

图 4—54

(3)查看出纳凭证一览表，已签字凭证背景为黄色，未签字凭证背景为白色，如图 4—55 所示。

图 4—55

(4)双击第一张凭证，检查后点击“签字”，则该张凭证出纳签字完成，凭证一经签字，就不能被修改、删除，只有取消签字后才可以修改或删除，取消签字只能由出纳人自己进行，如图 4—56 所示。

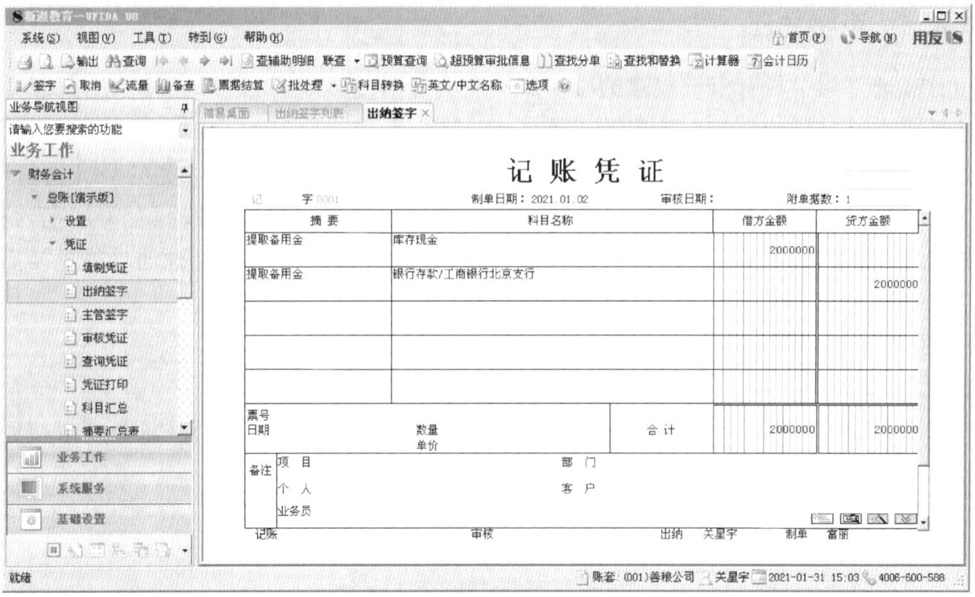

图 4—56

(5)为了提高工作效率，系统提供了成批签字的功能，在工具栏选择【批处理】中的【成批出纳签字】命令，可以进行签字的成批操作。若想对已签字的凭证，进行成批取消签字，则可点击【成批取消签字】，如图 4—57 所示。

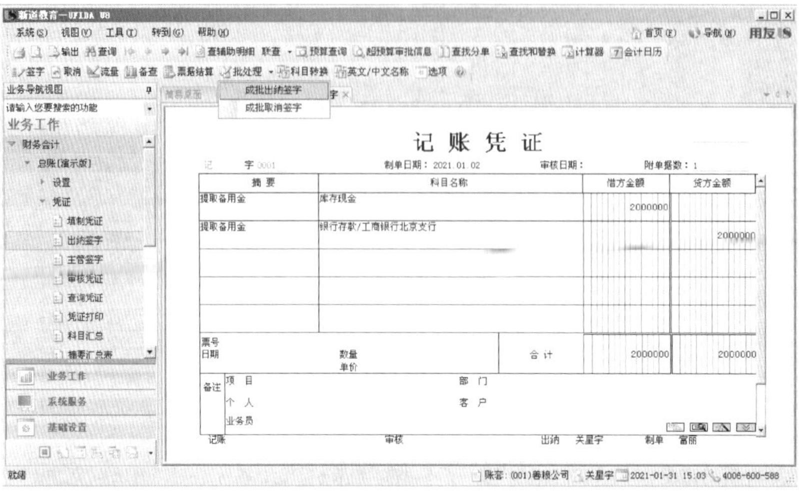

图 4—57

4.4.5 审核凭证

审核凭证是指由具有审核权限的操作员按照会计制度规定，对制单人填制的记账凭证进行合法性检查。其目的是防止错误及舞弊。

凭证审核时，可直接由具有审核权限的操作员根据原始凭证，对未记账的凭证进行审核，对正确的记账凭证，发出签字指令，计算机在凭证上填入审核人名字。按照有关规定，制单人和审核人不能是同一个人，如果当前操作员与制单人相同，则应通过重新注册功能更换操作员后再进行审核操作。

【案例 4—2】 审核凭证

【操作步骤】

(1)选择具有审核凭证权限的 002 号李阳，进入企业应用平台，点击【凭证】—【审核凭证】，如图 4—58 所示。

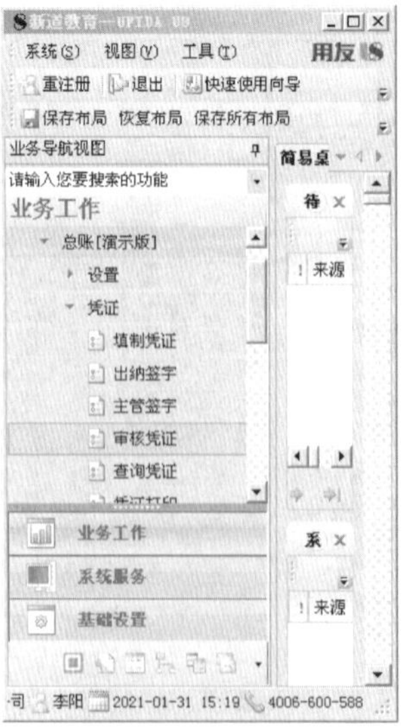

图 4—58

(2)录入日期,点击【确定】,如图 4—59 所示。

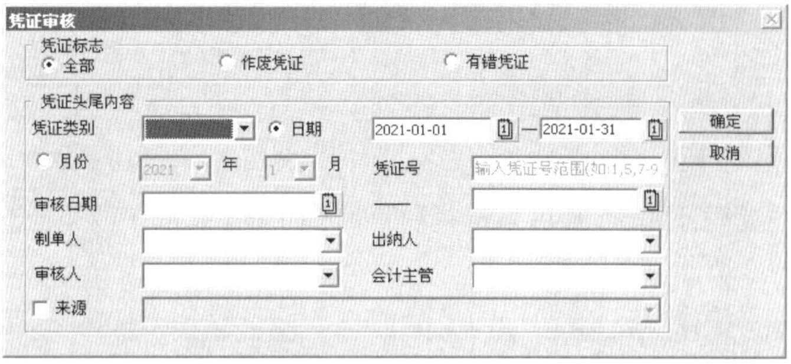

图 4—59

(3)查看凭证审核一览表,如图 4—60 所示。

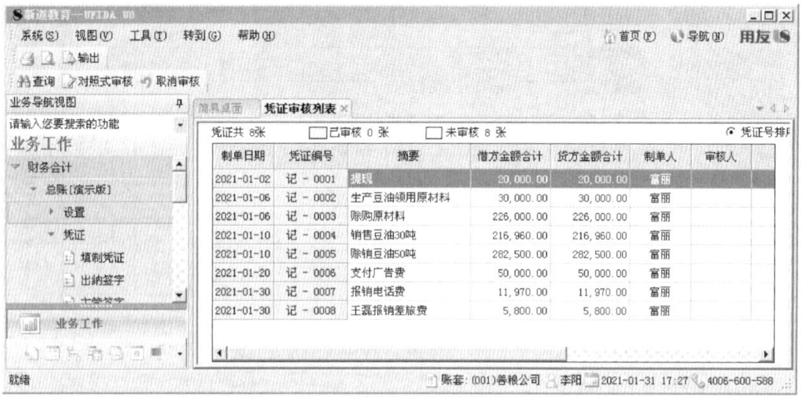

图 4—60

(4)双击第一张凭证,再点击【审核】,则该张凭证审核完成,如图 4—61 所示。

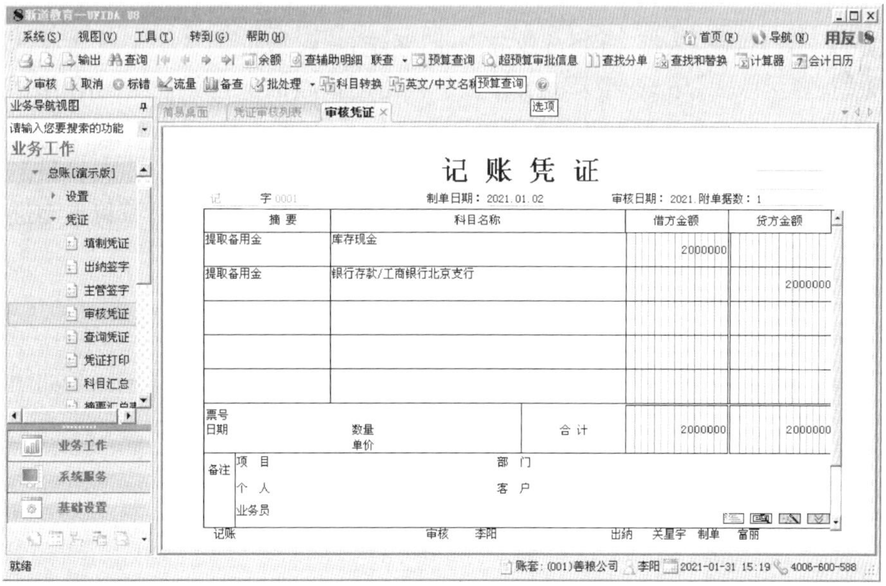

图 4—61

【提示】

①凭证一经审核，就不能被修改、删除，只有取消审核后才可以修改或删除。取消审核只能由审核人自己进行。

②审核人不能与制单人相同。

③作废凭证不能被审核。

(5)如果确认一批凭证无误，则可以选择【批处理】中的【成批审核凭证】命令来完成成批审核的操作，如图4—62所示。

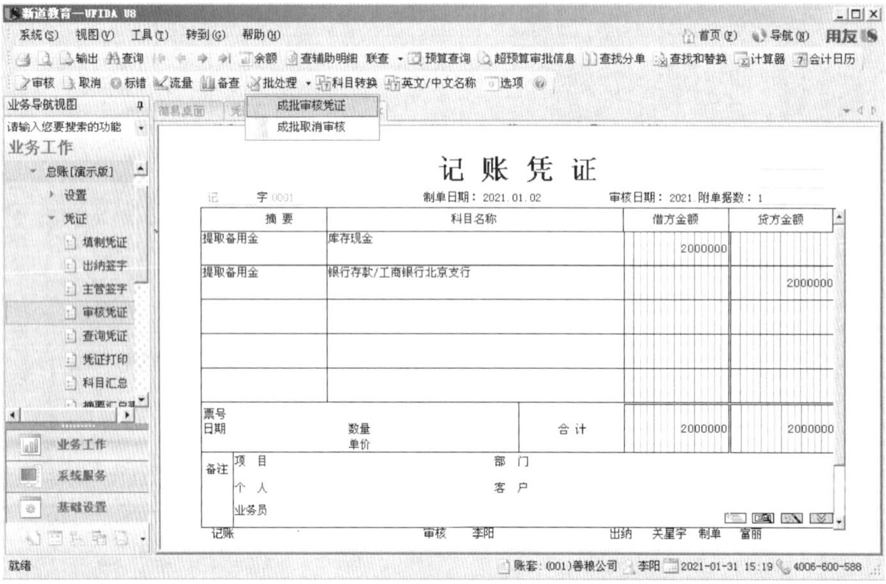

图4—62

4.4.6 记账

记账是以会计凭证为依据，将经济业务全面、系统、连续地记入具有账户基本结构的账簿的一种方法。在手工方式下，记账是由会计人员根据已审核的记账凭证及所附有的原始凭证逐笔或汇总后登记有关的总账和明细账等账簿。在电算化方式下，记账是由有记账权限的操作员发出记账指令，由计算机按照预先设计的记账程序自动进行合法性检查、科目汇总并登记账簿等。本系统记账采用向导方式，使记账过程更加明确，记账工作由计算机自动进行数据处理，不用人工干预。

【案例4—2】 记账

【操作步骤】

(1)选择具有记账权限的操作员，进入企业应用平台，点击【凭证】—【记账】，如图4—63所示。

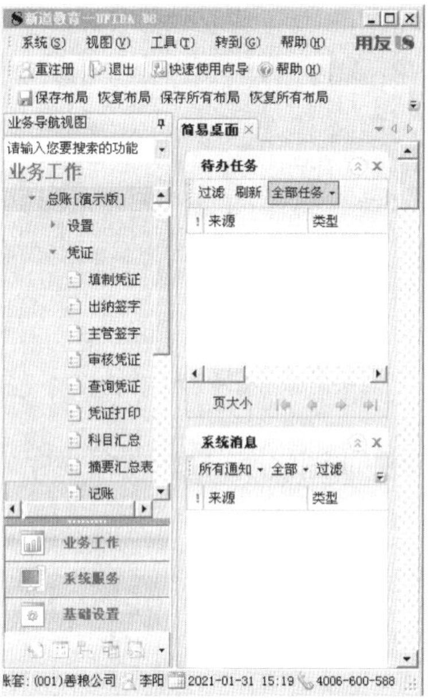

图 4－63

(2)记账凭证只有经过审核及出纳签字后,方可记账。如果只对部分凭证记账,则在"记账范围"栏录入凭证号;如果对全部凭证记账,则直接点击【记账】,如图 4－64 所示。

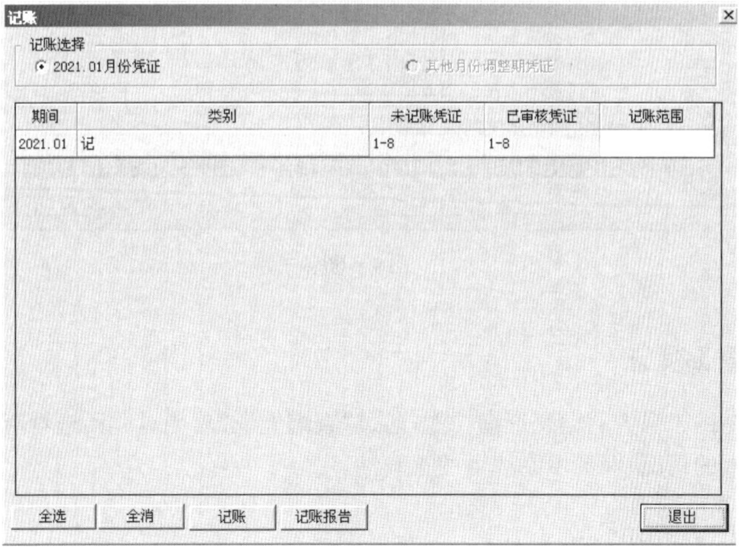

图 4－64

(3)期初余额试算不平衡,当期凭证不能记账;上月未结账,本月凭证也不能记账。当显示"期初试算平衡表"后,方可点击【确定】,如图 4－65 所示。

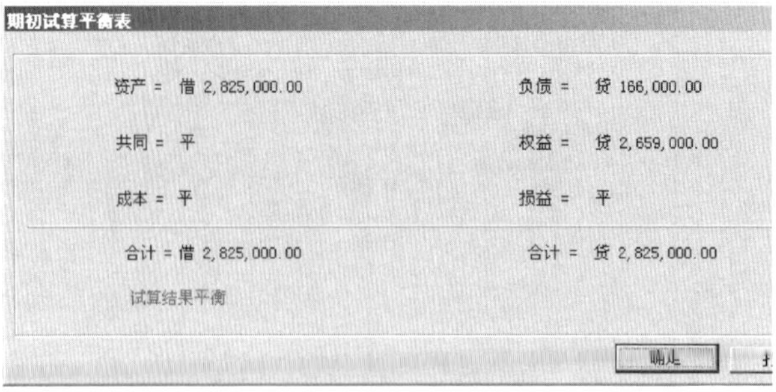

图 4—65

(4)系统自动登录有关的总账、明细账、日记账及往来账等,结束后弹出“记账完毕”对话框,点击【确定】,如图 4—66 所示。

图 4—66

4.4.7 查询凭证

总账系统提供了强大的信息查询功能,通过“查询凭证”功能对凭证进行查看,以便随时了解经济业务发生的情况,保证填制凭证的正确性。

【操作步骤】

(1)【凭证】—【查询凭证】,如图 4—67 所示。

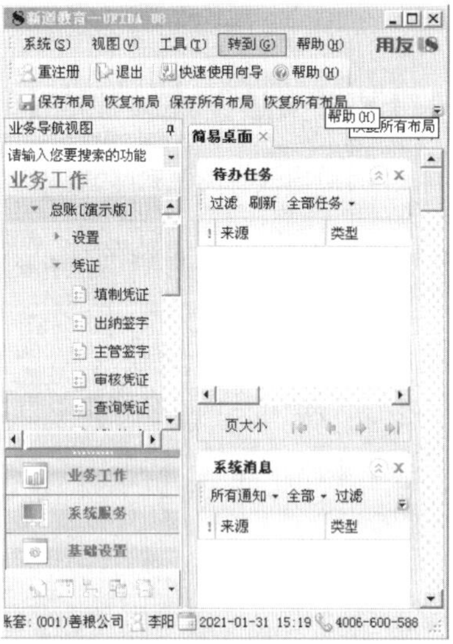

图 4—67

(2)录入查询范围,点击【确定】,“凭证查询”功能中能查看所有凭证,既包含未记账凭证又包含已记账凭证;而“填制凭证”功能中,只能查看未记账凭证,如图 4—68 所示。

图 4—68

(3)选择需要查看的凭证,双击鼠标左键,打开所要查看的凭证,如图 4—69 所示。

图 4—69

4.4.8 红字冲销

如果发现已经记账的凭证有错误，需要进行“红字冲销”操作，冲销后需要再编制正确的蓝字凭证进行补充。

【案例 4－2】 红字冲销

1 月 30 日，记账后发现业务一部王磊报销差旅费的凭证(0008 号凭证)报销金额有错误，请用红字冲销凭证进行修改：

第一步，冲销 0008 号凭证(生成红字 0009 号凭证)；

第二步，填制一张更正凭证(0010 号凭证)：业务一部王磊报销差旅费 5 800 元，交回现金 200 元；

第三步，出纳签字；

第四步，审核凭证；

第五步，记账。

【操作步骤】

(1)【凭证】—【填制凭证】，不要点击【增加】，先点击【冲销凭证】，选择所要冲销凭证所在的“月份”和“凭证号”，再点击【确定】，如图 4－70 所示。

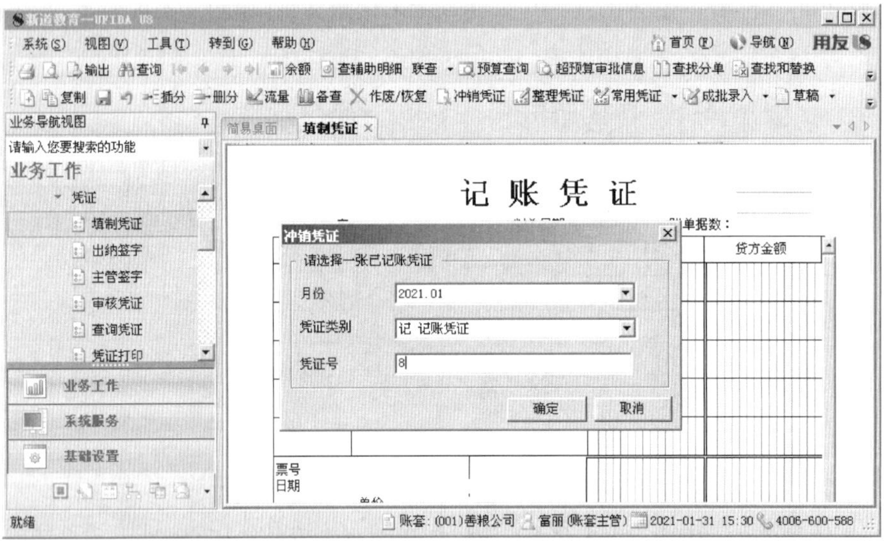

图 4－70

(2)系统自动生成一张红字冲销凭证，修改“制单日期”和“附单据数”，冲销凭证没有附件，点击【保存】，生成红字 0009 号凭证，如图 4－71 所示。

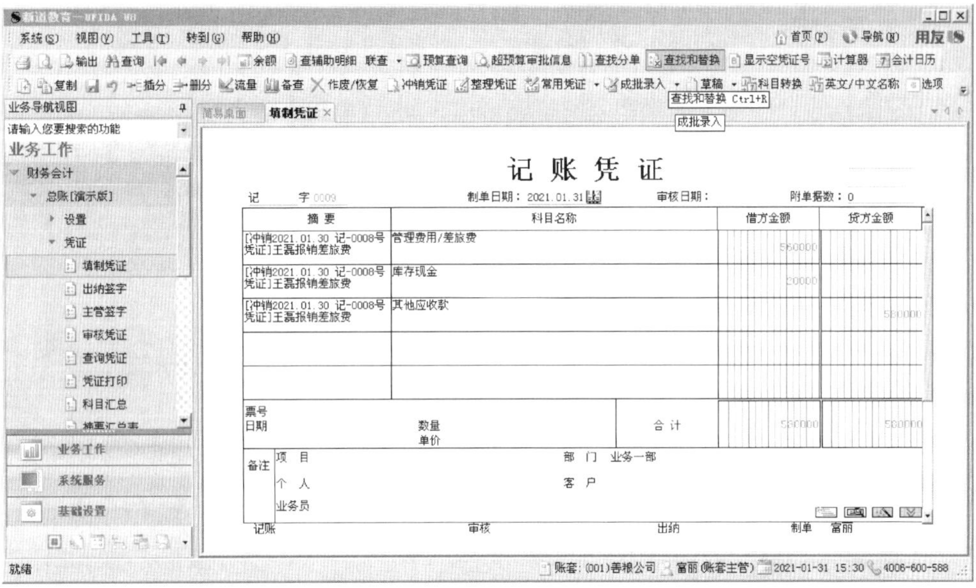

图 4—71

(3)红字冲销后，再填制一张 0010 号凭证进行更正，更正的记账凭证没有附件，同时在摘要栏标明原附件所在的凭证号，以备查询，如图 4—72 所示。

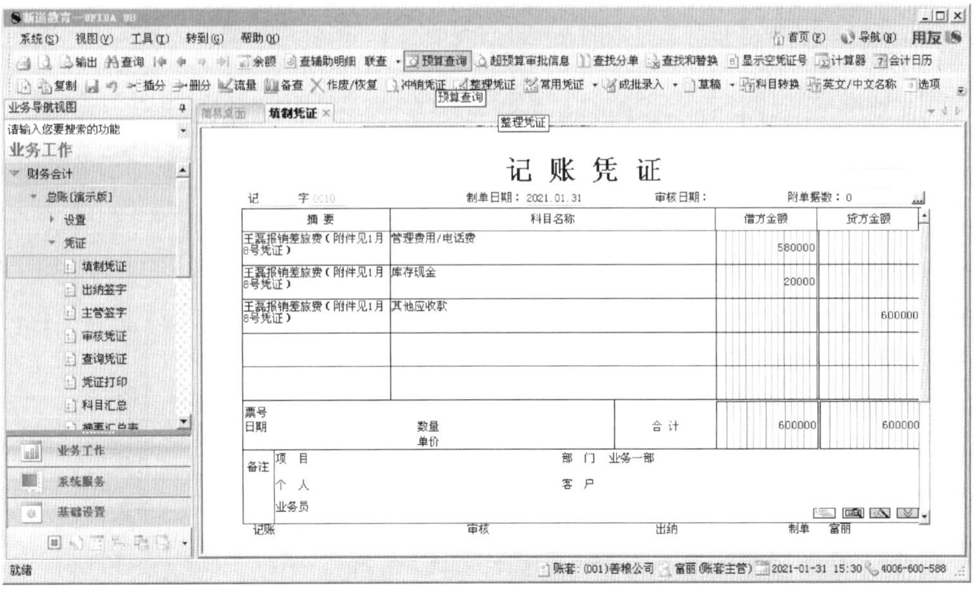

图 4—72

(4)冲销凭证和更正凭证，应视同正常凭证进行“出纳签字”，如图 4—73 所示。

图 4—73

(5)将冲销凭证和更正凭证,进行“审核凭证”,如图 4—74 所示。

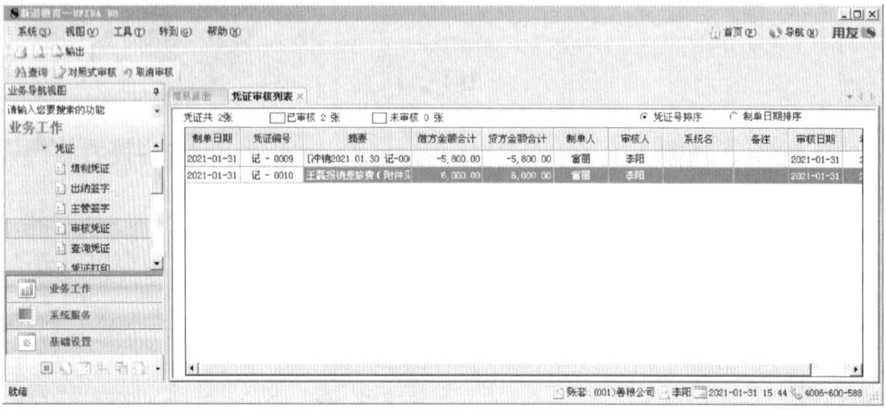

图 4—74

(6)将冲销凭证和更正凭证,进行记账,如图 4—75 所示。

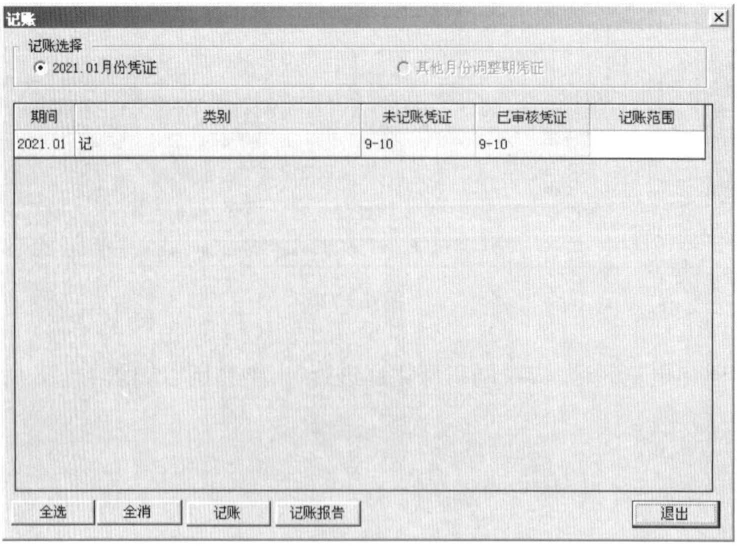

图 4—75

4.5　会计账簿查询

企业发生的经济业务，经过制单、出纳签字、审核、记账操作之后，就形成了正式的会计账簿。为了能够及时地了解账簿中的数据资料，并满足对账簿数据的统计分析及打印的需要，系统提供了强大的会计账簿查询功能，包括基本会计核算账簿的查询输出、各种辅助核算账簿及库存现金和银行存款日记账的查询和输出。整个系统可以方便地实现对总账、明细账及凭证等账、证、表资料的联查。

4.5.1　总账查询

总账查询，可以查询各总账科目的年初余额、各月发生额合计和月末余额。系统提供四种账页格式：金额式、外币金额式、数量金额式、数量外币式。在外币金额式显示格式中如为末级科目则显示外币名称，非末级科目则不显示。

【操作步骤】

(1)【账表】—【科目账】—【总账】，如图 4—76 所示。

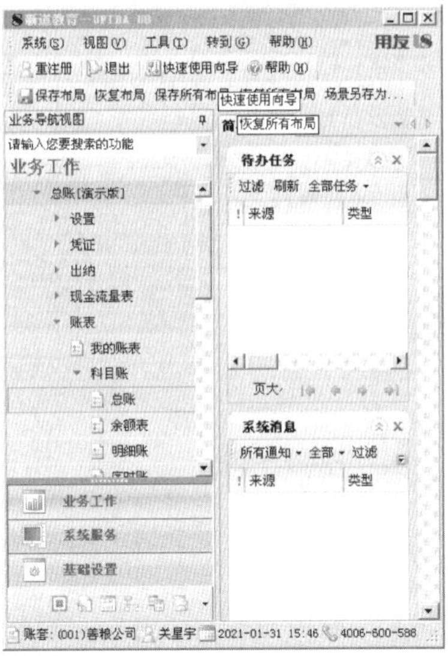

图 4—76

(2)输入要查询的科目、级次、是否包含未记账凭证、是否只查询已记账凭证等信息，点击【确定】，如图 4—77 所示。

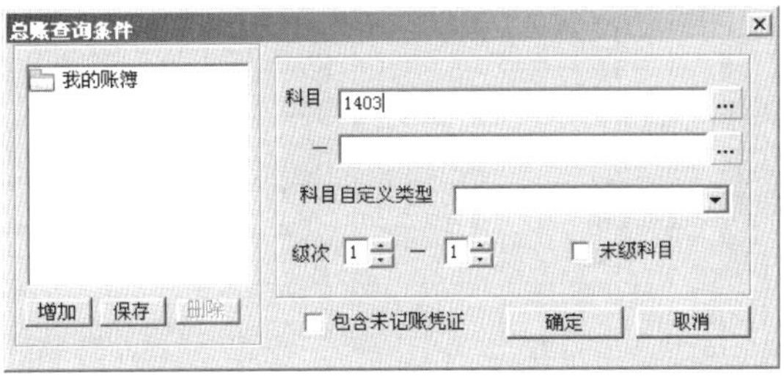

图 4—77

(3)出现“总账”查询页面,选择“当前合计”为当前行,点击【明细】,即可联查到当前科目当前月份的明细账;当“上年结转”所在行为当前行时,不能联查明细账,如图 4—78 所示。

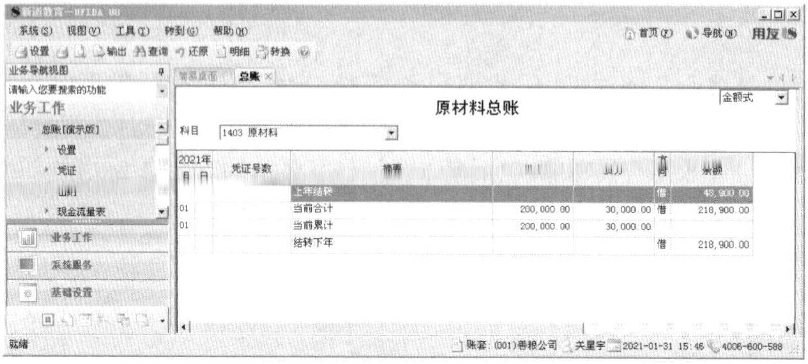

图 4—78

(4)点击“科目”下拉框,可以重新选择需要查看的科目;通过明细账,还可选择具体的凭证所在行双击鼠标左键,如图 4—79 所示。

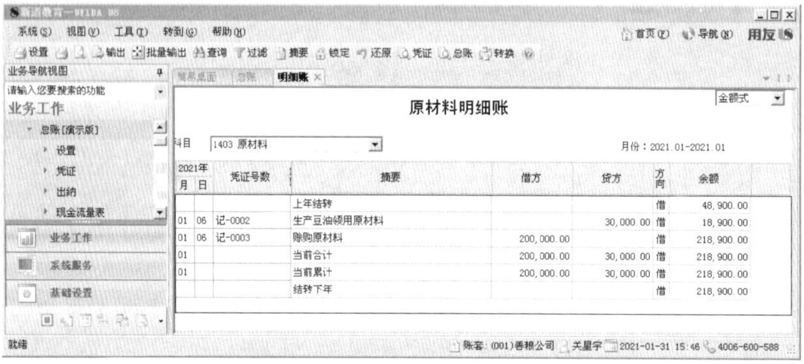

图 4—79

(5)即可“联查凭证”,如图 4—80 所示。

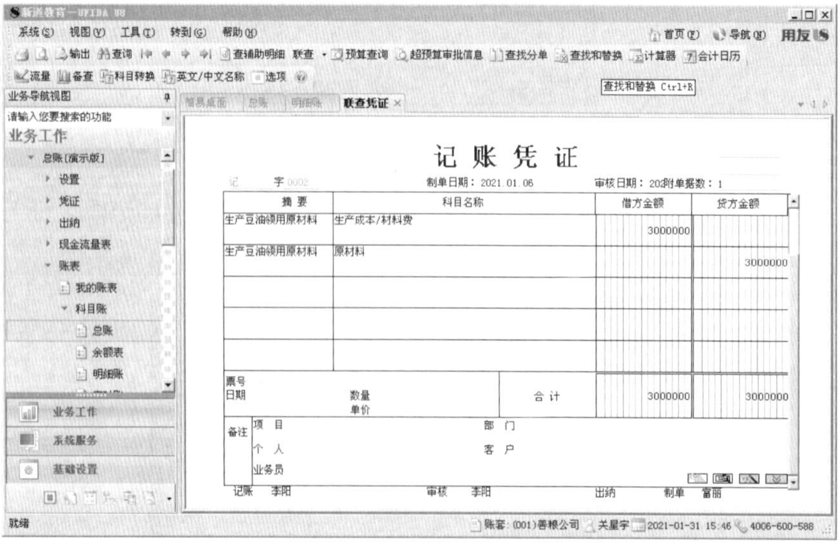

图 4—80

(6)点击【联查】—【联查明细账】，可以联查明细账，如图 4—81 所示。

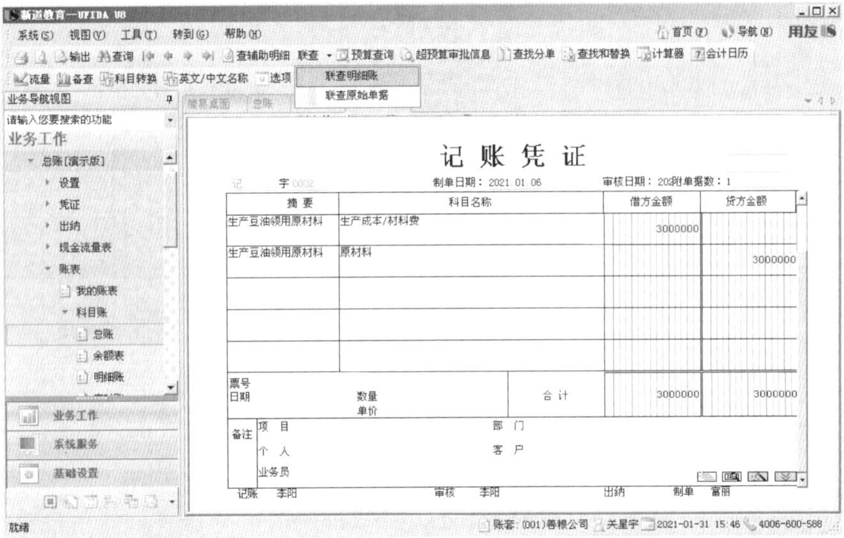

图 4—81

4.5.2　余额表查询

余额表查询，用于查询统计各级科目的本期发生额、累计发生额和余额等，可输出某月或某几个月的所有总账科目或明细科目的期初余额、本期发生额、累计发生额、期末余额等。

【操作步骤】

(1)【账表】—【科目账】—【余额表】，如图 4—82 所示。

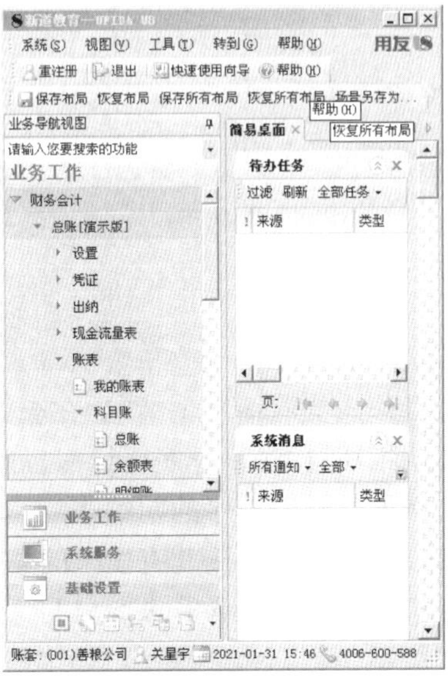

图 4—82

(2)录入所要查询的月份、科目、级次、是否包含未记账凭证等信息，如果不录入具体科目名称，则为查询所有科目的余额，如图 4—83 所示。

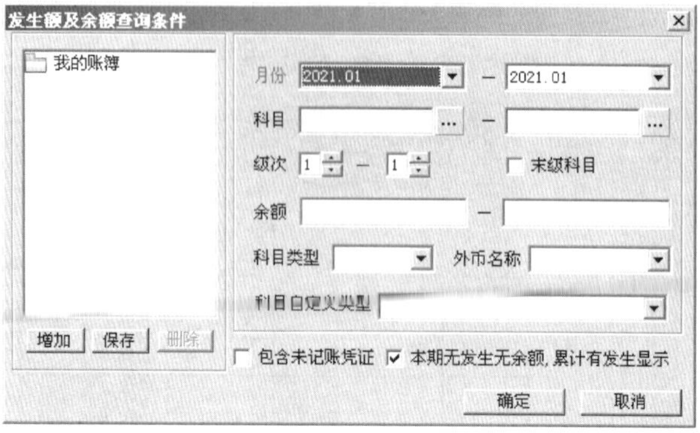

图 4—83

(3)显示所有科目的期初余额、本期发生额和期末余额，如图 4—84 所示。

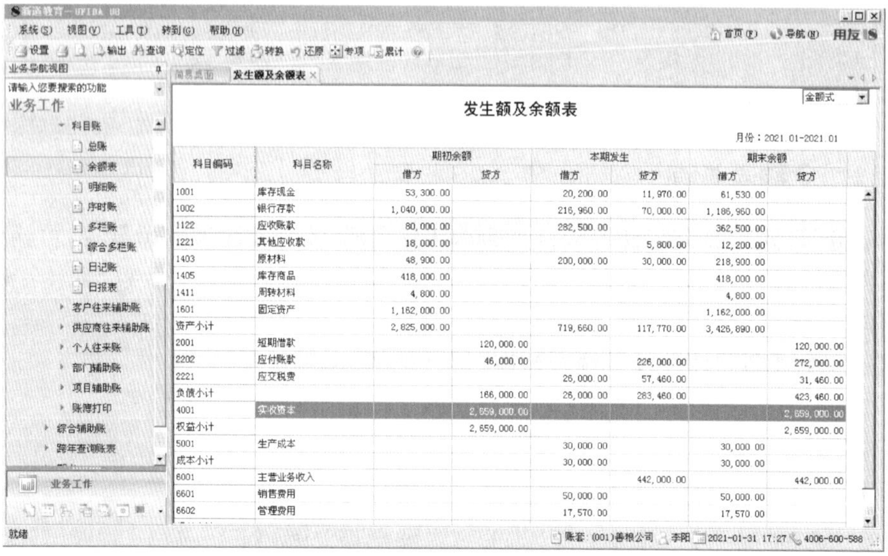

图 4—84

4.5.3 明细账查询

明细账查询，用于平时查询各账户的明细发生情况，在查询过程中可以包含未记账凭证。明细账查询的格式有三种：普通明细账、按科目排序明细账、月份综合明细账。

普通明细账是按科目查询，按发生日期排序的明细账。

按科目排序明细账是按非末级科目查询，按其有发生的非末级科目排序的明细账。

月份综合明细账是按非末级科目查询，包含非末级科目总账数据及末级科目明细数据的综合明细账，使各级科目的数据关系一目了然。

【操作步骤】

(1)【账表】—【科目账】—【明细账】，如图 4—85 所示。

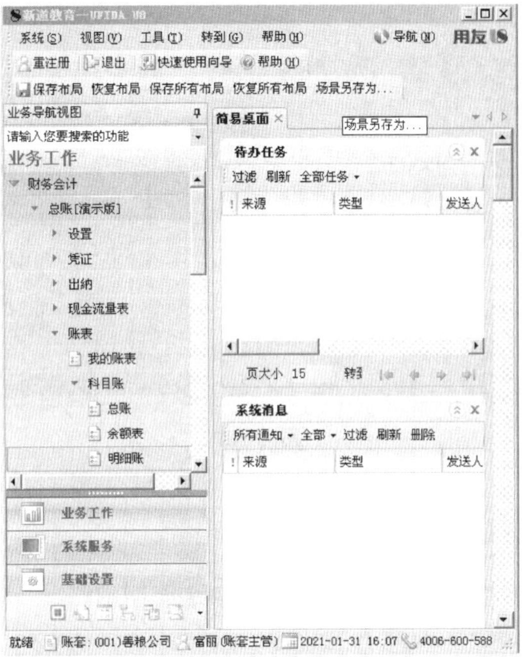

图 4—85

(2)录入所要查询的月份、科目、是否包含未记账凭证等信息，如图 4—86 所示。

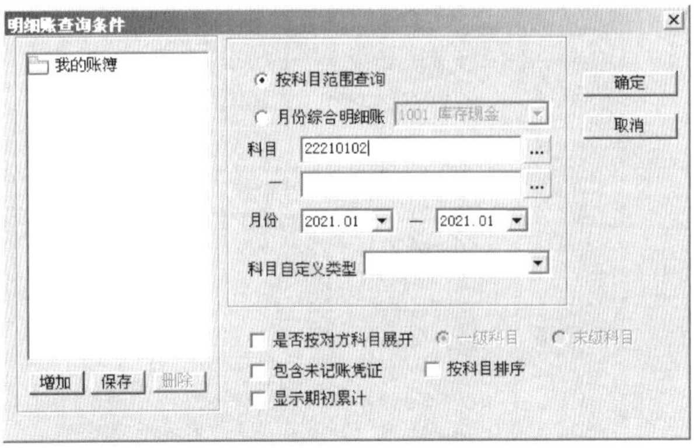

图 4—86

(3)显示所要查询科目的明细账，点击"科目"下拉框，可以重新选择需要查看的科目，如图 4—87 所示。

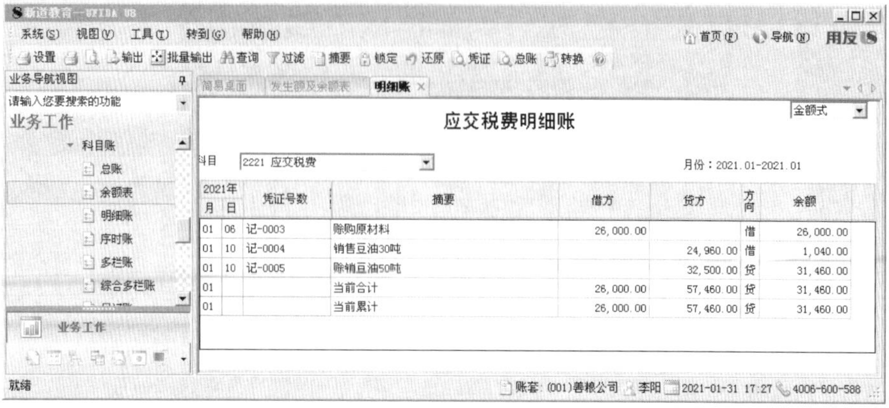

图 4—87

4.5.4 个人往来账查询

个人往来辅助账主要涉及个人往来辅助账余额表及明细账。余额表和明细账的查询与普通明细账和余额表的查询类似，在此不再讲述。

【操作步骤】

(1)【账表】—【个人往来账】—【个人往来余额表】—【个人余额表】，如图 4—88 所示。

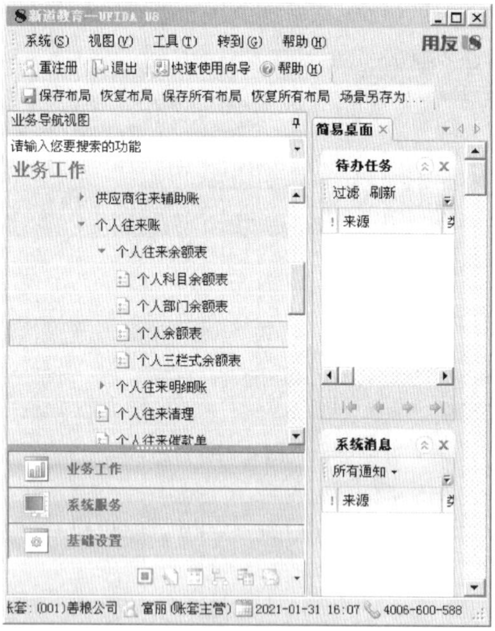

图 4—88

(2)录入所要查询的部门、个人、月份、是否包含未记账凭证等信息，如图 4—89 所示。

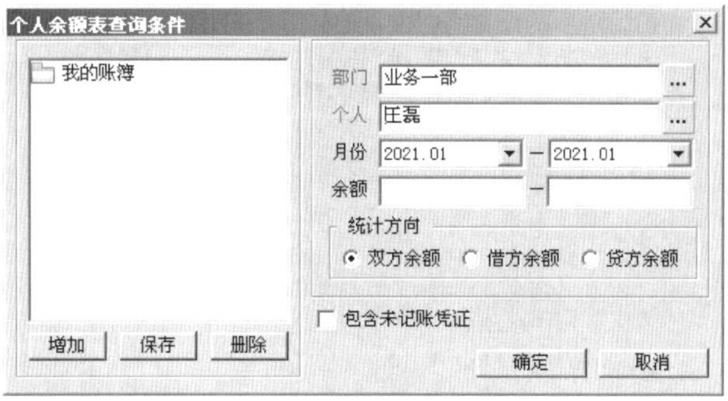

图 4—89

(3)点击“部门”“个人”下拉框，可以重新选择需要查看的个人余额，如图 4—90 所示。

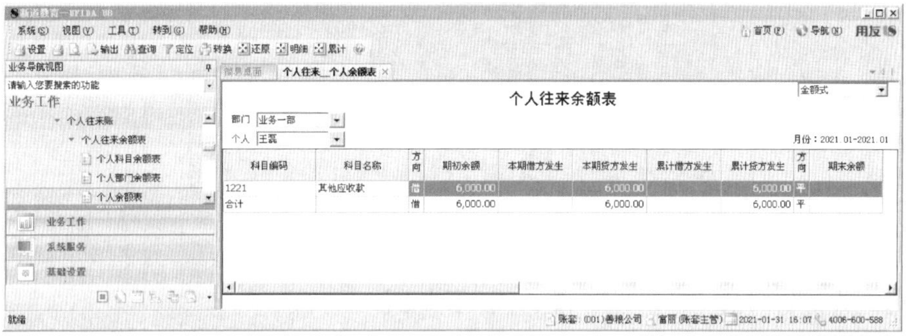

图 4—90

4.5.5　查询部门账

在总账系统中，如果在定义会计科目时，把某科目设置为部门辅助核算，系统则对这些科目除了进行部门核算外，还提供了横向和纵向的查询统计功能，为企业管理者输出各种会计信息，真正体现了“管理”的功能。

部门辅助账的管理主要涉及部门总账、部门明细账的查询，正式账簿的打印以及如何得到部门收支分析表。部门总账和部门明细账的查询方法与普通总账和普通明细账的查询方法类似，这里以部门收支分析表来说明部门管理的方法和作用。

【操作步骤】

(1)【账表】—【部门辅助账】—【部门收支分析】，如图 4—91 所示。

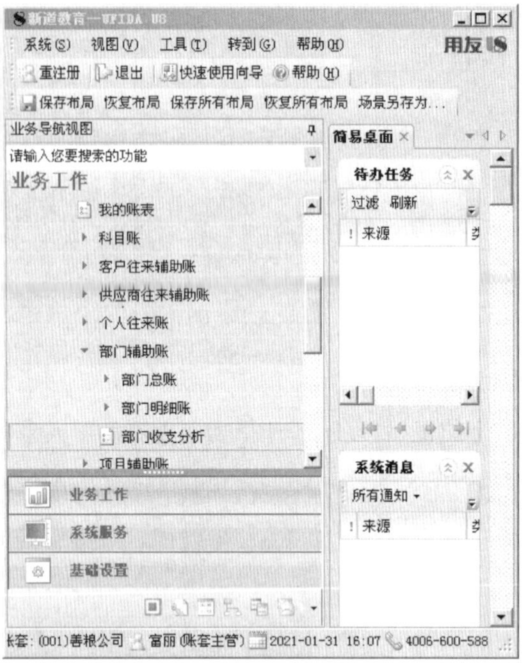

图 4—91

(2)选择要分析的会计科目,点击【下一步】,如图 4—92 所示。

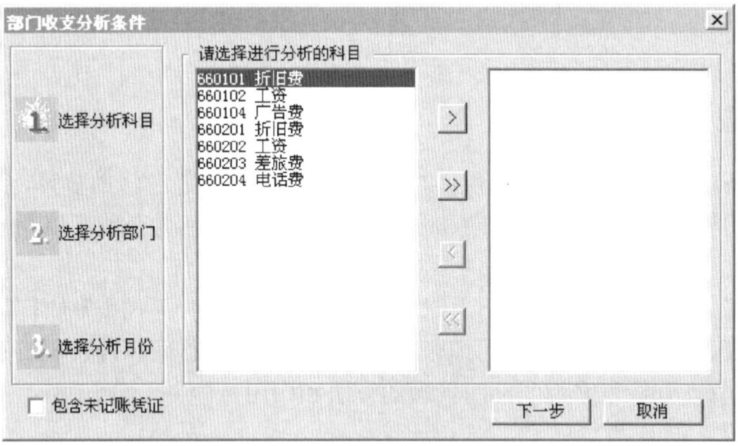

图 4—92

(3)选择要分析的部门,点击【下一步】,如图 4—93 所示。

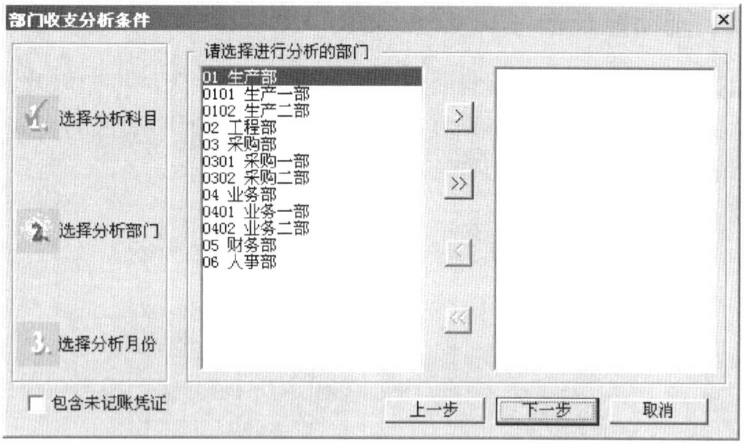

图 4—93

(4)选择要分析的月份,点击【完成】,如图 4—94 所示。

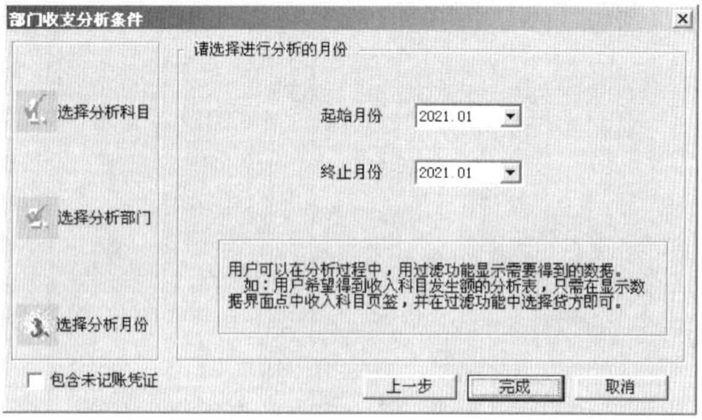

图 4—94

(5)显示部门收支分析表,如图 4—95 所示。

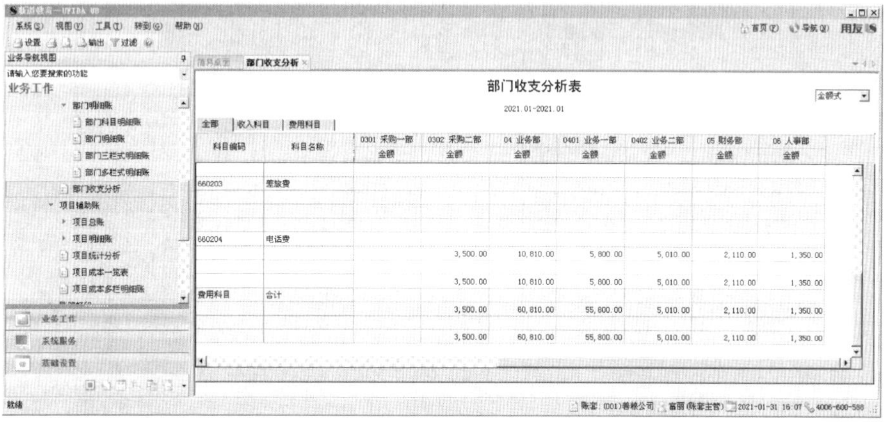

图 4—95

4.5.6　项目辅助账查询

项目辅助账查询，有项目总账、项目明细账的查询，正式账簿的打印以及如何进行项目统计分析。项目总账和项目明细账的查询方法与普通总账和普通明细账的查询方法类似，这里以项目统计分析表来说明项目管理的方法和作用。

【操作步骤】

(1)【账表】—【项目辅助账】—【项目统计分析】，如图 4—96 所示。

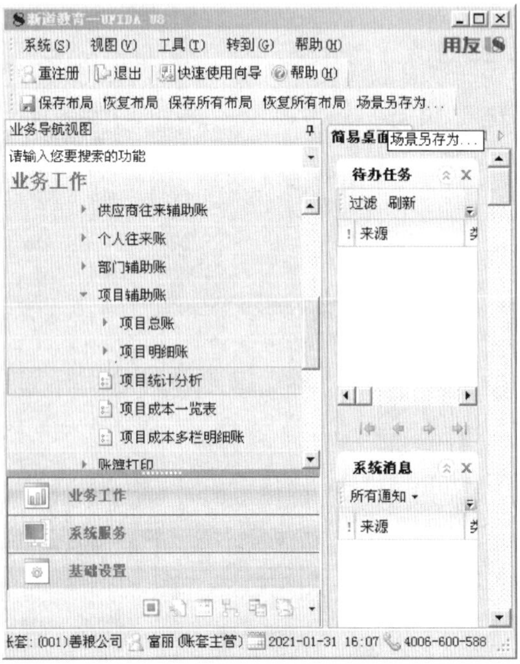

图 4—96

(2)选择要统计的项目，点击【下一步】，如图 4—97 所示。

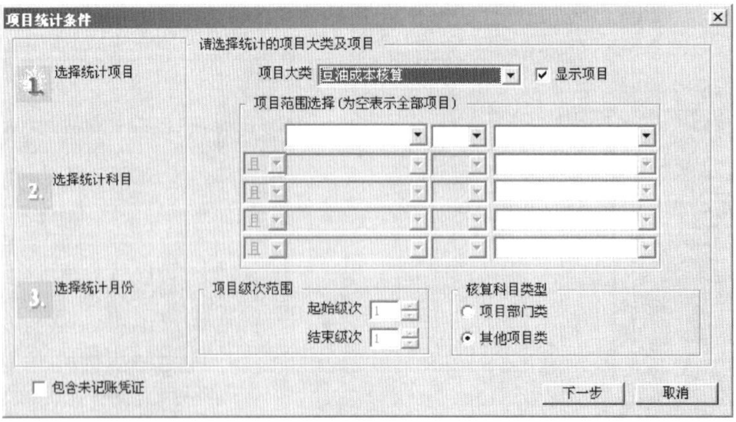

图 4—97

(3)选择要统计的会计科目,点击【下一步】,如图 4—98 所示。

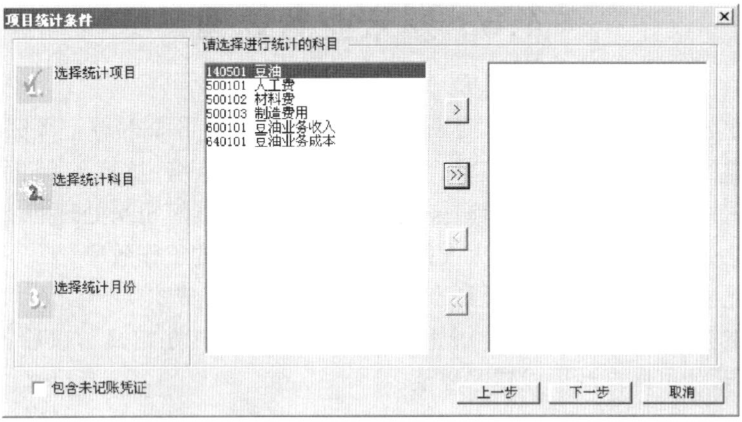

图 4—98

(4)选择要统计的月份,点击【完成】,如图 4—99 所示。

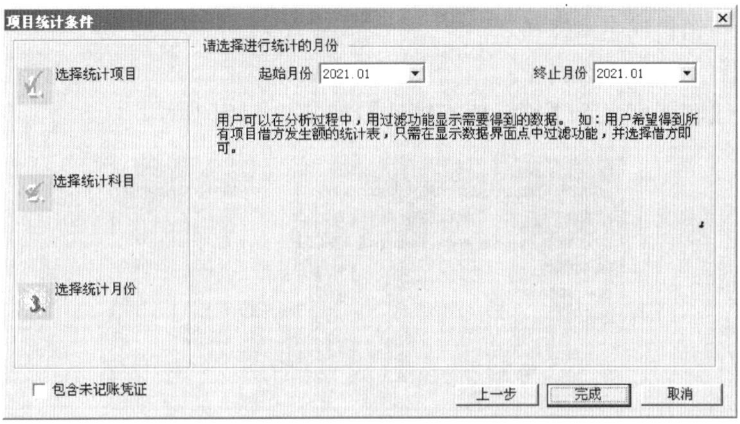

图 4—99

(5)显示项目统计表,如图 4—100 所示。

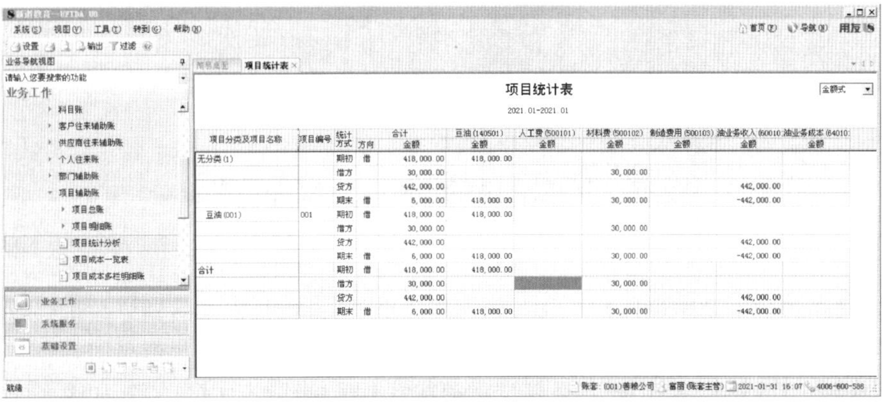

图 4—100

4.6 期末业务处理

期末会计业务是指会计人员将本月所发生的日常经济业务全部登记入账后，在每个会计期末都需要完成的一些特定的会计工作，主要包括期末转账业务、试算平衡、对账、结账等。由于各会计期间的许多期末业务均具有较强的规律性，因此由计算机来处理期末会计业务，不但可以规范会计业务的处理，而且可以大大提高处理期末业务的工作效率。

期末转账凭证包括自定义转账凭证、对应结转凭证、销售成本结转凭证、汇兑损益结转凭证及期间损益结转凭证。每种期末转账凭证都需要先进行“转账定义”，以后各月只需要调用“转账生成”功能，就可以自动生成转账凭证。

4.6.1 销售成本结转凭证设置及生成

【案例 4－3】 设置并生成结转销售成本的转账凭证

设置并生成结转销售成本的 0011 号凭证，并进行审核、记账。

(1)设置结转销售成本入账科目。

【操作步骤】

①【期末】—【转账定义】—【销售成本结转】，如图 4－101 所示。

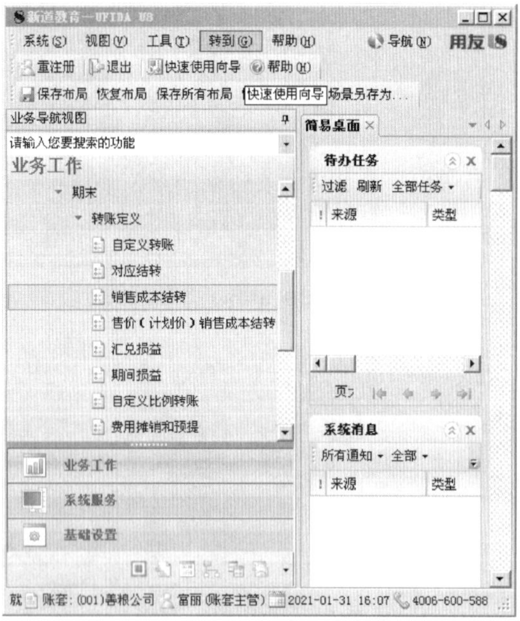

图 4－101

②弹出【销售成本结转设置】对话框，销售成本结转，是将月末商品销售数量乘以库存商品的平均单价计算各类商品销售成本并进行结转，录入“库存商品科目”“商品销售收入科目”“商品销售成本科目”的对应科目，此三个科目必须都有数量核算，点击【确定】，如图 4－102 所示。

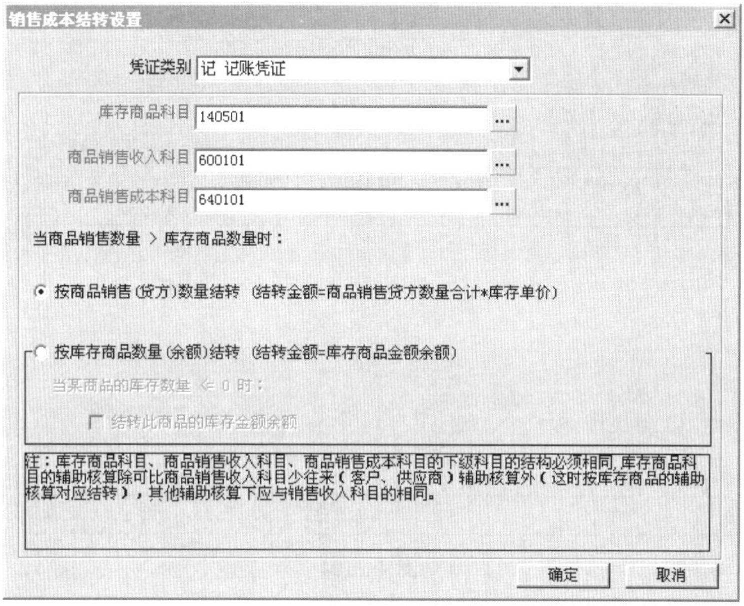

图 4—102

(2)生成结转销售成本的转账凭证。

【操作步骤】

①【总账】—【期末】—【转账生成】,确定“开始月份”和“结束月份”,选择“销售成本结转”类型,点击【确定】,如图 4—103 所示。

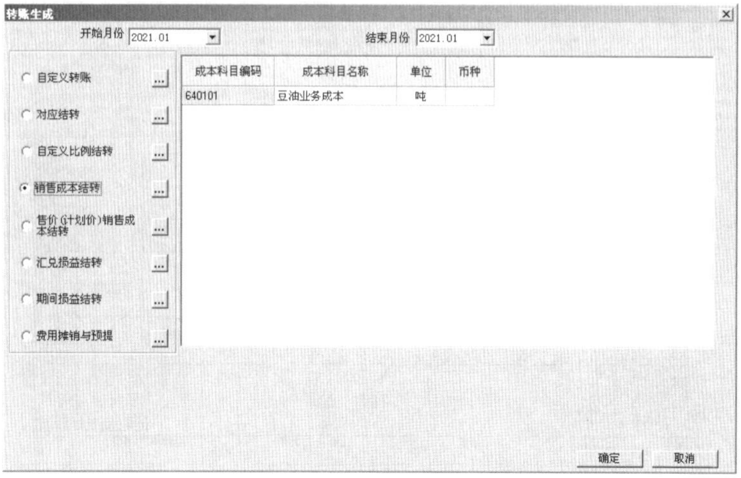

图 4—103

②系统弹出“销售成本结转一览表”,显示本月销售金额、平均单价、应结转金额等信息,点击【确定】,如图 4—104 所示。

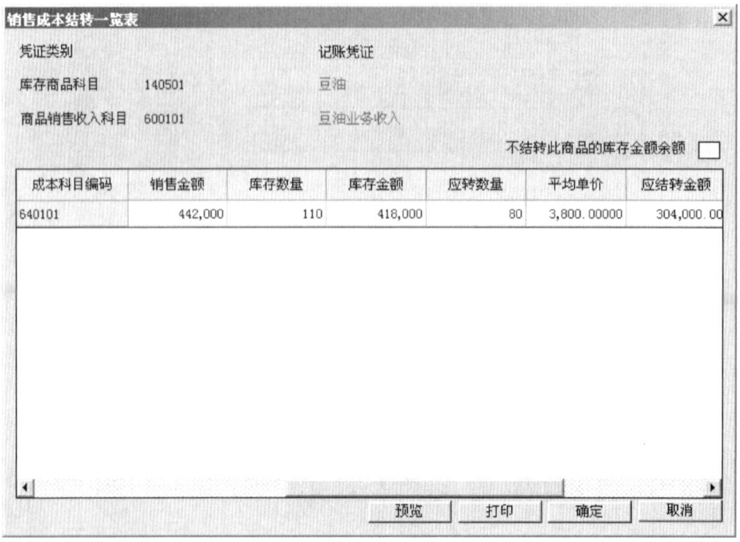

图 4—104

【提示】

①应转数量=商品销售收入科目下某商品的贷方数量。

②平均单价=库存商品科目下某商品的月末金额/月末数量。

③应结转金额=应转数量*平均单价。

③系统自动生成一张记账凭证，点击【保存】，如图 4—105 所示。

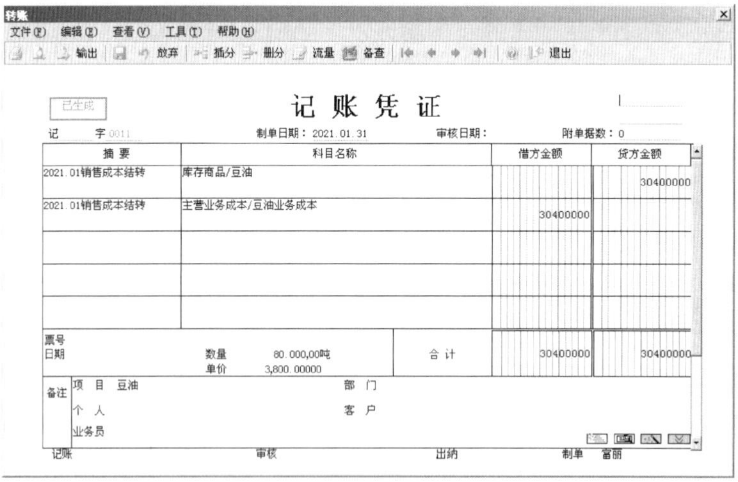

图 4—105

④将生成的凭证审核、记账。

4.6.2 汇兑损益结转凭证设置及生成

用于期末自动计算外币账户的汇兑损益，并在转账生成中自动生成汇兑损益转账凭证，汇兑损益处理以下外币账户：外汇存款户；外币现金；外币结算的各项债权、债务，不包括所有者权益类账户、成本类账户和损益类账户。

【案例 4－3】 设置并生成结转汇兑损益的转账凭证

设置并生成结转汇兑损益的 0012 号凭证，美元的月末调整汇率为 6.50，财务费用科目为借方的负数发生额，增加"财务费用/汇兑损益"科目，并进行审核、记账。

(1)设置结转汇兑损益入账科目。

【操作步骤】

①【期末】—【转账定义】—【汇兑损益】，弹出【汇兑损益结转设置】对话框，点击参照按钮"..."，如图 4－106 所示。

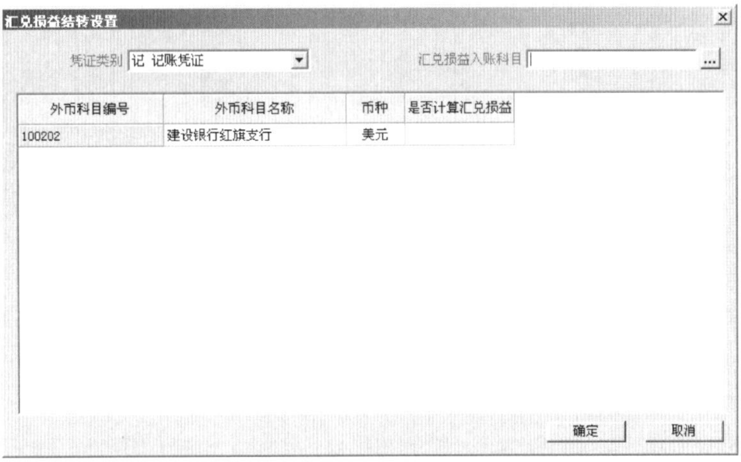

图 4－106

②利用"编辑"功能，增加会计科目"660302 财务费用/汇兑损益"，如图 4－107 所示。

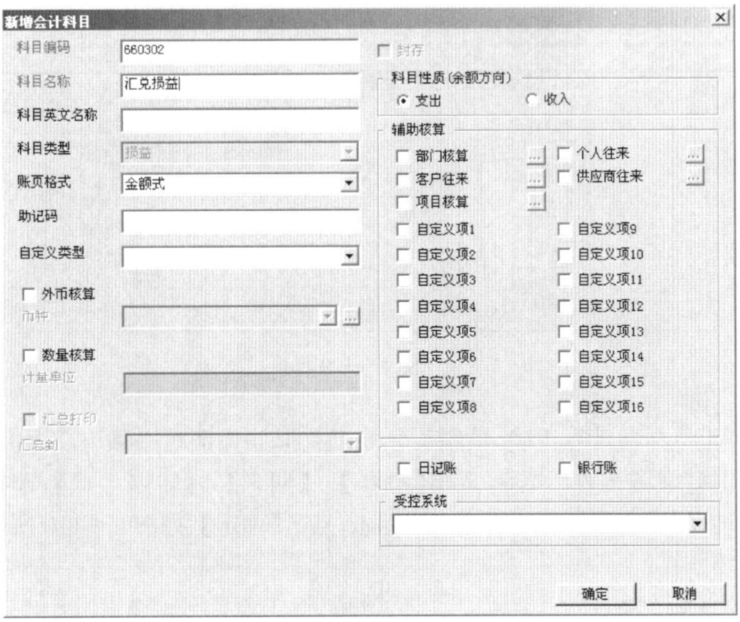

图 4－107

③选择“汇兑损益入账科目”科目为“660302 财务费用/汇兑损益”，在“是否计算汇兑损益”处双击鼠标打上“Y”标志，如图 4—108 所示。

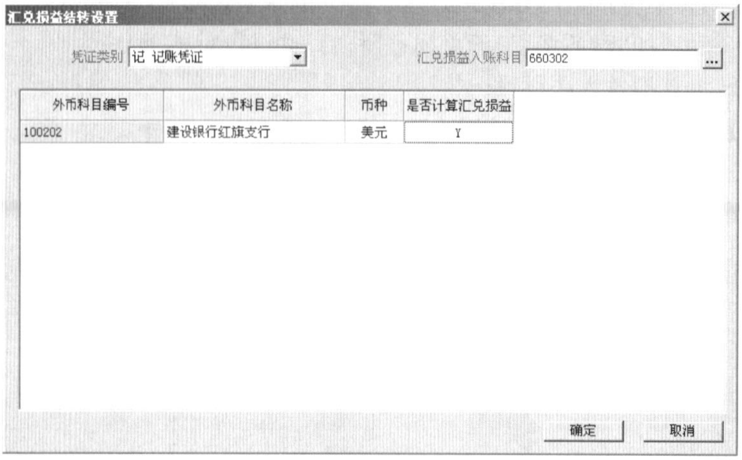

图 4—108

(2)生成结转汇兑损益的记账凭证。

①只要外币核算科目月末有余额，就要按照月末外币汇率修改“调整汇率”，选择“基础设置”页签，点击【基础档案】—【财务】—【外币设置】，录入美元的月末调整汇率，点击【退出】，如图 4—109 所示。

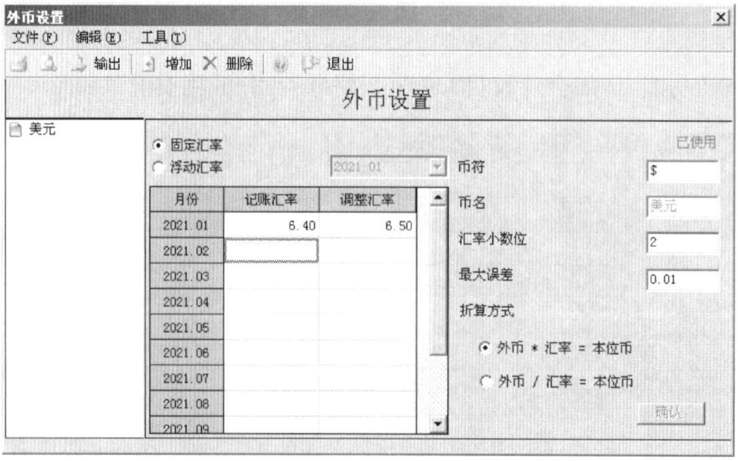

图 4—109

②为了保证汇兑损益计算正确，填制某月的汇兑损益凭证时必须先将本月的所有未记账凭证先记账。选择“业务工作”页签，点击【总账】—【期末】—【转账生成】，选择“汇兑损益结转”，在“是否结转”栏双击鼠标左键打上“Y”标志，点击【确定】，如图 4—110 所示。

图 4—110

③系统根据“记账汇率”和“调整汇率”的差额自动计算汇兑损益，弹出“汇兑损益试算表”，如果正确，则点击【确定】，如图 4—111 所示。

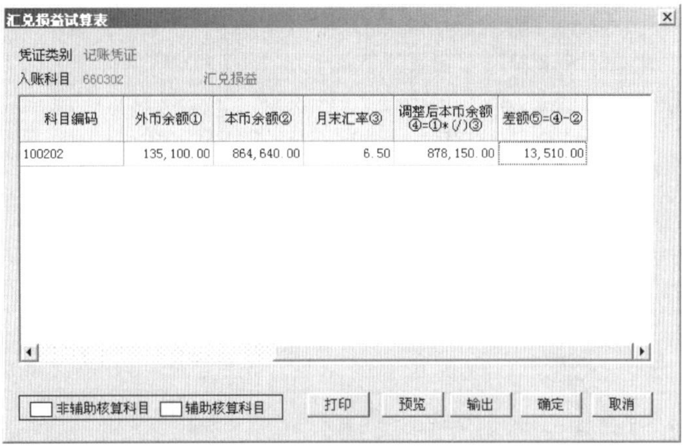

图 4—111

④系统自动生成一张记账凭证，点击【保存】，如图 4—112 所示。

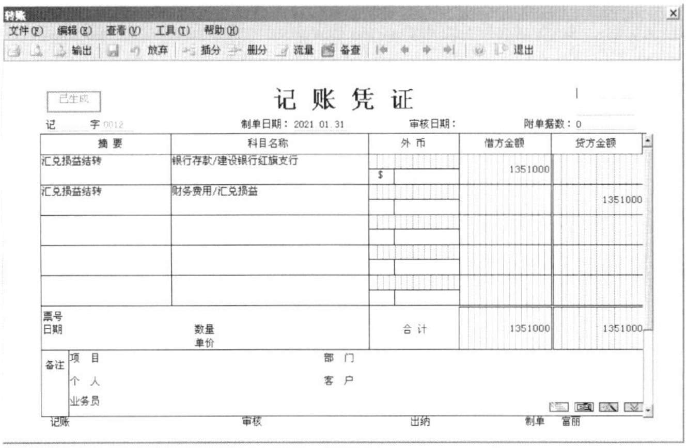

图 4—112

⑤将生成的凭证审核、记账。

4.6.3 期间损益结转凭证设置及生成

用于在一个会计期间终了将损益类科目的余额结转到本年利润科目中，从而及时反映企业利润的盈亏情况。主要是对于销售收入、管理费用、销售费用、财务费用、营业外收支等科目向本年利润的结转。

【案例 4—3】 设置并生成当月结转损益的转账凭证

首先，设置当月结转损益的转账凭证；

其次，生成结转收入的 0013 号凭证；

再次，生成结转支出的 0014 号凭证；

最后，进行审核、记账。

(1)设置期间损益结转入账科目。

【操作步骤】

【期末】—【转账定义】—【期间损益】，弹出“期间损益结转设置”对话框，选择“本年利润科目”，点击【确定】，如图 4—113 所示。

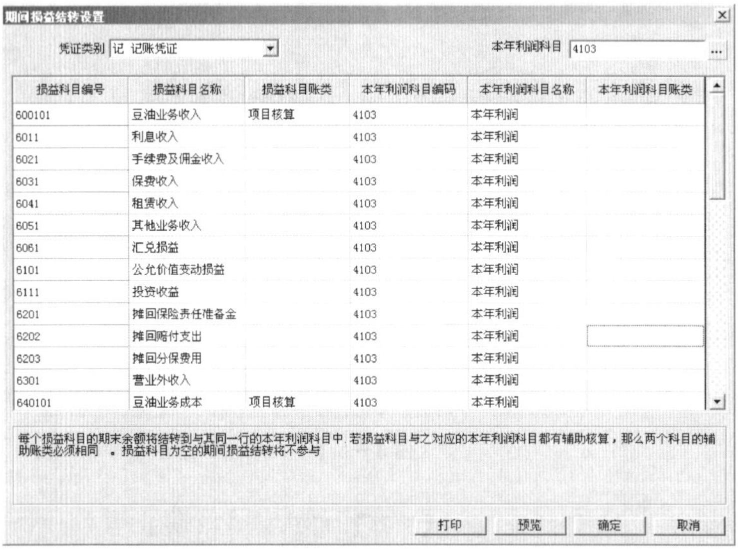

损益科目编号	损益科目名称	损益科目账类	本年利润科目编码	本年利润科目名称	本年利润科目账类
600101	豆油业务收入	项目核算	4103	本年利润	
6011	利息收入		4103	本年利润	
6021	手续费及佣金收入		4103	本年利润	
6031	保费收入		4103	本年利润	
6041	租赁收入		4103	本年利润	
6051	其他业务收入		4103	本年利润	
6061	汇兑损益		4103	本年利润	
6101	公允价值变动损益		4103	本年利润	
6111	投资收益		4103	本年利润	
6201	摊回保险责任准备金		4103	本年利润	
6202	摊回赔付支出		4103	本年利润	
6203	摊回分保费用		4103	本年利润	
6301	营业外收入		4103	本年利润	
640101	豆油业务成本	项目核算	4103	本年利润	

图 4—113

(2)生成期间损益结转的转账凭证。

一是生成结转收入的转账凭证。

【操作步骤】

①【期末】—【转账生成】，确定“结转月份”，选择“期间损益结转”，结转之前保证所有凭证记账完毕。选择需要结转的“收入”科目类型，先点击【全选】，再点击【确定】，如图 4—114 所示。

图 4—114

②系统自动生成一张结转收入的记账凭证，点击【保存】，如图 4—115 所示。

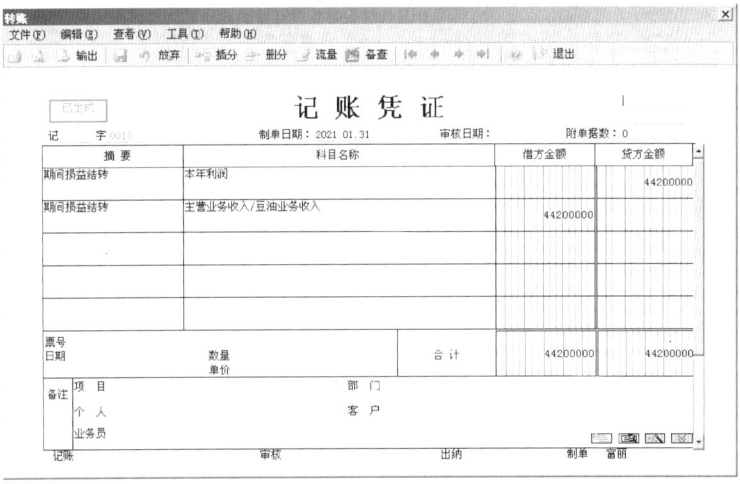

图 4—115

二是生成结转支出的转账凭证。

【操作步骤】

①【期末】—【转账生成】，确定“结转月份”，选择“期间损益结转”，选择需要结转的“支出”科目类型，先点击【全选】，再点击【确定】，如图 4—116 所示。

图 4—116

②系统自动生成一张结转支出的记账凭证，点击【保存】，如图 4—117 所示。

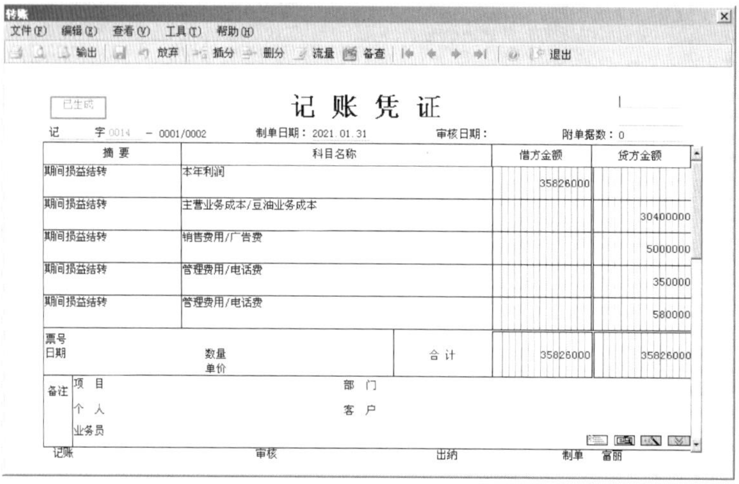

图 4—117

③将生成的两张凭证审核、记账。

4.6.4 月末对账

【案例 4—3】 月末对账

为了保证账证相符、账账相符，应经常使用"对账"功能进行对账，至少一个月一次，一般可在月末结账前进行。一般来说，只要记账凭证录入正确，计算机自动记账后各种账簿都应是正确、平衡的。

【操作步骤】

(1)【期末】—【对账】，如图 4—118 所示。

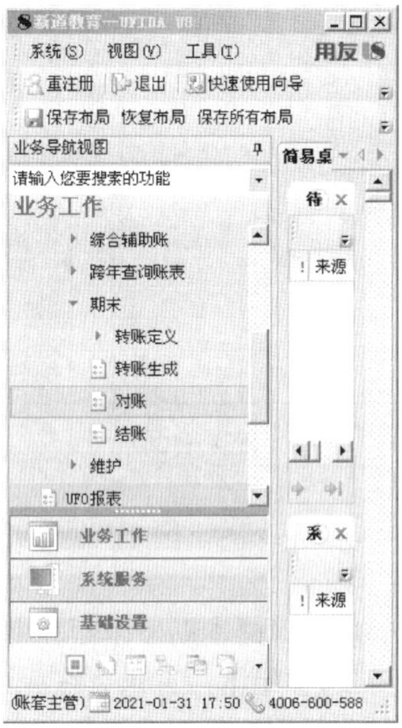

图 4—118

(2)点击"选择",激活"对账"功能,双击"对账"功能,系统自动进行核对,并显示"对账结果"是否正确,如图 4—119 所示。

图 4—119

(3)点击【试算】,可以对各科目类别余额进行试算平衡,显示试算平衡表,如图 4—120 所示。

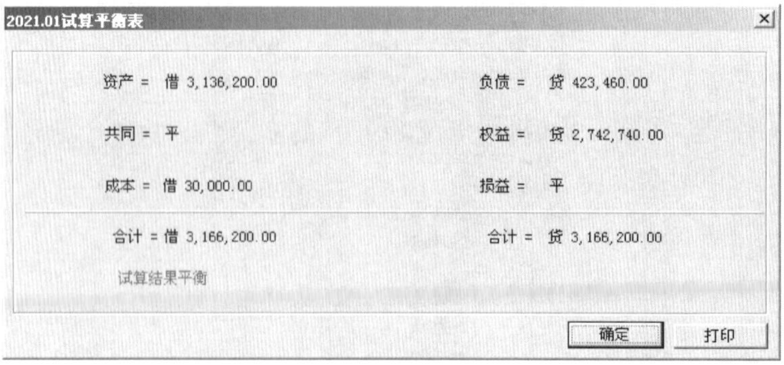

图 4－120

4.6.5 月末结账

结账是指每月月末计算和结转各账簿的本期发生额和期末余额，并终止本期的账务处理工作的过程。结账只能每月进行一次，如果本月有未记账凭证，则月末不能结账；若其他子系统未全部结账，则月末不能结账；结账必须按月连续进行，上月若未结账，则本月不能结账；若总账与明细账对账不符，则本月不能结账。

【案例 4－3】 月末结账

【操作步骤】

(1)【期末】—【结账】，如图 4－121 所示。

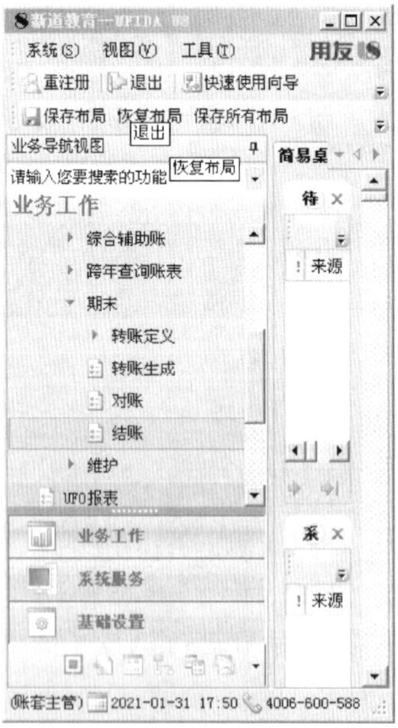

图 4－121

(2)选择“结账月份”后，点击【下一步】—【对账】—【下一步】，如图 4－122 所示。

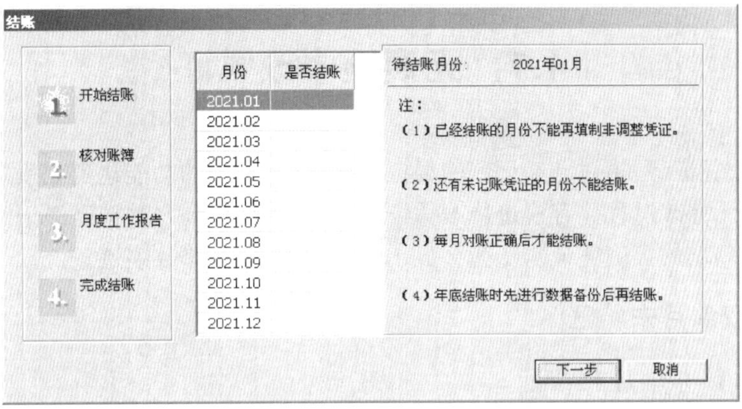

图 4－122

(3)按照提示,点击【结账】,如图 4－123 所示。

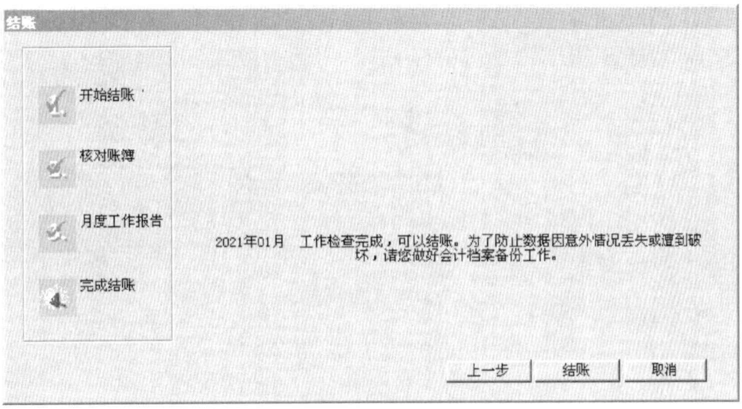

图 4－123

(4)系统显示结账标志“Y”,本月结账完毕,如图 4－124 所示。

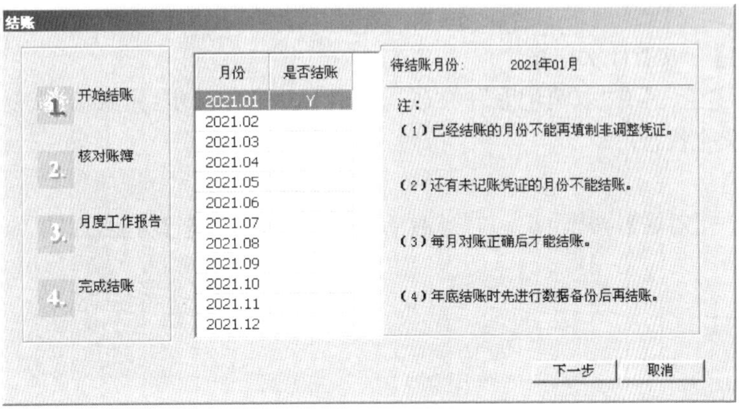

图 4－124

4.7 无痕迹修改凭证

无痕迹修改凭证，是指对已经记账的凭证，利用系统提供的功能达到无痕迹修改凭证的效果，账簿不会显示修改过程。有痕迹修改凭证是指先"冲销凭证"（冲销已经记账的错误凭证），再"填制凭证"（新增的正确凭证），账簿会显示修改过程，留有修改痕迹。

4.7.1 取消月末结账

【案例 4－4】 取消月末结账

【操作步骤】

只有"账套主管"具有"取消结账"的权限，以"账套主管"身份进入系统，点击【期末】—【结账】，选择要取消结账的月份，按[Ctrl＋Shift＋F6]键，录入"账套主管"口令，本账套主管口令为空，点击【确定】，如图 4－125 所示。

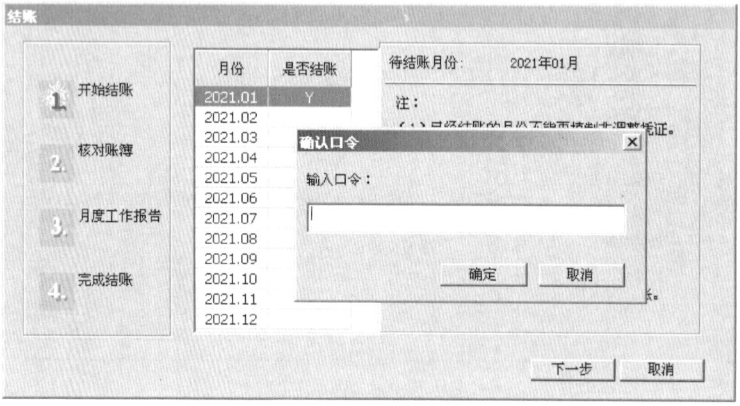

图 4－125

4.7.2 取消月末记账

【案例 4－4】 取消月末记账

只有"账套主管"具有"取消记账"的权限，取消"记账"分两步：先激活"恢复记账前状态"功能，再"恢复记账前状态"。

【操作步骤】

(1)【期末】—【对账】，按[Ctrl＋H]键激活【恢复记账前状态】功能，如图 4－126 所示。

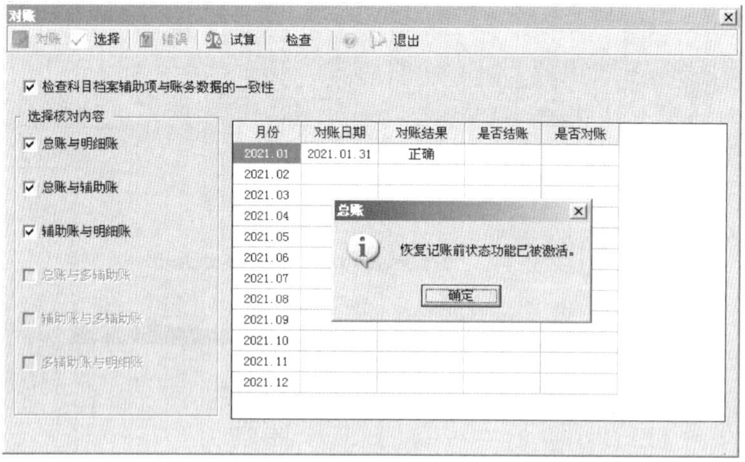

图 4—126

(2)点击【凭证】—【恢复记账前状态】,平时为隐藏状态,激活后才能看见此功能,如图4—127 所示。

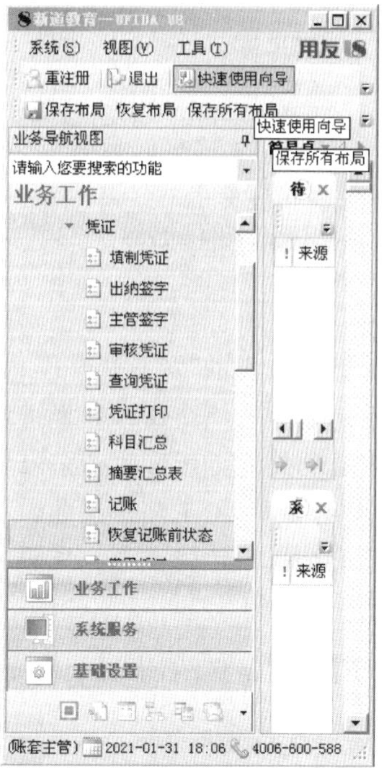

图 4—127

(3)选择"恢复方式",恢复到月初状态,点击【确定】,如图 4—128 所示。

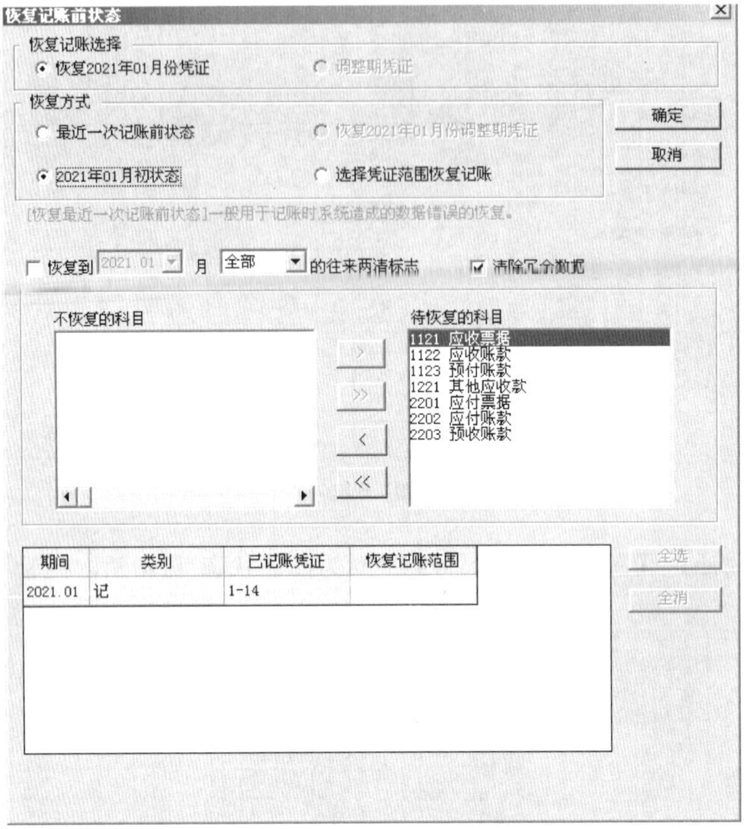

图 4—128

【提示】

①只有“账套主管”具有“恢复记账前状态”功能权限。

②最近一次记账前状态:用于记账时系统造成的数据错误的恢复。

③最近记账月的月初状态:恢复到最近记账月的月初未记账时的状态。例如,最后记账月为 2021 年 1 月,则系统提示可恢复到 2021 年 1 月初状态。

④选择凭证范围恢复记账:是有选择性地恢复部分凭证。可在凭证列表中点击【全选】确定恢复记账的范围。

(4)输入账套主管的口令,点击【确定】,显示“恢复记账完毕!”,如图 4—129、4—130 所示。

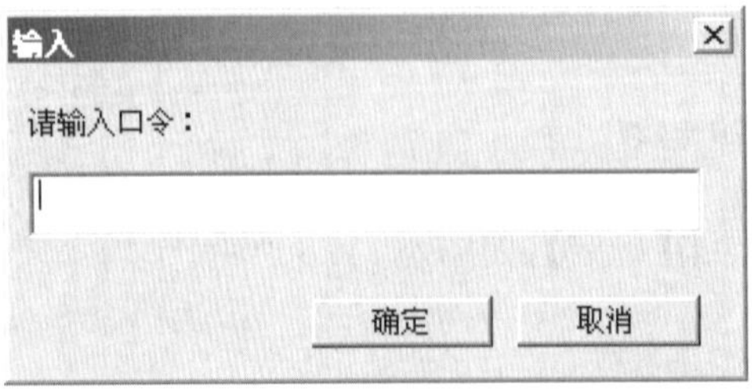

图 4—129

图 4—130

4.7.3　取消审核、出纳签字

【案例 4－4】 取消审核、出纳签字

【操作步骤】

(1)以凭证审核人员李阳的身份进入企业应用平台,点击【凭证】—【审核凭证】,选中要修改的“凭证编号”,点击【取消审核】,即取消该张凭证的审核,如图 4－131 所示。

图 4－131

(2)以出纳签字人员关星宇的身份进入企业应用平台,点击【凭证】—【出纳签字】,选中要取消的“凭证编号”,双击打开凭证后,点击【取消】,即取消该张凭证的出纳签字,如图 4－132 所示。

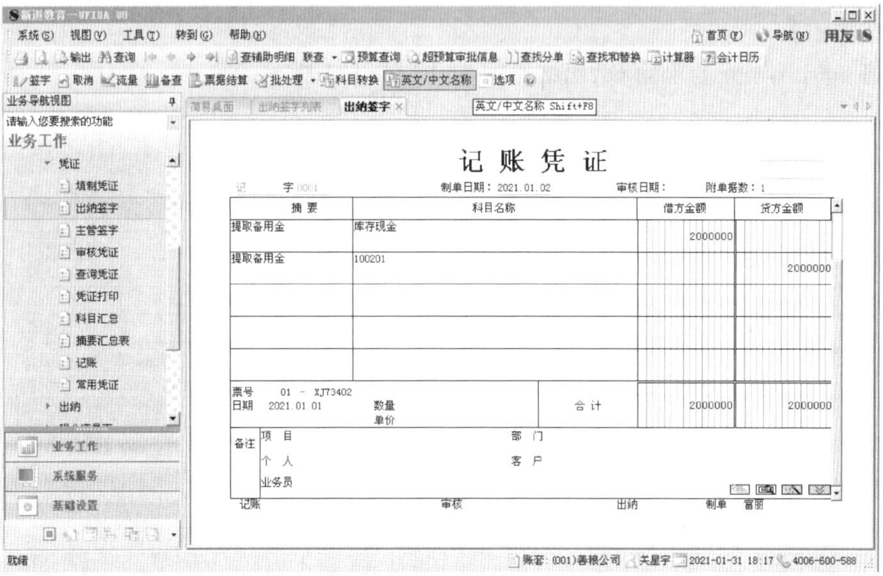

图 4－132

4.7.4 修改凭证

【案例 4－4】 修改 0001 号凭证摘要为“提现”

【操作步骤】

以凭证填制人员富丽的身份进入企业应用平台，点击【凭证】—【填制凭证】，若凭证有误，则可直接修改；若凭证重复或不需用，则可删除（先作废再整理凭证），如图 4－133 所示。

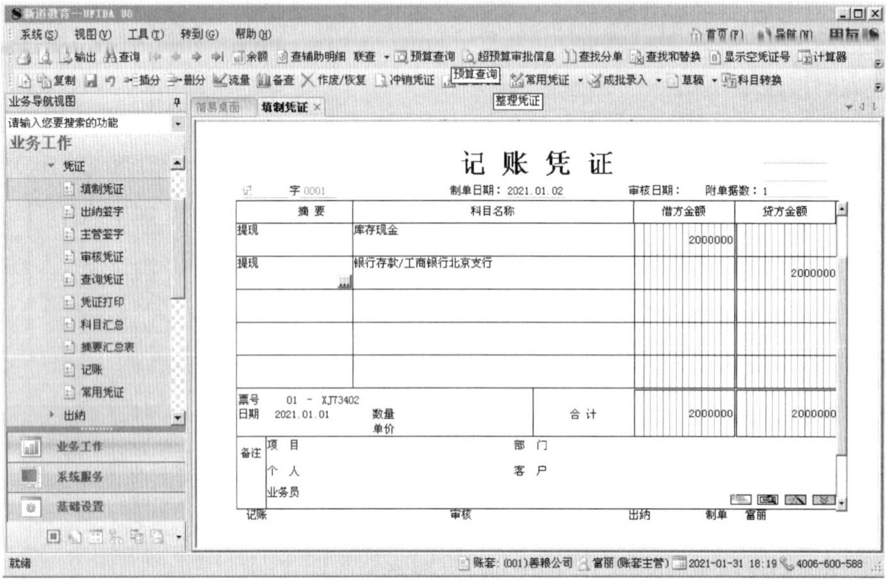

图 4－133

4.7.5 重新处理

【案例 4－4】 重新出纳签字、审核凭证、记账、月末对账、结账

【操作步骤】

(1)将 0001 号凭证重新审核、出纳签字，如图 4－134 所示。

图 4－134

(2)将 0001 号凭证重新记账，显示“记账完毕！”，如图 4－135 所示。

图 4－135

(3)进行月末对账、月末结账，如图 4－136 所示。

图 4－136

第5章 出纳管理

学习目标

本章重点介绍了用友ERP-U8V10.1系统中出纳业务的功能。通过本章学习，能够掌握出纳的操作权限；出纳核算的初始系统参数设置；登记支票登记簿；出纳签字；月末进行银行对账等功能。

5.1 出纳岗位概述

5.1.1 出纳岗位职责

出纳工作是管理货币资金、票据、有价证券进进出出的一项工作。具体地说，出纳是按照有关规定和制度，办理本单位的现金收付、银行结算及有关账务，保管库存现金、有价证券、财务印章及有关票据等工作的总称。从广义上讲，只要是票据、货币资金和有价证券的收付、保管、核算，都属于出纳工作。

具体职责包括：

(1)办理银行存款和现金收付，登记现金日记账和银行存款日记账。

①现金收付：涉及现金收付的业务，要当面点清金额，并注意票面的真伪。现金一经付清，应在原单据上加盖“现金付讫章”。每日收到的现金送到银行，不得“坐支”。每日做好日常的现金盘存工作，做到账实相符，做好现金结报单，防止现金盈亏。下班后现金与现金等价物交还总经理处。出纳一般不办理大面额现金的支付业务，支付用转账或汇兑手续，特殊情况需审批。

②银行账处理：登记银行日记账时先分清账户，避免张冠李戴。每日结出各账户存款余额，以便总经理及财务会计了解公司资金运作情况，以调度资金。每日下班之前填制结报单。

(2)负责支票、汇票、发票、收据管理，并负责保管财务章。

出纳要保管好各种空白支票、汇票、发票、收据等，不得随意乱放。公司账务章平时由出纳保管。

(3)负责报销差旅费的工作。

员工出差分借支和不可借支，若需要借支就必须填写借支单，然后交总经理审批签名，交由财务审核，确认无误后，由出纳发款。员工外出借款无论金额多少，都须总经理签字，批准并用借支单借款。若无批准借款，引起纠纷，则由出纳自负。员工出差回来后，据实填写支付证明单，并在支付证明单后面贴上收据或发票，先交由证明人签名，然后给总经理签名，进行实报实销，再经会计审核后，由出纳给予报销。

出纳应查看支付证明单上经办人是否签字、证明人是否签字，若无，则应补签。附在支付证明单后的原始票据是否有涂改，若有，则问明原因或不予报销。正规发票是否与收据混贴，若有，应分开贴（原则上除印有财政监制章的财政票据外，其余收据不得报销，也不得税前扣除）。支付证明单上填写的项目是否超过三项，若超过，则应重填；大、小写金额是否相符，若不相符，则应更正重填；报销内容是否属合理的报销，若不属，则应拒绝报销；有特殊原因，应经审批；支付证明单上是否有总经理签字，若无，则不予报销。

（4）员工薪资的发放。

5.1.2　票据管理

（1）银行票据的发放。

①根据业务需要，申请人领用银行票据须填写“支票领用单”，并经总经理或总经理授权的人员签署同意后，方可出具银行票据；若遇金额不确定的情况，应在最高位填上“￥”标识，以限定其最高使用额度。

②根据公司总经理或总经理授权的人员审批的“支票领用单”，正确出具银行票据。审核“支票领用单”上是否填写齐全规范，是否按要求填写领用人、审批人、金额、收款单位、用途等。

③使用支票管理系统，填制支票或其他银行票据，并打印出具。

（2）银行票据的购买。

为方便公司对银行票据的管理，购买银行票据事先经财务主管签字批准，每一次购买的数量限定支票为 100 张、其他票据为 2 本。对已购买的银行票据要在支票管理系统中登记，做到有据可查，使其有可追溯性，未用银行票据必须锁在财务室保险箱中。

（3）银行票据的作废。

对作废的银行票据要做到及时回收，杜绝在外单位或不相关的部门保管。

（4）银行票据的跟踪核销。

为便于账目的管理，支票及其他银行票据出具后应及时催回银行票据存根和相应发票，以便登记账目。

（5）余款或购货款必须经公司总经理或总经理授权的人员及资金管理员审核签字，方可出票。

（6）支票出票后 4 日内要跟踪票根的回笼情况，对超期的要查明原因并提醒相关业务人员及时收回。对领用时金额不确定的银行票据，在收回票据后，当天将实际金额录入支票管理系统。

（7）银行票据出票后，及时整理“支票领用单”，并与支票管理系统出票记录核对，使其一致。每使用支票 100 张（包括作废票据）需打印出票清单，附在“支票领用单”中一并装订，经总经理审批后由公司统一保存。

5.1.3　出纳业务操作流程

出纳业务操作流程如图 5－1 所示。

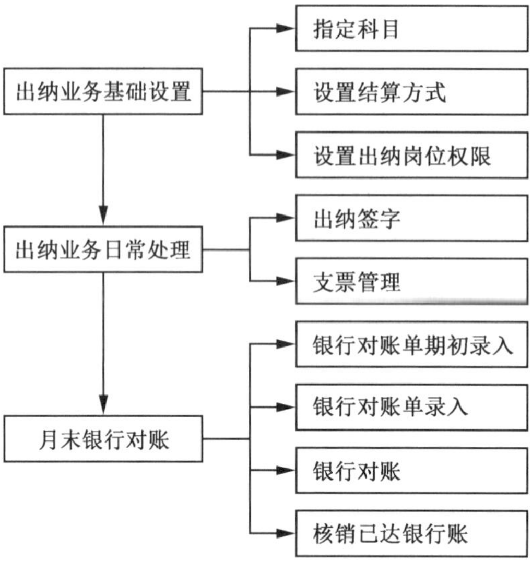

图 5—1

5.2 出纳业务应用案例

5.2.1 【案例 5—1】 基础设置

(1)企业基本资料。

兴盛公司为工业企业,账套号为 555,自 2021 年 2 月 1 日起实行会计电算化;行业性质为"2007 年新会计制度科目",采用系统预设科目,科目编码为 4—2—2;记账凭证只设通用记账凭证一种,凭证字为"记"字;只启用"总账"系统,不启用"出纳管理"系统。

(2)人员配备和权限分配。

表 5—1 人员配备和权限分配

操作员编号	操作员	操作权限
1	李力	账套主管
2	周星星	审核
3	李芳	出纳员相应的权限

(3)指定科目。

库存现金科目指定为现金科目,银行存款科目指定为银行科目。

(4)收付结算。

公司可用的结算方式为:

一是现金支票,需要票据管理;

二是转账支票,需要票据管理;

三是汇兑，不需要票据管理；
四是委托收款，不需要票据管理；
五是银行汇票，不需要票据管理。
(5)设置系统参数。
在凭证控制中选择“支票控制”；权限控制中选择“出纳凭证必须经由出纳签字”。
(6)期初数据。
2021 年 2 月 1 日各账户余额，如表 5－2 所示。

表 5－2 各账户余额
(2021 年 2 月 1 日)

科目代码	科目名称	借方余额(元)	贷方余额(元)
1001	库存现金	6 600	
1002	银行存款	270 000	
1122	应收账款	23 400	
1403	原材料	100 000	
4001	实收资本		400 000
合 计		400 000	400 000

5.2.2 【案例 5－2】 日常业务处理

(1)兴盛公司 2021 年 2 月发生业务。
业务 1：2021 年 2 月 2 日办公室李明报销办公用品费，以现金 800 元付讫，附单据 1 张。
借：管理费用 800
贷：库存现金 800
业务 2：2021 年 2 月 3 日开出 ZB35264501 号转账支票，支付招待费 49 240 元，附单据 2 张。
借：管理费用 49 240
贷：银行存款 49 240
业务 3：2021 年 2 月 9 日接到银行通知，收欠款 23 400 元，附单据 1 张。
借：银行存款 23 400
贷：应收账款 23 400
业务 4：2021 年 2 月 15 日开出号码为 XJ73402026 的现金支票，从银行提取现金 6 050 元备发薪资，附单据 1 张。
借：库存现金 6 050
贷：银行存款 6 050
业务 5：2021 年 2 月 19 日开出号码为 ZB35264502 的转账支票 4 500 元支付广告费，附单据 1 张。

借:销售费用　　　　4 500
　　贷:银行存款　　　　4 500

(2)凭证进行出纳签字、审核、记账。

5.2.3 【案例5—3】 银行对账

(1)银行对账期初。

2021年1月31日,银行对账单余额为250 000元,银行对账单余额方向为贷方;企业银行存款日记账余额为270 000元;经对账发现存在一笔企业已收款、银行未收款的未达账项20 000元(未达账项为:2021年1月28日,企业收到A公司汇来前欠货款20 000元)。

(2)银行对账单。

2021年2月28日收到银行对账单,如表5—3所示。

表5—3　　银行对账单

(2021年2月28日)　　单位:元

2021年		结算方式	结算凭证号		借方	贷方	余额
月	日		现金	转账			
2	03	汇兑				20 000	270 000
2	07	转账支票		4501	49 240		220 760
2	08	汇兑				23 400	244 160
2	15	现金支票	2026		6 050		238 110
2	22	转账支票		4502	4 500		233 610
2	25	委托收款			1 000		232 610

(3)银行对账。

(4)银行存款余额调节表。

(5)查询银行勾对情况。

(6)核销已达银行账。

(7)查询长期未达账项。

5.3 出纳初始设置

出纳业务应用需要一些系统设置前提作为基础,包括指定科目、设置结算方式、设置支票控制、出纳凭证由出纳签字等,下面结合案例说明出纳初始设置的具体操作方法。

5.3.1 建账

【案例5—1】 企业基本资料

本案例账套的建立、用户的设置、用户权限的设置、基础档案的设置方法及步骤参见第2章、第3章的内容,这里不再重复。

5.3.2　设置出纳岗位权限

企业在使用会计软件进行处理经济业务的同时，财务部门的人员配置也要符合经济发展的规律，企业需要设置出纳岗位，相应地在软件中的出纳岗位也有其对应的功能权限。

【案例 5—1】　人员配备和权限分配（见表 5—4）

表 5—4　　人员配备和权限分配

操作员编号	操作员	操作权限
1	李力	账套主管
2	周星星	审核
3	李芳	出纳员相应的权限

【操作步骤】

以 Admin 身份注册登录系统管理，进入【权限】—【权限】，先选“账套”再选“用户”，然后点击【修改】，设置出纳权限，然后点击【保存】，如图 5—2 所示。

图 5—2

5.3.3　指定科目

【案例 5—1】　指定科目

库存现金科目指定为现金科目，银行存款科目指定为银行科目。

【操作步骤】

(1)指定科目是出纳业务使用的必要前提,在现金科目中指定“1001 库存现金”,如图5—3所示。

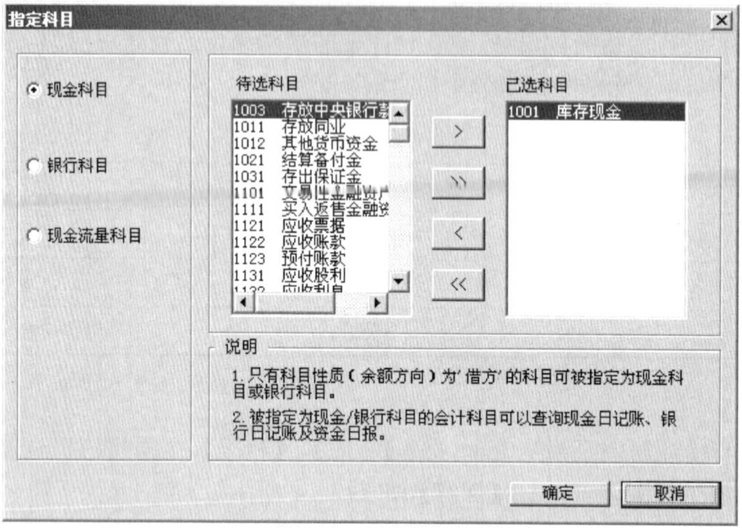

图5—3

(2)在银行科目中指定“1002 银行存款”,如图5—4所示。

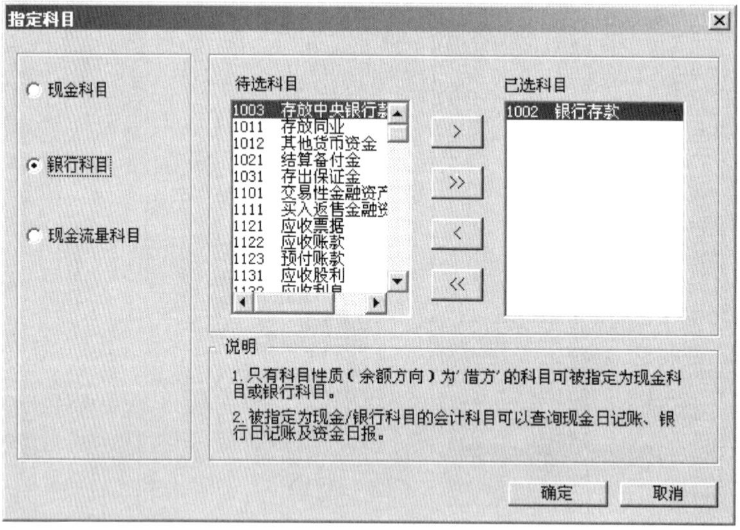

图5—4

5.3.4 收付结算

设置结算方式功能用来建立和管理用户在经营活动中所涉及的结算方式。它与财务结算方式一致,如现金结算、支票结算等。结算方式一旦被引用,便不能进行修改和删除的操作。

【案例5—1】 收付结算

公司可用的结算方式为:

一是现金支票,需要票据管理;

二是转账支票，需要票据管理；

三是汇兑，不需要票据管理；

四是委托收款，不需要票据管理；

五是银行汇票，不需要票据管理。

【操作步骤】

(1)【基础设置】—【基础档案】—【收付结算】—【结算方式】，打开【结算方式】窗口。点击【增加】，现金支票、转账支票领用时需要登记支票号码等信息，所以现支、转支需要进行票据管理，登记"支票登记簿"，录入完毕，点击【保存】，如图 5—5 所示。

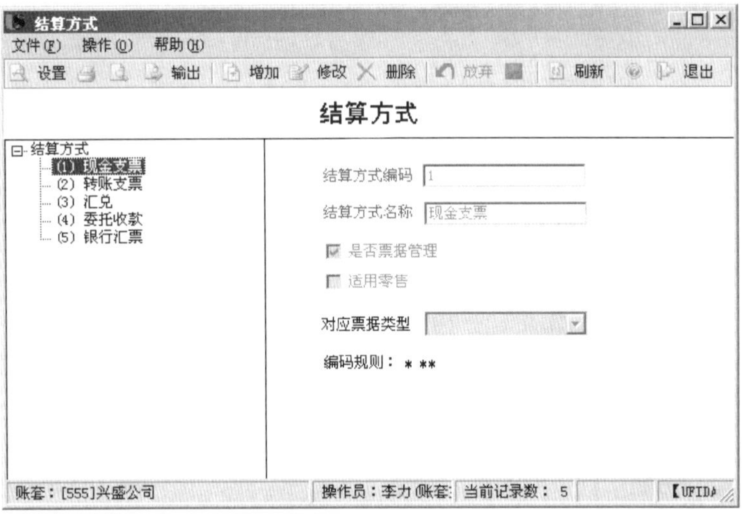

图 5—5

(2)如果需要修改结算方式，则点击【修改】，结算方式一旦被引用，便不能修改；如果需要删除结算方式，则点击【删除】，结算方式一旦被引用，便不能删除。

5.3.5　选项设置

【案例 5—1】　设置系统参数

在凭证控制中选择"支票控制"；权限控制中选择"出纳凭证必须经由出纳签字"。

【操作步骤】

(1)【总账】—【设置】—【选项】窗口，点击【编辑】激活选项，进入"凭证"页签，选择"支票控制"，系统提供登记支票报销的功能，点击【确定】，如图 5—6 所示。

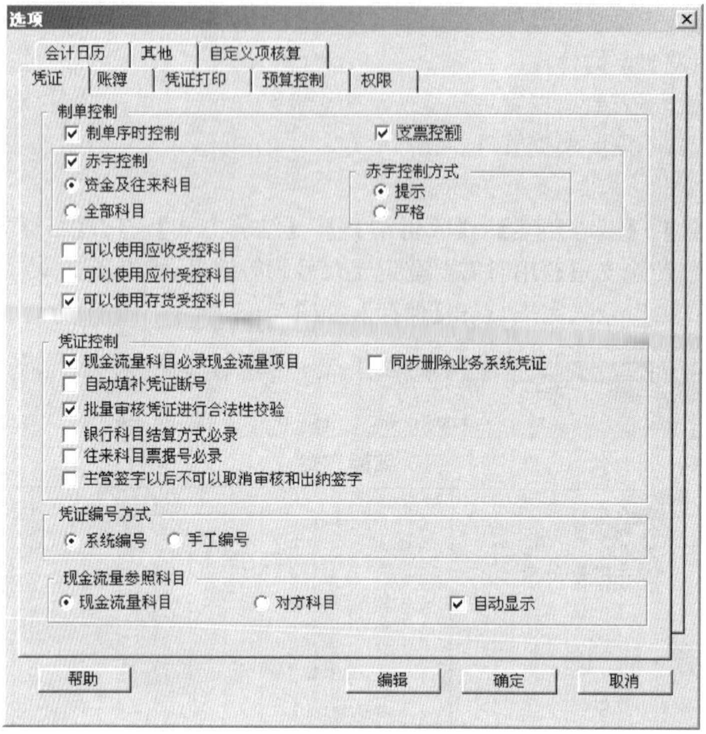

图 5—6

(2)选择“权限”页签，选择“出纳凭证必须经由出纳签字”，增加出纳签字功能，点击【确定】，如图 5—7 所示。

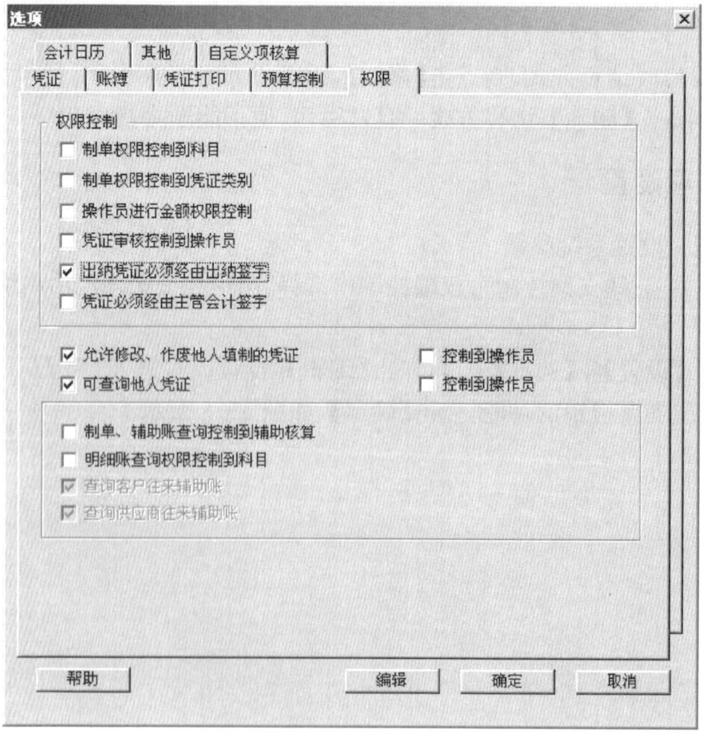

图 5—7

5.4　出纳日常业务处理

出纳日常业务主要包括现金的收付、银行存款的支取，其中现金支票、转账支票的领取需要登记支票登记簿；同时涉及现金科目和银行存款科目的凭证需要出纳签字，方可记账。

5.4.1　支票使用前登记“支票登记簿”

在手工记账时，出纳通常建立支票登记簿，用来登记支票领用情况，本系统也为出纳员提供了“支票登记簿”功能，以供其详细登记支票领用人、领用日期、支票用途、是否报销等情况。

【案例 5－2】 兴盛公司 2021 年 2 月发生业务

业务 2：2021 年 2 月 3 日开出 ZB35264501 号转账支票，支付招待费 49 240 元，附单据 2 张。

借：管理费用　　49 240

　贷：银行存款　　49 240

【操作步骤】

（1）以出纳员李芳的身份进入【总账】—【出纳】，点击【支票登记簿】，如图 5－8 所示。

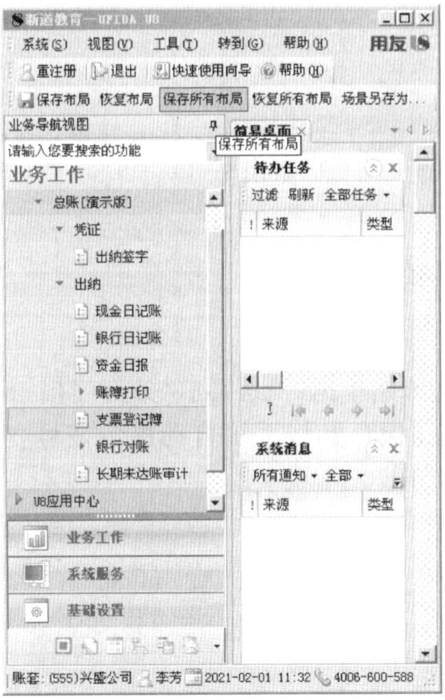

图 5－8

（2）打开【银行科目选择】对话框，选择科目点击【确定】，只有设置了“银行科目”才能打开“支票登记簿”，如图 5－9 所示。

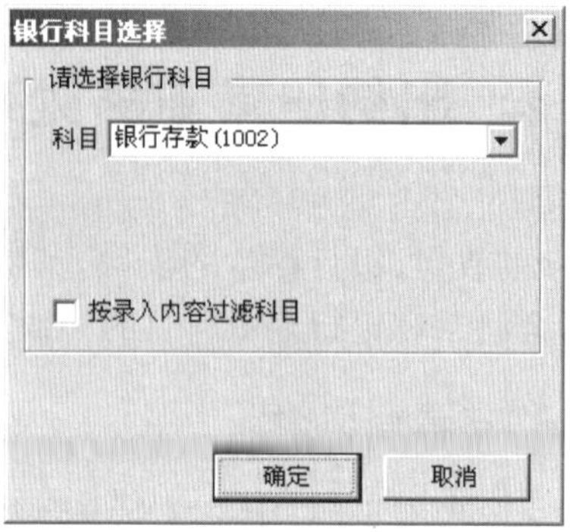

图 5—9

(3)点击【增加】,新增一空行,登记支票领用日期、领用人、支票号等信息,新增记录为未报销记录。如图 5—10 所示。

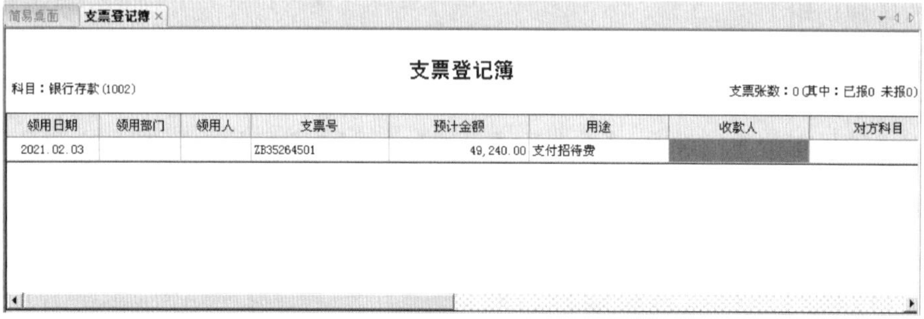

图 5—10

5.4.2 支票使用后报销

【操作步骤】

(1)支票使用后,经办人持原始单据(发票)到财务部门报销,会计人员录入该支票的结算方式和支票号,并完成该凭证【保存】时,系统自动提示该号支票已登记过,是否报销,点击【是】,进行报销,如图 5—11 所示。

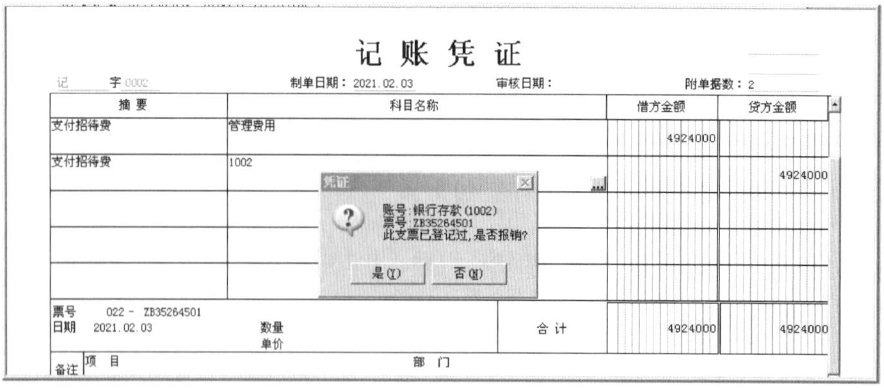

图 5—11

(2)查看支票登记簿,该支票显示“报销日期”,证明已报销;已报销的支票不能修改,若想取消报销标识,将光标移到报销日期处,删掉报销日期即可,如图 5—12 所示。

图 5—12

(3)如果转账支票在报销前未曾登记,系统提示“此支票尚未登记,是否登记?”,点击【是】,进行登记,如图 5—13 所示。

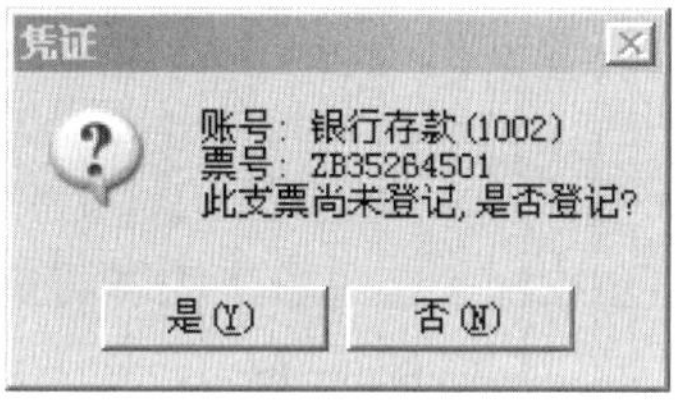

图 5—13

(4)出现“票号登记”登记窗口,录入完毕,点击【确定】后自动登记支票登记簿,如图 5—14 所示。

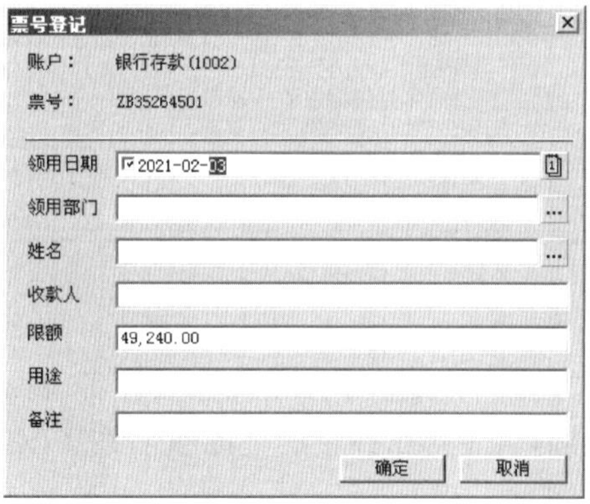

图 5—14

5.4.3　出纳签字

出纳凭证由于涉及企业现金的收入与支出,应加强管理。出纳人员可通过“出纳签字”功能对制单员填制的带有现金、银行存款科目的凭证进行检查核对,主要核对出纳凭证的出纳科目的金额是否正确,审查认为错误或有异议的凭证,应交与填制人员修改后再核对。

【案例 5—2】 凭证进行出纳签字、审核、记账

【操作步骤】

(1)【总账】—【凭证】,点击【出纳签字】,点击【确定】,如图 5—15 所示。

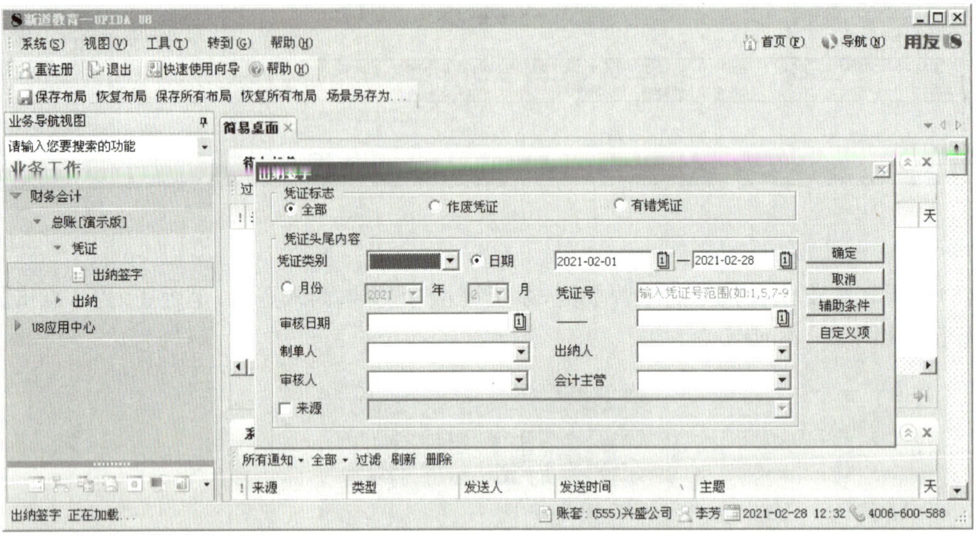

图 5—15

(2)进入出纳签字凭证列表,双击某张凭证,则屏幕显示此张凭证,如图 5—16 所示。

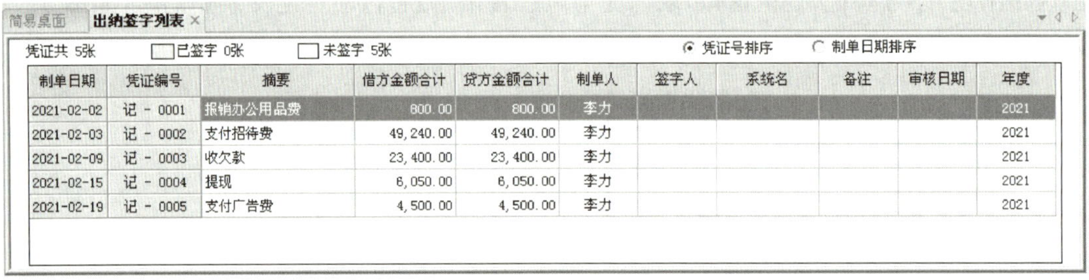
简易桌面　出纳签字列表

凭证共 5张　已签字 0张　未签字 5张　凭证号排序　制单日期排序

制单日期	凭证编号	摘要	借方金额合计	贷方金额合计	制单人	签字人	系统名	备注	审核日期	年度
2021-02-02	记 - 0001	报销办公用品费	800.00	800.00	李力					2021
2021-02-03	记 - 0002	支付招待费	49,240.00	49,240.00	李力					2021
2021-02-09	记 - 0003	收欠款	23,400.00	23,400.00	李力					2021
2021-02-15	记 - 0004	提现	6,050.00	6,050.00	李力					2021
2021-02-19	记 - 0005	支付广告费	4,500.00	4,500.00	李力					2021

图 5—16

(3)点击【签字】,凭证下方“出纳”处显示当前操作员姓名,表示这张凭证出纳员已签字;已签字的凭证,不能被修改、删除,若想对已签字的凭证取消签字,点击【取消】,取消签字只能由出纳人自己进行,如图 5—17 所示。

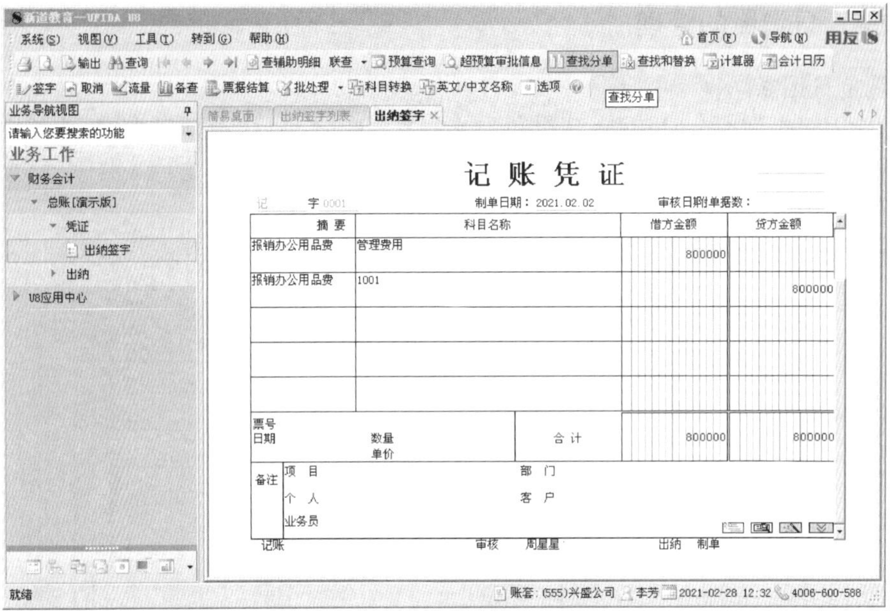

图 5—17

(4)签字批量处理方式:为了提高工作效率,选择横向菜单【出纳】中的【成批出纳签字】和【成批取消签字】,可进行签字的成批操作,如图 5—18 所示。

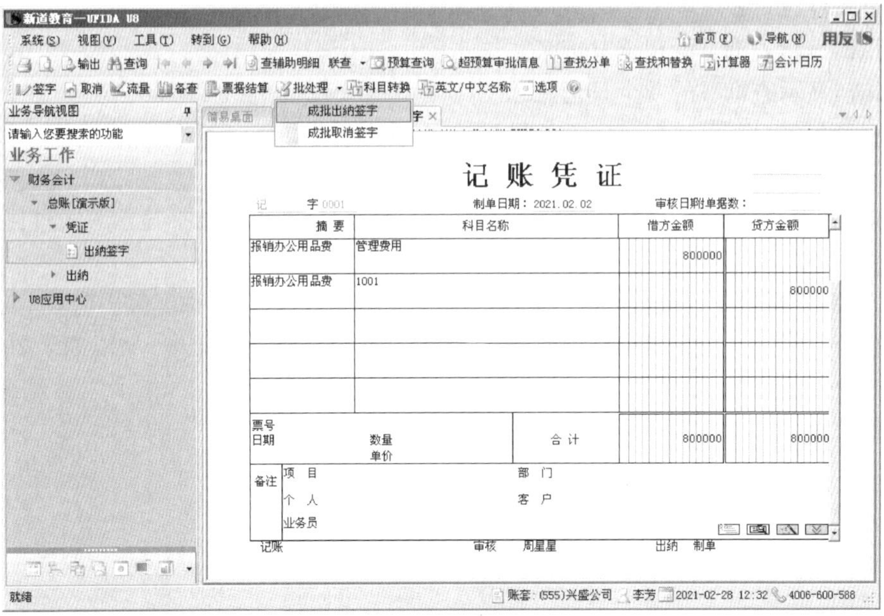

图 5—18

(5)将所有凭证审核、记账。

5.4.4 日记账的管理

(1)现金日记账。

本功能用于查询现金日记账，现金科目必须在“指定科目”中预先指定，才能在“我的账簿”进行查询。

【操作步骤】

①【出纳】—【现金日记账】，录入完毕，点击【确定】，如图 5—19 所示。

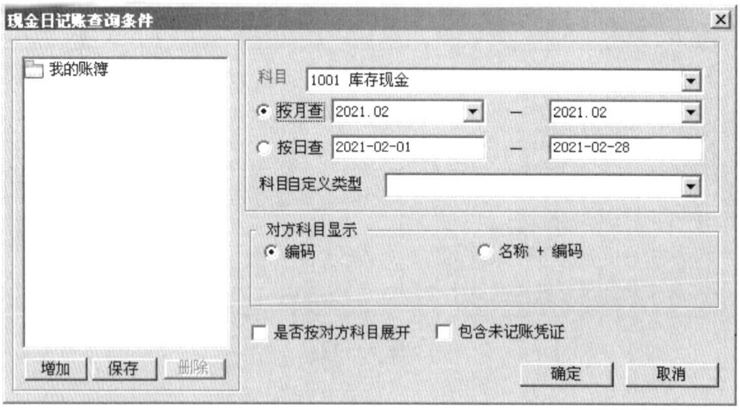

图 5—19

【查询条件设置】

按月查：显示查询月的现金日记账。

按日查：显示查询日的现金日记账。

科目自定义类型：可选择自定义的科目类型，选择后系统按所选取内容过滤。

编码：现金日记账显示对方科目编码。

名称＋编码：现金日记账可以显示对方科目编码及名称，可以选择显示一级科目或显示至末级。

是否按对方科目展开：选择此项，则必须选择显示对方科目“名称＋编码”。

包含未记账凭证：由于未审核等原因，可能会有部分凭证尚未记账，所以如果要查询真实的现金收支情况时最好选择“包含未记账凭证”。

②显示“现金日记账”页面，如图 5—20 所示。

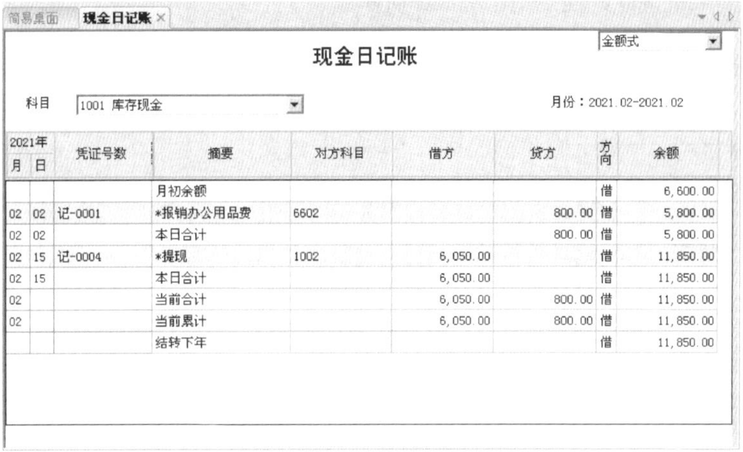

现金日记账

科目 1001 库存现金　　月份：2021.02-2021.02　　金额式

2021年 月	日	凭证号数	摘要	对方科目	借方	贷方	方向	余额
			月初余额				借	6,600.00
02	02	记-0001	*报销办公用品费	6602		800.00	借	5,800.00
02	02		本日合计			800.00	借	5,800.00
02	15	记-0004	*提现	1002	6,050.00		借	11,850.00
02	15		本日合计		6,050.00		借	11,850.00
02			当前合计		6,050.00	800.00	借	11,850.00
02			当前累计		6,050.00	800.00	借	11,850.00
			结转下年				借	11,850.00

图 5—20

【提示】

①系统提供四种账页格式：金额式、外币金额式、数量金额式、数量外币式。在外币金额式显示格式中如为末级科目则显示外币名称，非末级科目则不显示。

②显示外币金额式账簿的同时可以按不同的币种提供月初余额、合计、累计。

(2)银行日记账。

本功能用于查询银行日记账，银行科目必须在“指定科目”中预先指定，才能在“我的账簿”进行查询。

【操作步骤】

①【出纳】—【银行日记账】，录入完毕，点击【确定】，如图 5—21 所示。

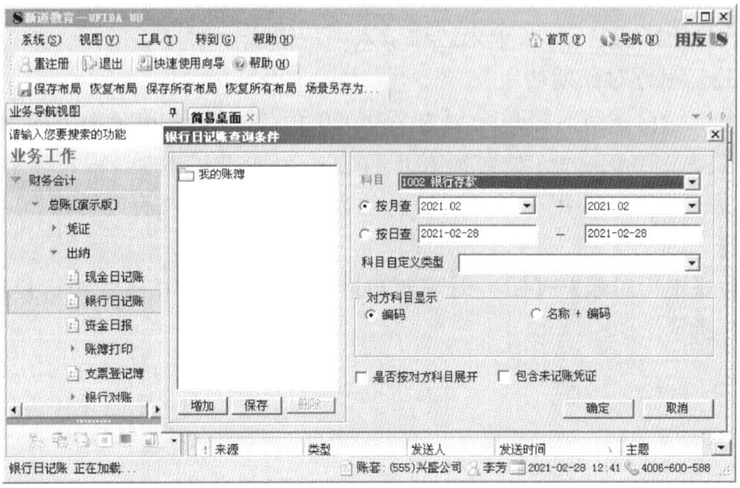

图 5—21

②出现“银行日记账”页面，如图 5—22 所示。

简易桌面 银行日记账

银行日记账

金额式

科目 1002 银行存款　　月份：2021.01-2021.02

2021年 月	2021年 日	凭证号数	摘要	结算号	对方科目	借方	贷方	方向	余额
			上年结转					借	270,000.00
02	03	记-0002	*支付招待费_022_ZB35264501_2021.02.03	转账支票-ZB3526	6602		49,240.00	借	220,760.00
02	03		本日合计				49,240.00	借	220,760.00
02	09	记-0003	*收欠款_2021.02.09		1131	23,400.00		借	244,160.00
02	09		本日合计			23,400.00		借	244,160.00
02	15	记-0004	*提现_021_XJ73402026_2021.02.15	现金支票-XJ7340	1001		6,050.00	借	238,110.00
02	15		本日合计				6,050.00	借	238,110.00
02	19	记-0005	*支付广告费_022_ZB35264502_2021.02.19	转账支票-ZB3526	6601		4,500.00	借	233,610.00
02	19		本日合计				4,500.00	借	233,610.00
02			当前合计			23,400.00	59,790.00	借	233,610.00
02			当前累计			23,400.00	59,790.00	借	233,610.00
			结转下年					借	233,610.00

图 5—22

5.5　出纳期末银行对账

5.5.1　银行对账期初录入

为了保证银行对账的正确性，在使用【银行对账】功能进行对账之前，必须在开始对账的月初先将银行存款日记账、银行对账单未达项录入系统中。

【案例 5—3】 银行对账期初

2021 年 1 月 31 日，银行对账单余额为 250 000 元，银行对账单余额方向为贷方；企业银行存款日记账余额为 270 000 元；经对账发现存在一笔企业已收款、银行未收款的未达账项 20 000 元(未达账项为：2021 年 1 月 28 日，企业收到 A 公司汇来前欠货款 20 000 元)。

【操作步骤】

(1)【出纳】—【银行对账】—【银行对账期初录入】选项，选择相应的银行科目之后，点击【确定】，如图 5—23 所示。

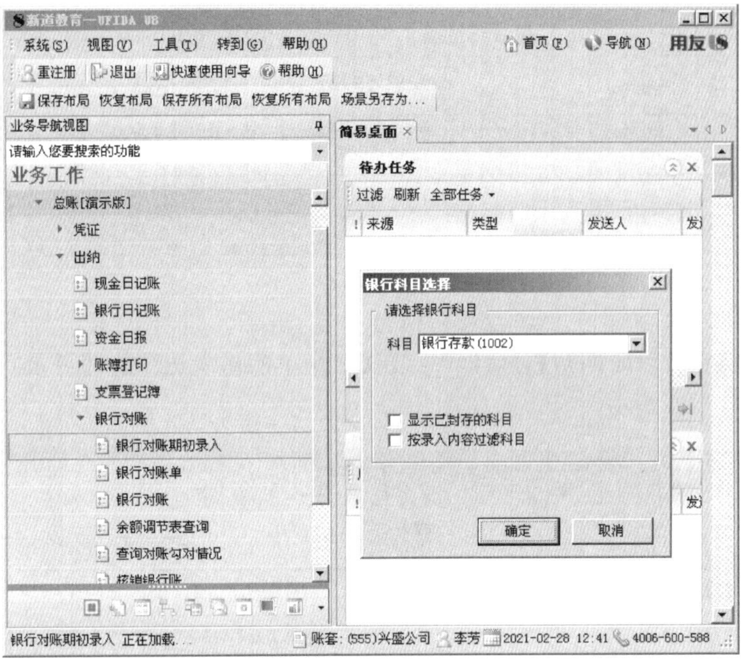

图 5—23

(2)调整对账单余额方向,点击【方向】,将借方调整为贷方,点击【是】,如图 5—24 所示。

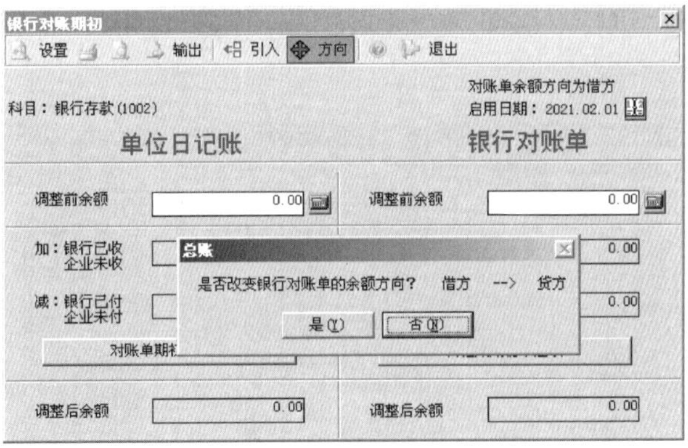

图 5—24

(3)点击【日记账期初未达账项】,即可打开【企业方期初】窗口。点击【增加】,录入相应内容,点击【保存】,如图 5—25 所示。

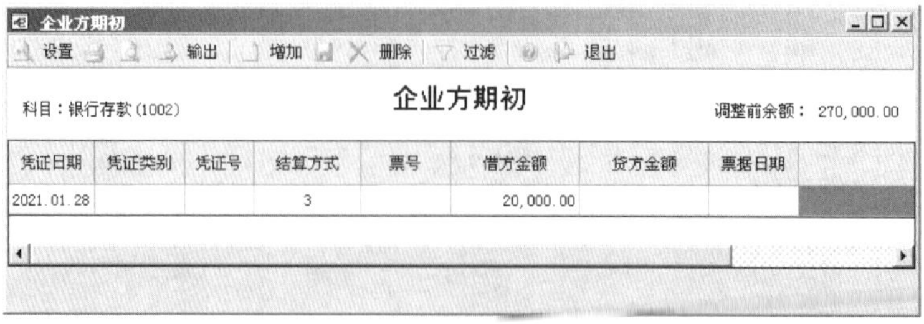

图 5—25

(4)同样，在【银行对账期初】对话框中点击【对账单期初未达项】，即可录入银行对账单期初未达项，如图 5—26 所示。

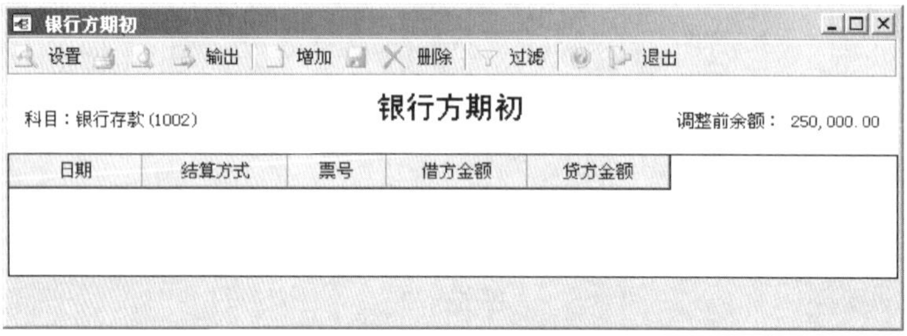

图 5—26

(5)系统自动计算出银行对账单与企业日记账的调整后余额，平衡后点击【退出】，如图 5—27 所示。

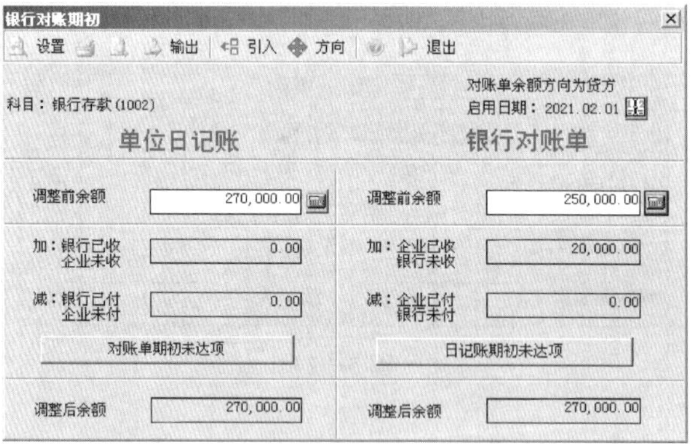

图 5—27

5.5.2 银行对账单录入

本功能用于平时录入、查询和引入银行对账单。在此功能中显示的银行对账单为启用日期之后的对账单。

【案例 5—3】 银行对账单(见表 5—5)

表 5—5 银行对账单

（2021 年 2 月 28 日） 单位:元

2021 年		结算方式	结算凭证号		借方	贷方	余额
月	日		现金	转账			
2	03	汇兑				20 000	270 000
2	07	转账支票		4501	49 240		220 760
2	08	汇兑				23 400	244 160
2	15	现金支票	2026		6 050		238 110
2	22	转账支票		4502	4 500		233 610
2	25	委托收款			1 000		232 610

【操作步骤】

(1)【出纳】—【银行对账】—【银行对账单】,银行对账单月份是"当月－当月",点击【确定】,如图 5—28 所示。

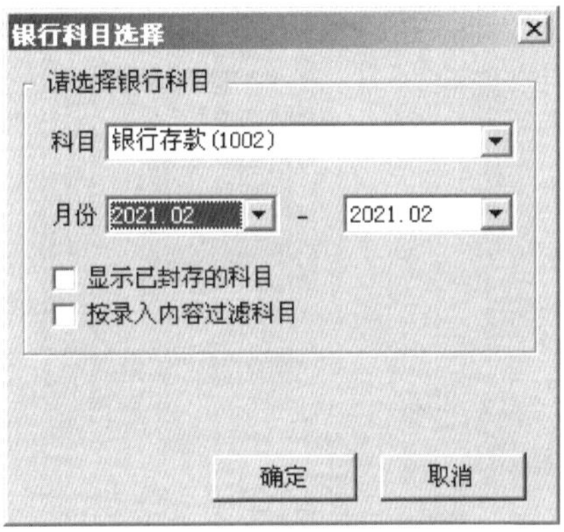

图 5—28

(2)单击工具栏上的【增加】,即可增加一空白行,在其中输入相应内容,"余额"不需输入,系统将会自动计算,录入完毕,点击【保存】,如图 5—29 所示。

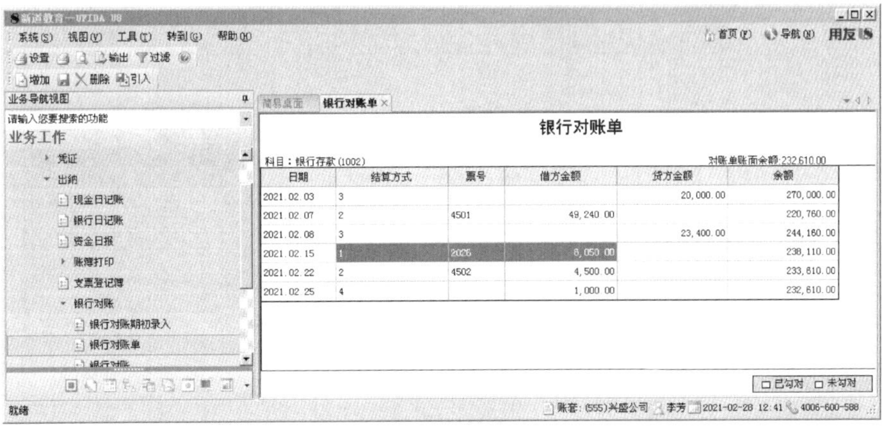

图 5—29

5.5.3 银行对账

银行对账采用自动对账与手工对账相结合的方式。自动对账是计算机根据对账依据自动进行核对、勾销，对于已核对上的银行业务，系统将自动在银行存款日记账和银行对账单双方写上两清标志，并视为已达账项，对于在两清栏未写上两清符号的记录，系统则视其为未达账项。手工对账是对自动对账的补充，使用完自动对账后，可能还有一些特殊的已达账没有对出来，而被视为未达账项，为了保证对账更彻底正确，可用手工对账来调整。

【案例 5—3】 银行对账

【操作步骤】

(1)【出纳】—【银行对账】—【银行对账】选项，月份为“未达账项所在月份—本月”，点击【确定】，如图 5—30 所示。

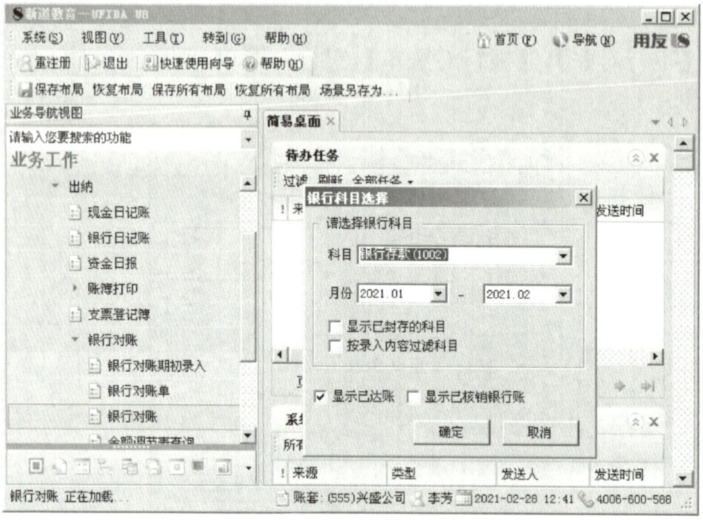

图 5—30

(2)屏幕显示对账界面，左边为单位日记账，右边为银行对账单。如图 5—31 所示。

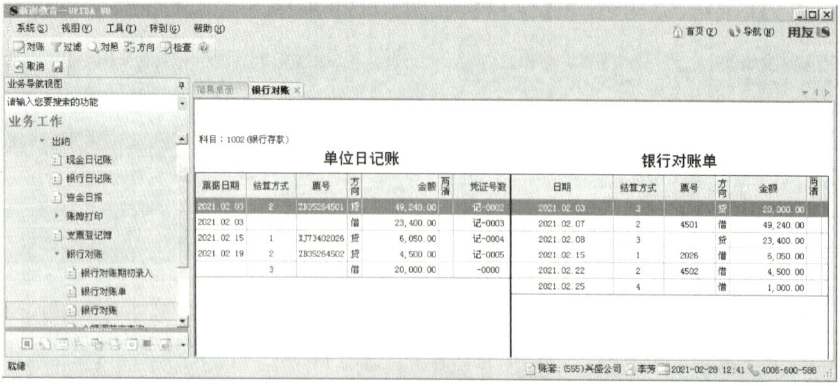

图 5—31

(3)点击【对账】，弹出【自动对账】对话框后，点击【确定】。本账套“银行存款日记账”记录的支票号为 10 位长度，“银行对账单”记录的支票号为 4 位长度，所以需要取消“结算票号相同、结算方式相同”的限制，如图 5－32 所示。

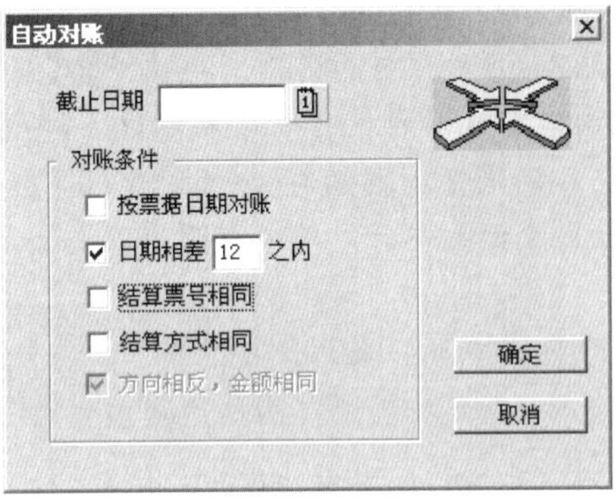

图 5－32

(4)系统自动对账两清的记录标记为“o”，如图 5－33 所示。

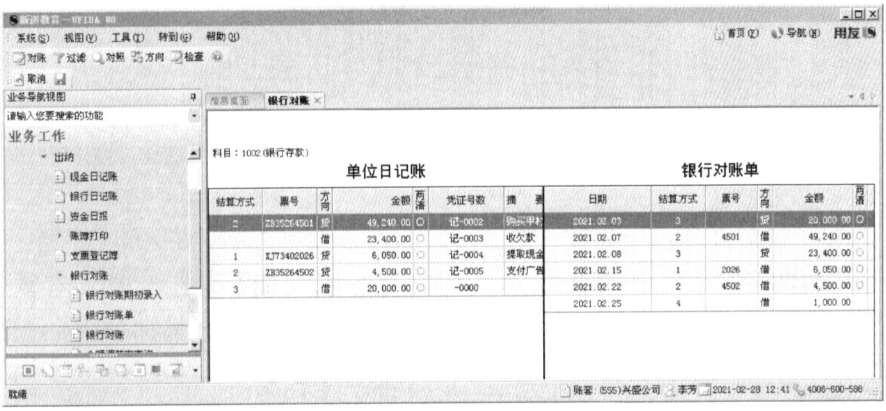

图 5－33

(5)如果不选择自动对账，也可以选择手工对账，手工对账的记录标记为“Y”，如图 5－34 所示。

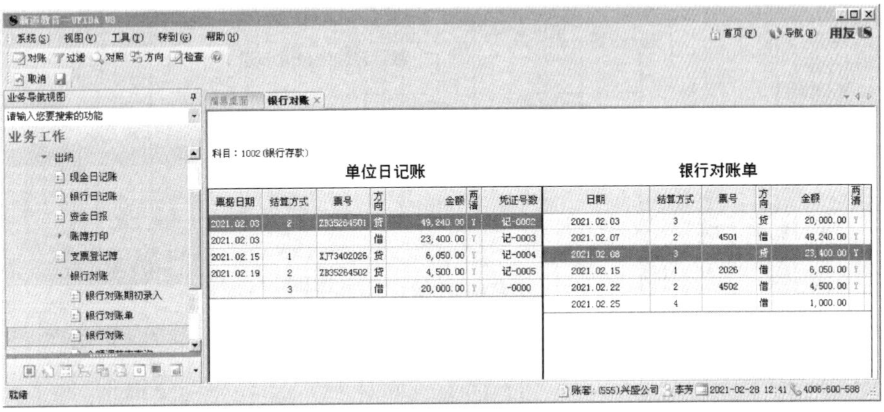

图 5－34

【提示】

①点击【对照】可以根据选中的单位账或银行对账单,在对应的银行对账单或单位账中查找金额相同的记录。点击【对照】后系统将在银行对账单区显示票号或金额和方向同单位日记账中当前记录相似的银行对账单,可参照进行勾对。再次点击【对照】则为取消对照。

②如果对账单中有记录同当前日记账相对应却未勾对上,则在当前单位日记账的【两清】区双击鼠标左键,将当前单位日记账标上两清标记——"Y",同样,双击银行对账单中对应的对账单的两清区,标上两清标记。如果在对账单中有两笔以上记录同日记账对应,则所有对应的对账单都应标上两清标记。

③将当前光标移到单位日记账中下一未两清日记账上。

重复操作【提示】中第②③步,直到找出所有的已达账项为止。

(6)点击【检查】检查对账是否有错,如果有错误,应进行调整,如图5—35所示。

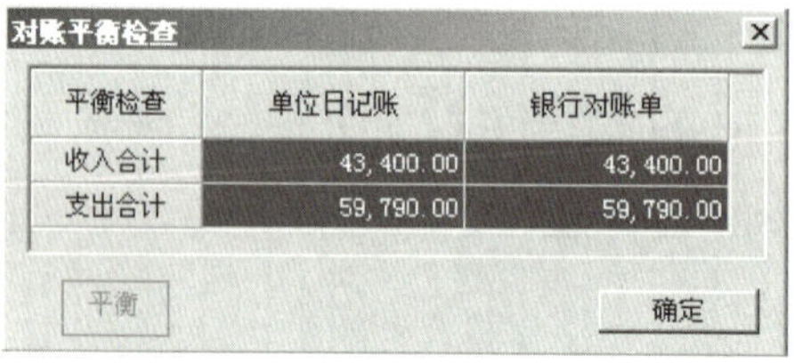

图5—35

5.5.4 银行存款余额调节表查询

银行账进行两清勾对后,便可调用"余额调节表查询"功能查询打印"银行存款余额调节表",以检查对账是否正确。进入此项操作,屏幕显示所有银行科目的账面余额及调整余额。

【案例5—3】 银行存款余额调节表

【操作步骤】

【出纳】—【银行对账】—【余额调节表查询】,点击【查看】,即可显示银行存款余额调节表,点击【详细】即可查看到详细内容,点击【打印】即可打印,如图5—36所示。

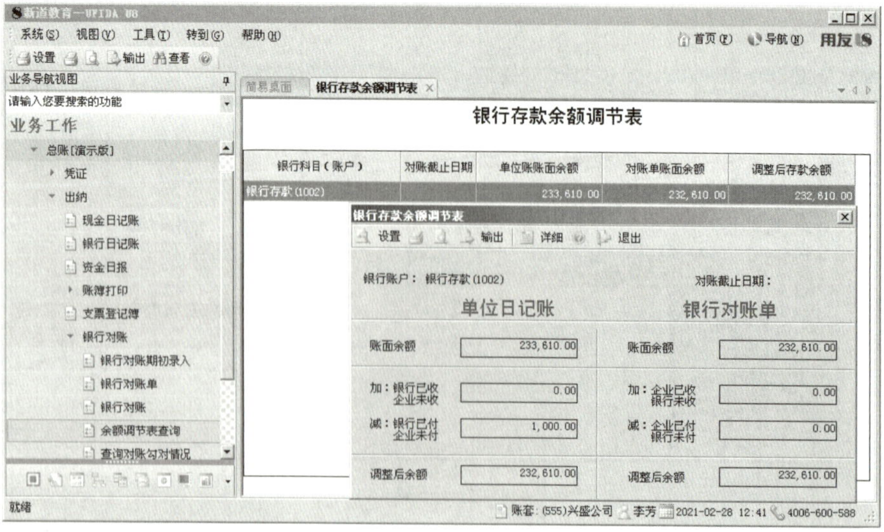

图5—36

【提示】

如果余额调节表显示账面余额不平，请查看以下几处：

①“银行期初录入”中的“调整后余额”是否平衡？如不平衡请查看“调整前余额”“日记账期初未达项”及“银行对账单期初未达项”是否录入正确，如不正确请进行调整。

②银行对账单录入是否正确？如不正确请进行调整。

③“银行对账”中勾对是否正确、对账是否平衡？如不正确、不平衡请进行调整。

5.5.5　查询银行勾对情况

查询对账勾对情况用于查询企业日记账及银行对账单的对账结果。

【案例 5－3】　查询银行勾对情况

【操作步骤】

(1)【出纳】—【银行对账】—【查询对账勾对情况】，录入科目，点击【确定】，如图 5－37 所示。

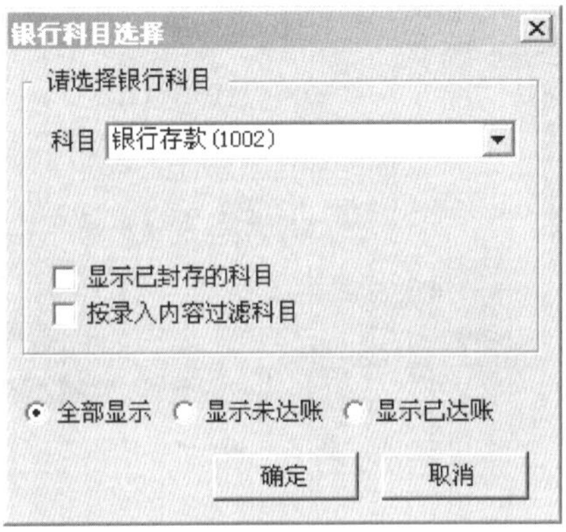

图 5－37

(2)查询银行和企业对账情况，如图 5－38 所示。

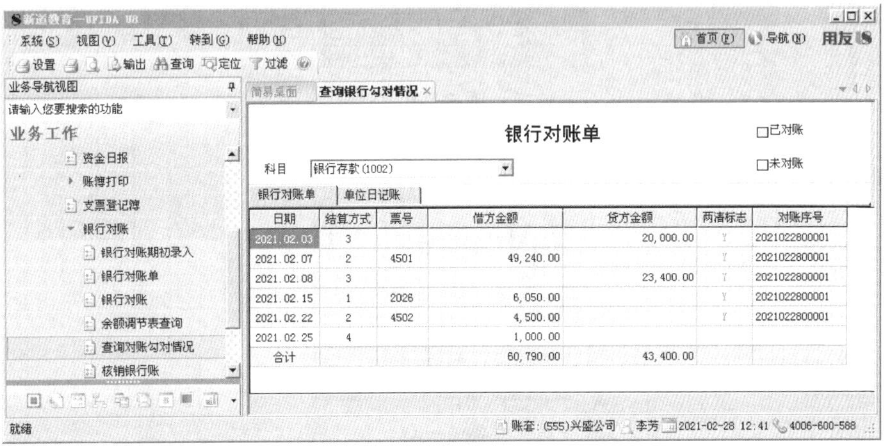

图 5－38

(3)如果想进行更详细的查询，则点击【定位】，在【条件录入窗】对话框中设置相应的查询条件之后，点击【确定】，即可查询相应的对账勾对情况。选择【单位日记账】选项卡，即可显示【单位日记账】窗口，在其中可以查看单位日记账的对账勾对情况。

5.5.6 核销已达银行账

核销已达银行账功能用于将核对正确并确认无误的已达账删除，对于一般用户来说，在银行对账正确后，如果想将已达账删除并只保留未达账时，可使用本功能。

【案例5—3】 核销已达银行账

【操作步骤】

(1)【出纳】—【银行对账】—【核销银行账】，如果银行对账不平衡，不要核销银行账，否则将造成对账错误，点击【确定】，如图5—39所示。

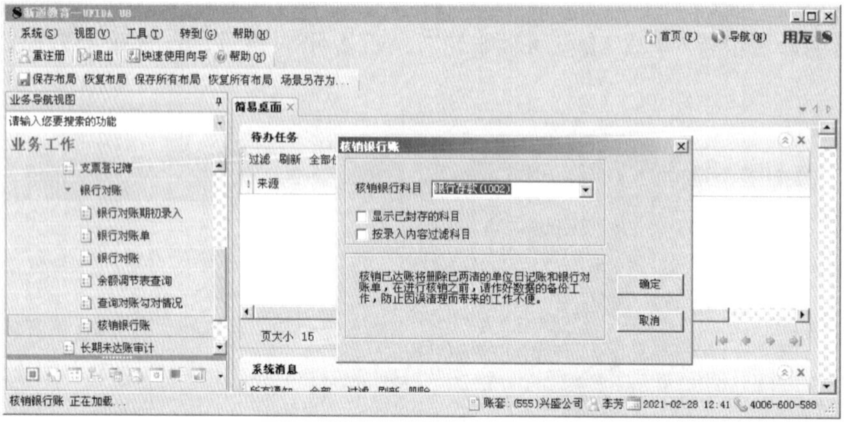

图5—39

(2)如需核销，点击【是】，如图5—40所示。

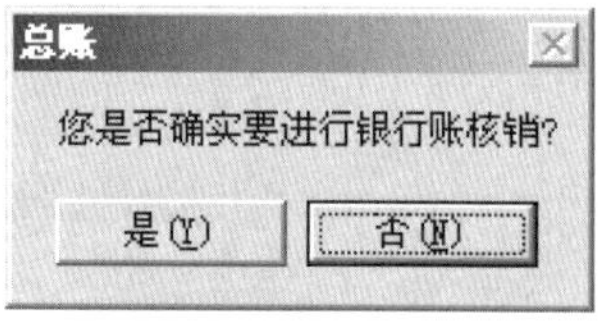

图5—40

(3)银行账核销完毕，点击【确定】，如图5—41所示。

图5—41

(4)核销后，再次进入【银行对账】—【查询对账勾对情况】，只能看到未核销的内容，核销内容已经被删除，如果“反核销”，按“ALT+U”，如图5—42所示。

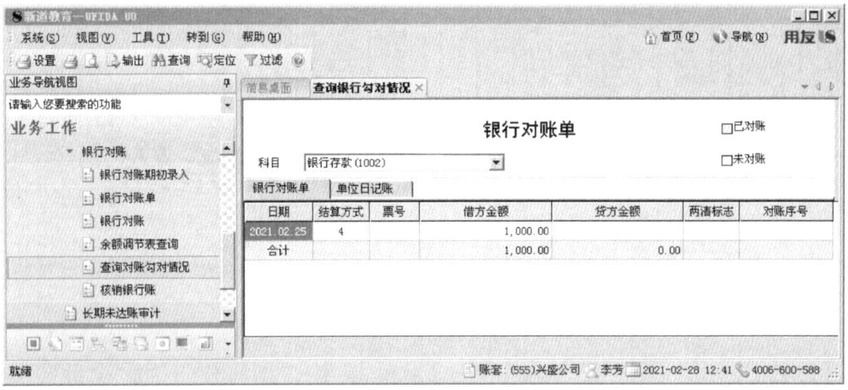

图 5—42

5.5.7　长期未达账审计

用于查询至截止日期为止未达天数超过一定天数的银行未达账项，以便企业分析长期未达原因，避免资金损失。

【案例 5—3】　查询长期未达账项

【操作步骤】

(1)【出纳】—【银行对账】下的【长期未达账审计】，录入查询的截止日期，及至截止日期未达天数超过的天数，点击【确定】，如图 5—43 所示。

图 5—43

(2)通过单击“银行对账单”和“单位日记账”页签，切换显示，如图 5—44 所示。

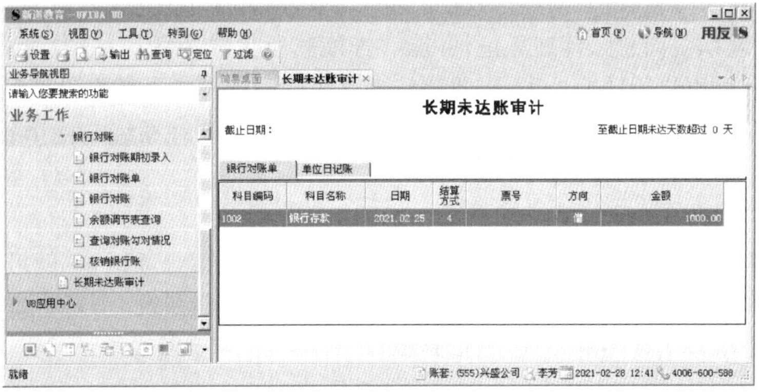

图 5—44

第6章　应收款管理系统

学习目标

本章重点介绍了用友ERP-U8V10.1应收款管理系统的功能。通过本章学习，能够掌握应收款管理系统参数的设置；录入应收款和坏账准备的期初余额；填制、修改、删除应收款管理系统生成的凭证；应收款相应账表的查询；应收款系统月末结账的处理。

6.1　应收款管理系统概述

6.1.1　应收款管理系统简介

应收款管理系统主要用于核算和管理客户往来款项。通过发票、其他应收单、收款单等单据的录入，对企业的往来账款进行综合管理，及时、准确地提供客户的往来账款余额资料，提供各种分析报表，如账龄分析表、周转分析、欠款分析、坏账分析、回款分析情况分析等；通过各种分析报表，帮助企业合理地进行资金的调配，提高资金的利用效率。

根据对客户往来款项核算和管理程度的不同，系统提供了应收账款核算模型“详细核算”和“简单核算”客户往来款项两种应用方案，可供选择。

(1)详细核算。

如果企业销售业务以及应收款核算与管理业务比较复杂，或者需要追踪每一笔业务的应收款、收款等情况，或者需要将应收款核算到产品一级，那就可以选择此方案。在详细核算方案下，应收款管理系统接收销售管理系统提供的发票，由此生成凭证，并对发票进行收款结算处理；应收款管理系统向总账传递凭证，并能够查询其所生成的凭证；应收款管理系统和应付款管理系统之间可以进行转账处理；应收款管理系统向财务分析系统提供各种分析的数据；应收款管理系统向UFO会计报表系统提供应用函数；应收款管理系统与网上银行进行付款单的导入导出。

(2)简单核算。

如果企业销售业务以及应收账款业务比较简单，或者现结业务很多，就可以选择此方案。该方案着重于对客户的往来款项进行查询和分析，主要与总账系统、销售管理系统有接口，应收系统接收从销售系统传递的发票，进行制单，然后将凭证传递给总账。

6.1.2　应收款管理系统处理流程

应收款管理系统处理流程如图 6—1 所示。

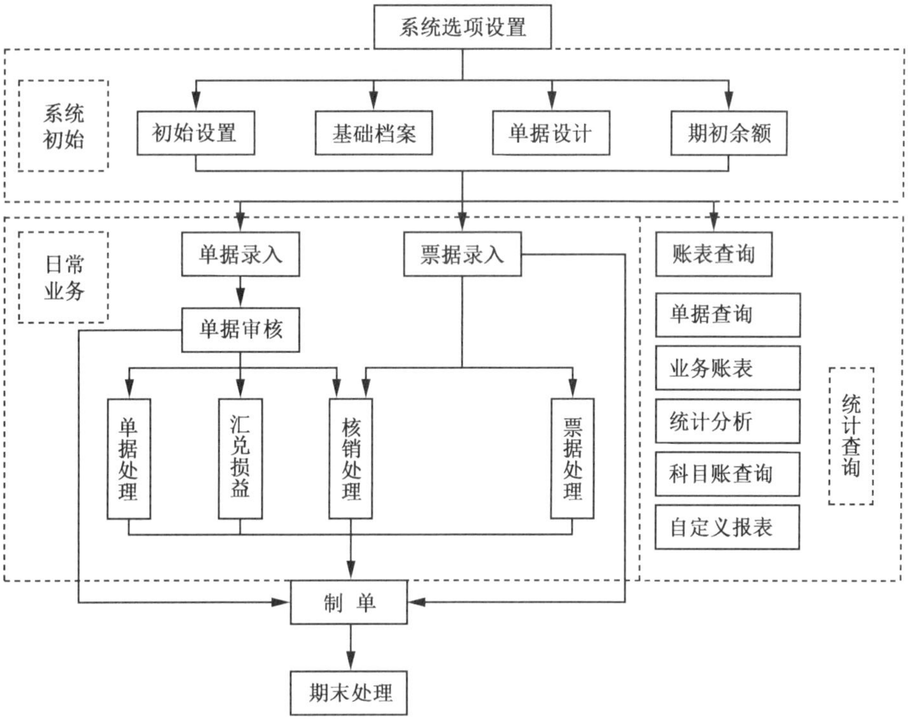

图 6—1

6.2　应收款管理系统应用案例

6.2.1 【案例 6—1】 建账

(1)账套信息。

新星发展有限公司为工业企业，属于增值税一般纳税人企业，增值税税率为 13%。2021 年 1 月实行会计电算化。

①账套号:666，账套名称:新星发展有限公司，默认路径。

②单位名称为“新星发展有限公司”，单位简称为“星星公司”。

③记账本位币为“人民币”，企业类型为“工业”，行业性质为“2007 年新会计制度科目”并预置科目，账套主管为“李力”。

④存货、供应商和客户分类、无外币核算。

⑤编码方案：科目编码方案为 4—2—2；部门编码方案为 2—2；结算方式编码方案为 2—1；其他编码项目保持不变。

⑥数据精度均默认 2 位。

⑦启用总账、应收款管理、应付款管理。

⑧启用日期为2021年1月1日。

(2)用户及权限。

用户及权限如表6—1所示。

表6—1 用户及权限

编　号	姓　名	职　务	权　限
001	李力	账套主管	账套主管
002	周星星	会计	总账
003	李芳	应收款管理、应付款管理	总账及应收、应付款管理

6.2.2 【案例6—2】 基础档案设置

(1)客户分类。

客户分类如表6—2所示。

表6—2 客户分类

分类编码	分类名称
01	批发
02	零售
03	代销

(2)客户档案。

客户档案如表6—3所示。

表6—3 客户档案

客户编码	客户简称	所属分类	税　号	开户银行	账　号	属　性
001	华宏公司	批发	310003154	工行	112	国内
002	昌新贸易公司	批发	310108777	中行	567	服务
003	利氏公司	代销	315452453	招行	763	服务

(3)供应商分类。

供应商分类如表6—4所示。

表6—4 供应商分类

分类编码	分类名称
01	原料供应商
02	成品供应商
03	其他

(4)供应商档案。

供应商档案如表 6—5 所示。

表 6—5　　供应商档案

供应商编码	供应商简称	所属分类	税　号	属　性
YDGS	益达公司	原料供应商	313546844	采购
JCGS	建昌公司	成品供应商	314825705	采购
ADGS	艾德公司	其他	310488008	服务

(5)凭证类别。

凭证类别为“记账凭证”。

(6)结算方式。

结算方式如表 6—6 所示。

表 6—6　　结算方式

编　码	名　称
01	现金结算
02	支票结算
021	现金支票
022	转账支票
03	商业汇票

(7)会计科目。

应收账款、预收账款、应收票据科目设置为客户往来,受控于应收款系统。

应付账款、预付账款、应付票据科目设置为供应商往来,受控于应付款系统。

其他会计科目设置如表 6—7 所示。

表 6—7　　其他会计科目设置

科目编码	科目名称	单位	辅助账类型	方向	科目编码	科目名称	辅助账类型	方向
1001	库存现金			借	2001	短期借款		贷
1002	银行存款			借	2202	应付账款	供应商往来	贷
100201	工商银行存款			借	2203	预收账款	客户往来	贷
1122	应收账款		客户往来	借	2221	应交税费		贷
1123	预付账款		供应商往来	借	222101	应交增值税		贷
1221	其他应收款			借	22210101	进项税额		贷
1403	原材料			借	22210102	销项税额		贷
1405	库存商品			借	4001	实收资本		贷
140501	硬盘	个	数量核算	借	4002	资本公积		贷
140502	电脑(P3)	台	数量核算	借	6001	主营业务收入		贷

续表

科目编码	科目名称	单位	辅助账类型	方向	科目编码	科目名称	辅助账类型	方向
1601	固定资产			借	600101	电脑(P3)		贷
1602	累计折旧			贷	6401	主营业务成本		贷
					640101	电脑(P3)		贷

(8)录入期初余额。

①总账期初余额如表 6—8 所示。

表 6—8　　总账期初余额

科目编码	科目名称	单位	金额(元)	方向	科目编码	科目名称	金额(元)	方向
1001	库存现金		2 000	借	2001	短期借款	200 000	贷
1002	银行存款		250 000	借	2202	应付账款	276 850	贷
100201	工商银行存款		250 000	借	2203	预收账款		贷
1122	应收账款		157 600	借	4001	实收资本	1 000 000	贷
1123	预付账款			借	4002	资本公积	1 474 750	贷
1221	其他应收款		5 000	借				
1403	原材料		20 000	借				
1405	库存商品		240 000	借				
140501	硬盘	200 个	40 000	借				
140502	电脑(P3)	100 台	200 000	借				
1601	固定资产		2 300 000	借				
1602	累计折旧		23 000	贷				
合计			2 951 600				2 951 600	

②应收账款明细余额如表 6—9 所示。

表 6—9　　应收账款明细余额

日　期	客　户	摘　要	方　向	金　额(元)
2020-10-13	华宏公司	销售商品	借	99 600
2020-11-06	昌新贸易公司	销售商品	借	58 000

③应付账款明细余额如表 6—10 所示。

表 6—10　　应付账款明细余额

供应商	摘　要	方　向	金　额(元)
艾德公司	采购商品	贷	276 850

6.2.3 【案例 6—3】 应收款管理业务初始设置

(1)应收款管理系统选项设置。

应收款管理系统选项设置如表 6—11 所示。

表 6—11　应收款管理系统选项设置

单据审核日期依据	单据日期	控制科目依据	按客户
坏账处理方式	应收账款余额百分比法	销售科目依据	按存货
受控科目制单方式	明细到单据	应收款核销方式	按单据

(2)应收款管理系统初始设置。

①设置科目。

基本科目设置包括：

应收科目：应收账款；

预收科目：预收账款；

销售收入科目：主营业务收入——电脑(P3)；

税金科目：应交税费——应交增值税(销项税额)；

银行承兑科目：应收票据；

商业承兑科目：应收票据。

结算方式科目设置：现金支票、转账支票科目为银行存款——工商银行存款。

②设置坏账准备。

提取比例：3%；

坏账准备期初余额：0；

坏账准备科目：1231；

对方科目：6701。

③设置应收账款账期内账龄区间。

设置应收账款账期内账龄区间，如表 6—12 所示。

表 6—12　应收账款账期内账龄区间设置

序　号	起止天数(天)	总天数(天)
01	0～30	30
02	31～60	60
03	61～90	90
04	91 以上	

④设置应收账款逾期账龄区间

设置应收账款逾期账龄区间，如表 6—13 所示。

表 6－13　　应收账款逾期账龄区间设置

序　号	起止天数(天)	总天数(天)
01	0～30	30
02	31～60	60
03	61～90	90
04	91 以上	

⑤设置应收账款报警级别。

设置应收账款报警级别,如表 6－14 所示。

表 6－14　　应收账款报警级别设置

序　号	起止比率(%)	总比率(%)	级别名称
01	0 以上	10	A
02	10～30	30	B
03	30～50	50	C
04	50～100	100	D
05	100 以上		E

(3)应收款管理系统期初余额。

应收款管理系统期初余额,如表 6－15 所示。

表 6－15　　应收款管理系统期初余额

单据类型	日　期	客　户	摘　要	方　向	金　额(元)
应收单	2020-10-13	华宏公司	销售商品	借	99 600
应收单	2020-11-06	昌新贸易公司	销售商品	借	58 000

6.2.4 【案例 6－4】 应收款管理系统日常业务处理

(1)应收款业务。

1 月 10 日,向华宏公司销售产品电脑(P3)一批,50 台,单价 5 000 元,增值税税率 13%,价款 282 500 元,尚未收到,附单据 1 张。

借:应收账款　　282 500

　　贷:主营业务收入——电脑(P3)　　250 000

　　　　应交税费——应交增值税(销项税额)　　32 500

(2)收回欠款业务。

1 月 15 日,收到华宏公司转来的支票(支票号 6101)1 张,面值 282 500 元,用以归还前欠货款,附单据 1 张。

借:银行存款——工商银行存款　　282 500

　　贷:应收账款　　282 500

(3)手工核销华宏公司往来款。

6.2.5 【案例 6－5】 应收款管理系统期末业务处理

(1)1 月 30 日,计提本月坏账准备。

(2)月末结账。

(3)取消月末结账。

6.3 应收款管理系统初始设置

应收款管理系统是企业资金构成的一个重要部分,是企业在正常经营活动中由于销售产品、商品或提供了劳务,而向购货单位或接受劳务单位收取的相应款项。应收款管理系统的初始设置是在首次使用应收款管理系统时不可缺少的操作。

根据【案例 6－1】【案例 6－2】资料进行期初建账、设置基础档案等操作,为应收款管理系统的启用做准备。操作步骤参见第 2 章、第 3 章相关知识。

6.3.1 系统启用

在对应收款管理系统设置之前,首先要启用“应收款管理”系统,如果建账时,Admin 已经启用“应收款管理”系统,则省略此操作;否则以账套主管身份进行系统启用,并【重注册】刷新。

【操作步骤】

建账时同时启用“总账”“应收款管理”“应付款管理”系统,如图 6－2 所示。

图 6－2

6.3.2 会计科目设置

【案例 6－2】 会计科目

应收账款、预收账款、应收票据科目设置为客户往来,受控于应收款系统。

应付账款、预付账款、应付票据科目设置为供应商往来,受控于应付款系统。

【操作步骤】

将 6 个科目设置辅助核算，如图 6—3、图 6—4、图 6—5 所示。

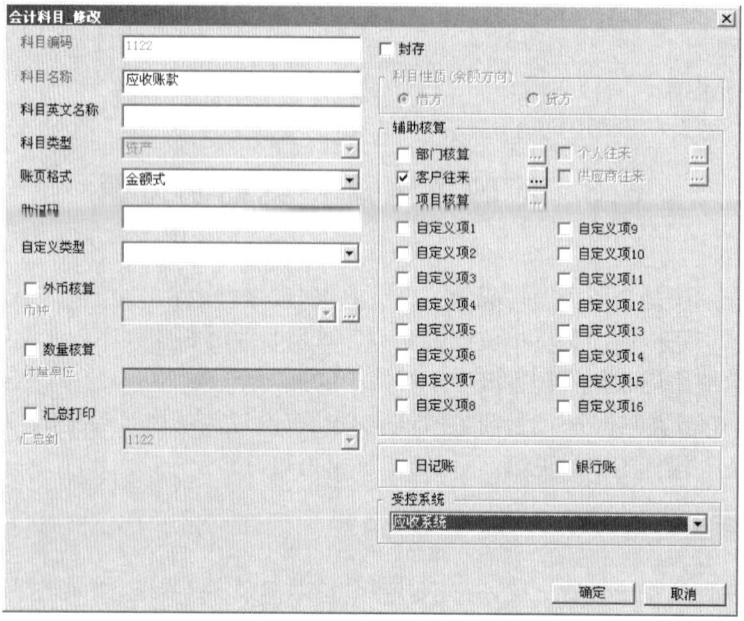

图 6—3

图 6—4

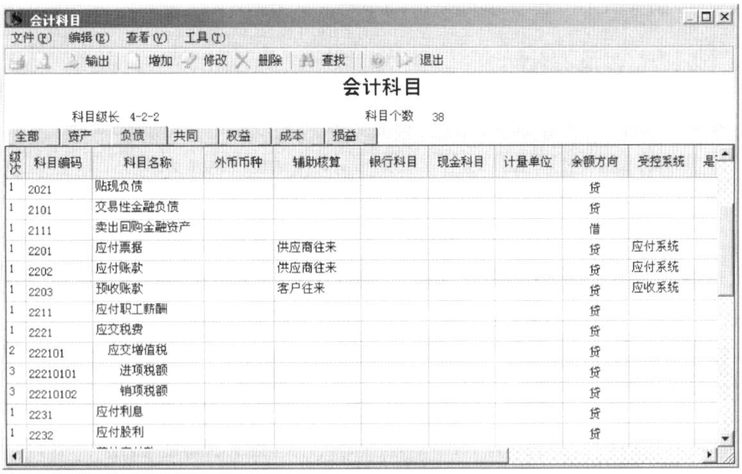

图 6—5

6.3.3　选项设置

【案例 6—3】 应收款管理系统选项设置(见表 6—16)

表 6—16　　应收款管理系统选项设置

单据审核日期依据	单据日期	控制科目依据	按客户
坏账处理方式	应收账款余额百分比法	销售科目依据	按存货
受控科目制单方式	明细到单据	应收款核销方式	按单据

【操作步骤】

(1)【应收款管理】—【设置】—【选项】,点击【编辑】激活,选择【常规】选项卡进行修改,如图 6—6 所示。

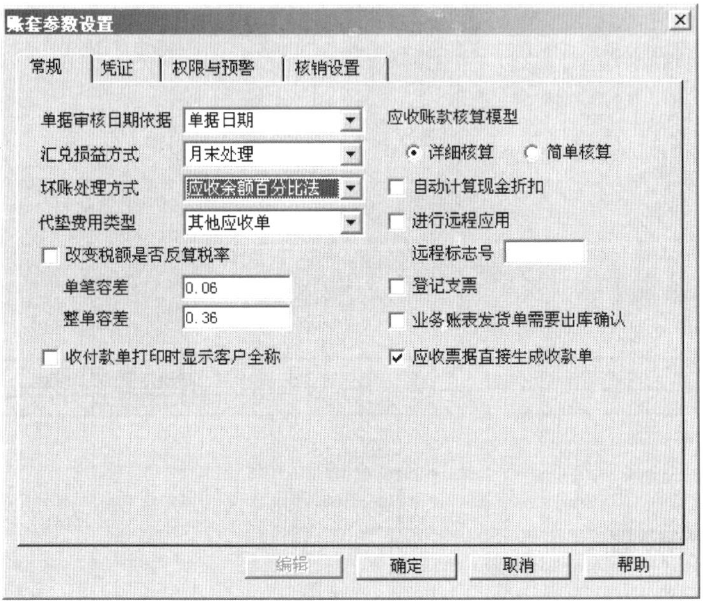

图 6—6

(2)切换到【凭证】选项卡,进行修改,如图 6—7 所示。

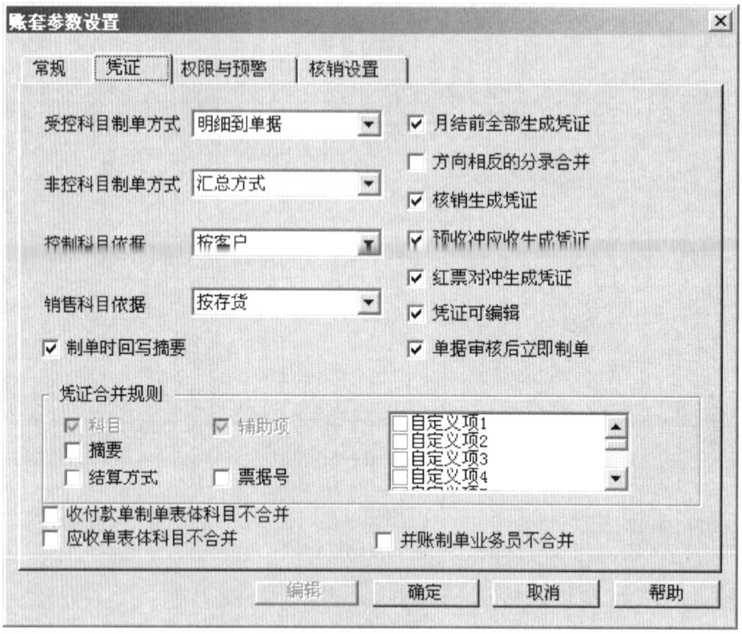

图 6—7

(3)切换到【核销设置】选项卡,进行修改,如图 6—8 所示。

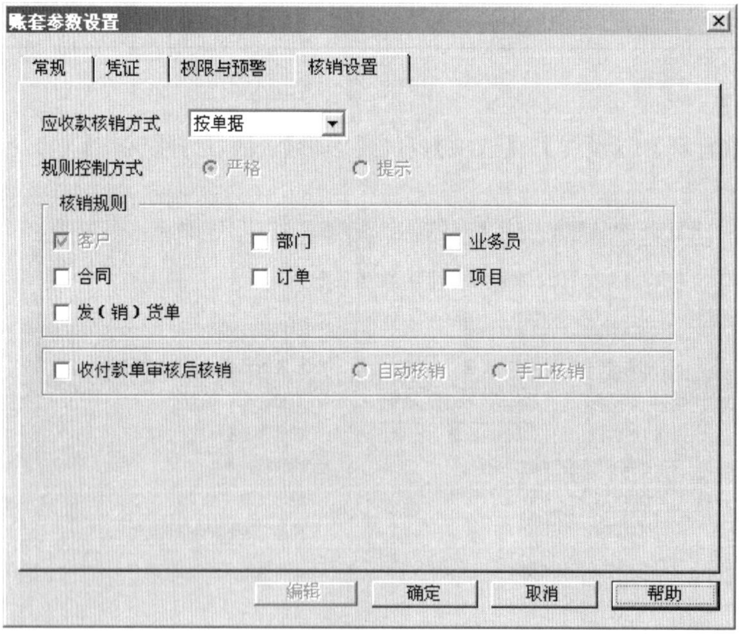

图 6—8

6.3.4　初始设置

【案例 6—3】　应收款管理系统初始设置

(1)设置科目。

基本科目设置包括：

应收科目:应收账款；

预收科目:预收账款；

销售收入科目:主营业务收入——电脑(P3)；

税金科目:应交税费——应交增值税(销项税额)；

银行承兑科目:应收票据；

商业承兑科目:应收票据。

结算方式科目设置:现金支票、转账支票科目为银行存款——工商银行存款。

【操作步骤】

①基本科目设置:【设置】—【初始设置】选项,选择【基本科目设置】,点击【增加】,进行录入,如图 6—9 所示。

图 6—9

②结算方式科目设置:选择【结算方式科目设置】,点击【增加】,进行录入,如图 6—10 所示。

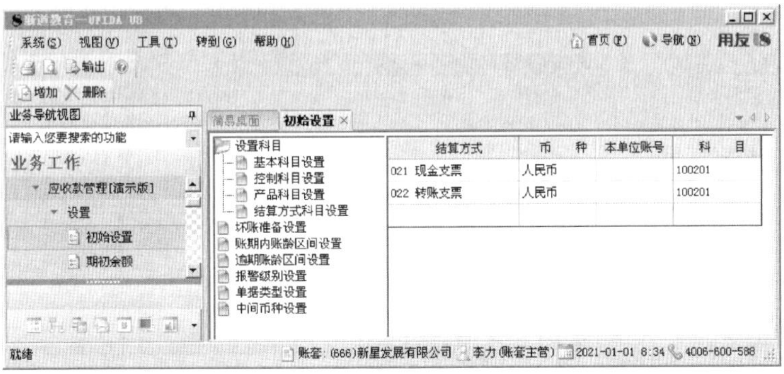

图 6—10

(2)设置坏账准备。

提取比例:3%；

坏账准备期初余额:0；

坏账准备科目:1231；

对方科目:6701。

【操作步骤】

【设置】—【初始设置】选项，点击【坏账准备设置】，录入各项信息，点击【确定】才能保存，如图 6—11 所示。

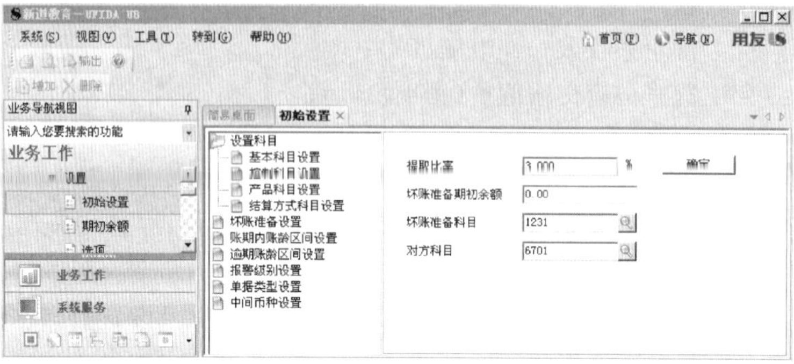

图 6—11

(3)设置账龄区间(见表 6—17)。

表 6—17　　应收账款账期内账龄区间设置

序　号	起止天数(天)	总天数(天)
01	0～30	30
02	31～60	60
03	61～90	90
04	91 以上	

【操作步骤】

【设置】—【初始设置】，选择【账期内账龄区间设置】，点击【增加】，进行录入，如图 6—12 所示。

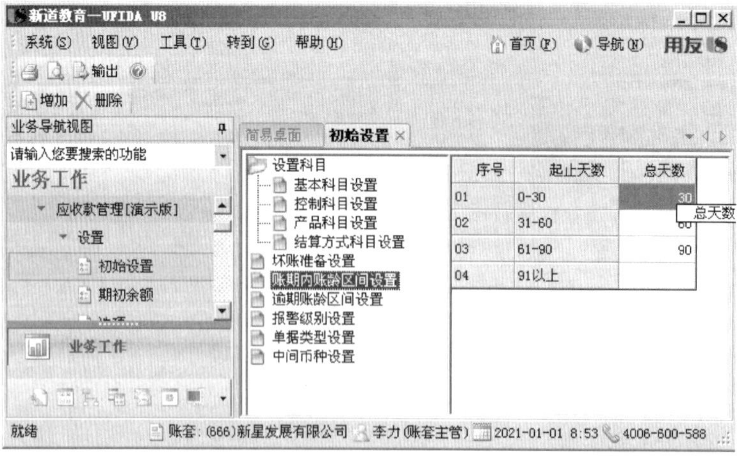

图 6—12

(4)设置逾期账龄区间(见表 6—18)。

表 6－18　　应收账款逾期账龄区间设置

序　号	起止天数(天)	总天数(天)
01	0～30	30
02	31～60	60
03	61～90	90
04	91 以上	

【操作步骤】

【设置】—【初始设置】，选择【逾期账龄区间设置】，点击【增加】，进行录入，如图 6－13 所示。

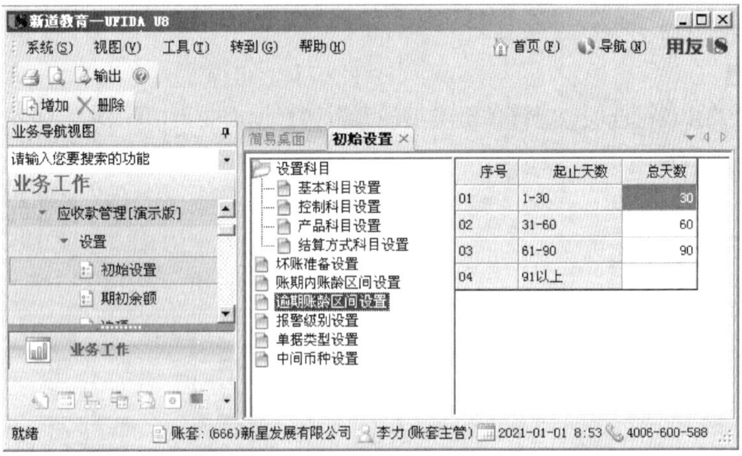

图 6－13

(5)设置报警级别(见表 6－19)。

表 6－19　　应收账款报警级别设置

序　号	起止比率(%)	总比率(%)	级别名称
01	0 以上	10	A
02	10～30	30	B
03	30～50	50	C
04	50～100	100	D
05	100 以上		E

【操作步骤】

【设置】—【初始设置】，选择【报警级别设置】，点击【增加】，进行录入，如图 6－14 所示。

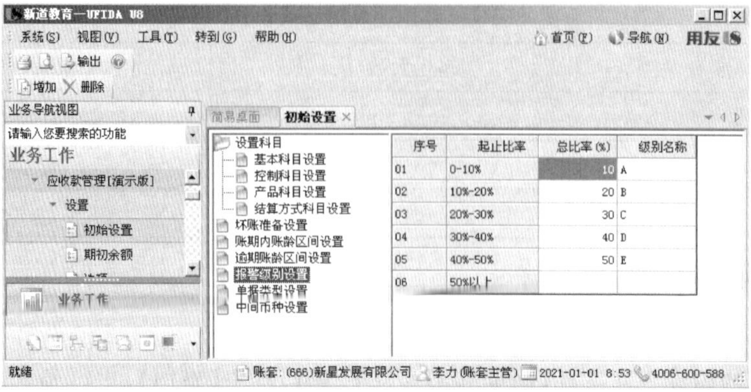

图 6—14

(6)设置单据类型。

【操作步骤】

【设置】—【初始设置】选项,选择【单据类型设置】,可根据需要点击【增加】,如图 6—15 所示。

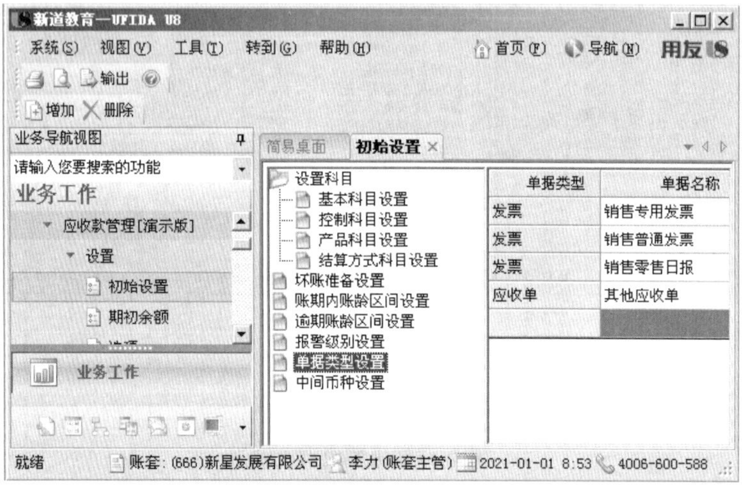

图 6—15

6.3.5 录入期初余额

在启用应收款管理系统时,需要将以前还没有处理完毕的单据全部录入系统中,用作系统的期初余额处理,通过期初余额录入,可以将正式启用账套前的所有应收业务数据录入系统中,作为期初建账的数据对其进行管理。

【案例 6—3】 应收款管理系统期初余额(见表 6—20)

表 6—20　　应收款管理系统期初余额

单据类型	日　期	客　户	摘　要	方　向	金　额(元)
应收单	2020-10-13	华宏公司	销售商品	借	99 600
应收单	2020-11-06	昌新贸易公司	销售商品	借	58 000

【操作步骤】

(1)【设置】—【期初余额】,点击【确定】,如图 6—16 所示。

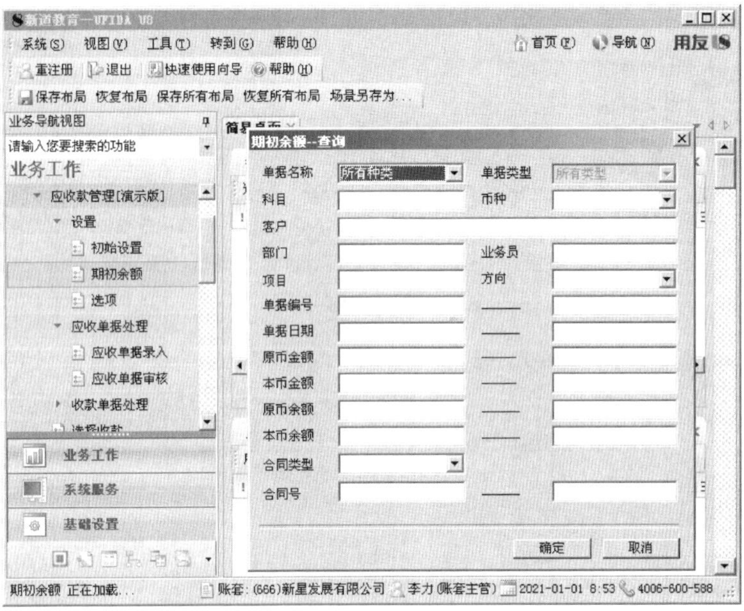

图 6—16

(2)点击【增加】,选择“应收单”,方向为“正向”,点击【确定】,如图 6—17 所示。

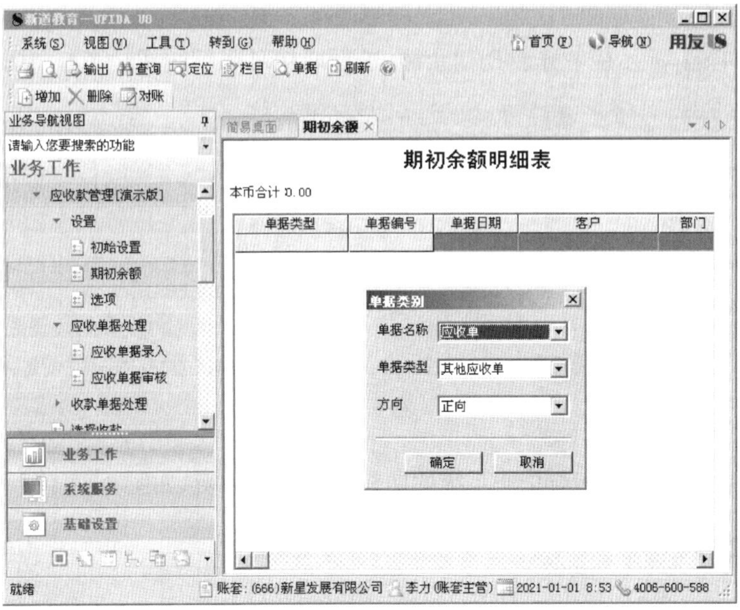

图 6—17

(3)点击【增加】,进行录入,点击【保存】,如图 6—18、图 6—19 所示。

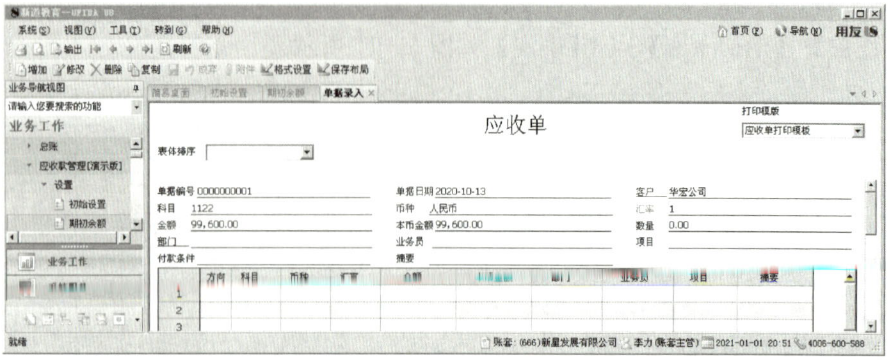

图 6—18

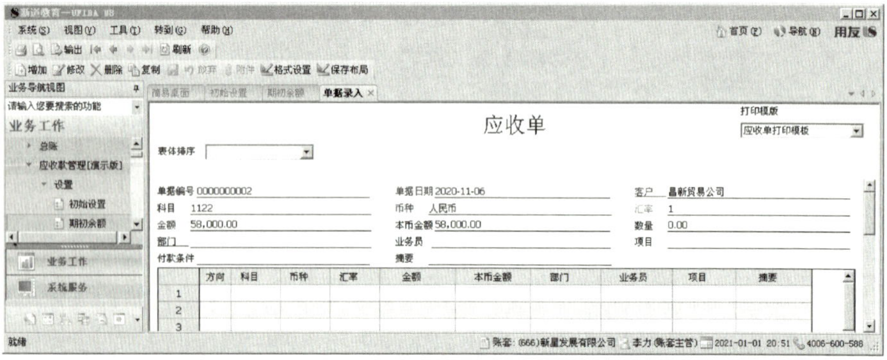

图 6—19

（4）点击【刷新】，显示应收账款期初余额，进行期初对账，点击【对账】，如图 6—20 所示。

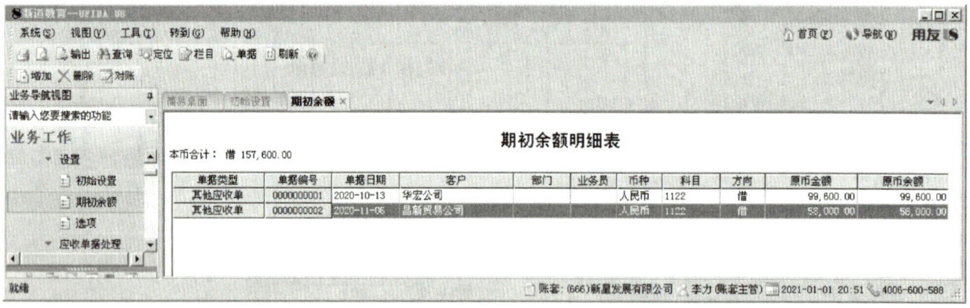

图 6—20

（5）查看应收款管理系统与总账系统的期初余额是否平衡，如图 6—21 所示。

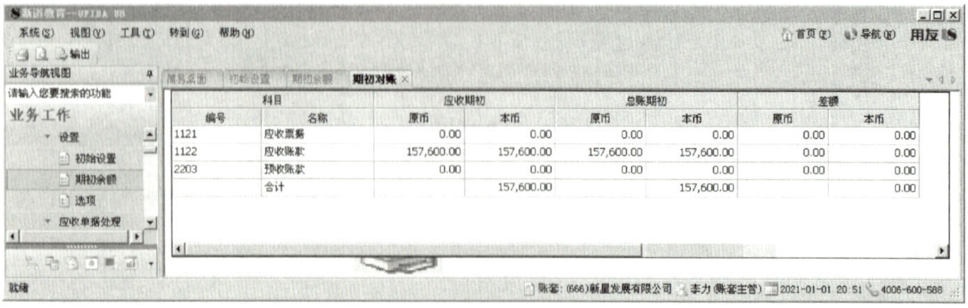

图 6—21

6.4　应收款管理系统日常业务处理

日常业务处理是应收款管理系统的重要组成部分，主要完成企业日常的应收或收款业务录入、应收或收款业务核销、应收款核销、汇兑损益以及坏账的处理，及时记录应收或收款业务的发生，为查询和分析往来业务提供完整、准确的资料，加强对往来款项的监督管理，提高工作效率。

6.4.1　应收款业务

【案例 6－4】　应收款业务

1 月 10 日，向华宏公司销售产品电脑（P3）一批，50 台，单价 5 000 元，增值税税率 13%，价款 282 500 元尚未收到，附单据 1 张。

借：应收账款	282 500	
贷：主营业务收入——电脑（P3）		250 000
应交税费——应交增值税（销项税额）		32 500

（1）应收单据录入。

【操作步骤】

①点击【应收单据处理】—【应收单据录入】，选择“应收单”，点击【确定】，如图 6－22 所示。

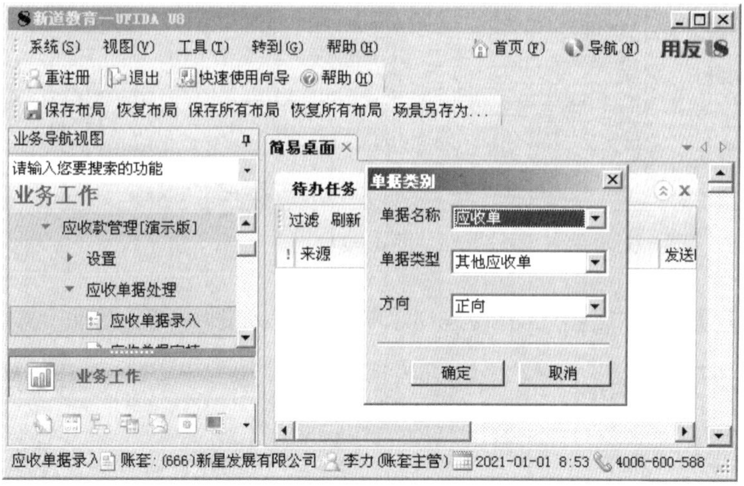

图 6－22

②点击【增加】，进行录入，点击【保存】，系统检查借贷是否平衡，如图 6－23 所示。

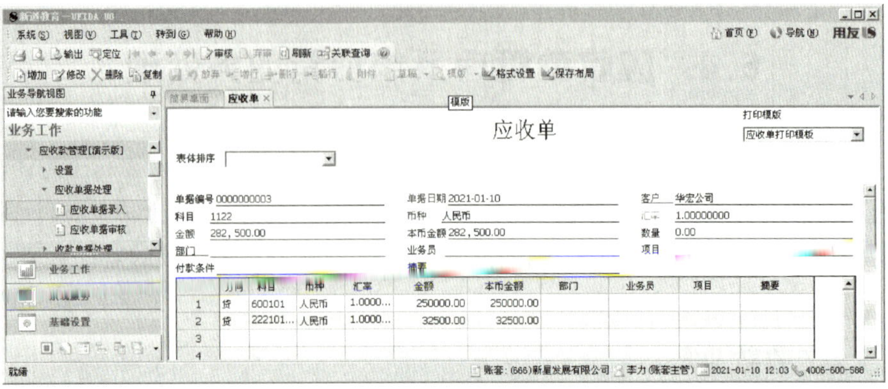

图 6—23

(2)应收单据审核。

【操作步骤】

①点击【审核】,即可弹出询问"是否立即制单?"提示对话框,点击【是】,即可直接生成记账凭证,点击【否】,暂时不生成凭证,如图 6—24 所示。

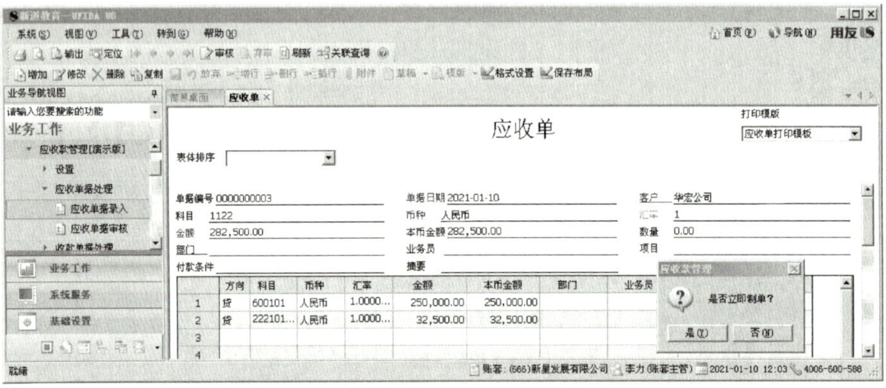

图 6—24

②点击【保存】,凭证"已生成"并传递到总账系统中,如图 6—25 所示。

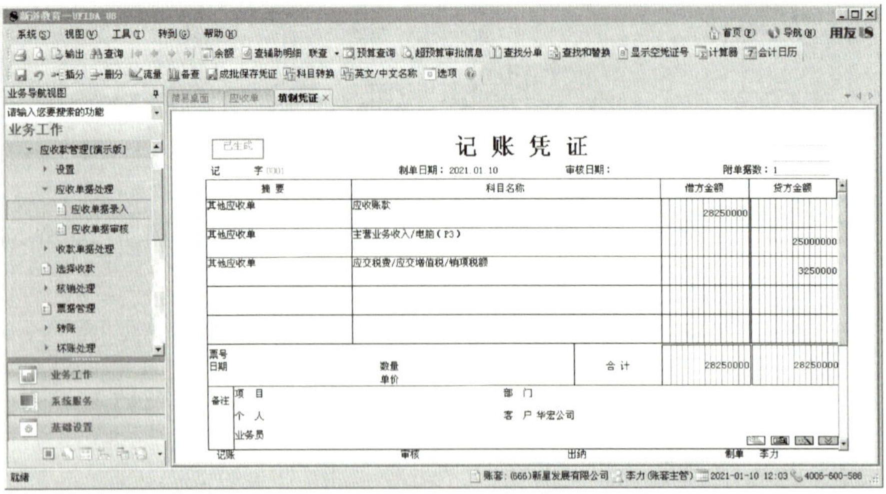

图 6—25

(3)应收单据修改。

【操作步骤】

①未审核未制单单据修改:【应收单据处理】—【应收单据录入】,打开需要修改的应收单据,点击【修改】。

②已审核未制单单据修改:【应收单据处理】—【应收单据审核】,双击需要查看的单据,先点击【弃审】,再点击【修改】,即可对当前的单据进行修改;点击【删除】,即可删除当前单据。

③已审核已制单单据修改:首先删除已经生成的凭证,再进入【应收单据审核】进行【弃审】【修改】,方法同上。

(4)凭证删除。

【操作步骤】

【单据查询】—【凭证查询】,选定需要删除的凭证之后,点击【删除】,并在弹出"确定要删除此凭证吗?"提示框中点击【是】,即可将该凭证删除,如图 6—26 所示。

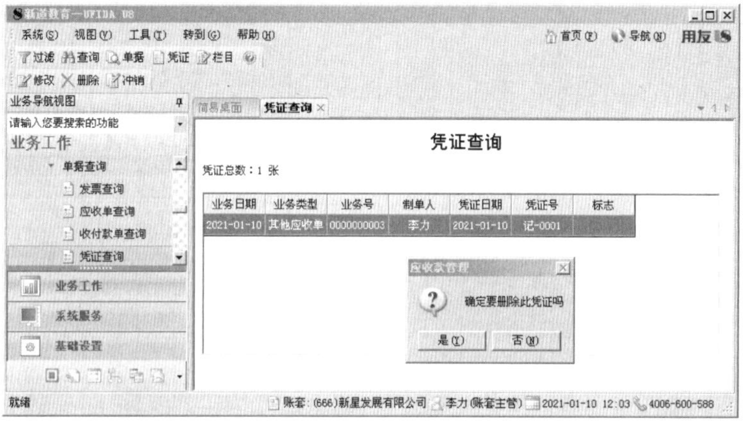

图 6—26

6.4.2　收回欠款业务

【案例 6—4】　收回欠款业务

1 月 15 日,收到华宏公司转来的支票(支票号 6101)1 张,面值 282 500 元,用以归还前欠货款,附单据 1 张。

借:银行存款——工商银行存款　　　　282 500

　　贷:应收账款　　　　　　　　　　　282 500

(1)收款单据录入。

【操作步骤】

【收款单据处理】—【收款单据录入】,点击【增加】,进行录入,点击【保存】,如图 6—27 所示。

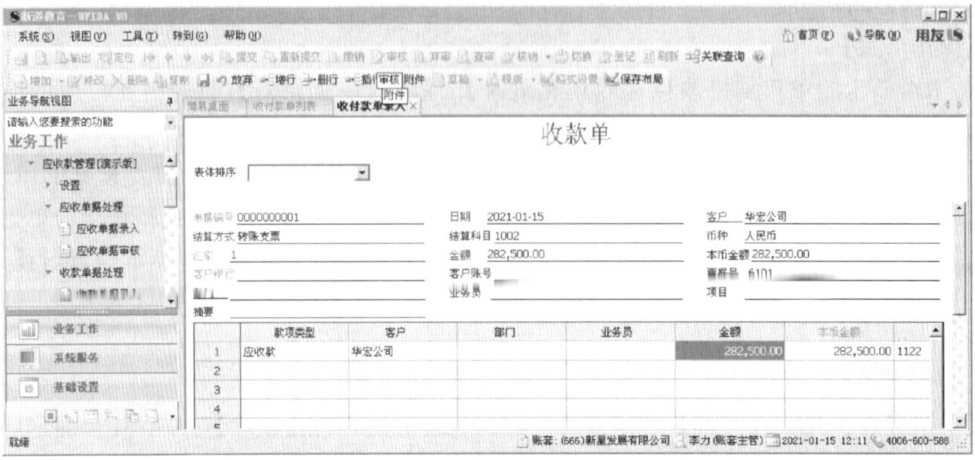

图 6－27

（2）收款单据审核。

【操作步骤】

①点击【审核】，即可弹出询问“是否立即制单？”提示对话框，点击【是】，即可直接生成记账凭证，点击【否】，暂时不生成凭证，如图 6－28 所示。

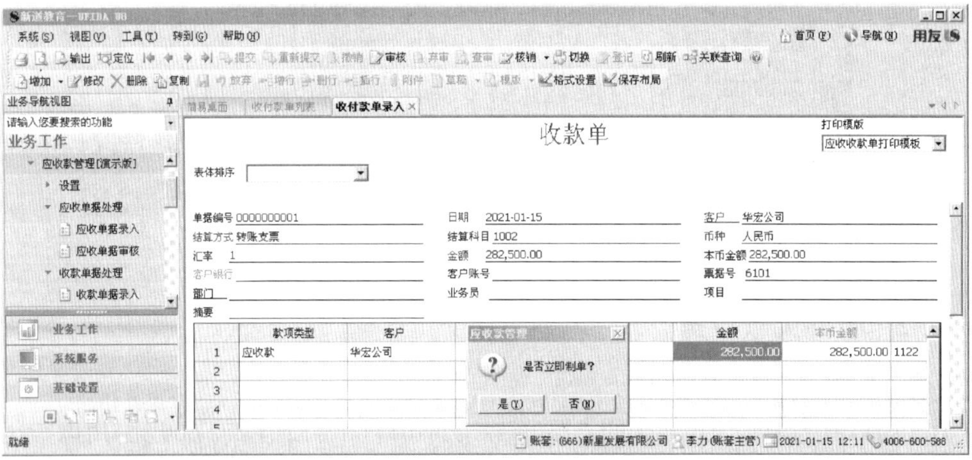

图 6－28

②点击【保存】，凭证“已生成”并传递到总账系统中，如图 6－29 所示。

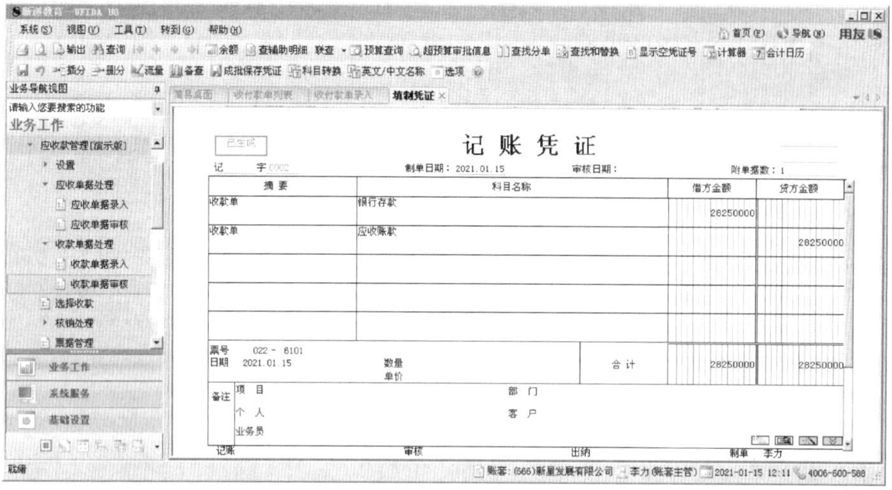

图 6－29

6.4.3　核销处理

核销处理是指收回客户款项，核销该客户应收款，可以建立收款与应收款的核销记录，监督应收款及时核销，加强往来款项管理。

系统提供两种核销方式：一种是自动核销，指系统自动确定系统内收款与应收款的对应关系；另一种是手工核销，指用户手工确定系统内收款与应收款的对应关系，选择进行核销。

【案例 6－4】 手工核销华宏公司往来款

【操作步骤】

(1)【核销处理】—【手工核销】，在【通用】选项卡中选择客户，点击【确定】，如图 6－30 所示。

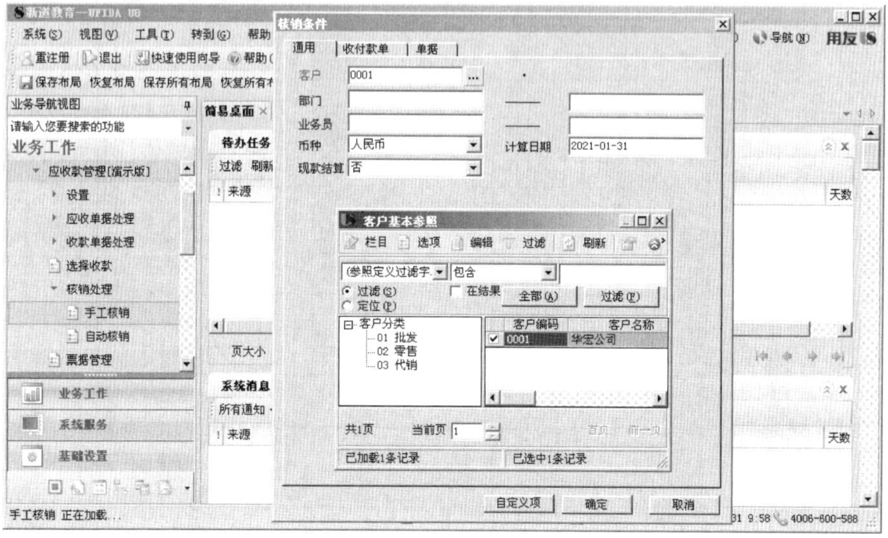

图 6－30

(2)进入【单据核销】窗口，上面是本月收款记录，下面是应收款记录，选择需要结算的应收账款金额，在“本次结算”栏目中手工登记结算金额，点击【保存】，如图 6—31 所示。

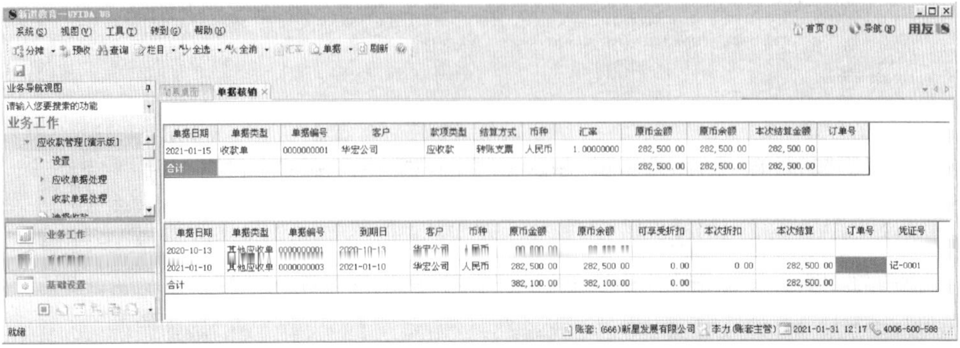

图 6—31

6.4.4 制单处理

如果在填制各种单据之后没有立即制单，则可以在【应收款管理】—【制单处理】功能下完成制单工作。

6.4.5 单据查询

(1)发票查询。

【操作步骤】

【单据查询】—【发票查询】，选择需要查询的发票类型，点击【确定】，本账套不涉及发票业务，故没有记录，如图 6—32 所示。

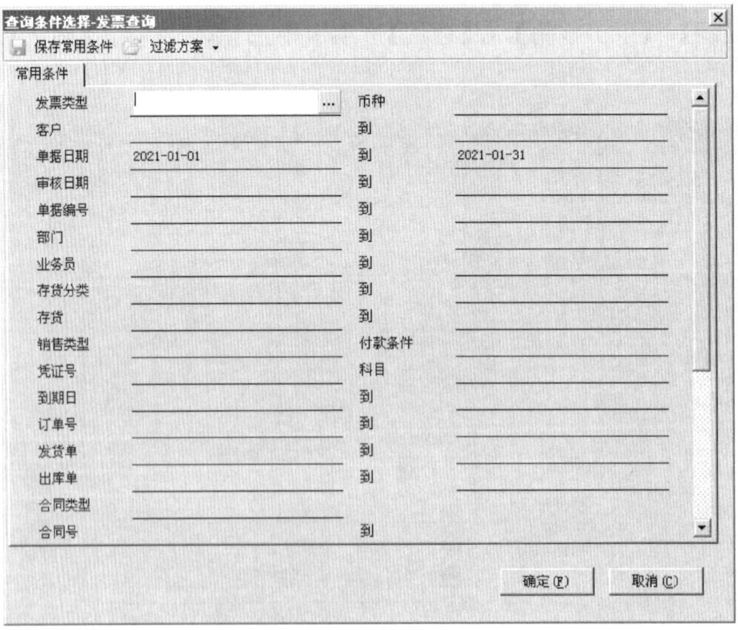

图 6—32

(2)应收单查询。

【操作步骤】

【单据查询】—【应收单查询】，录入查询条件之后，点击【确定】，显示出所有符合条件的应收单记录，如图 6—33 所示。

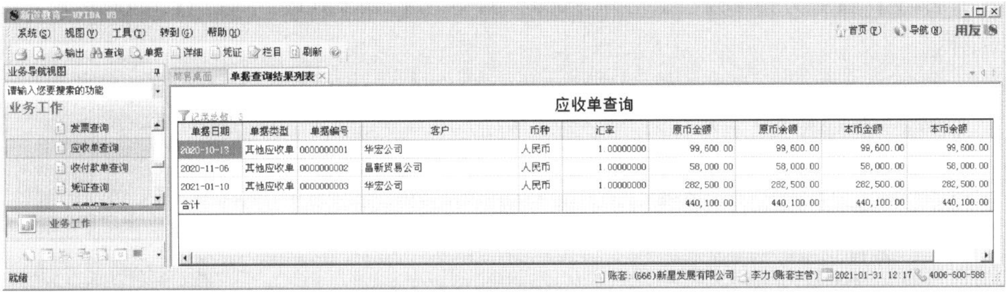

图 6—33

(3)收付款单查询。

【操作步骤】

【单据查询】—【收付款单查询】，录入查询条件之后，点击【确定】，显示出所有符合条件的收付款单记录，如图 6—34 所示。

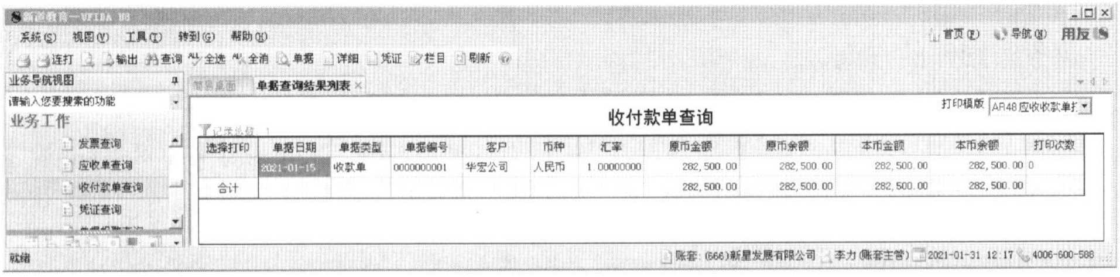

图 6—34

6.4.6　账表管理

(1)业务总账的查询。

通过业务总账，用户可以根据查询对象查询在一定期间内发生的业务汇总情况。

【操作步骤】

【账表管理】—【业务账表】—【业务总账】选项，点击【过滤】，即可生成相应的业务总账，如图 6—35 所示。

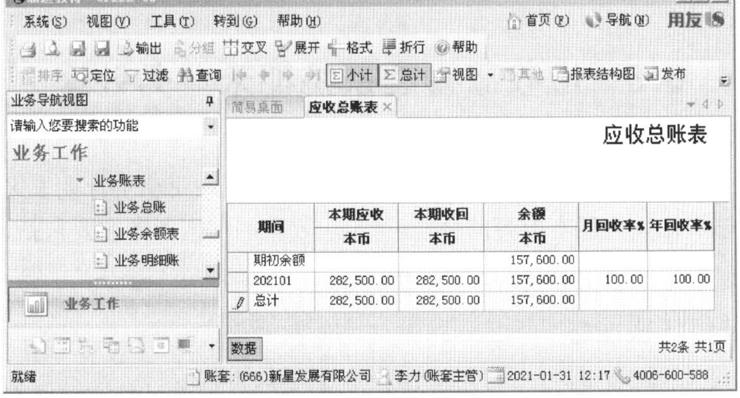

图 6—35

(2)业务余额表的查询。

【操作步骤】

【账表管理】—【业务账表】—【业务余额表】,点击【过滤】,即可显示【应收余额表】,如图6—36所示。

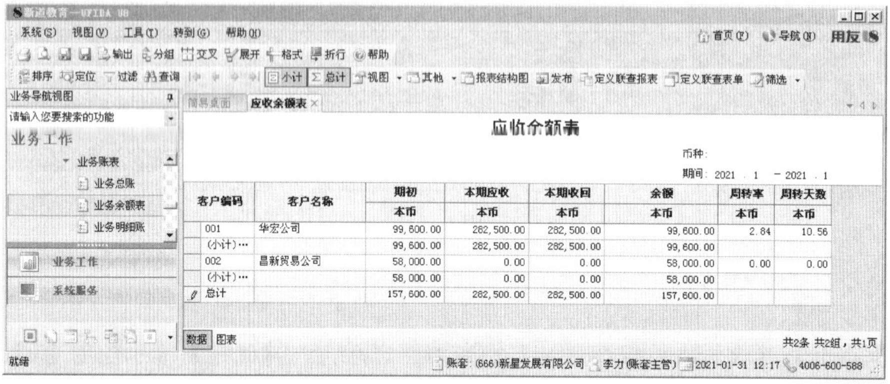

图6—36

(3)业务明细账的查询。

【操作步骤】

【账表管理】—【业务账表】—【业务明细账】,点击【过滤】,即可显示【应收明细账】,如图6—37所示。

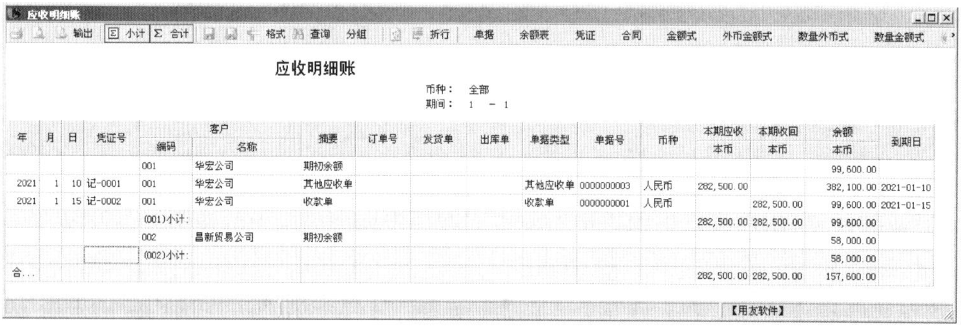

图6—37

6.5　应收款管理系统期末业务处理

期末业务是指财务人员为了及时总结企业的经营活动,在每个会计期末进行的,以定义生成转账凭证、对账和结账为基本内容的会计工作,应收款的期末业务主要包括计提坏账准备和月末结账。

6.5.1　计提坏账准备

坏账准备根据用户对坏账准备计提方法和比例的设置,自动计算和生成有关凭证。

【案例 6－5】 1 月 30 日，计提本月坏账准备

【操作步骤】

（1）【设置】—【选项】，在【常规】选项卡中点击【编辑】，即可在“坏账处理方式”中选择“应收余额百分比法”，点击【确定】，如图 6－38 所示。

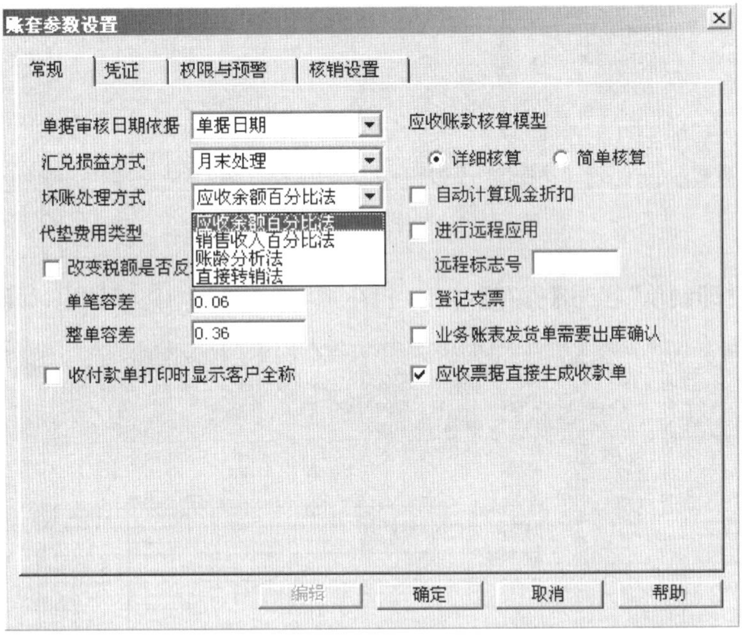

图 6－38

（2）【设置】—【初始设置】，录入相应的内容之后，点击【确定】，如图 6－39 所示。

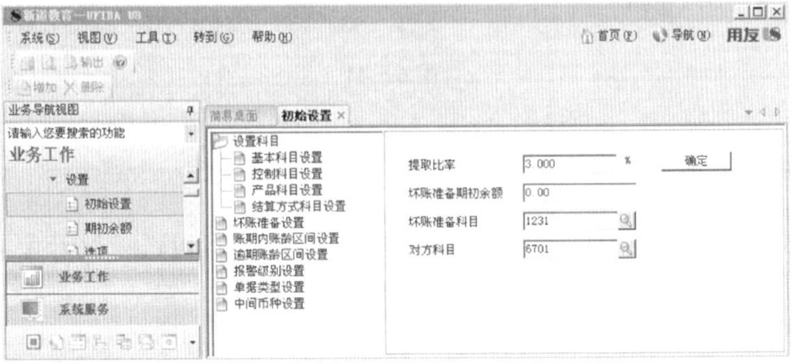

图 6－39

（3）【坏账处理】—【计提坏账准备】，如果金额正确，点击【确认】，如图 6－40 所示。

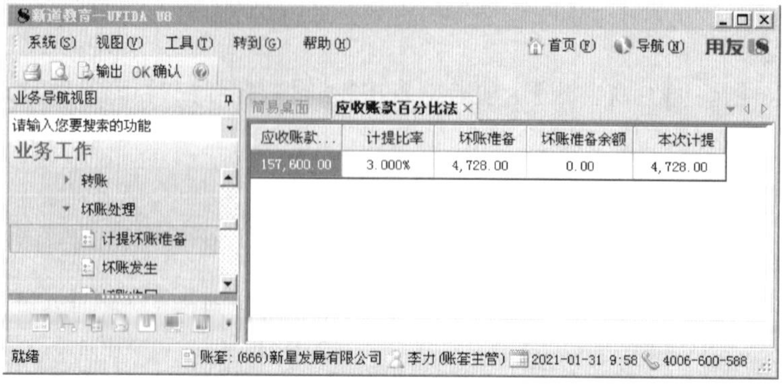

图 6－40

(4)选择“立即制单”,点击【保存】,凭证“已生成”并传递到总账系统中,如图 6－41 所示。

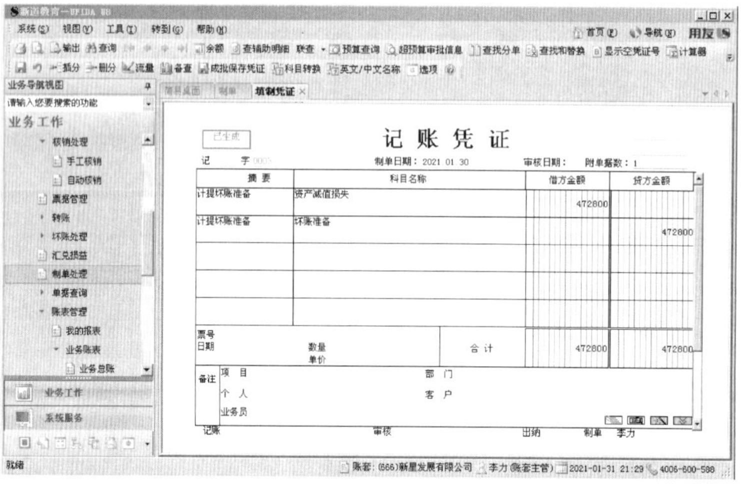

图 6－41

6.5.2 月末结账

当确认应收款管理系统的当期业务全部处理完毕后,就可以选择执行月末结账功能。当执行了月末结账功能后,该月将不能再进行任何财务处理。

【案例 6－5】 月末结账

【操作步骤】

(1)【期末处理】—【月末结账】,录入结账标志“Y”,点击【下一步】,如图 6－42 所示。

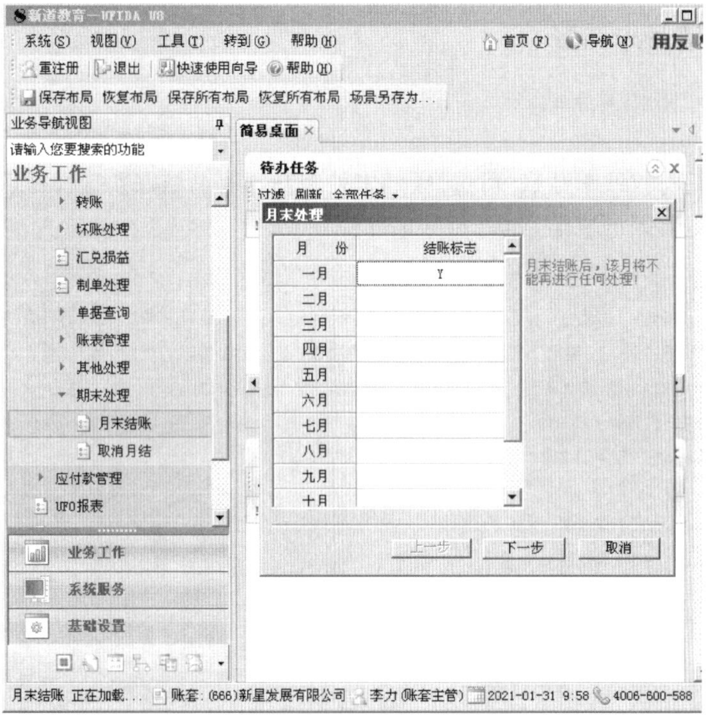

图 6－42

(2)如果要查看处理类型的详细情况，则可双击要查看的类型，否则点击【完成】，如图 6－43 所示。

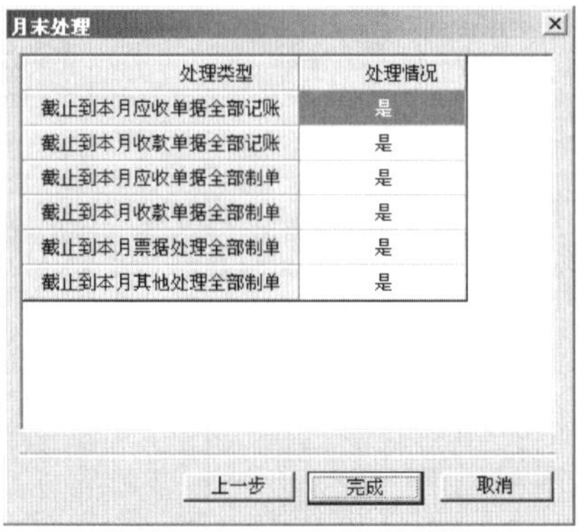

图 6－43

(3)结账完毕之后出现“1 月份结账成功”提示框，点击【确定】，结账工作全部结束，如图 6－44 所示。

图 6－44

6.5.3 取消月末结账

【案例 6—5】 取消月末结账

【操作步骤】

只有账套主管有权取消结账，可选择【期末处理】—【取消结账】，选择最后一个已结账的月份之后，点击【确定】，即可取消，如图 6—45 所示。

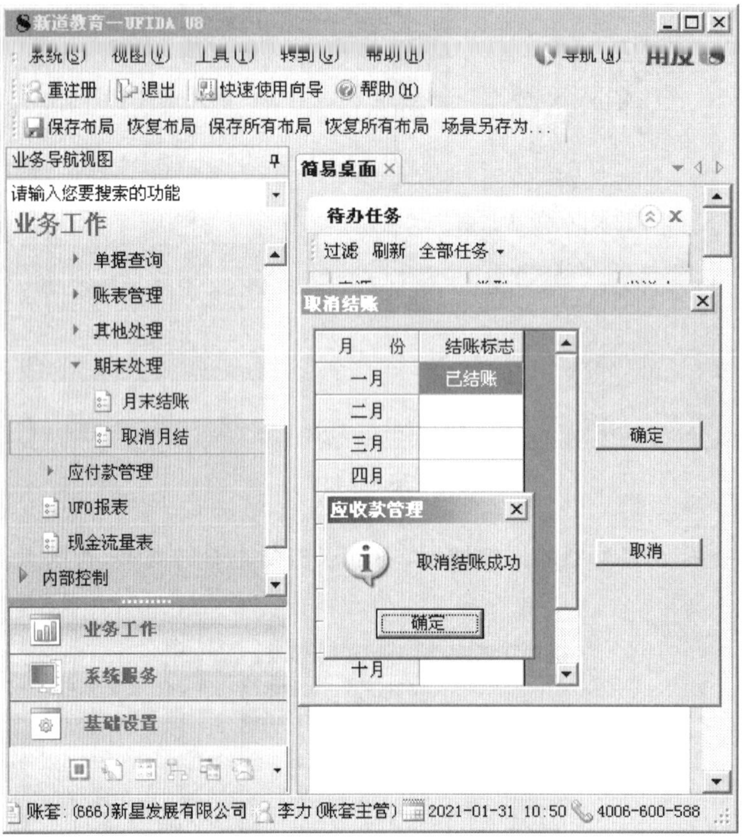

图 6—45

第 7 章　应付款管理系统

学习目标

本章重点介绍了用友 ERP-U8V10.1 应付款管理系统的功能。通过本章学习，能够掌握应付款管理系统初始参数的设置；录入应付款的期初余额；填制、修改、删除应付款管理系统生成的凭证；应付款相应账表的查询；应付款系统月末结账的处理。

7.1　应付款管理系统概述

7.1.1　应付款管理系统简介

应付款管理系统是通过发票、其他应付单、付款单等单据的录入，对企业的往来账款进行综合管理，及时、准确地提供供应商的往来账款余额资料，提供各种分析报表，帮助企业合理地进行资金的调配，提高资金的利用效率。根据对供应商往来款项核算和管理的程度不同，系统提供了应付款"详细核算"和"简单核算"两种应用方案。

如果企业的采购业务及应付账款业务繁多，或者需要追踪每一笔业务的应付款、付款等情况，或者需要将应付款核算到产品一级，那么可以选择详细核算方案，该方案能够帮助了解每笔业务详细的应付情况、付款情况及余额情况，并进行账龄分析。

如果使用单位采购业务及应付款核算业务并不十分复杂，或者现结业务较多，则可选择简单核算方案。

7.1.2　应付款管理系统处理流程

应付款管理系统处理流程与应收款管理系统流程基本一致，如图 7－1 所示。

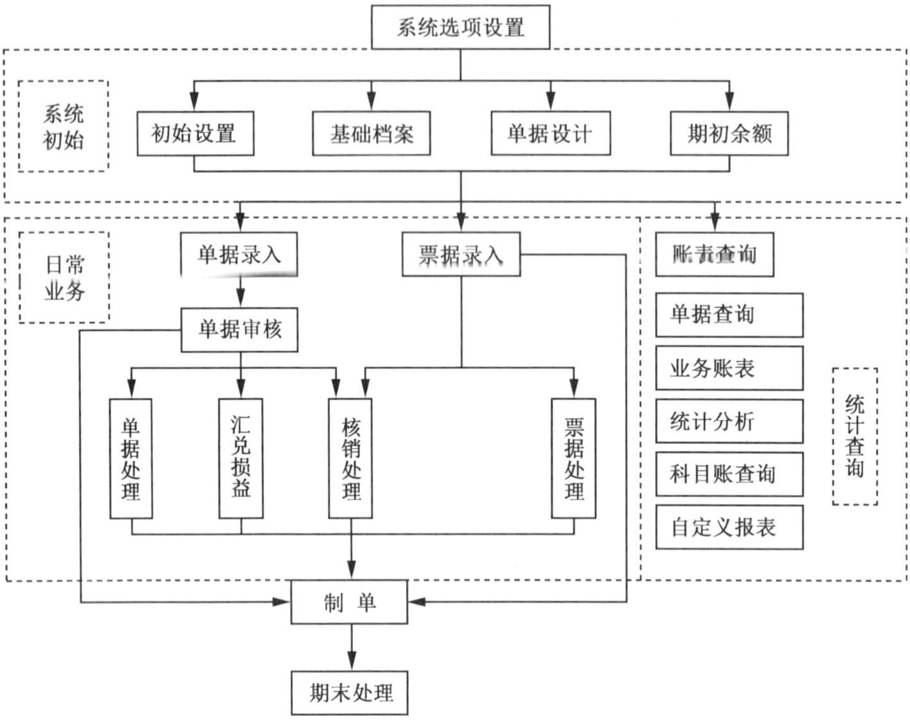

图 7—1

7.2 应付款管理系统应用案例

本节案例基础部分沿用第 6 章中 6.2 节案例，以下是应付款管理的相关案例资料。

7.2.1 【案例 7—1】 应付款管理系统初始设置

(1)应付款管理系统选项设置。

应付款管理系统选项设置，如表 7—1 所示。

表 7—1　　应付款管理系统选项设置

单据审核日期依据	单据日期	控制科目依据	按供应商
汇兑损益方式	月末处理	采购科目依据	按存货
受控科目制单方式	明细到单据	应付款核销方式	按单据

(2)应付款管理系统初始设置。

①设置科目。

基本科目设置包括：

应付科目：应付账款；

预付科目：预付账款；

采购科目:原材料;
税金科目:应交税费——应交增值税(进项税额);
银行承兑科目:应付票据;
商业承兑科目:应付票据。
结算方式科目设置:现金支票、转账支票科目为银行存款——工商银行存款。
②设置应付账款账期内账龄区间。
设置应付账款账期内账龄区间,如表 7—2 所示。

表 7—2　应付账款期内账龄区间设置

序　号	起止天数(天)	总天数(天)
01	0～30	30
02	31～60	60
03	61～90	90
04	91 以上	

③设置应付账款逾期账龄区间。
设置应付账款逾期账龄区间,如表 7—3 所示。

表 7—3　应付账款逾期账龄区间设置

序　号	起止天数(天)	总天数(天)
01	0～30	30
02	31～60	60
03	61～90	90
04	91～120	120
05	121 以上	

④设置应付账款报警级别。
设置应付账款报警级别,如表 7—4 所示。

表 7—4　应付账款报警级别设置

序　号	起止比率(%)	总比率(%)	级别名称
01	0 以上	10	A
02	10～30	30	B
03	30～50	50	C
04	50～100	100	D
05	100 以上		E

(3)应付款管理系统期初余额表。
应付款管理系统期初余额表,如表 7—5 所示

表 7—5　　应付款管理系统期初余额

单据类型	日　期	供应商	摘　要	方　向	金　额(元)
应付单	2020-10-13	艾德公司	销售商品	贷	276 850

7.2.2 【案例 7—2】 应付款管理日常业务

(1)应付款业务。

1 月 30 日,向建昌公司购买材料一批,价款不含税 60 000 元,增值税税率 13%,价税合计 67 800 元,款项尚未支付,附单据 1 张。

借:原材料　　60 000

　应交税费——应交增值税(进项税额)　　7 800

　贷:应付账款　　67 800

(2)偿还欠款业务。

1 月 31 日,以转账支票支付欠建昌公司材料 67 800 元,附单据 1 张。

借:应付账款　　67 800

　贷:银行存款——工商银行存款　　67 800

(3)手工核销建昌公司往来款。

7.2.3 【案例 7—3】 应付款管理系统期末业务处理

(1)月末结账。

(2)取消月末结账。

7.3 应付款管理系统初始设置

7.3.1 系统启用

如果建账时,Admin 已经启用“应付款管理”,则省略此操作;如果没有启用,则具体操作参照 6.3.1。

7.3.2 选项设置

在运行系统前要设置账套参数,以便系统日后进行相应的处理。

【案例 7—1】 应付款管理系统选项设置(见表 7—6)

表 7—6　　应付款管理系统选项设置

单据审核日期依据	单据日期	控制科目依据	按供应商
汇兑损益方式	月末处理	采购科目依据	按存货
受控科目制单方式	明细到单据	应付款核销方式	按单据

【操作步骤】

(1)【应付款管理】—【设置】—【选项】,点击【编辑】激活,选择【常规】选项卡,进行修改,如图 7—2 所示。

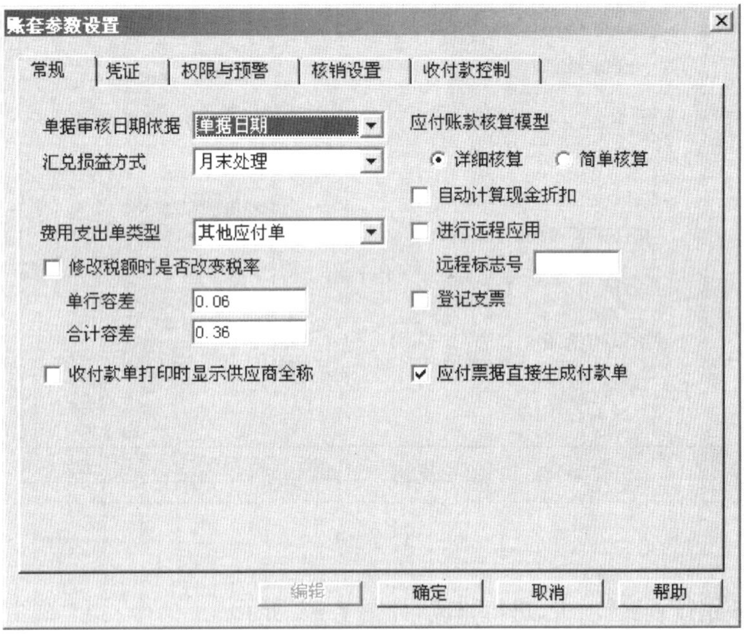

图 7—2

(2)选择【凭证】选项卡,进行修改,如图 7—3 所示。

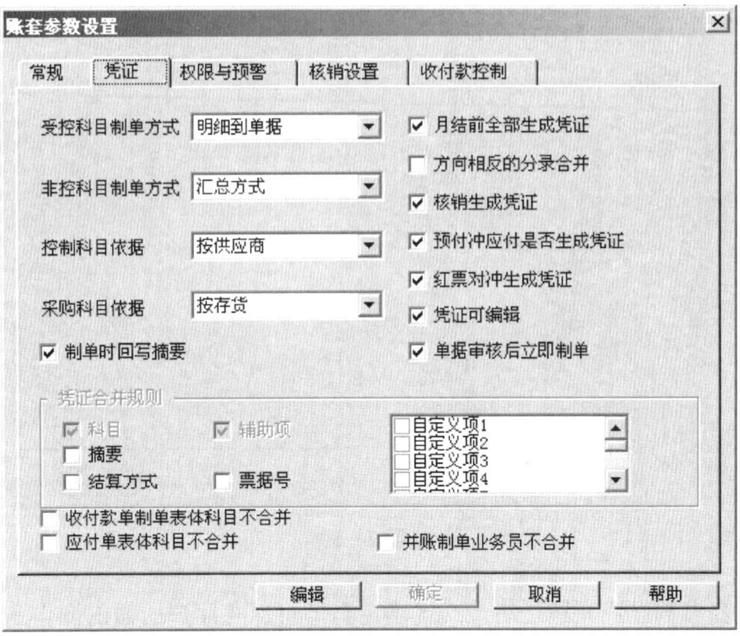

图 7—3

(3)选择【权限与预警】选项卡,进行修改,如图 7—4 所示。

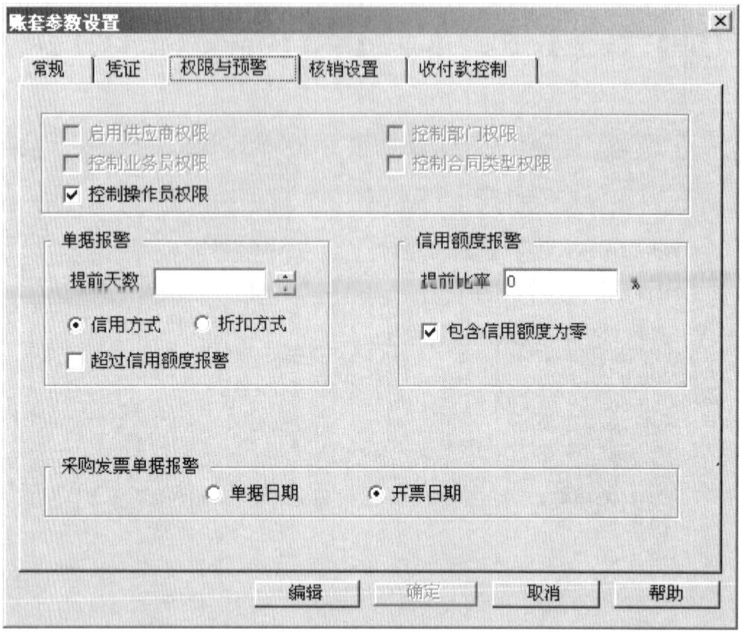

图 7—4

(4)选择【核销设置】选项卡,进行修改,如图 7—5 所示。

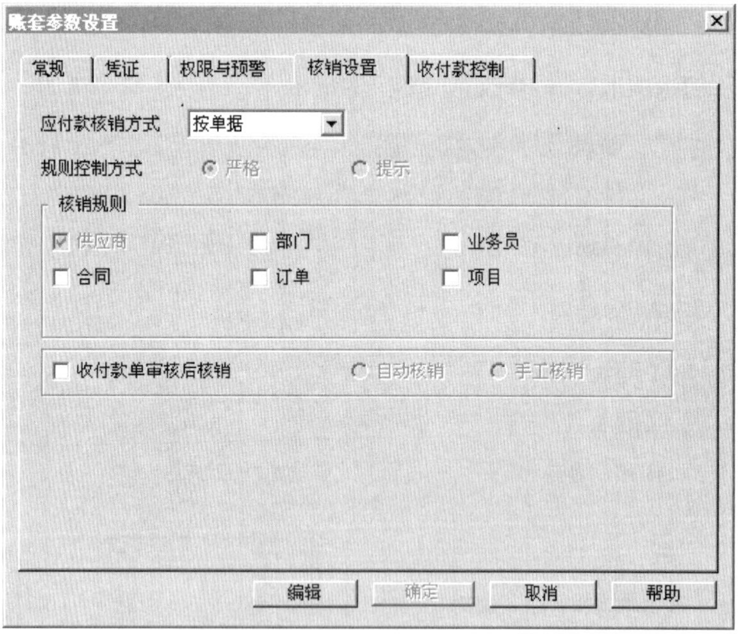

图 7—5

(5)各项账套参数设置完毕之后,点击【确定】,即可保存用户所做的操作。

7.3.3　初始设置

在账套参数设置完毕之后，应付款管理系统即可运行，但要实现系统功能还需为系统进行一些功能设置，即初始设置，包括凭证科目的设置、单据类型的设置、账龄区间的设置及报警级别的设置。

【案例 7—1】　应付款管理系统初始设置

(1)设置科目。

基本科目设置包括：

应付科目：应付账款；

预付科目：预付账款；

采购科目：原材料；

税金科目：应交税费——应交增值税(进项税额)；

银行承兑科目：应付票据；

商业承兑科目：应付票据。

结算方式科目设置：现金支票、转账支票科目为银行存款——工商银行存款。

【操作步骤】

①【设置】—【初始设置】，选择【基本科目设置】，点击【增加】，进行录入，如图 7—6 所示。

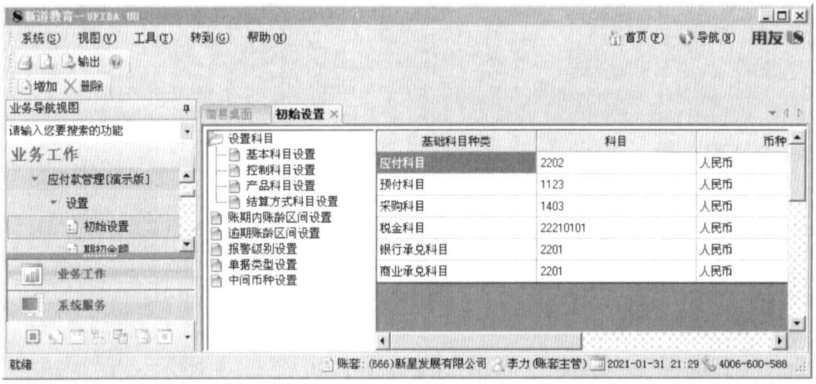

图 7—6

②选择【结算方式科目设置】，点击【增加】，进行录入，如图 7—7 所示。

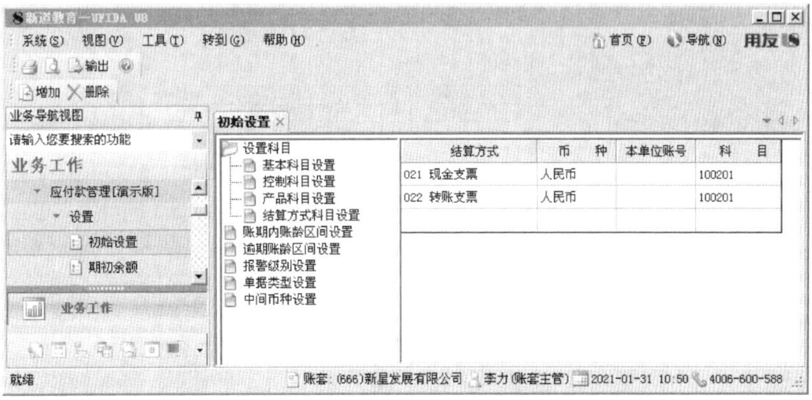

图 7—7

（2）设置应付账款账期内账龄区间、逾期账龄区间、报警级别、单据类型。

设置应付账款账期内账龄区间、逾期账龄区间、报警级别、单据类型的具体操作步骤参见第 6 章。

7.3.4 录入期初余额

【案例 7—1】 应付款管理系统期初余额（见表 7—7）

表 7—7　　应付款管理系统期初余额

单据类型	日　期	供应商	摘　要	方　向	金　额（元）
应付单	2020-10-13	艾德公司	销售商品	贷	276 850

【操作步骤】

（1）【设置】—【期初余额】，点击【确定】，如图 7—8 所示。

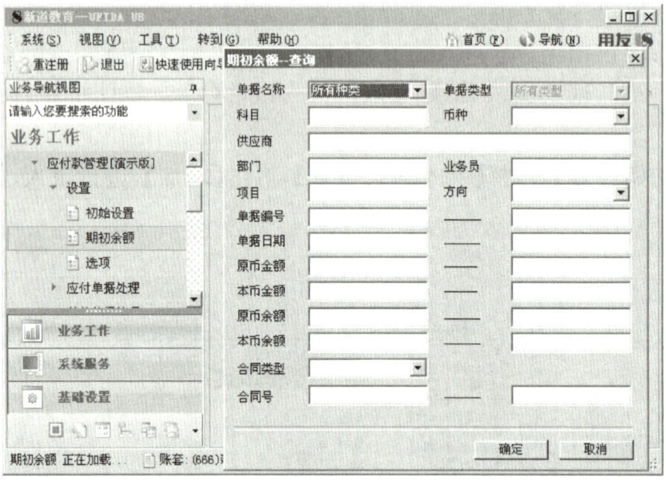

图 7—8

（2）点击【增加】，选择“应付单”正向，点击【确定】，如图 7—9 所示。

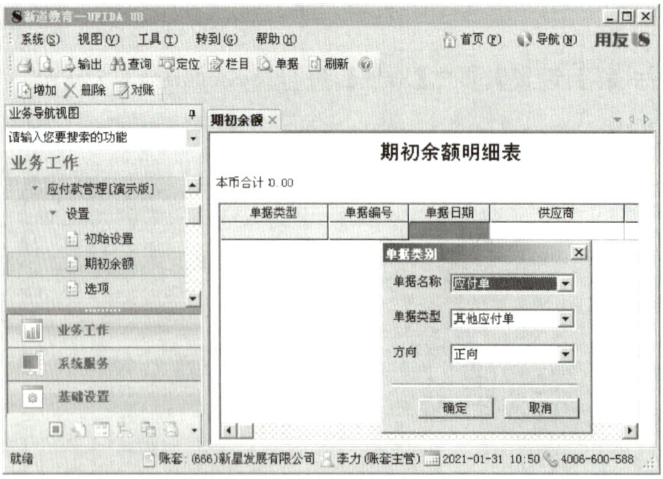

图 7—9

(3)点击【增加】,进行录入,点击【保存】,如图 7—10 所示。

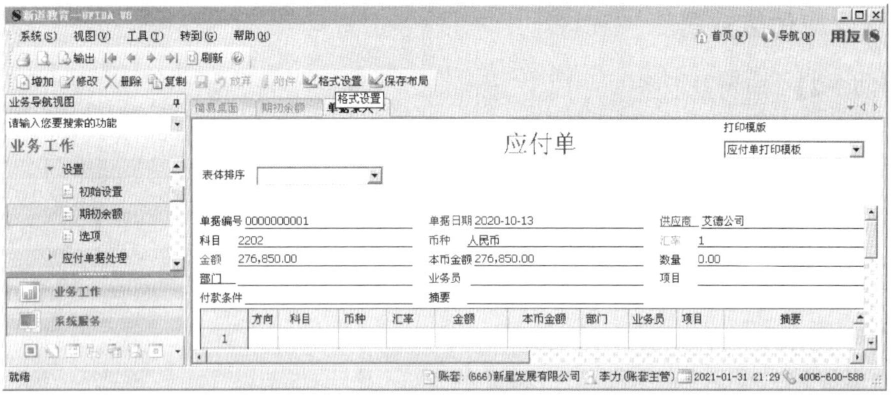

图 7—10

(4)点击【刷新】,显示应付账款期初余额,点击【对账】,如图 7—11 所示。

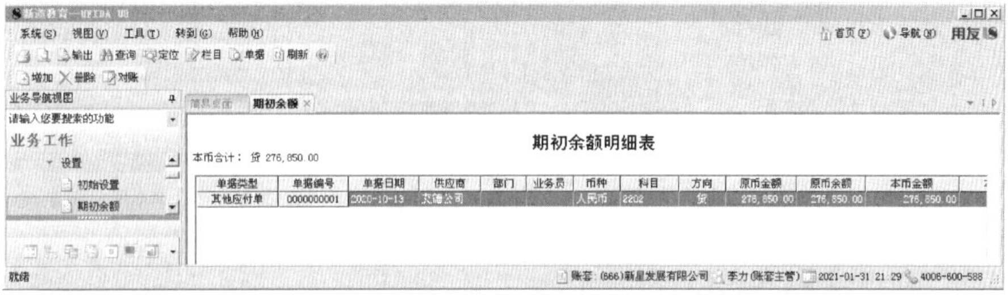

图 7—11

(5)查看应付款管理系统与总账系统的期初余额是否平衡,如图 7—12 所示。

图 7—12

7.4　应付款管理系统日常业务处理

日常处理是应付款管理系统的重要组成部分,是经常性的应付业务处理工作。

日常业务主要完成企业日常的应付或付款业务录入、审核、核销、应付并账、汇兑损益的处理,及时记录应付或付款业务的发生,为查询和分析往来业务提供完整、准确的资料,加强对往来款项的监督管理，提高工作效率。

7.4.1 应付款业务

【案例 7—2】 应付款业务

1 月 30 日，向建昌公司购买材料一批，价款不含税 60 000 元，增值税税率 13%，价税合计 67 800 元，款项尚未支付，附单据 1 张。

借：原材料	60 000	
应交税费——应交增值税（进项税额）	7 800	
贷：应付账款		67 800

（1）应付单据录入。

【操作步骤】

①【应付单据处理】—【应付单据录入】，选择“应付单”，点击【确定】，如图 7—13 所示。

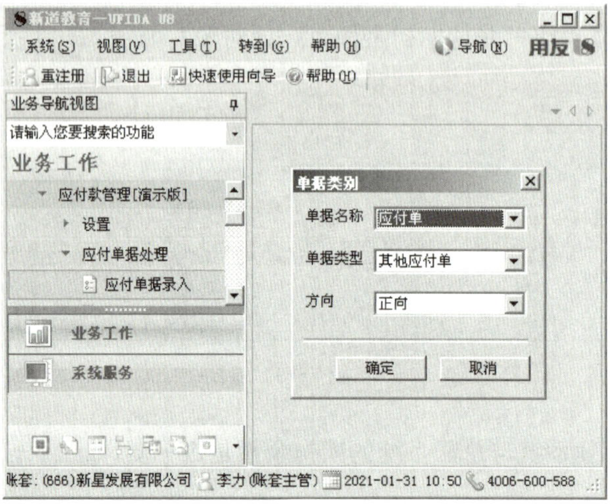

图 7—13

②点击【增加】，进行录入，点击【保存】，如图 7—14 所示。

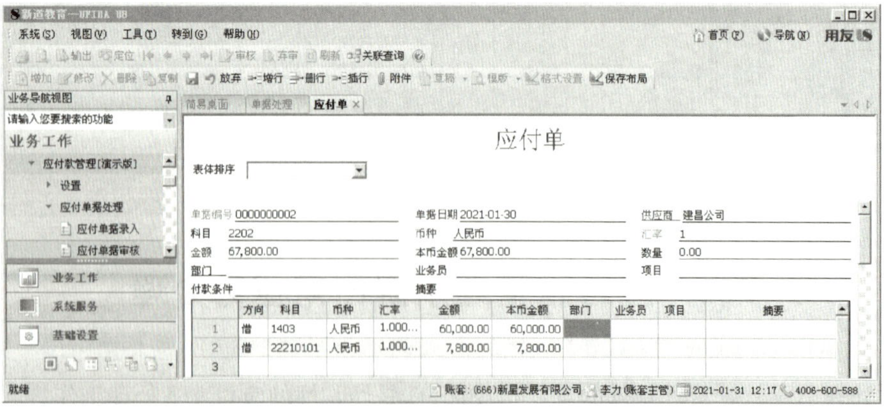

图 7—14

(2)应付单据审核。

【操作步骤】

①点击【审核】,即可弹出询问"是否立即制单?"提示对话框,点击【是】,即可直接生成记账凭证,点击【否】,暂时不生成凭证,如图 7—15 所示。

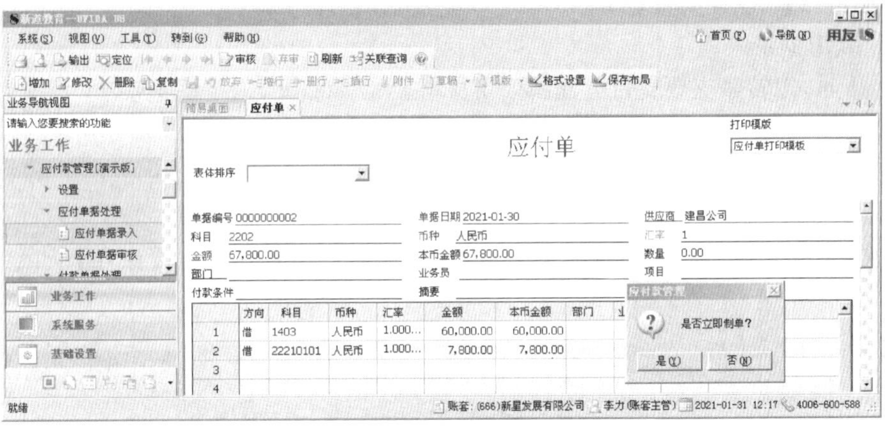

图 7—15

②点击【保存】,凭证"已生成"并传递到总账系统中,如图 7—16 所示。

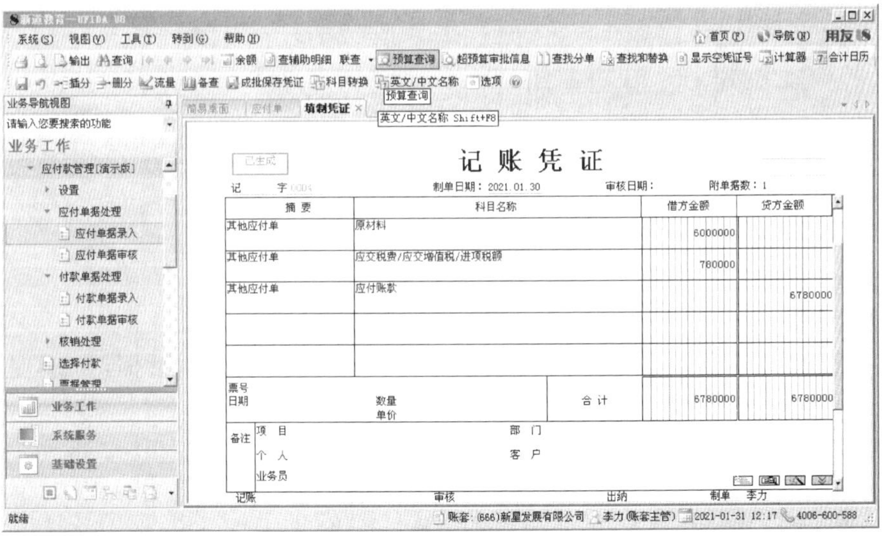

图 7—16

(3)应付单据修改。

【操作步骤】

①未审核未制单单据修改:【应付单据录入】,打开需要修改的应付单据,点击【修改】。

②已审核未制单单据修改:【应付单据审核】,双击需要查看的单据,先点击【弃审】,再点击【修改】,即可对当前的单据进行修改;点击【删除】,即可删除当前单据。

③已审核已制单单据修改:首先删除已经生成的凭证,再进入【应付单据审核】进行【弃审】【修改】,方法同上。

(4)凭证删除。

凭证删除的具体操作步骤见第 6 章。

7.4.2 偿还欠款业务

【案例 7—2】 偿还欠款业务

(1)付款单据录入。

1 月 31 日,以转账支票支付欠建昌公司材料款 67 800 元,附单据 1 张。

借:应付账款　　67 800

　　贷:银行存款——工商银行存款　　67 800

【操作步骤】

【付款单据处理】—【付款单据录入】,点击【增加】,进行录入,点击【保存】,如图 7—17 所示。

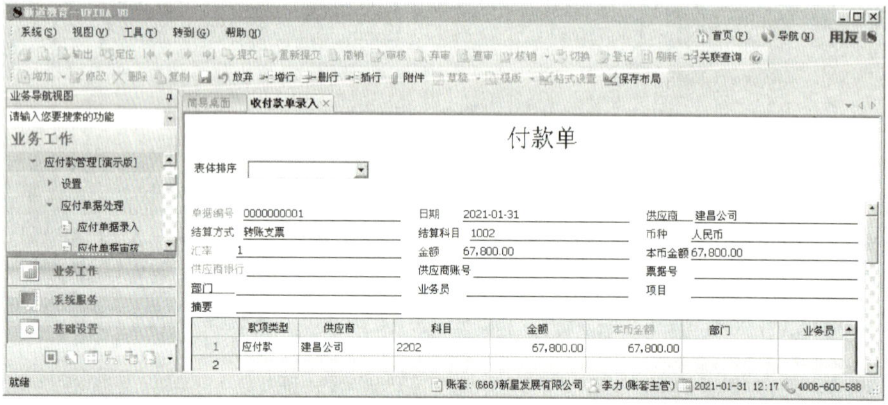

图 7—17

(2)付款单据审核。

【操作步骤】

①单张审核:点击【审核】,即可弹出询问“是否立即制单?”提示对话框,点击【是】,即可直接生成记账凭证,点击【否】,暂时不生成凭证,如图 7—18 所示。

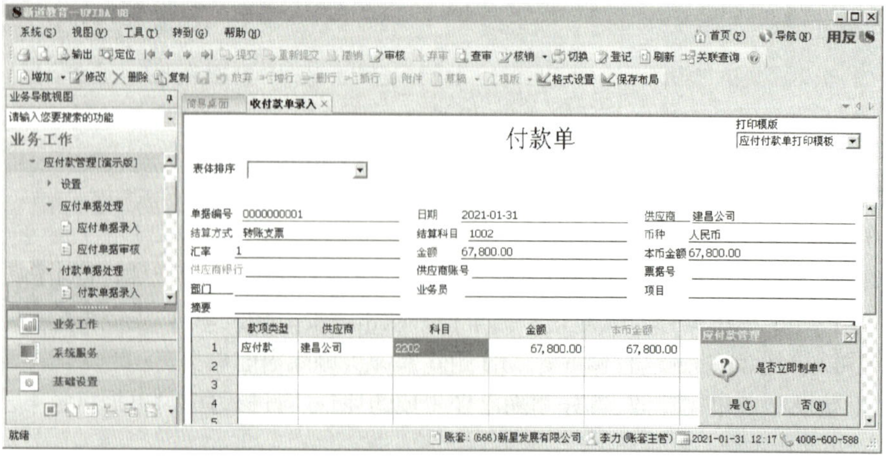

图 7—18

②点击【保存】,凭证"已生成"并传递到总账系统中,如图 7—19 所示。

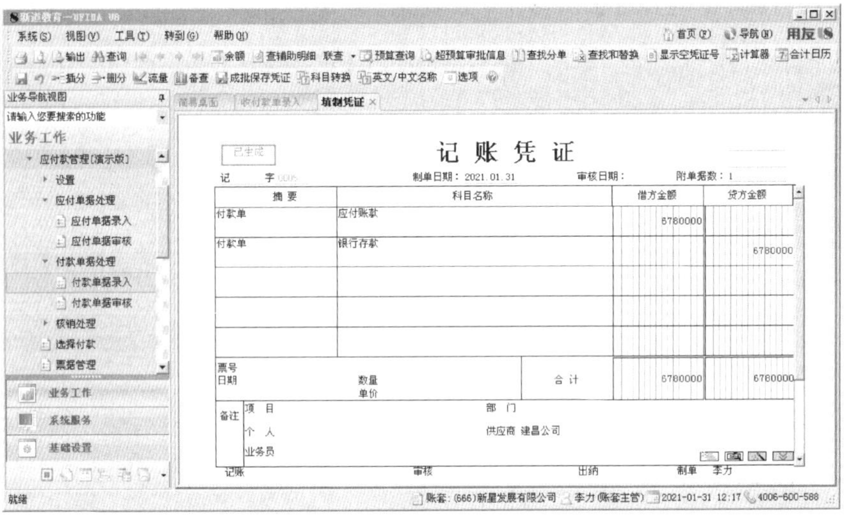

图 7—19

7.4.3　核销处理

核销处理是指用户日常核销应付款的工作,建立付款与应付款的核销记录,监督应付款及时核销,加强往来款项的管理。

系统提供两种核销方式:一种是自动核销,指系统自动确定系统内付款与应付款的对应关系;另一种是手工核销,指用户手工确定系统内付款与应付款的对应关系,选择进行核销。

【案例 7—2】　手工核销建昌公司往来款

【操作步骤】

(1)【核销处理】—【手工核销】选项,录入供应商名称,点击【确定】,如图 7—20 所示。

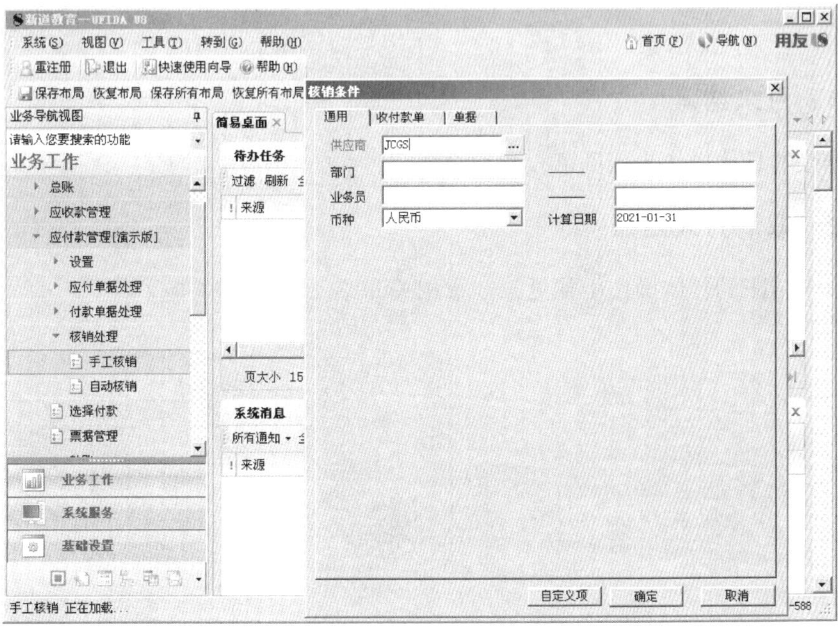

图 7—20

(2)进入【单据核销】窗口,上面是本月付款记录,下面是欠款记录,在“本次结算”栏目中,手工登记结算金额,点击【保存】,如图 7—21 所示。

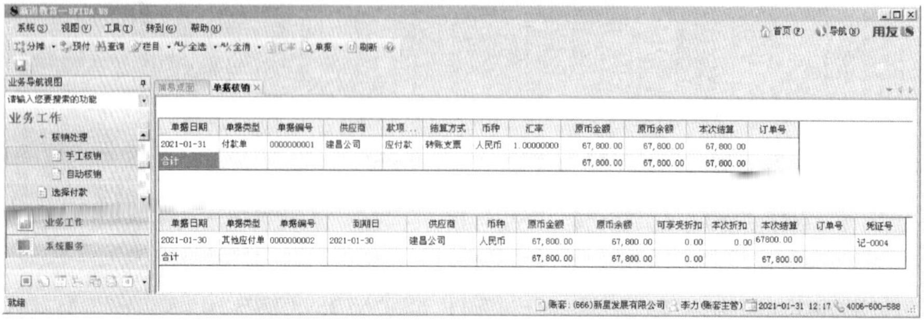

图 7—21

7.4.4 制单处理

如果在填制各种单据之后没有选择立即制单,则可以在【应付账款】—【制单处理】功能下完成制单工作,具体操作步骤见第 6 章相关介绍。

7.4.5 单据查询

单据查询的具体操作步骤见第 6 章相关介绍。

7.4.6 账表管理

账表管理的具体操作步骤见第 6 章相关介绍。

7.5 应付款管理系统期末业务处理

7.5.1 月末结账

月末结账的具体操作步骤见第 6 章相关介绍。

7.5.2 取消月末结账

取消月末结账的具体操作步骤见第 6 章相关介绍。

第 8 章　薪资管理系统

学习目标

本章重点介绍了用友 ERP-U8V10.1 薪资管理系统的功能。通过本章学习，能够掌握薪资管理系统初始化、日常业务处理、月末处理的主要内容和操作方法；掌握薪资系统单类别以及多类别的基本操作，建立薪资账套、建立工资类别、建立人员类别、设置工资项目和计算公式的方法；了解薪资账套与企业账套的区别；掌握工资数据计算、个人所得税计算的方法；掌握工资分摊和生成转账凭证的方法；熟悉查询有关账表资料并进行统计分析的方法。

8.1　薪资管理系统概述

8.1.1　薪资管理系统的功能

薪资管理系统可根据不同企业的不同需求，设计出工资项目、工资计算公式，能更加方便地录入和修改各种工资数据、工资资料；同时也提供了计算个人所得税，结合工资发放形式进行找零设置或向代发工资的银行机构传输数据的功能；自动计算、汇总工资数据，对形成的工资、福利费用等各项费用进行月末、年末的账务处理。薪资管理系统适用于各类企业、行政事业单位进行工资核算、工资发放、工资费用分摊、工资统计分析和个人所得税核算等。可以设置多种类别薪资账套核算、可以向每月多次发放工资、月末统一核算等不同工资核算类型的企业提供工资问题的解决方案；可以与总账系统集成使用，将工资凭证传递到总账中；可以与成本管理系统集成使用，为成本管理系统提供人员的费用信息。工资核算是财务核算的一部分，其日常业务要通过总账记账凭证反映，薪资管理系统和总账系统主要是凭证传递的关系。工资计提、分摊的费用要通过制单的方式传递给总账系统处理。

8.1.2　薪资管理系统的操作流程

薪资管理系统的操作流程如图 8—1 所示。

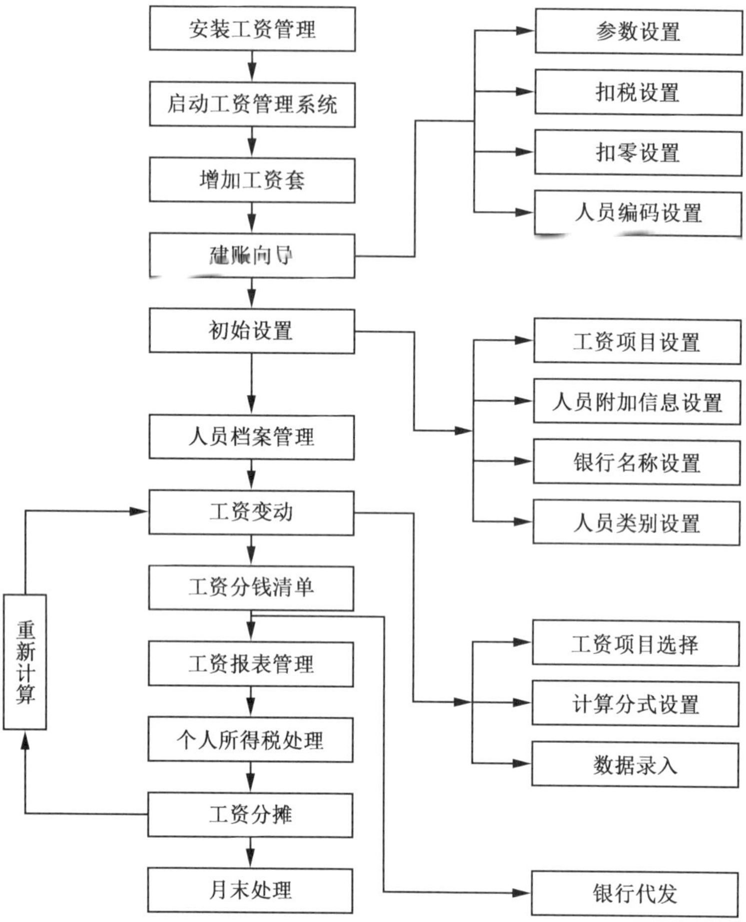

图 8—1

8.2 薪资管理系统应用案例

8.2.1 【案例 8—1】 基础设置

(1)企业基本资料。

兴华股份有限公司为工业企业，账套号为 777，自 2021 年 1 月初起实行会计电算化，行业性质为“2007 年新会计制度科目”，采用系统预设科目，会计科目设三级，科目编码结构为 4—2—2。

在启用总账的同时启用了薪资管理系统，本套账分别按“单类别”“多类别”两种薪资类型介绍，可根据情况进行学习。

(2)人员配备和权限分配。

人员配备和权限分配如表 8—1 所示。

表 8－1　　人员配备和权限分配

操作员编号	操作员	操作权限
001	彭同	账套主管
002	周方	审核

(3)基础设置。

记账凭证只设通用记账凭证一种，凭证字为“记”字，每月月末结账。

(4)部门档案。

部门档案如表 8－2 所示。

表 8－2　　部门档案

部门编码	部门名称	成立日期
1	生产部	2021 年 1 月 1 日
101	生产一部	2021 年 1 月 1 日
102	生产二部	2021 年 1 月 1 日
2	采购部	2021 年 1 月 1 日
3	销售部	2021 年 1 月 1 日
301	销售一部	2021 年 1 月 1 日
302	销售二部	2021 年 1 月 1 日
4	财务部	2021 年 1 月 1 日
5	人事部	2021 年 1 月 1 日

(5)人员档案。

人员档案如表 8－3 所示。

表 8－3　　人员档案

人　员		性别	行政部门	雇佣状态	人员类别	银行	银行账号	学历
10101	李晶	女	生产一部	在职	正式工	中国银行	20080001	高中
10201	张恒	男	生产二部	在职	正式工	中国银行	20088002	大专
20001	王和	女	采购部	在职	正式工	中国银行	20088003	本科
30101	何飞	男	销售一部	在职	正式工	中国银行	20088004	本科
30201	陈芳芳	女	销售二部	在职	正式工	中国银行	20088005	大专
40001	彭同	男	财务部	在职	正式工	中国银行	20088006	研究生
40002	周方	男	财务部	在职	正式工	中国银行	20088007	本科
50001	吴斌	女	人事部	在职	正式工	中国银行	20088008	本科

(6)期初数据。

期初数据如表 8－4 所示。

表 8—4　　期初数据

科目代码	科目名称	借方余额(元)	贷方余额(元)
1001	库存现金	2 000	
1002	银行存款	80 000	
1122	应收账款	43 400	
1601	固定资产	1 155 [illegible]	
1602	累计折旧		166 437.09
4001	实收资本		1 114 530.91
合　计		1 280 968	1 280 968

8.2.2 【案例 8—2】 薪资单类别账套处理

(1)薪资单类别账套初始。

兴华股份有限公司使用单个工资类别进行管理,从工资中代扣所得税,扣零至角。

(2)批增人员档案。

批增全部人员。

(3)新建工资项目。

新建工资项目如表 8—5 所示。

表 8—5　　新建工资项目

工资项目	类　型	长　度	小数位数	增减及其他
基本工资	数字	10	2	增项
岗位工资	数字	10	2	增项
住房补贴	数字	8	2	增项
病假天数	数字	4	1	其他
病假扣款	数字	8	2	减项
事假天数	数字	4	1	其他
事假扣款	数字	8	2	减项
扣税基础	数字	8	2	其他

(4)定义公式设置。

公式定义:扣税基础=基本工资+岗位工资+住房补贴

病假扣款=病假天数*50

事假扣款=事假天数*150

(5)定义扣税基础。

定义扣税基础为 5 000 元。

(6)录入工资数据。

录入工资数据如表 8—6 所示。

表 8—6　　录入工资数据

部　门	姓　名	基本工资（元）	岗位工资（元）	住房补贴（元）	病假天数（天）	事假天数（天）	学　历
生产一部	李晶	5 500	1 000	400	3	1	高中
生产二部	张恒	5 200	1 500	300	1	1	大专
采购部	王和	4 800	1 300	700			本科
销售一部	何飞	4 800	1 200	500	2		本科
销售二部	陈芳芳	4 700	1 100	500		1	大专
财务部	彭同	6 000	1 600	900	1		研究生
财务部	周方	5 600	1 500	800			本科
人事部	吴斌	6 600	1 400	700			本科

(7)定义银行代发工资。

工资代发银行为中国银行，银行文件格式设置采用系统默认。

(8)查询工资分钱清单。

(9)设置并生成工资分摊的记账凭证。

(10)查询工资发放签名表及工资分析表。

8.2.3 【案例 8—3】 薪资多类别账套处理

(1)薪资多类别账套初始。

兴华股份有限公司使用两个工资类别进行管理，两个类别均从工资中代扣所得税，扣零至角。

(2)新建工资类别。

管理人员类别，所属部门为财务部、人事部、采购部、销售一部、销售二部，启用时期为“2021 年 1 月 1 日”；生产人员类别，所属部门为生产一部、生产二部，启用时期为“2021 年 1 月 1 日”。

(3)批增人员档案。

管理人员类别，所属人员为财务部、人事部、采购部、销售一部、销售二部的全部人员；生产人员类别，所属人员为生产一部、生产二部的全部人员。

(4)新建工资项目(见表 8—5)。

(5)定义工资项目及公式设置。

①管理人员工资类别设置工资项目及公式定义如下：

工资项目：选择所有工资项目

公式定义：扣税基础＝基本工资＋岗位工资＋住房补贴

病假扣款＝病假天数 * 50

事假扣款＝事假天数 * 150

②生产人员工资类别设置工资项目及公式定义如下：

工资项目：选择所有工资项目

公式定义：扣税基础＝基本工资＋岗位工资＋住房补贴

病假扣款＝病假天数＊50

事假扣款＝事假天数＊150

(6)定义扣税基础。

两个类别工资均代扣个人所得税,扣税基础为5 000元。

(7)录入工资数据(见表8—6)。

(8)定义银行代发工资。

两个类别工资代发银行均为中国银行,银行文件格式设置采用系统默认。

(9)查询工资分钱清单。

同时显示两个类别的人员分钱清单。

(10)设置并生成工资分摊的记账凭证。

①设置并生成管理人员工资分摊的记账凭证;

②设置并生成生产人员工资分摊的记账凭证。

(11)查询工资发放签名表及工资分析表。

8.2.4 【案例8—4】 薪资管理系统期末处理

(1)薪资单类别月末结账及取消月末结账。

(2)薪资多类别月末结账及取消月末结账。

8.3 薪资单类别账套处理

8.3.1 系统启用

【案例8—1】 企业基本资料

【操作步骤】

启用总账系统、薪资管理系统,如图8—2所示。

图8—2

8.3.2 薪资单类别账套初始

在启动薪资管理系统后，如所选择账套为首次使用，则薪资账套的创建可根据系统建账自动进入建账向导来进行。系统提供的建账向导分为四步：参数设置、扣税设置、扣零设置和人员编码。

【案例 8－2】 薪资单类别账套初始

兴华股份有限公司使用单个工资类别进行管理，从工资中代扣所得税，扣零至角。

【操作步骤】

(1)【人力资源】—【薪资管理】，如图 8－3 所示。

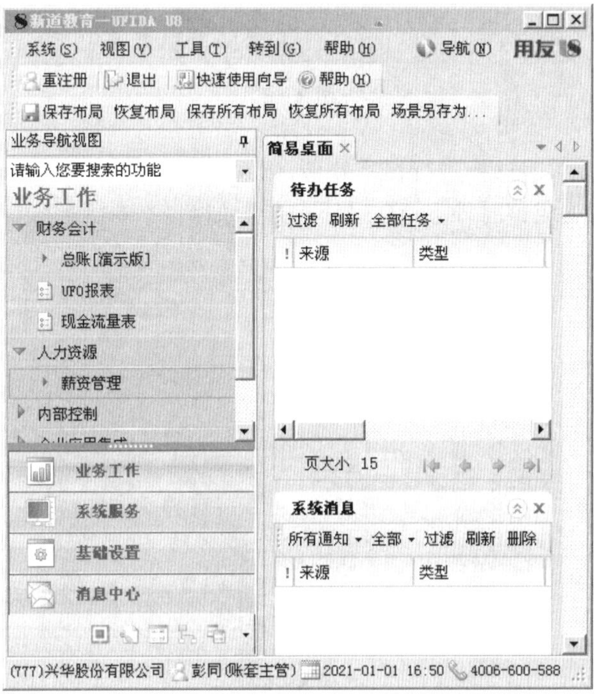

图 8－3

(2)如果账套为初次使用，则系统自动进入建账向导，点击【下一步】，如图 8－4 所示。

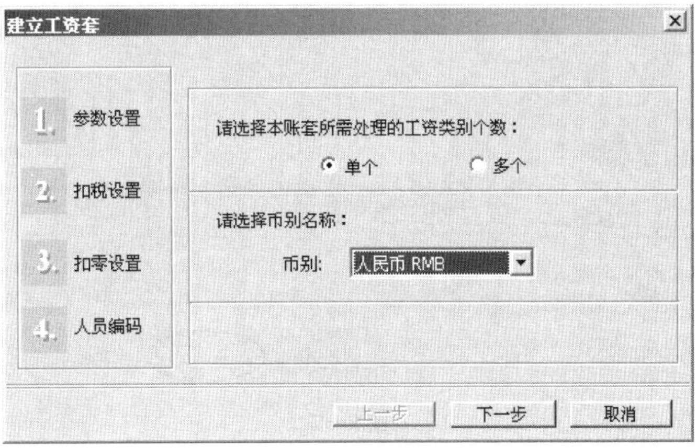

图 8－4

(3)选择“是否从工资中代扣个人所得税”,点击【下一步】,如图 8—5 所示。

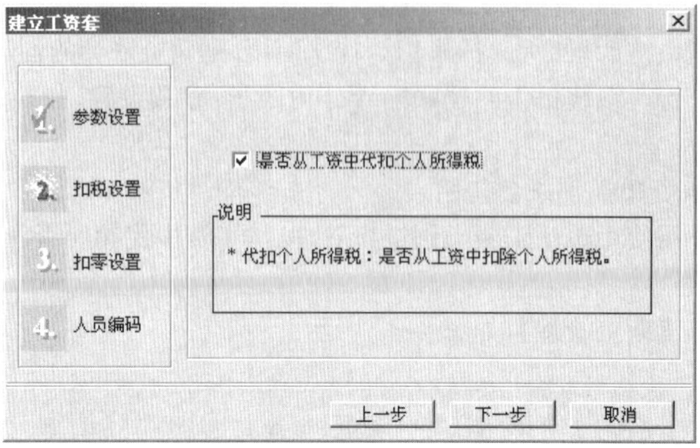

图 8—5

(4)选择“是否扣零”,若选择进行扣零处理,则系统在计算工资时会依据所选择的扣零类型将零头扣下,并在积累成整时补上,点击【下一步】,如图 8—6 所示。

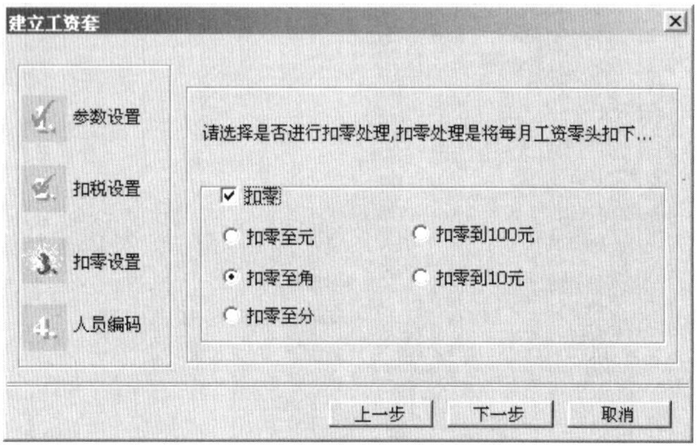

图 8—6

(5)薪资账套建立,人员编码与公共平台的人员编码保持一致,点击【完成】,如图 8—7 所示。

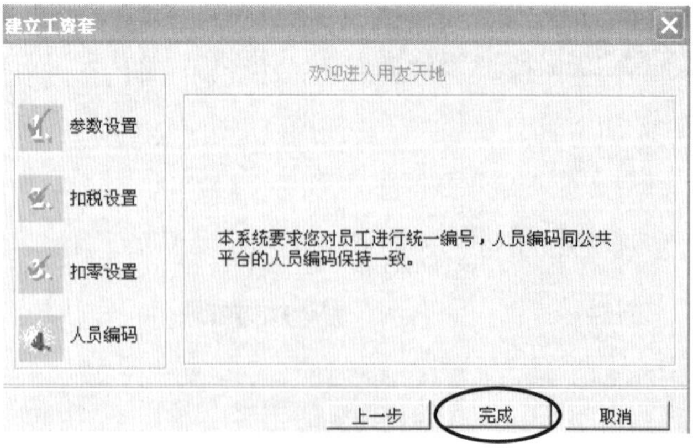

图 8—7

8.3.3　批增人员档案

【案例 8—2】　批增人员档案

批增全部人员。

【操作步骤】

(1)【设置】—【人员档案】,如图 8—8 所示。

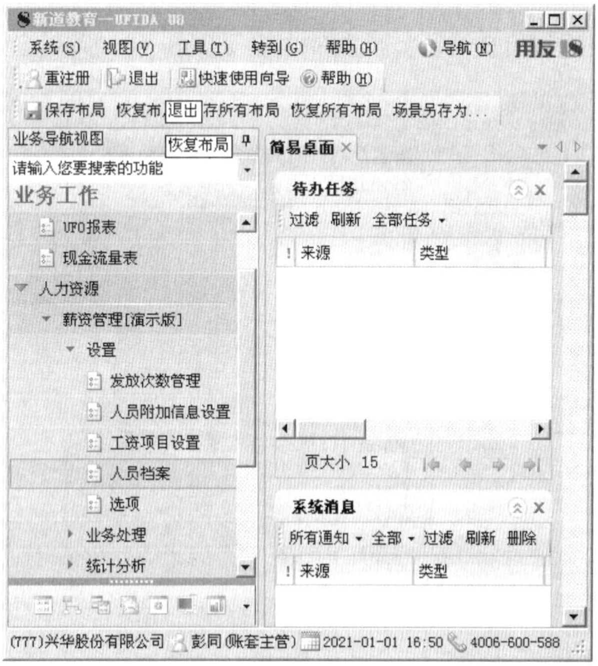

图 8—8

(2)点击【批增】,选择部门,点击【查询】,确定人员,人员信息来源于公共平台的人员档案,如果修改,就要在公共平台中修改,点击【确定】,如图 8—9 所示。

图 8—9

8.3.4　人员附加信息

除了人员编号、人员姓名、所在部门、人员类别等基本信息外，为了管理的需要，用户还需要设置一些辅助信息，以便加强管理。人员附加信息的设置就是设置附加信息的名称。对于已使用过的人员附加信息不可删除，但可以修改。

(1)设置人员附加信息。

【操作步骤】

①【设置】—【人员附加信息设置】，点击【增加】，如图 8—10 所示。

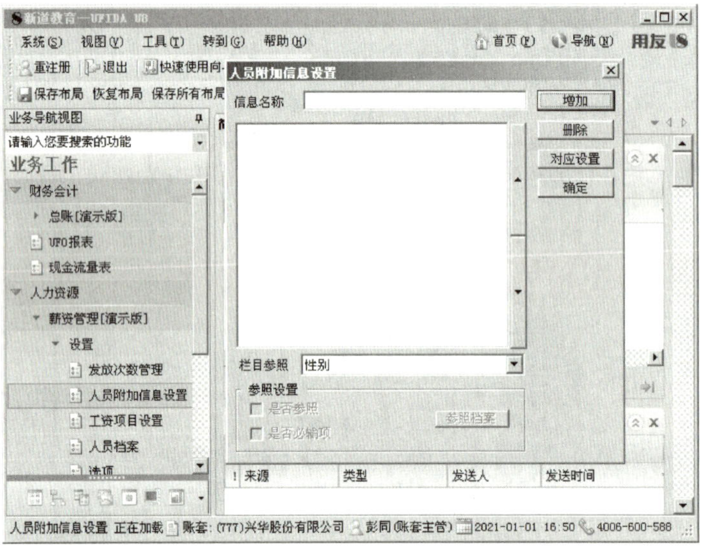

图 8—10

②点击“栏目参照”或直接录入信息名称，点击【确定】，如图 8—11 所示。

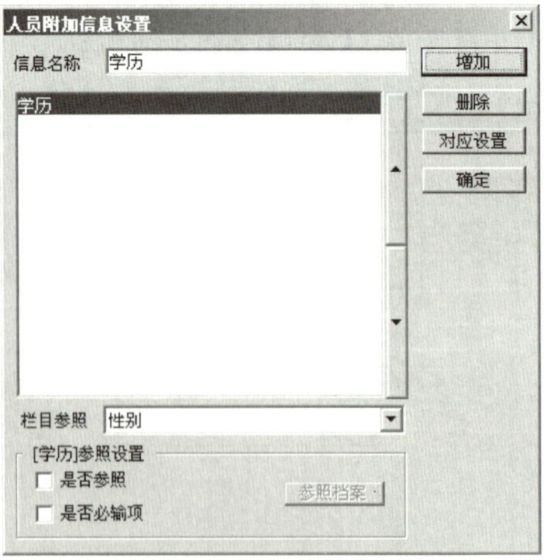

图 8—11

(2)补充人员附加信息。

【操作步骤】

【设置】—【人员档案】,点击【修改】,选择“附加信息”,录入信息,点击【确定】,如图 8—12 所示。

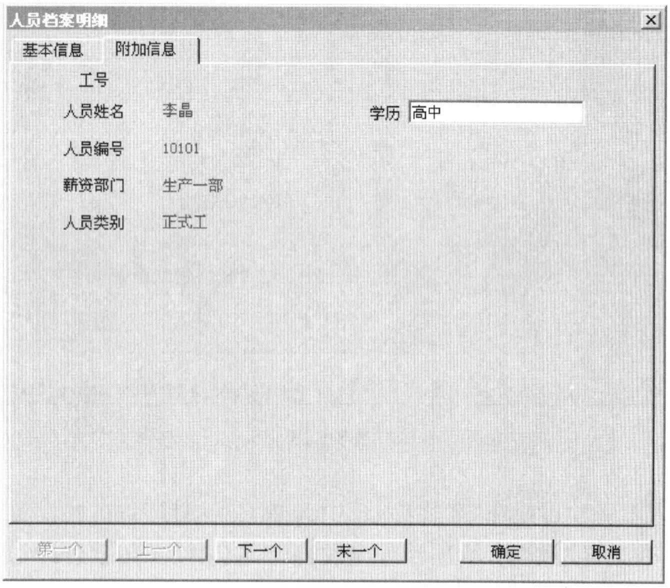

图 8—12

8.3.5　新建工资项目

【案例 8—2】 新建工资项目（见表 8—7）

表 8—7　　新建工资项目

工资项目	类　型	长　度	小数位数	增减及其他
基本工资	数字	10	2	增项
岗位工资	数字	10	2	增项
住房补贴	数字	8	2	增项
病假天数	数字	4	1	其他
病假扣款	数字	8	2	减项
事假天数	数字	4	1	其他
事假扣款	数字	8	2	减项
扣税基础	数字	8	2	其他

【操作步骤】

(1)【设置】—【工资项目设置】,点击【增加】,增加一空行,如图 8—13 所示。

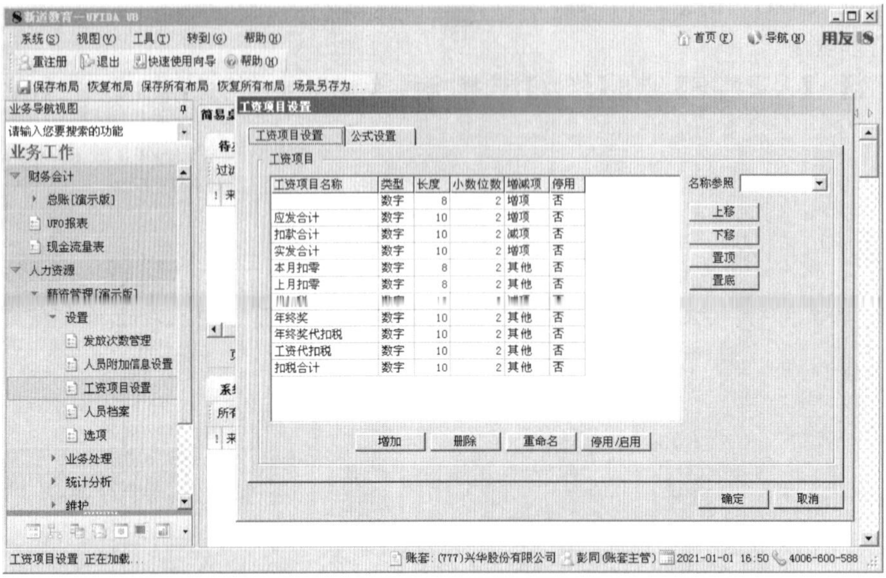

图 8—13

(2)可直接录入工资项目或在“名称参照”中选择工资项目名称,并设置新建工资项目的类型、长度、小数位数和工资增减项,增项计入应发合计,减项计入扣款合计,其他项不参与计算,点击【确定】,如图 8—14 所示。

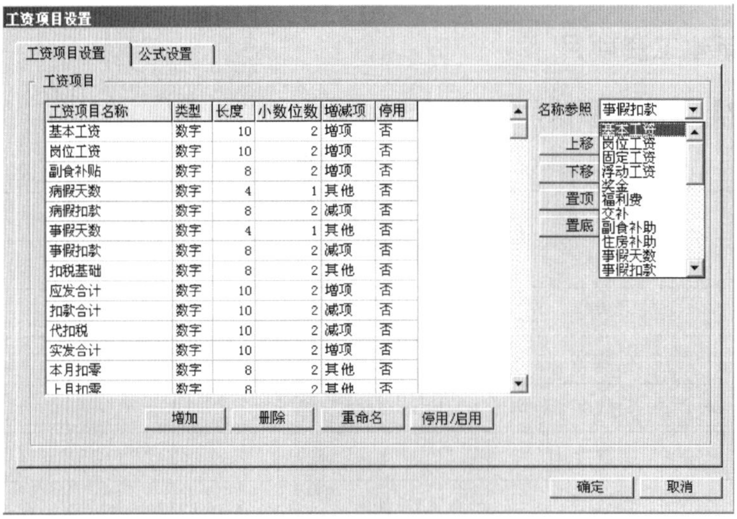

图 8—14

(3)点击界面上的【上移】【下移】箭头调整工资项目的排列顺序,有利于录入工资数据。系统提供的固定项目不能被修改和删除,启动薪资系统时选择了“代扣个人所得税”,则在此可以看到 “代扣税”等预置工资项目,如图 8—15 所示。

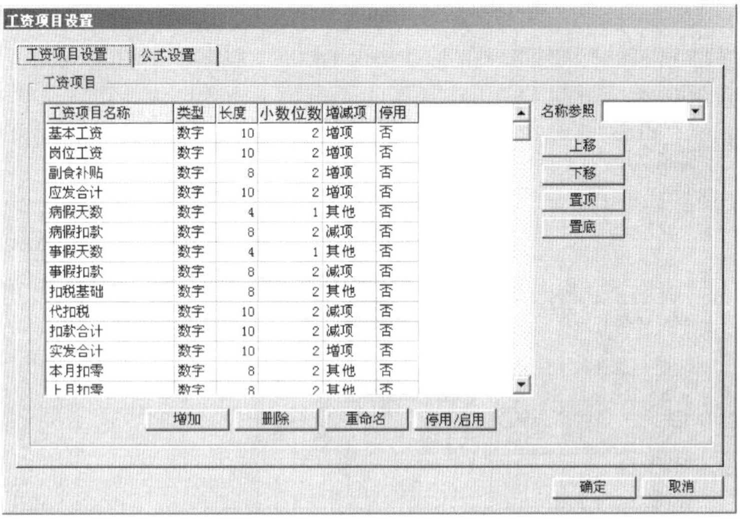

图 8—15

8.3.6　定义公式设置

【案例 8—2】 定义公式设置

公式定义：扣税基础＝基本工资＋岗位工资＋住房补贴

病假扣款＝病假天数＊50

事假扣款＝事假天数＊150

【操作步骤】

(1)【设置】—【工资项目设置】，选择“公式设置”页签，如果没有【批增】人员，则不能进行【公式设置】，如图 8—16 所示。

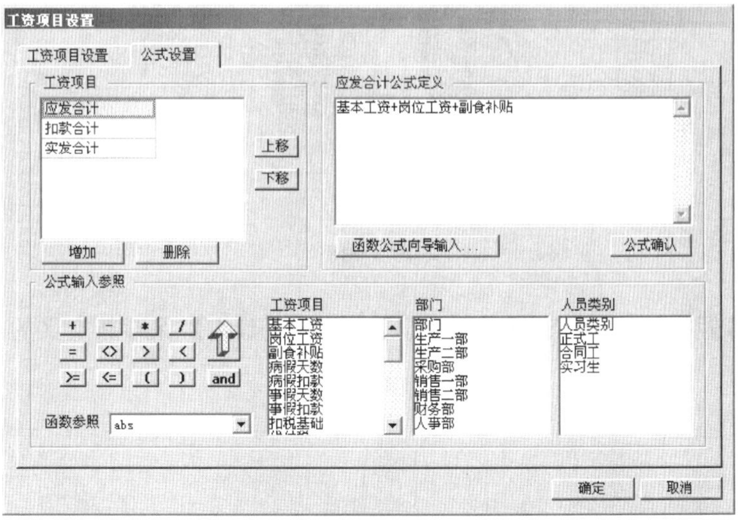

图 8—16

(2)左侧选择“扣税基础”，右侧进行公式定义，然后点击【公式确认】，不然录入公式不能保存,如图 8—17 所示。

图 8—17

(3)定义"病假扣款",然后点击【公式确认】,如图 8—18 所示。

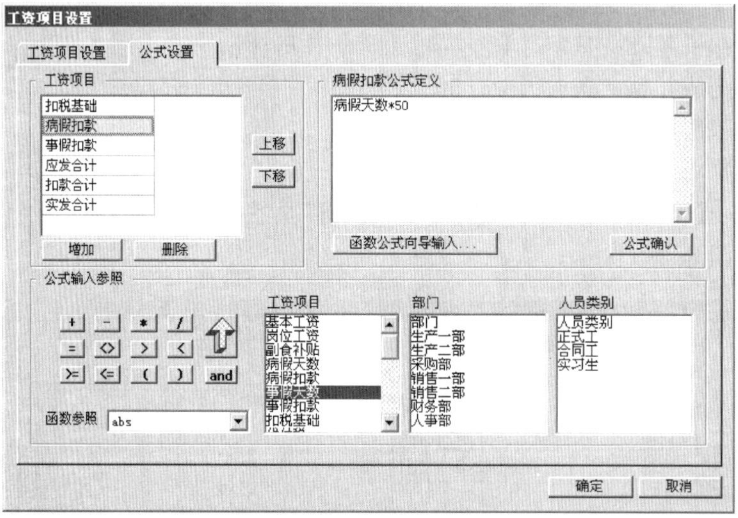

图 8—18

(4)定义"事假扣款"然后点击【公式确认】,再点击【确定】,保存新定义的三个公式,如图 8—19 所示。

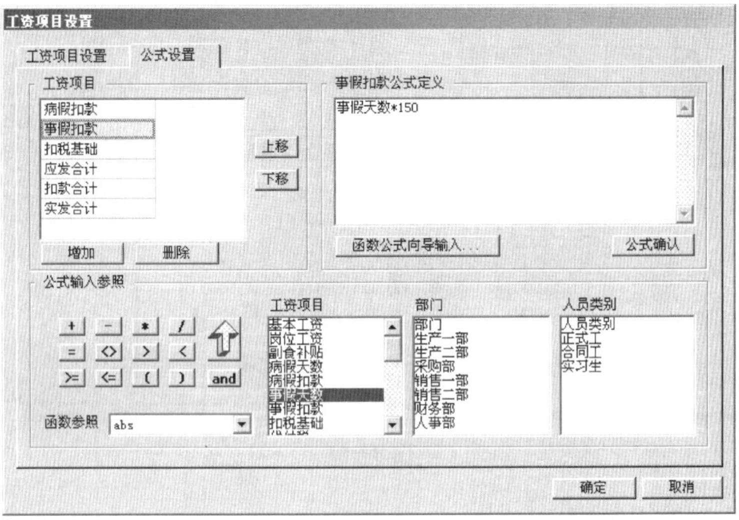

图 8—19

8.3.7　定义扣税基础

【案例 8—2】　定义扣税基础

定义扣税基础为 5 000 元。

【操作步骤】

(1)【设置】—【选项】，点击【编辑】激活页面，先选择“扣税设置”页签，再选择个人所得税对应项目为“扣税基础”，然后点击【税率设置】，如图 8—20 所示。

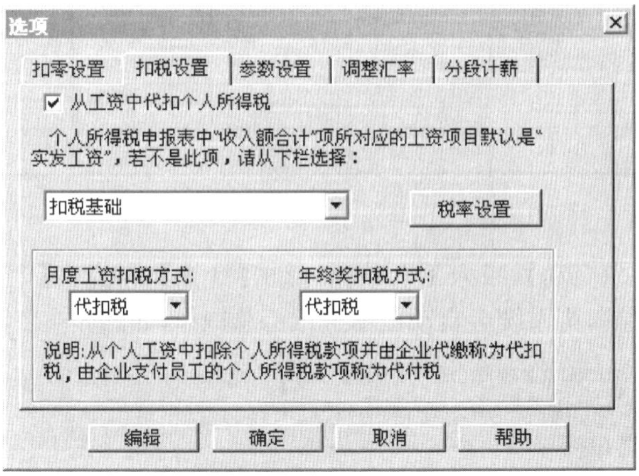

图 8—20

(2)只有主管人员可以修改工资参数，将税率“基数”修改为 5 000 元，点击【确定】，如图 8—21 所示。

图 8—21

8.3.8 录入工资数据

【案例 8—2】 录入工资数据(见表 8—8)

表 8—8 录入工资数据

部　门	姓　名	基本工资（元）	岗位工资（元）	住房补贴（元）	病假天数（天）	事假天数（天）	学　历
生产一部	李晶	5 500	1 000	400	3	1	高中
生产二部	张恒	5 200	1 500	300	1	1	大专
采购部	王和	4 800	1 300	700			本科
销售一部	何飞	4 800	1 200	500	2		本科
销售二部	陈芳芳	4 700	1 100	500		1	大专
财务部	彭同	6 000	1 600	900	1		研究生
财务部	周方	5 600	1 500	800			本科
人事部	吴斌	6 600	1 400	700			本科

【操作步骤】

【业务处理】—【工资变动】，录入工资数据，点击【计算】，再点击【汇总】，在退出工资变动时，如未执行“工资汇总”，则系统会自动提示进行汇总操作，如图 8—22 所示。

图 8—22

8.3.9　定义银行代发工资

银行代发，即由银行发放企业职工个人工资。目前许多单位在发放工资时都采用工资银行卡方式。这种做法既减轻了财务部门发放工资工作的繁重负担，又有效地避免了财务部门到银行提取大笔款项所承担的风险，还提高了对员工个人工资的保密程度。

【案例 8－2】　定义银行代发工资

工资代发银行为中国银行，银行文件格式设置采用系统默认。

【操作步骤】

(1)【业务处理】—【银行代发】，选择发放"部门"，点击【确定】，如图 8－23 所示。

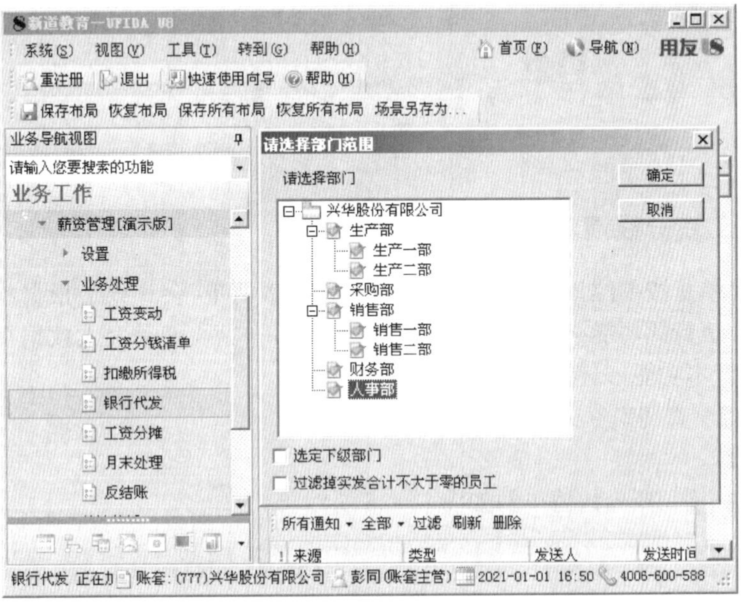

图 8－23

(2)选择"中国银行"，点击【确定】，系统会出现"确认设置的银行文件格式?"提示框，点击【是】，如图 8－24 所示。

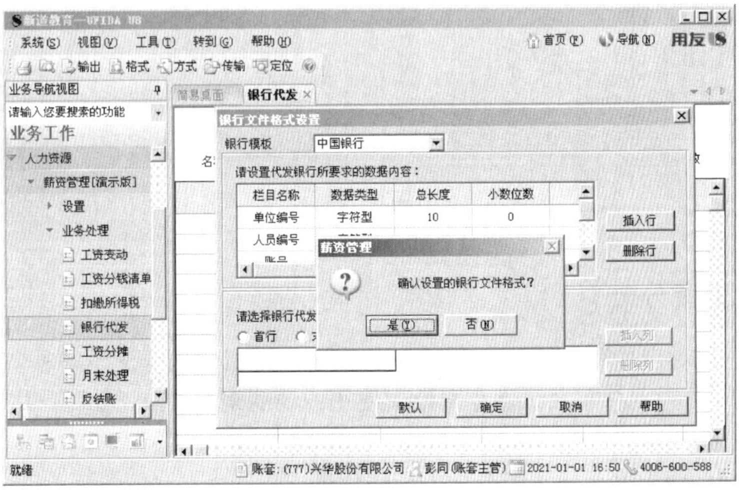

图 8－24

(3)显示银行代发一览表,如图 8－25 所示。

银行代发一览表

名称：中国银行　　人数：8

单位编号	人员编号	账号	金额	录入日期
1234934325	10101	20880001	6,543.00	20210126
1234934325	10201	20880002	6,740.00	20210126
1234934325	20001	20880003	6,746.00	20210126
1234934325	30101	20880004	6,355.00	20210126
1234934325	30201	20880005	6,211.00	20210126
1234934325	40001	20880006	8,310.00	20210126
1234934325	40002	20880007	7,813.00	20210126
1234934325	50001	20880008	8,540.00	20210126
合计			57,258.00	

图 8－25

8.3.10　工资分钱清单

工资分钱清单是按单位计算的工资发放分钱票面额清单,会计人员根据此表从银行取款并发给各部门。执行此功能必须在个人数据录入调整完之后,如果个人数据在计算后又做了修改,须重新执行本功能,以保证数据正确。

【案例 8－2】　查询工资分钱清单

【操作步骤】

【业务处理】—【工资分钱清单】,如图 8－26 所示。

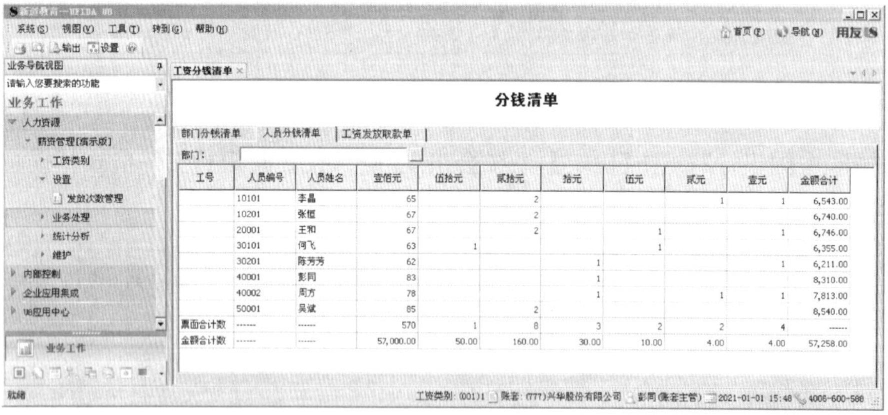

分钱清单

工号	人员编号	人员姓名	壹佰元	伍拾元	贰拾元	拾元	伍元	贰元	壹元	金额合计
	10101	李晶	65		2			1	1	6,543.00
	10201	张恒	67		2					6,740.00
	20001	王和	67		2		1		1	6,746.00
	30101	何飞	63	1			1			6,355.00
	30201	陈芳芳	62			1			1	6,211.00
	40001	彭同	83			1				8,310.00
	40002	周方	78			1		1	1	7,813.00
	50001	吴斌	85		2					8,540.00
票面合计数	------	------	570	1	8	3	2	2	4	------
金额合计数	------	------	57,000.00	50.00	160.00	30.00	10.00	4.00	4.00	57,258.00

图 8－26

8.3.11　工资分摊

工资分摊是指对当月发生的工资费用进行工资总额的计算、分配及各种费用的计提,并制作自动转账凭证,传递到总账系统供登账处理使用。要想对员工工资进行合理、有效的分摊,就必须对这些工资分摊类型进行合理的设置。

【案例 8－2】　设置并生成工资分摊的记账凭证

(1)工资分摊设置。

【操作步骤】

①【业务处理】—【工资分摊】,点击【工资分摊设置】,如图 8—27 所示。

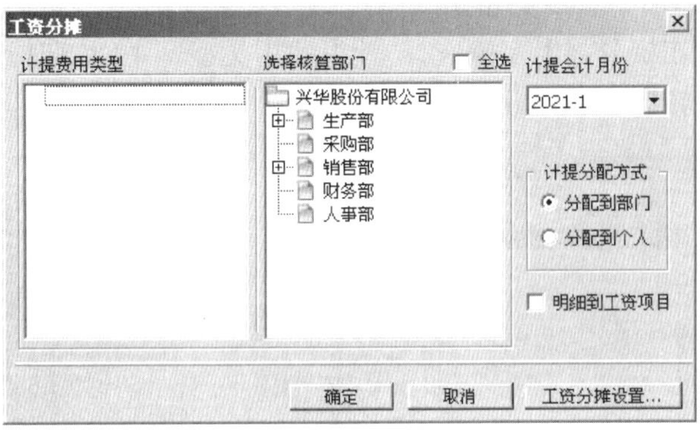

图 8—27

②打开“分摊类型设置”对话框,点击【增加】,录入“计提类型名称”和“分摊计提比例”,点击【下一步】,完成增加;如需修改工资分配计提类型,则可点击【修改】,如需删除工资分配计提类型,则可点击【删除】,最后一个类型不能删除。如图 8—28 所示。

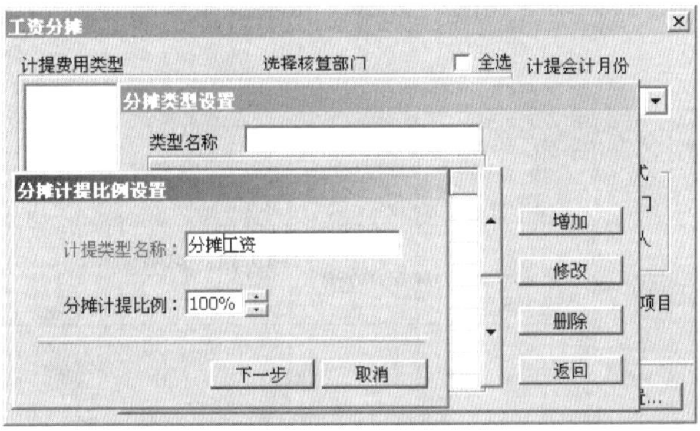

图 8—28

③选择部门,人员类别等相应内容,点击【完成】,如图 8—29 所示。

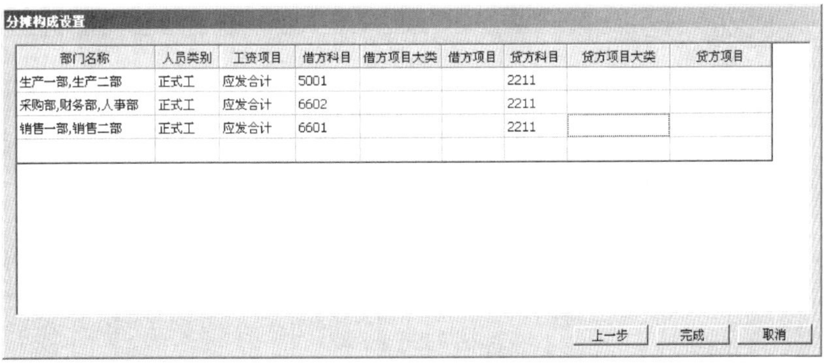

图 8—29

(2)生成工资分摊的记账凭证。

工资分摊和费用计提的结果,均是要通过凭证转账的形式传递到总账系统中,避免数据的重复录入,造成不必要的麻烦。

【操作步骤】

①【业务处理】—【工资分摊】,左侧选择"计提费用类型",中间"选择核算部门",右侧选择"明细到工资项目",点击【确定】,如图 8—30 所示。

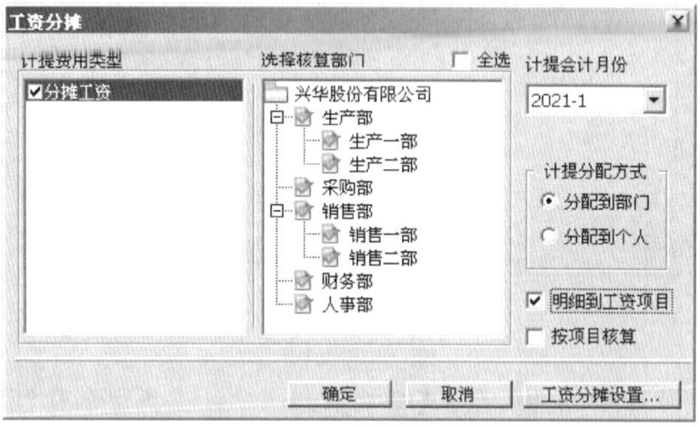

图 8—30

②选择"合并科目相同、辅助项相同的分录",如果金额正确,则点击【制单】或【批制】,如图 8—31 所示。

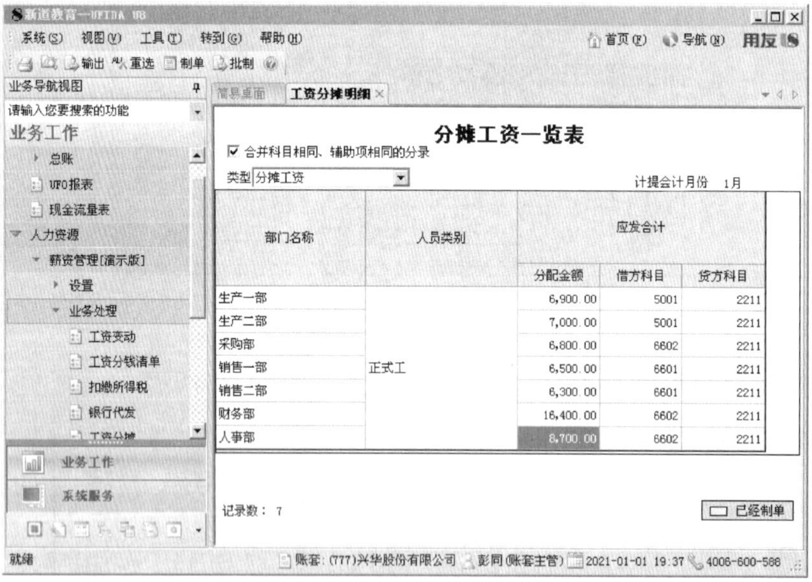

图 8—31

③选择"凭证类别"后,点击【保存】,已生成凭证传入总账系统中,如图 8—32 所示。

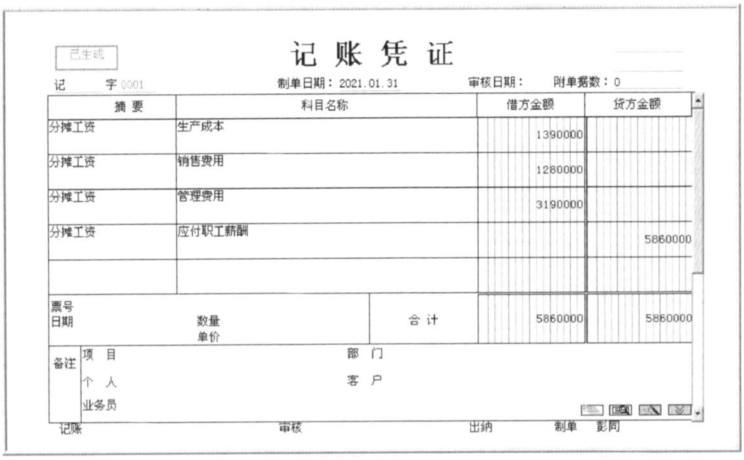

图 8—32

(3)修改、冲销或删除记账凭证。

【操作步骤】

【统计分析】—【凭证查询】,点击【修改】则可修改凭证,点击【删除】则可删除凭证,点击【冲销】则可冲销凭证,如图 8—33 所示。

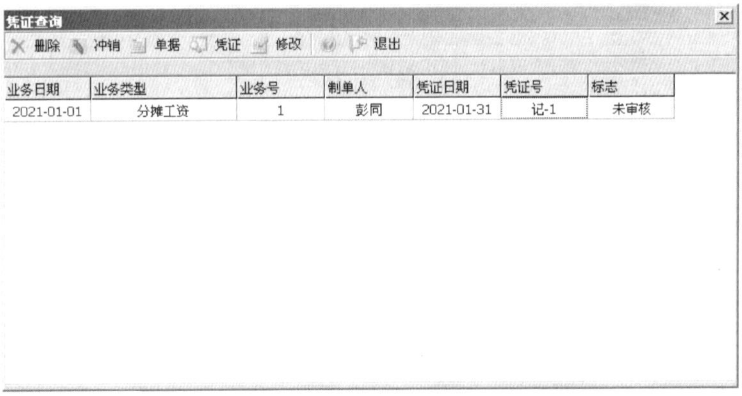

图 8—33

8.3.12　账簿查询

【案例 8—2】　查询工资发放签名表及工资分析表

(1)查询工资发放签名表。

【操作步骤】

①【统计分析】—【账表】—【工资表】,选择“要查看的表格”,点击【查看】,如图 8—34 所示。

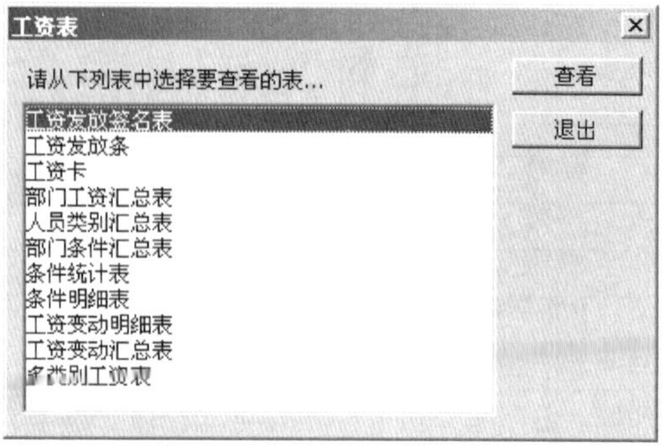

图 8—34

②选择需要查看的部门,点击【确定】,如图 8—35 所示。

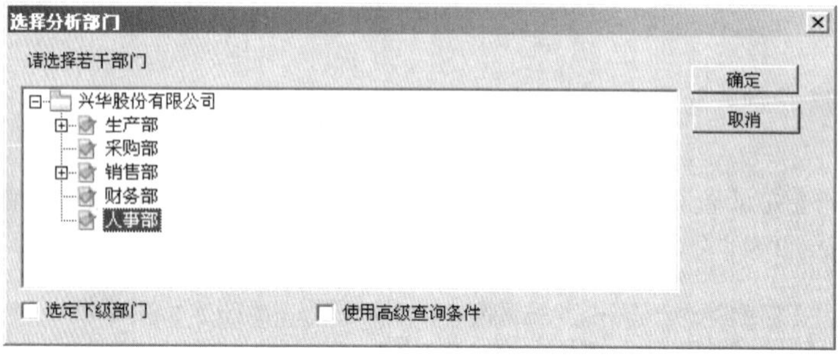

图 8—35

③生成工资发放签名表,如图 8—36 所示。

工资发放签名表

人员编号	姓名	基本工资	岗位工资	副食补贴	应发合计	病假天数	病假扣款	事假天数	事假扣款	扣税基础	代扣税	扣款合计	实发合计
10101	李晶	5,500.00	1,000.00	400.00	6,900.00	3.0	150.00	1.0	150.00	6,900.00	57.00	357.00	6,543.00
10201	张恒	5,200.00	1,500.00	300.00	7,000.00	1.0	50.00	1.0	150.00	7,000.00	60.00	260.00	6,740.00
20001	王和	4,800.00	1,300.00	700.00	6,800.00					6,800.00	54.00	54.00	6,746.00
30101	何飞	4,800.00	1,200.00	500.00	6,500.00	2.0	100.00			6,500.00	45.00	145.00	6,355.00
30201	陈芳芳	4,700.00	1,100.00	500.00	6,300.00	1.0	50.00			6,300.00	39.00	89.00	6,211.00
40001	彭同	6,000.00	1,600.00	900.00	8,500.00	1.0	50.00			8,500.00	140.00	190.00	8,310.00
40002	周方	5,600.00	1,500.00	800.00	7,900.00					7,900.00	87.00	87.00	7,813.00
50001	吴斌	6,600.00	1,400.00	700.00	8,700.00					8,700.00	160.00	160.00	8,540.00
合计		43,200.00	10,600.00	4,800.00	58,600.00	8.0	400.00	2.0	300.00	58,600.00	642.00	1,342.00	57,258.00

图 8—36

(2)查询工资分析表。

【操作步骤】

①【统计分析】—【账表】—【工资分析表】,点击【确定】,如图 8—37 所示。

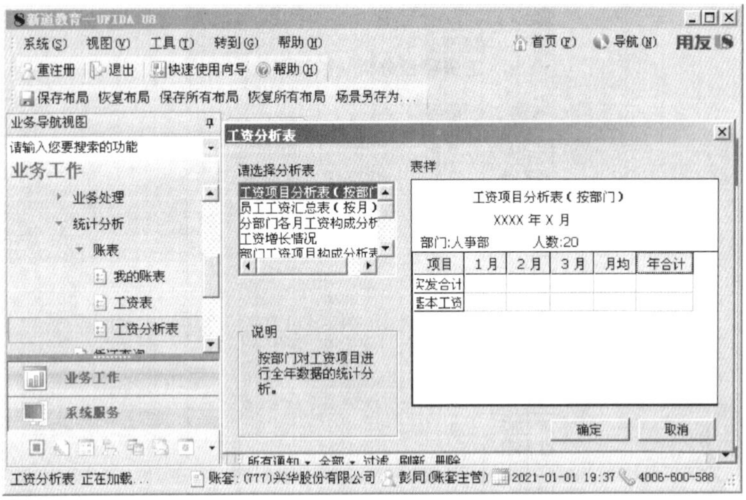

图 8—37

②选择全部部门后，点击【确定】后，如图 8—38 所示。

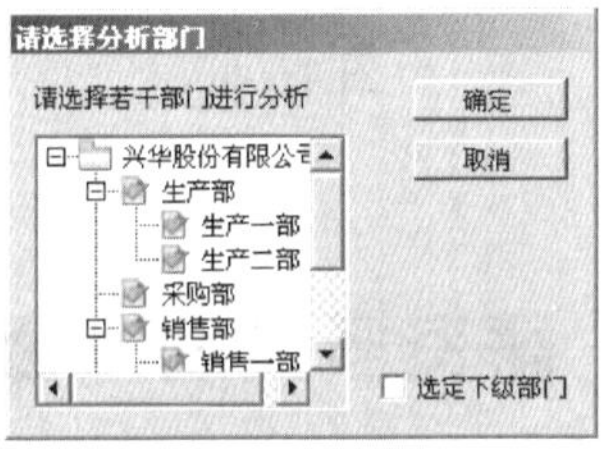

图 8—38

③进入分析表选项，将项目由左侧选到右侧，点击【确定】，如图 8—39 所示。

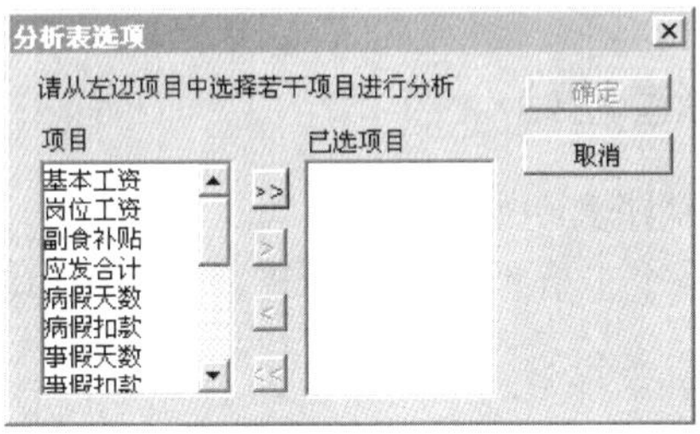

图 8—39

④按部门生成“工资项目分析”，如图 8—40 所示。

工资项目分析（按部门）

2021年度1月

部门: 生产部　　人数：2

项目	1 月	月均	年度合计
基本工资	10,700.00	10,700.00	10,700.00
岗位工资	2,500.00	2,500.00	2,500.00
副食补贴	700.00	700.00	700.00
应发合计	13,900.00	13,900.00	13,900.00
病假天数	4.00	4.00	[illegible]
病假扣款	200.00	200.00	200.00
事假天数	2.00	2.00	2.00
事假扣款	300.00	300.00	300.00
扣税基础	13,900.00	13,900.00	13,900.00
代扣税	117.00	117.00	117.00
扣款合计	617.00	617.00	617.00
实发合计	13,283.00	13,283.00	13,283.00
本月扣零			
上月扣零			
代付税			
年终奖			
年终奖代扣			
工资代扣税	117.00	117.00	117.00
扣税合计	117.00	117.00	117.00
年终奖代付			
工资代付税			

图 8－40

8.4　薪资多类别账套处理

8.4.1　系统启用

薪资管理系统启用，具体操作步骤参照薪资单类别。

8.4.2　薪资多类别账套初始

【案例 8－3】　薪资多类别账套初始

兴华股份有限公司使用两个工资类别进行管理，两个类别均从工资中代扣所得税，扣零至角。

【操作步骤】

(1)【人力资源】—【薪资管理】，选择“多个”工资类别，点击【下一步】，如图 8－41 所示。

(2)“工资中代扣所得税” “扣零至角”等信息，按照题中要求设置，具体操作参照薪资单类别。

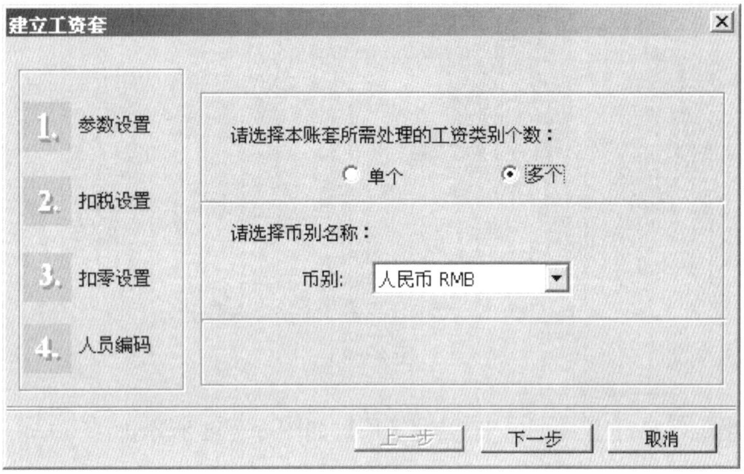

图 8－41

8.4.3　新建工资类别

【案例 8－3】　新建工资类别

管理人员类别，所属部门为财务部、人事部、采购部、销售一部、销售二部，启用时期为“2021 年 1 月 1 日”；生产人员类别，所属部门为生产一部、生产二部，启用时期为“2021 年 1 月 1 日”。

(1)新建管理人员类别。

【操作步骤】

①【薪资管理】—【新建工资类别】，在一个薪资核算账套中，可以建立多个工资类别，录入工资类别名称，点击【下一步】，如图 8－42 所示。

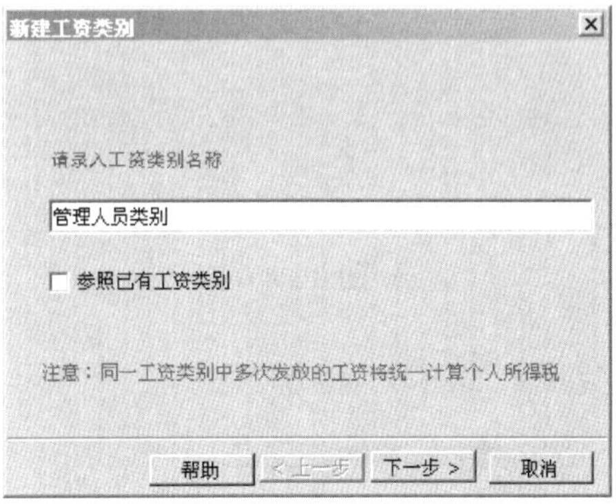

图 8－42

②选择除生产部以外的其他所有部门，点击【完成】，如图 8－43 所示。

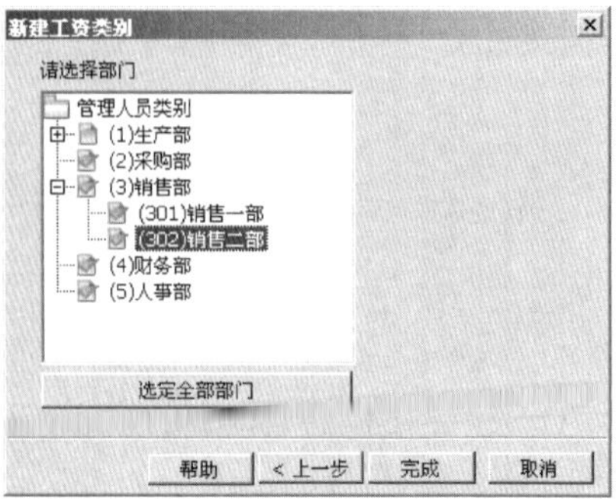

图 8—43

③启用日期选择 2021 年 1 月 1 日，点击【是】，如图 8—44 所示。

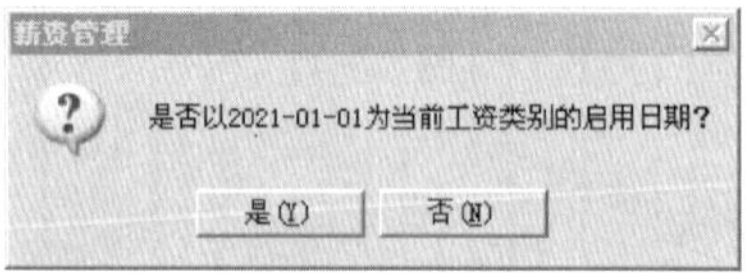

图 8—44

(2)新建生产人员类别。

【操作步骤】

①【薪资管理】—【新建工资类别】，录入生产人员类别，点击【下一步】，如图 8—45 所示。

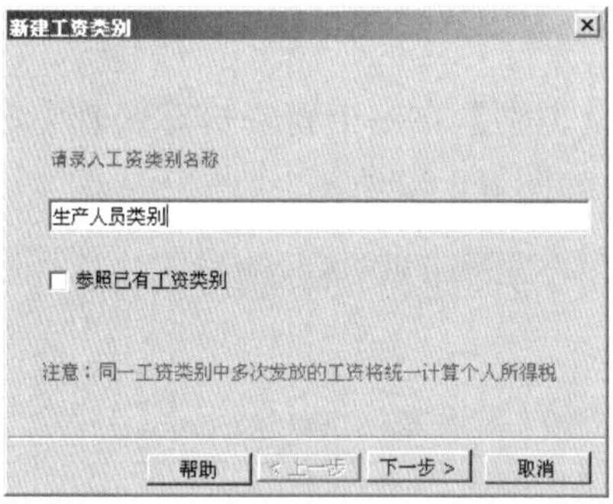

图 8—45

②选择生产部门，点击【完成】，如图 8—46 所示。

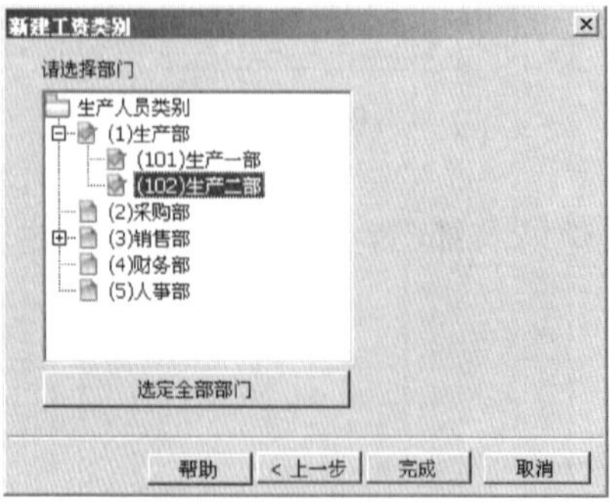

图 8—46

③启用日期选择 2021 年 1 月 1 日，点击【是】，如图 8－47 所示。

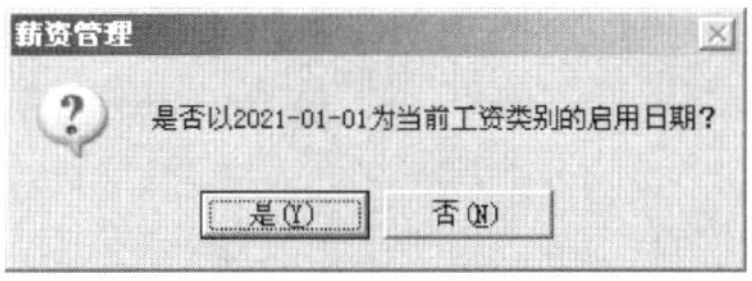

图 8－47

【提示】

①【新建工资类别】，录入新建工资类别名称，工资类别名称最长不得超过 15 个汉字或 30 个字符。如选中上级部门，则其所属的下级部门被全部选中。

②【删除工资类别】，选择要删除的工资类别，点击【确认】即可删除。只有账套主管才有权删除工资类别，且工资类别删除后数据不可再恢复。

③同一个部门可以被多个工资类别选中，已经被使用的部门，则不能取消选择。工资类别的启用日期一旦被【确定】之后，将不能再进行修改。

8.4.4　批增人员档案

【案例 8－3】　批增人员档案

管理人员类别，所属人员为财务部、人事部、采购部、销售一部、销售二部的全部人员；生产人员类别，所属人员为生产一部、生产二部的全部人员。

(1)批增管理人员档案。

【操作步骤】

①【打开工资类别】，选择“管理人员类别”，点击【确定】，如图 8－48 所示。

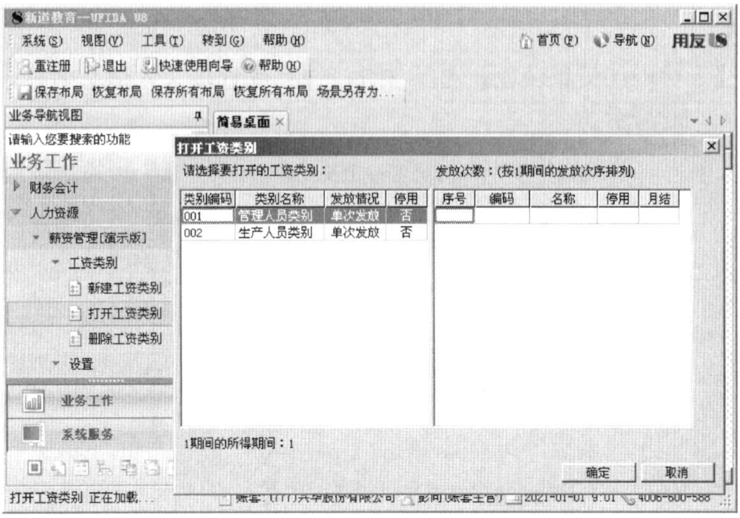

图 8－48

②【设置】－【人员档案】，人员信息来源于公共平台的人员档案，薪资管理系统不能修改，点击【批增】，再点击【查询】，将人员选入，点击【确定】，如图 8－49 所示。

图 8—49

(2)批增生产人员档案。

具体操作步骤参见批增管理人员档案。

8.4.5 人员附加信息

除了人员编号、人员姓名、所在部门、人员类别等基本信息外，为了管理的需要，用户还需要设置一些辅助信息，以便加强管理。人员附加信息的设置就是设置附加信息的名称。对于已使用过的人员附加信息不可删除，但可以修改。

(1)批增管理人员附加信息。

【操作步骤】

①【设置】—【人员附加信息设置】，选择“栏目参照”或直接录入信息名称，点击【增加】，点击【确定】，如图 8—50 所示。

图 8—50

②【设置】—【人员档案】，双击需要修改的人员，选择【附加信息】，录入“学历”，点击【确

定】，保存新增内容并进入下一条记录，如图 8—51 所示。

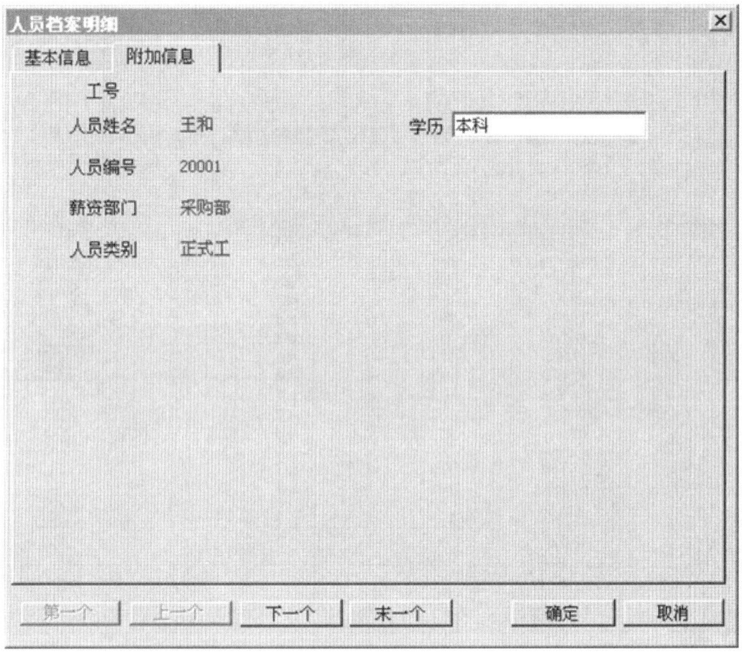

图 8—51

(2)批增生产人员附加信息。

具体操作步骤参见管理人员附加信息。

8.4.6　新建工资项目

【案例 8—3】　新建工资项目(见表 8—9)

表 8—9　　新建工资项目

工资项目	类　型	长　度	小数位数	增减及其他
基本工资	数字	10	2	增项
岗位工资	数字	10	2	增项
住房补贴	数字	8	2	增项
病假天数	数字	4	1	其他
病假扣款	数字	8	2	减项
事假天数	数字	4	1	其他
事假扣款	数字	8	2	减项
扣税基础	数字	8	2	其他

【操作步骤】

多类别工资管理时，【关闭工资类别】后，才能新增工资项目。选择【设置】—【工资项目设置】，点击【增加】，设置新建工资项目的类型、长度、小数位数和工资增减项，点击【确定】，如图

8—52 所示。

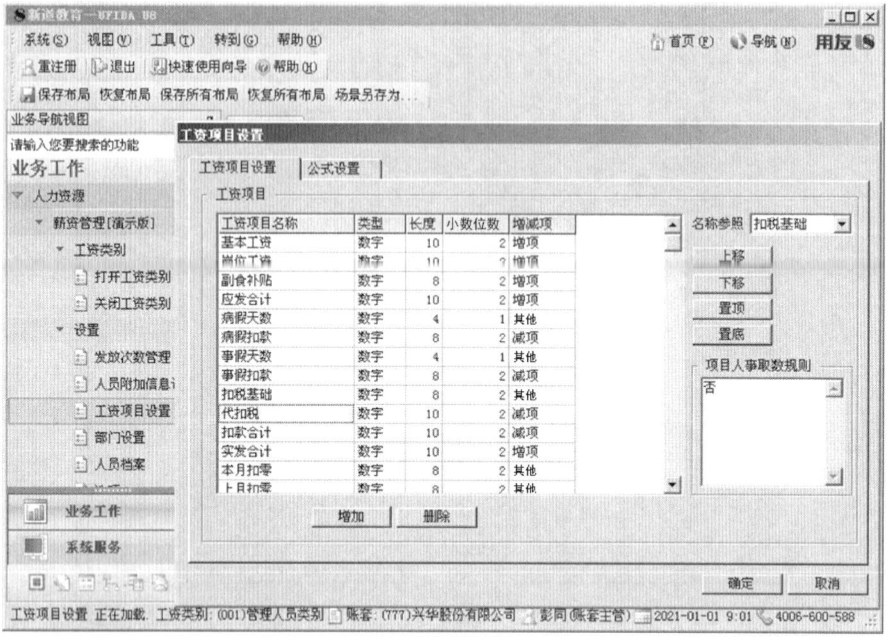

图 8—52

8.4.7 定义工资项目及公式设置

薪资多类别关于“工资项目”的设置分两步：

一是新建“工资项目”，在“关闭工资类别”时增加工资项目。

二是选择“工资项目”，在“打开工资类别”时，按不同类别分别增加工资项目。

【案例 8—3】 定义工资项目及公式设置

管理人员工资类别设置工资项目及公式定义如下：

工资项目：选择所有工资项目

公式定义：扣税基础＝基本工资＋岗位工资＋住房补贴

病假扣款＝病假天数 * 50

事假扣款＝事假天数 * 150

生产人员工资类别设置工资项目及公式定义如下：

工资项目：选择所有工资项目

公式定义：扣税基础＝基本工资＋岗位工资＋住房补贴

病假扣款＝病假天数 * 50

事假扣款＝事假天数 * 150

(1)定义管理人员工资项目及公式设置。

【操作步骤】

①点击【打开工资类别】，选择“管理人员类别”，点击【设置】—【工资项目设置】，点击【增加】，在工资项目列表末增加一空行，选择所有工资项目，点击【确定】，如图 8—53 所示。

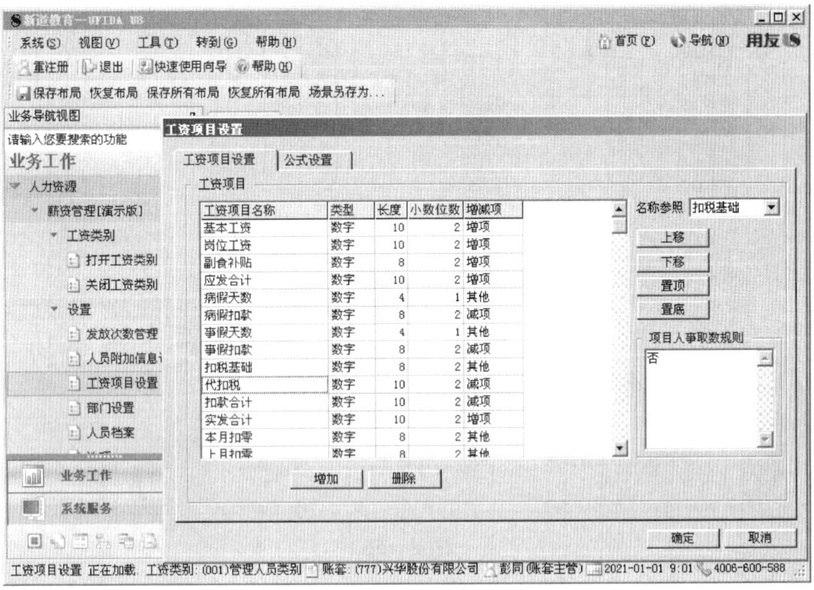

图 8－53

②点击【公式设置】页签，如果没有【批增】人员，则不能进行【公式设置】。左侧选择“扣税基础”，右侧进行公式定义，然后点击【公式确认】，如图 8－54 所示。

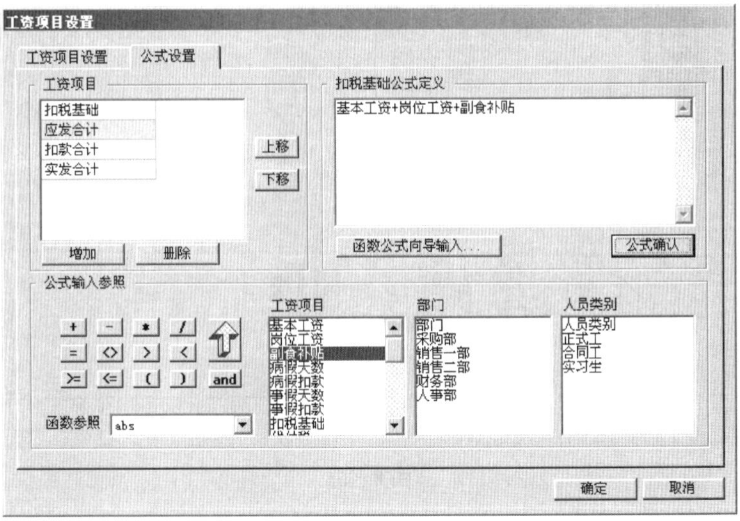

图 8－54

③定义“病假扣款”，点击【公式确认】，如图 8－55 所示。

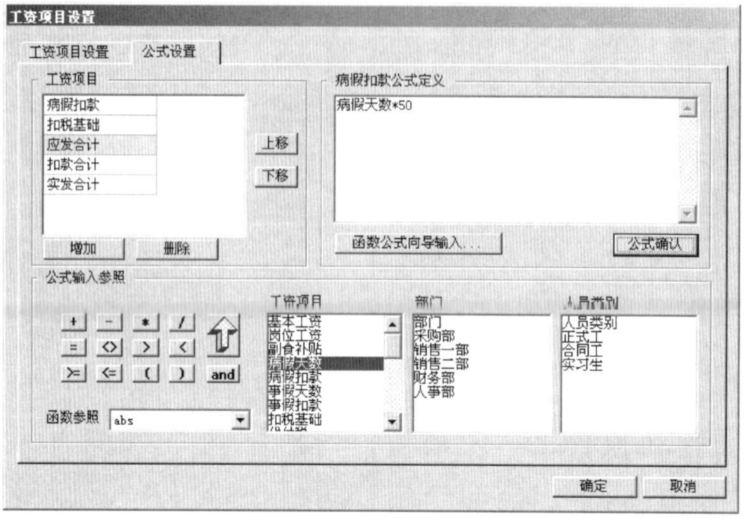

图 8－55

④定义“事假扣款”，点击【公式确认】，再点击【确定】，保存三个新定义的公式，如图 8－56 所示。

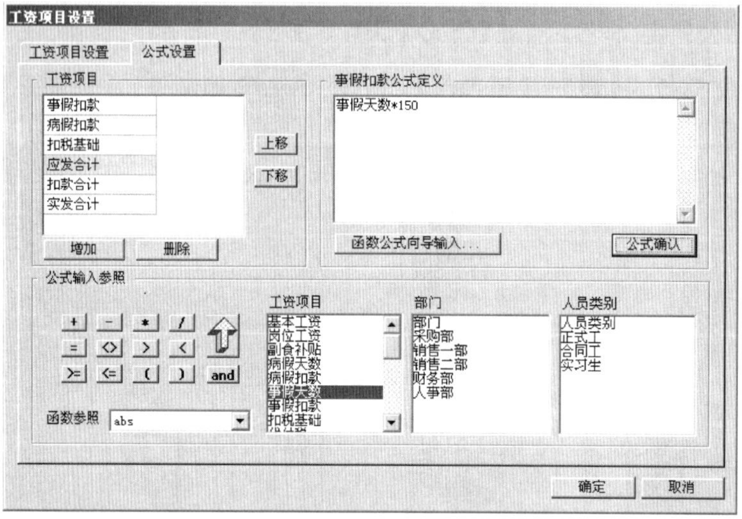

图 8－56

(2)定义生产人员工资项目及公式设置。

具体操作步骤参见管理人员工资项目及公式设置。

8.4.8　定义扣税基础

【案例 8－3】　定义扣税基础

两个类别工资均代扣个人所得税，扣税基础为 5 000 元。

(1)定义管理人员扣税基础。

【操作步骤】

①点击【打开工资类别】，选择管理人员类别，点击【设置】—【选项】，点击【编辑】激活，选择扣税的工资项目为“扣税基础”，再点击【税率设置】，如图 8—57 所示。

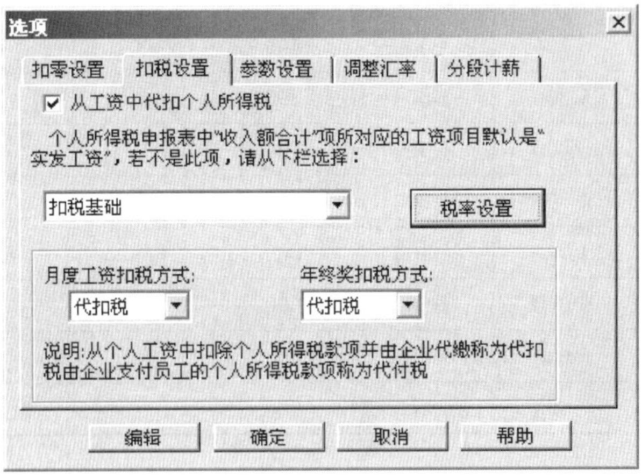

图 8—57

②只有主管人员可以修改工资参数，将税率“基数”修改为 5 000 元，点击【确定】，如图 8—58 所示。

级次	应纳税所得额下限	应纳税所得额上限	税率(%)	速算扣除数
1	0.00	3,000.00	3.00	0.00
2	3,000.00	12,000.00	10.00	210.00
3	12,000.00	25,000.00	20.00	1,410.00
4	25,000.00	35,000.00	25.00	2,660.00
5	35,000.00	55,000.00	30.00	4,410.00
6	55,000.00	80,000.00	35.00	7,160.00
7	80,000.00		45.00	15,160.00

图 8—58

(2)定义生产人员扣税基础。

具体操作步骤参见管理人员扣税基础。

8.4.9　录入工资数据

【案例 8—3】　录入工资数据(见表 8—10)

表 8—10　　　　　　　　　　　　　　录入工资数据

部　门	姓　名	基本工资（元）	岗位工资（元）	住房补贴（元）	病假天数（天）	事假天数（天）	学　历
生产一部	李晶	5 500	1 000	400	3	1	高中
生产二部	张恒	5 200	1 500	300	1	1	大专
采购部	王和	4 800	1 300	700			本科
销售一部	何飞	4 800	1 200	500	2		本科
销售二部	陈芳芳	4 700	1 100	500		1	大专
财务部	彭同	6 000	1 600	900	1		研究生
财务部	周方	5 600	1 500	800			本科
人事部	吴斌	6 600	1 400	700			本科

(1)录入管理人员工资数据。

【操作步骤】

【打开工资类别】，选择管理人员类别，选择【业务处理】—【工资变动】，录入管理人员的工资数据后，点击【计算】，再点击【汇总】，如图 8—59 所示。

图 8—59

(2)录入生产人员工资数据。

具体操作步骤参见管理人员工资数据录入。

8.4.10　定义银行代发工资

银行代发，即由银行发放企业职工个人工资。目前许多单位在发放工资时都采用工资银行卡方式。这种做法既减轻了财务部门发放工资工作的繁重负担，又有效地避免了财务部门到银行提取大笔款项所承担的风险，还提高了对员工个人工资的保密程度。

【案例 8—3】　定义银行代发工资

两个类别工资代发银行均为中国银行，银行文件格式设置采用系统默认。

(1)定义管理人员银行代发。

【操作步骤】

①【业务处理】—【银行代发】，选择需要代发工资的部门，点击【确定】，如图 8—60 所示。

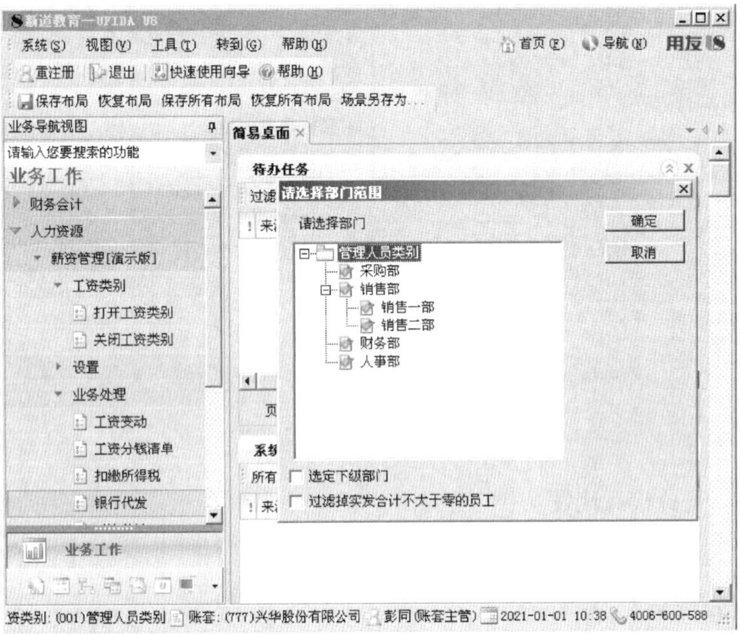

图 8—60

②银行模板选择“中国银行”，点击【确定】，并确认银行文件格式，点击【是】，如图 8—61 所示。

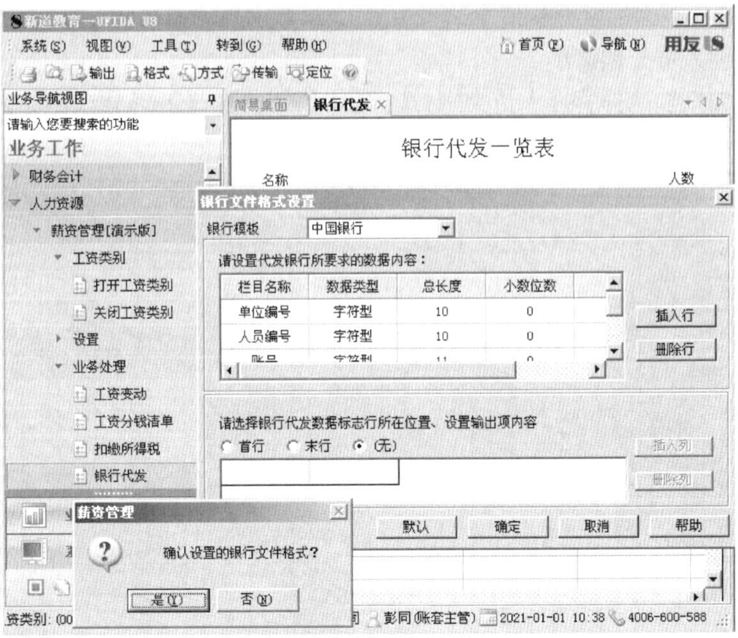

图 8—61

③显示银行代发一览表，如图 8—62 所示。

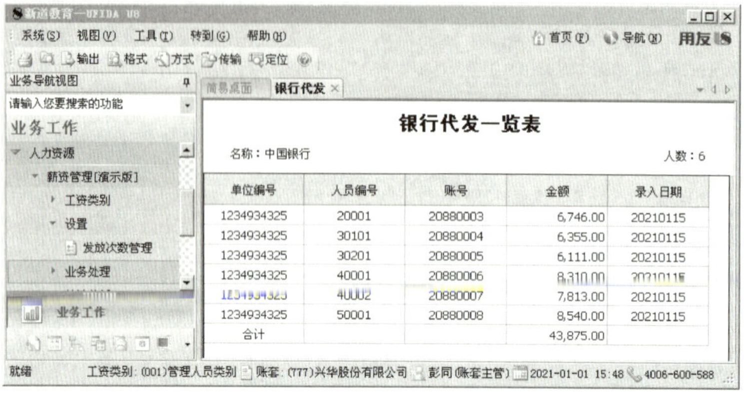

图 8—62

(2)定义生产人员银行代发。

具体操作步骤参见管理人员银行代发。

8.3.11 工资分钱清单

工资分钱清单是按单位计算的工资发放分钱票面额清单，会计人员根据此表从银行取款并发给各部门。执行此功能必须在个人数据录入调整完之后，如果个人数据在计算后又做了修改，须重新执行本功能，以保证数据正确。本功能有部门分钱清单、人员分钱清单、工资发放取款单三部分。

【案例 8—3】 查询工资分钱清单

(1)查询管理人员分钱清单。

【打开工资类别】，选择管理人员类别，选择【业务处理】—【工资分钱清单】，打开管理人员分钱清单，如图 8—63 所示。

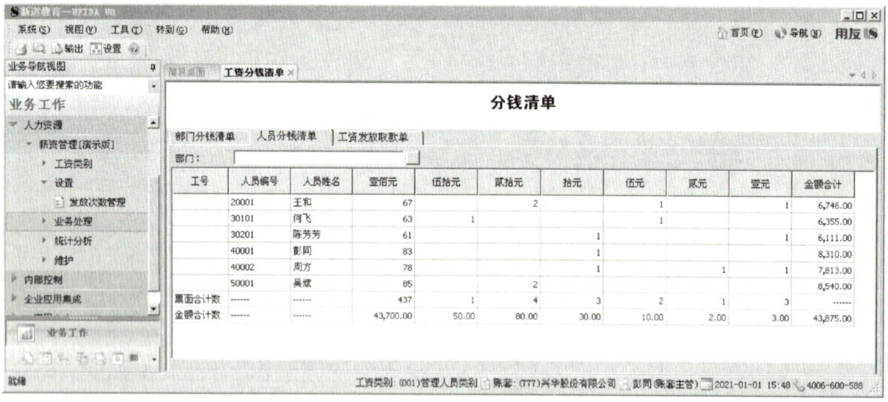

图 8—63

(2)查询生产人员分钱清单。

具体操作步骤参见管理人员分钱清单。

8.4.12　工资分摊

工资分摊是指对当月发生的工资费用进行工资总额的计算、分配及各种费用的计提，并制作自动转账凭证，然后传递到总账系统供登账处理使用。要想对员工工资进行合理、有效的分摊，就必须对这些工资分摊类型进行合理的设置。

【案例 8－3】 设置并生成工资分摊的记账凭证

一是设置并生成管理人员工资分摊的记账凭证。

(1)设置管理人员工资分摊。

【操作步骤】

①【打开工资类别】，选择管理人员类别，选择【业务处理】—【工资分摊】，点击【工资分摊设置】，再点击【增加】，新建工资分摊类型；如需修改分摊类型，可点击【修改】；如需删除分摊类型，可点击【删除】，如图 8－64 所示。

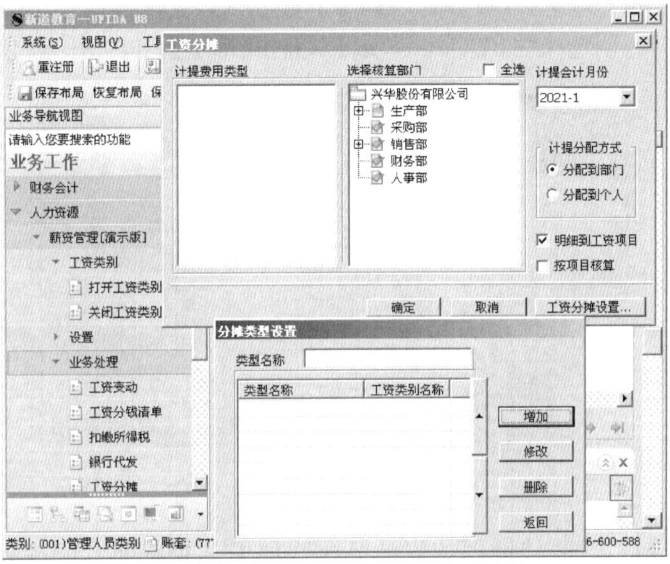

图 8－64

②录入新“计提类型名称”和“分摊计提比例”，点击【下一步】，如图 8－65 所示。

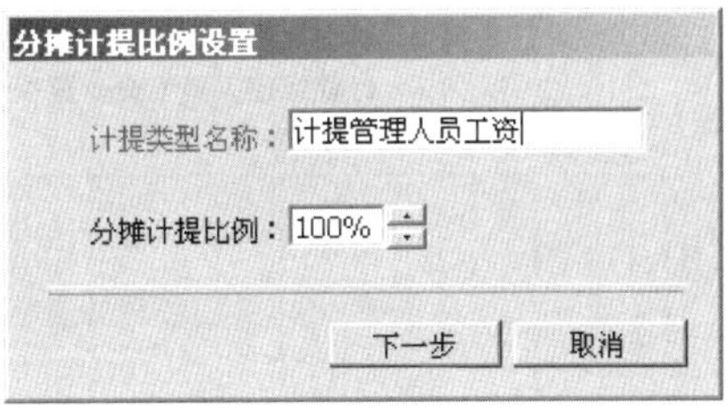

图 8－65

③进入“分摊构成设置”，选择部门、人员类别等相应内容，点击【完成】，如图 8－66 所示。

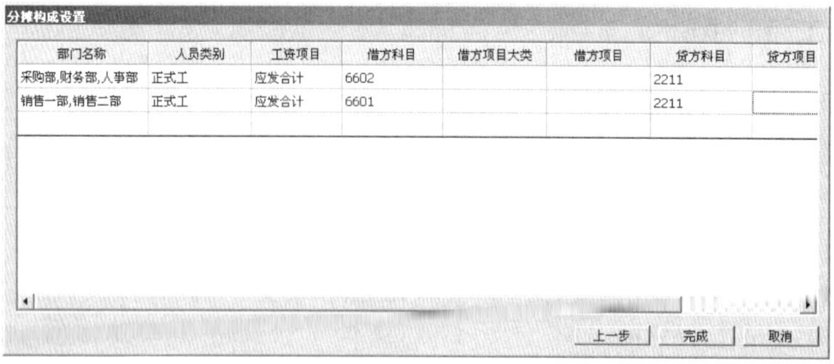

图 8—66

(2)生成管理人员工资分摊的记账凭证。

【操作步骤】

①选择管理人员类别,选择【业务处理】—【工资分摊】,左侧选择"计提管理人员工资",中间"选择核算部门",右侧选择"明细到工资项目",点击【确定】,如图 8—67 所示。

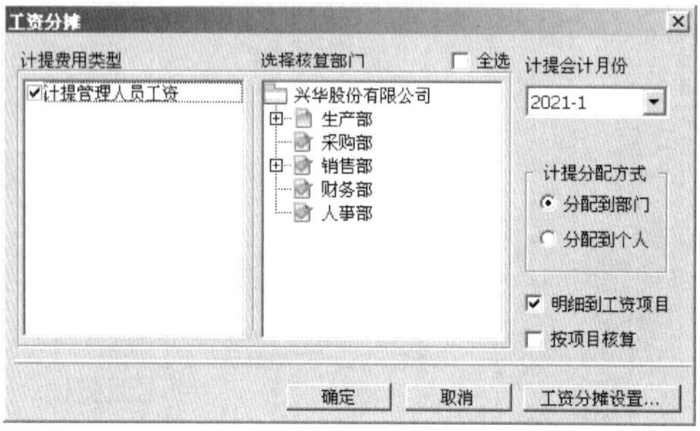

图 8—67

②选择"合并科目相同、辅助项相同的分录",如果金额正确,点击【制单】或【批制】,如图 8—68 所示。

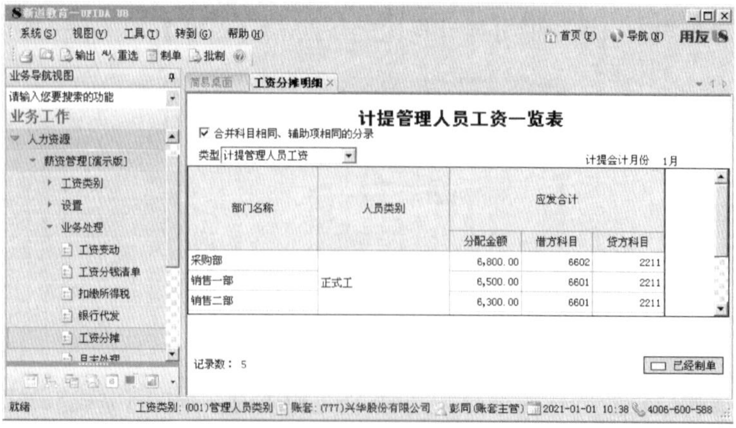

图 8—68

③选择“凭证类别”后，点击【保存】，“已生成”凭证传递到总账系统中，如图 8—69 所示。

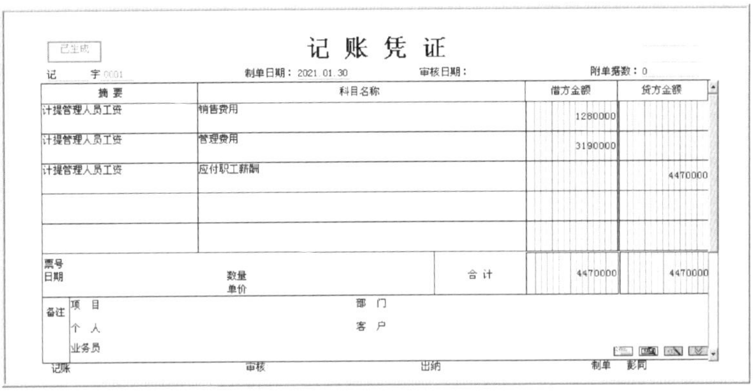

图 8—69

(3)修改或删除管理人员工资分摊的记账凭证。

【操作步骤】

选择管理人员工资类别，找到【统计分析】—【凭证查询】，点击【凭证】，可修改凭证；点击【删除】，可删除凭证；点击【冲销】，可冲销凭证，如图 8—70 所示。

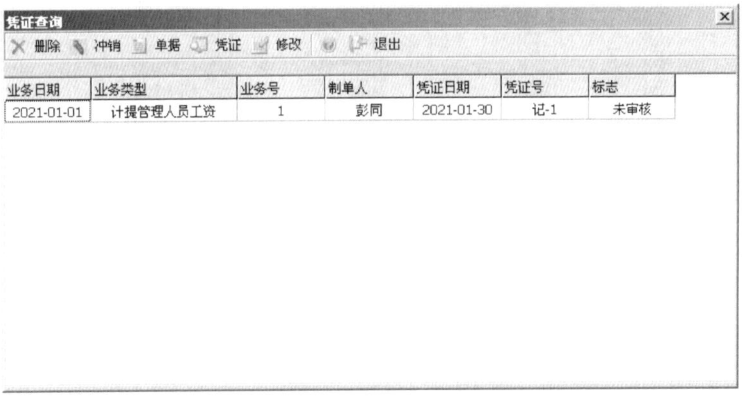

图 8—70

二是设置并生成生产人员工资分摊的记账凭证。

(1)设置生产人员工资分摊。

【操作步骤】

①【打开工资类别】，选择生产人员类别，选择【业务处理】—【工资分摊】，点击【工资分摊设置】，再点击【增加】，录入新“计提类型名称”和“分摊计提比例”，点击【下一步】，如图 8—71 所示。

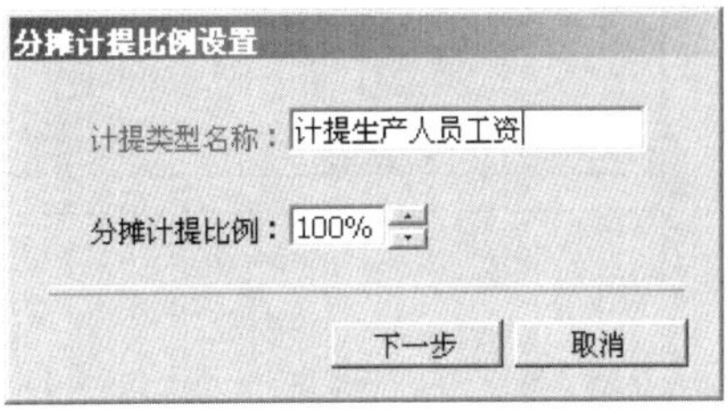

图 8—71

②进入“分摊构成设置”，选择部门、人员类别等相应内容，点击【完成】，如图 8—72 所示。

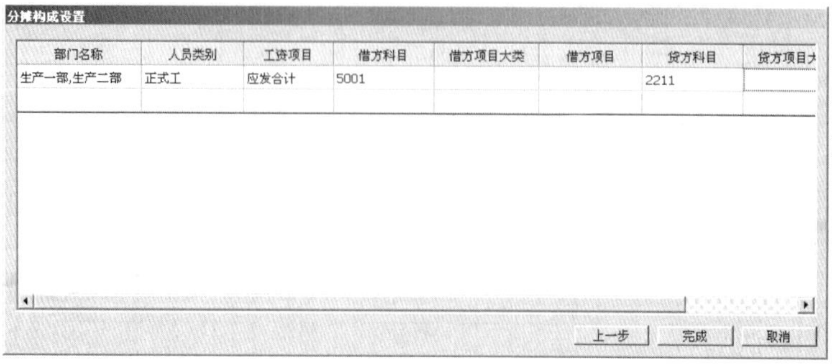

图 8—72

(2)生成生产人员工资分摊的记账凭证。

【操作步骤】

①选择生产人员类别，选择【业务处理】—【工资分摊】，左侧选择“计提生产人员工资”，中间“选择核算部门”，右侧选择“明细到工资项目”，点击【确定】，如图 8—73 所示。

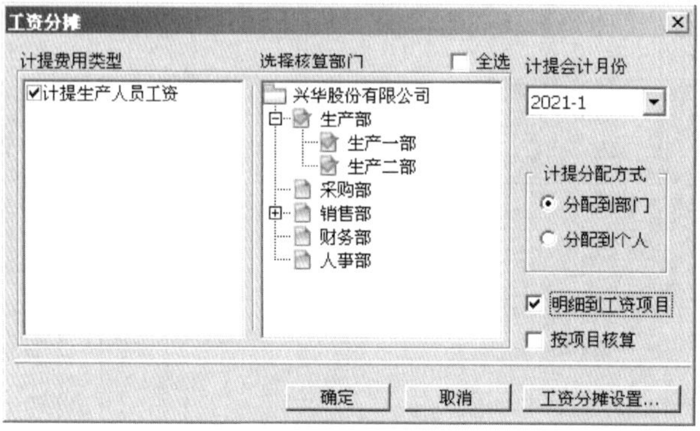

图 8—73

②选择“合并科目相同、辅助项相同的分录”，如果金额正确，点击【制单】或【批制】，如图 8—74 所示。

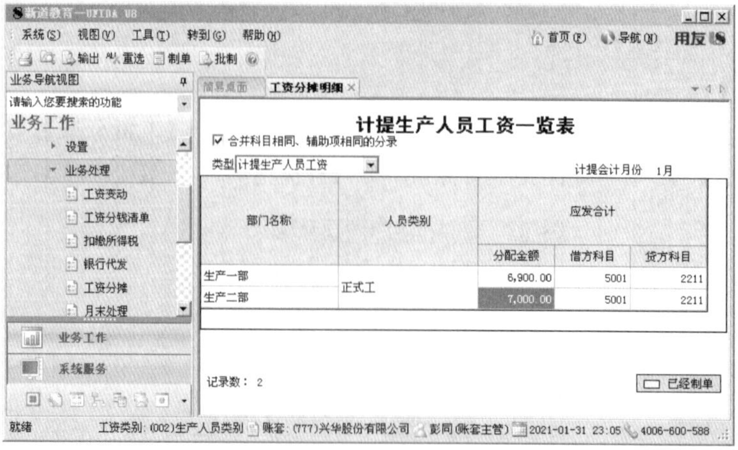

图 8—74

③选择“凭证类别”后，点击【保存】，“已生成”凭证传递到总账系统中，如图 8－75 所示。

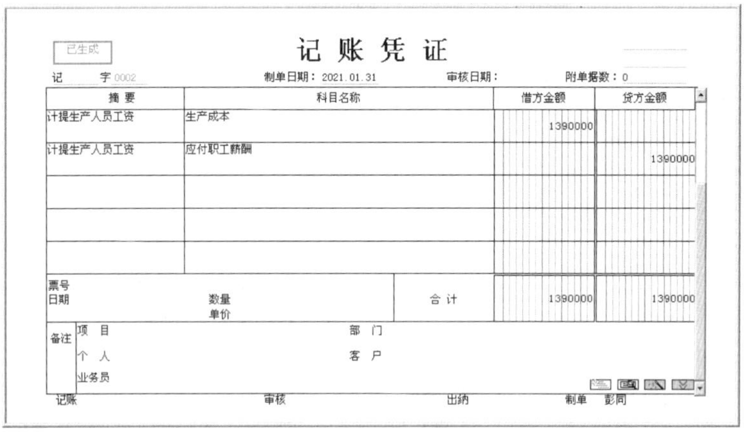

图 8－75

(3)修改或删除生产人员工资分摊的记账凭证。

具体操作步骤参见修改或删除管理人员工资分摊记账凭证的处理。

8.4.13　账簿查询

【案例 8－3】　查询工资发放签名表及工资分析表

具体操作步骤参见薪资单类别的账簿查询。

8.5　薪资管理系统期末处理

在会计期末还需要对薪资核算进行相应的期末结账。结账是薪资管理系统每期期末必须进行的，通过期末结账可以将当期的薪资数据经过处理结转到下一期。

8.5.1　薪资单类别月末处理

【案例 8－4】　薪资单类别月末结账及取消月末结账

(1)薪资单类别月末结账。

【操作步骤】

①【业务处理】—【月末处理】，点击【确定】，当询问“继续月末处理吗?”时，点击【是】，如图 8－76 所示。

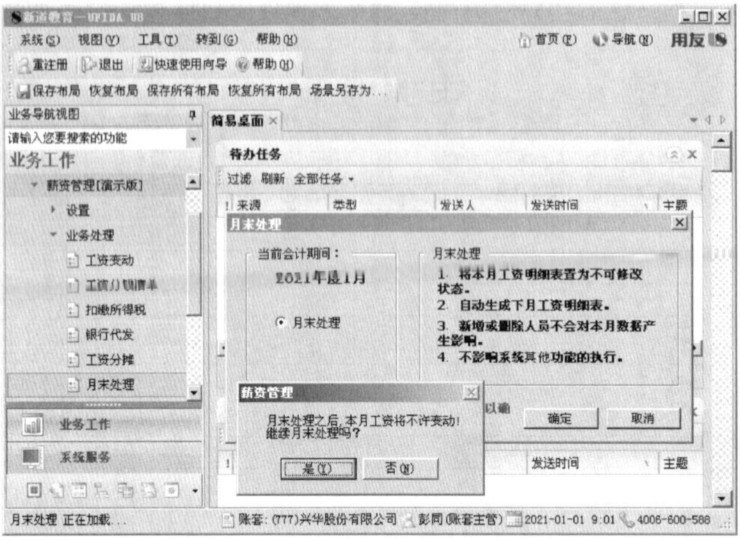

图 8—76

②每月薪资数据均可进行结转，当询问“是否选择清零项？”时，点击【否】，不需清零的薪资项目系统将予以保存，不用每月重新录入，如图 8—77 所示。

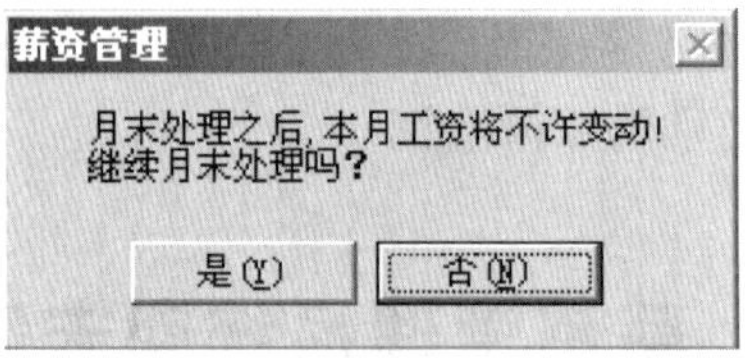

图 8—77

③点击【确定】，完成结账，如图 8—78 所示。

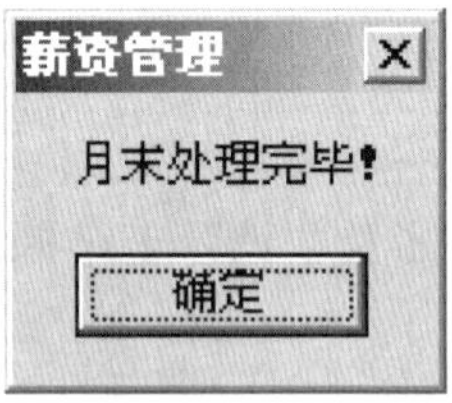

图 8—78

(2)薪资单类别取消月末结账。

【操作步骤】

①只有账套主管才有权取消结账，选择【业务处理】—【月末处理】—【反结账】对话框，选择最后一个已结账的会计期间之后，点击【确定】，即可取消对该月份的结账操作，如图 8—79 所示。

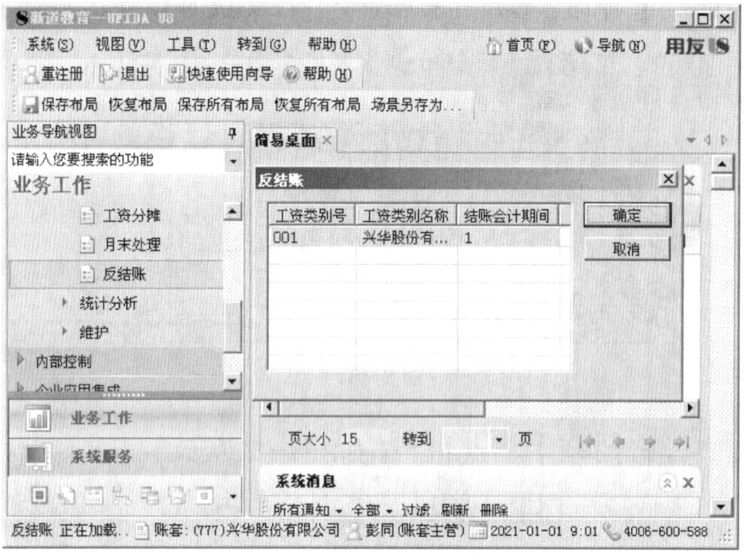

图 8—79

②反结账完成，点击【确定】，出现“反结账已成功完成”提示框，点击【确定】，如图 8—80 所示。

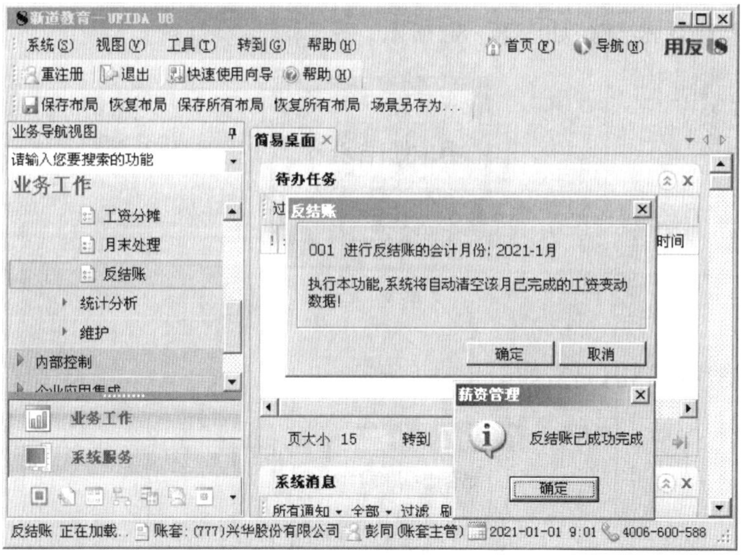

图 8—80

8.5.2　薪资多类别月末处理

【案例 8—4】　薪资多类别月末结账及取消月末结账

一是管理人员薪资类别月末结账及取消月末结账。

(1)管理人员薪资类别月末结账。

【操作步骤】

①多个薪资类别账套，分别进行月末结算。打开管理人员薪资类别，点击【业务处理】—

【月末处理】,点击【确定】,当询问“继续月末处理吗?”时,点击【是】,如图 8—81 所示。

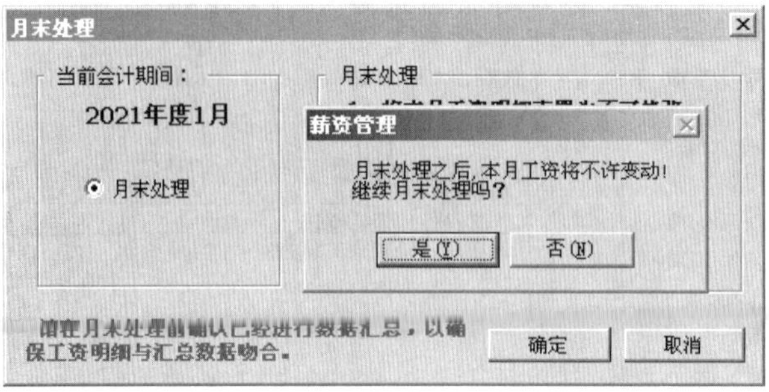

图 8—81

②当询问“是否选择清零项?”时,点击【否】,如图 8—82 所示。

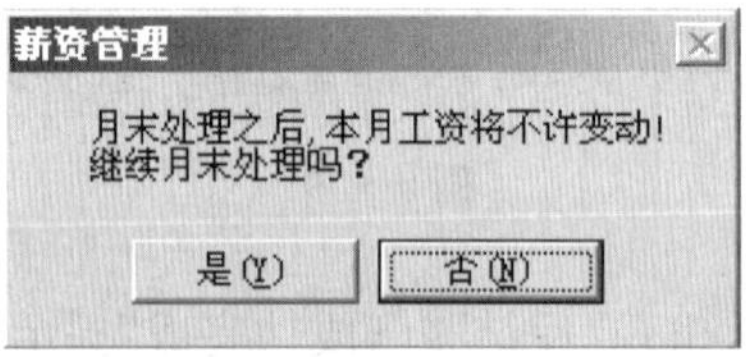

图 8—82

③点击【确定】,完成结账,如图 8—83 所示。

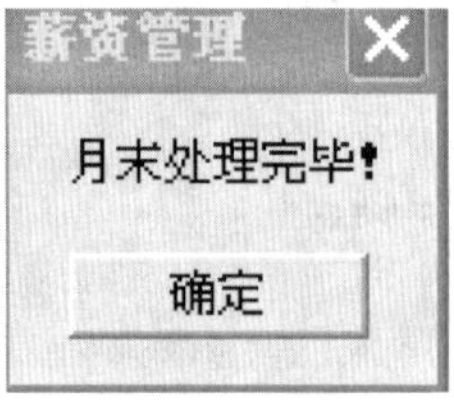

图 8—83

④如果不需清零,点击【是】,如图 8—84 所示。

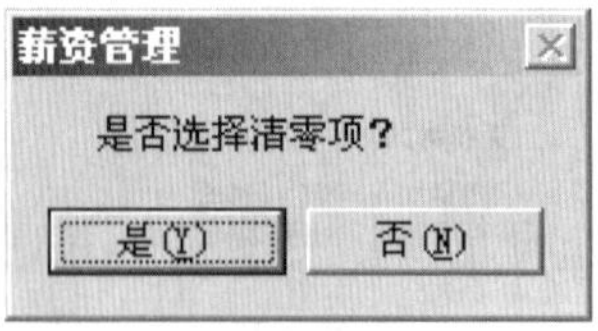

图 8—84

⑤出现“选择清零项目”,如果选择清零,该项目下月数据需要重新录入,如图 8—85 所示。

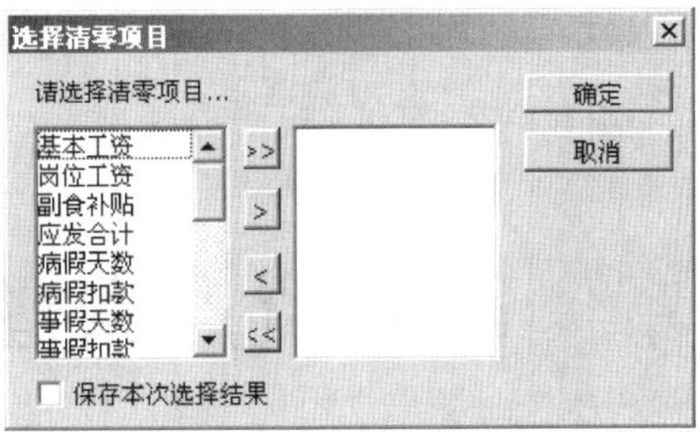

图 8—85

(2)管理人员薪资类别取消月末结账。

【操作步骤】

①只有账套主管才有权取消结账，进入【工资类别】—【关闭薪资类别】，选择【业务处理】—【反结账】对话框，分别取消月末结算。选择管理人员薪资类别已结账的会计期间之后，点击【确定】，如图 8—86 所示。

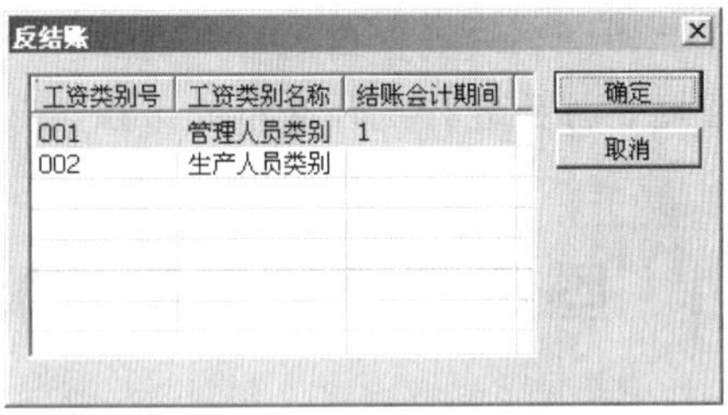

图 8—86

②反结账完成，点击【确定】，如图 8—87 所示。

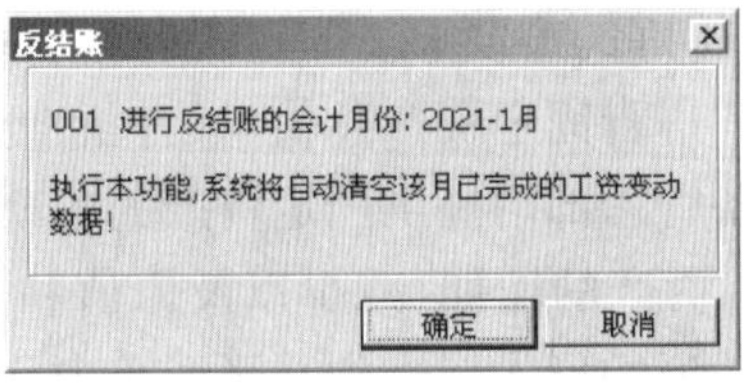

图 8—87

③显示“反结账已成功完成”，点击【确定】，如图 8—88 所示。

图 8—88

二是生产人员薪资类别月末结账及取消月末结账。

生产人员薪资类别月末结账，具体操作步骤参见管理人员薪资类别月末结账及取消月末结账。

第 9 章　固定资产管理系统

学习目标

本章重点介绍了用友 ERP-U8V10.1 固定资产管理系统的功能。通过本章学习，能够掌握固定资产管理系统初始化、日常业务处理、月末处理的主要内容和操作方法。固定资产系统主要提供固定资产管理、折旧计算、统计分析等功能。要求掌握固定资产系统启用、参数设置、建立资产类别、新增固定资产卡片、增加/减少固定资产的业务处理，月末计提折旧及期末处理等常见业务，熟悉查询有关账表资料并进行统计分析的方法。

9.1　固定资产管理系统概述

9.1.1　固定资产管理系统的功能

固定资产管理是企业管理中的一个重要组成部分，因为固定资产具有价值高、使用周期长、使用地点分散等特点，所以管理的难度大。固定资产管理系统主要面向中小型企业的财务系统，可以帮助企业的财务部门进行固定资产总值、累计折旧数据的动态管理，协助企业进行部分成本核算，同时还能为设备管理部门提供固定资产的各项指标管理功能。

固定资产管理系统中具有资产的增加、减少以及原值和累计折旧的调整、折旧计提等功能，都要将有关数据通过记账凭证的形式传输到总账系统中，同时通过“对账”保持固定资产账目与总账的平衡，并且可以查询凭证。

固定资产管理系统为成本管理系统提供折旧费用数据。UFO 报表系统可以通过适用相应的函数，从固定资产系统中提取分析数据。在企业会计制度中，不同性质的企业，固定资产的会计处理方式也会不同。

9.1.2　固定资产系统的操作流程

固定资产系统的操作流程如图 9—1 所示。

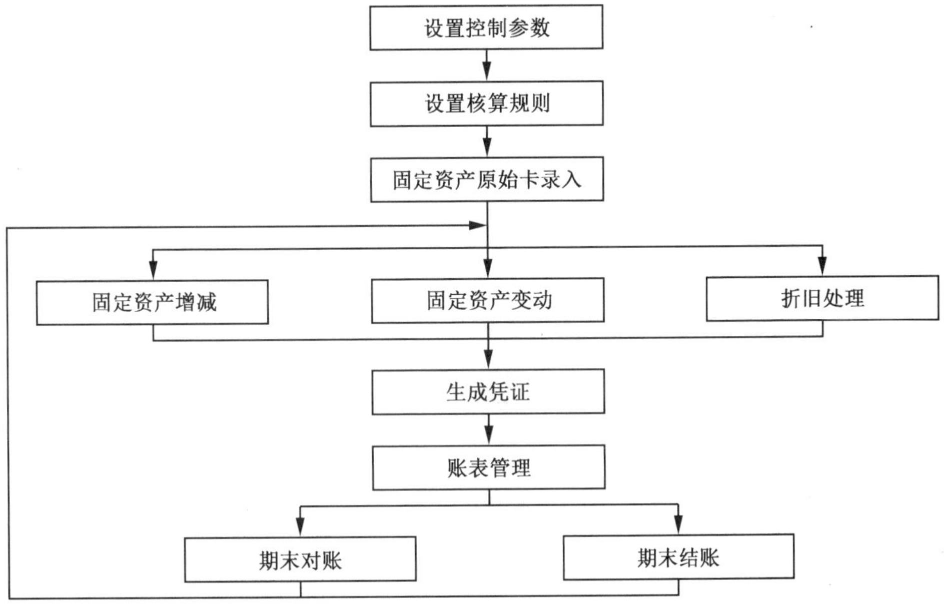

图 9—1

9.2　固定资产管理系统应用案例

9.2.1 【案例 9—1】 基础设置

(1)企业基本资料。

兴华股份有限公司为工业企业,属于增值税一般纳税人企业;账套号为 999,行业性质为“2007 年新会计制度科目”,自 2021 年 1 月初起实行会计电算化;采用系统预设科目,会计科目设三级,科目编码结构为 4—2—2;启用“总账”的同时启用“固定资产”系统。

(2)人员配备和权限分配。

人员配备和权限分配如表 9—1 所示。

表 9—1　人员配备和权限分配

操作员编号	操作员	操作权限
001	彭同	账套主管
002	周方	审核

(3)基础设置。

记账凭证只设通用记账凭证一种,凭证字为“记”字,每月月末结账。

(4)部门档案。

部门档案如表 9—2 所示。

表 9—2 部门档案

部门编码	部门名称	成立日期
1	生产部	2021 年 1 月 1 日
101	生产一部	2021 年 1 月 1 日
102	生产二部	2021 年 1 月 1 日
2	采购部	2021 年 1 月 1 日
3	销售部	2021 年 1 月 1 日
301	销售一部	2021 年 1 月 1 日
302	销售二部	2021 年 1 月 1 日

(5)期初数据。

期初数据如表 9—3 所示。

表 9—3 期初数据

科目代码	科目名称	借方余额(元)	贷方余额(元)
1001	库存现金	2 000	
1002	银行存款	80 000	
1122	应收账款	43 400	
11221	龙电公司	43 400	
1601	固定资产	1 155 568	
1602	累计折旧		166 437.09
4001	实收资本		1 114 530.91
合　计		1 280 968	1 280 968

9.2.2 【案例 9—2】 固定资产管理系统账套初始

(1)系统启用。

兴华股份有限公司 2021 年 1 月 1 日在启用总账的同时启用了固定资产系统。

(2)账套初始。

固定资产的系统参数如表 9—4 所示。

表 9—4 固定资产的系统参数

控制参数	参数设置
折旧信息	本账套计提折旧方法:平均年限法(一) 折旧汇总分配周期:1 个月
编码方式	资产类别编码方式:2112 固定资产编码方式:按“类别编码+部门编码+序号” 自动编码卡片序号长度为 3

续表

控制参数	参数设置
财务接口	与账务系统进行对账，对账不平允许结账 对账科目： 　　固定资产对账科目：固定资产(1601) 　　累计折旧对账科目：累计折旧(1602)
补充参数	业务发生后立即制单 月末结账前一定要完成制单登账业务 固定资产默认入账科目：1601 累计折旧默认入账科目：1602

9.2.3 【案例 9—3】 固定资产管理系统基础设置

(1)部门对应折旧科目。

部门对应折旧科目如表 9—5 所示。

表 9—5　　部门对应折旧科目

部　门	对应折旧科目
人事部、财务部、采购部	管理费用
销售部	销售费用
生产一部、生产二部	制造费用

(2)资产类别。

资产类别如表 9—6 所示。

表 9—6　　资产类别

类别编码	类别名称	计提属性	折旧方法	卡片样式
01	房屋及建筑物	正常计提	平均年限法（一）	含税卡片样式
02	机器设备	正常计提	平均年限法(一)	含税卡片样式
03	运输设备	正常计提	平均年限法(一)	含税卡片样式
04	办公设备	正常计提	平均年限法(一)	含税卡片样式

(3)增减方式的对应入账科目。

增减方式的对应入账科目如表 9—7 所示。

表 9—7　　增减方式的对应入账科目

增加方式	对应入账科目	减少方式	对应入账科目
直接购入	银行存款(1002)	出售	固定资产清理(1606)
投资者投入	实收资本(4001)	捐赠转出	固定资产清理(1606)
在建工程转入	在建工程(1604)		

(4)固定资产原始卡片。

固定资产原始卡片如表 9—8 所示。

表 9—8　　　　固定资产原始卡片

名　称	类　别	规　格	部　门	使用年限（年）	开始使用日期	原　值（元）	累计折旧（元）	残值率（%）
办公楼	01	2 000 平方米	多部门	30	2015—10—01	740 000	71 276	5
小型机	02	SY	生产一部	5	2018—01—01	120 000	17 783.33	3
程控交换机	02	IBM	生产二部	4	2017—06—01	20 000	2 425	3
奥迪车	03	ST2000	财务部	10	2019—07—01	250 000	69 270	5
电脑	04	联想	人事部	4	2019—10—01	13 000	2 889	3
电脑	04	HP	生产二部	4	2018—10—01	12 568	2 793.76	3
合　计						1 155 568	166 437.09	

注：原始卡片增加方式，均为直接购入的方式，使用状况均为在用，各卡片均为“平均年限法（一）”。办公楼各部门的使用比例为：财务部“20%”、销售一部“10%”、销售二部“10%”、采购部“20%”、生产一部“10%”、生产二部“30%”。

9.2.4 【案例 9—4】 固定资产管理系统日常业务处理

（1）2021 年 1 月 12 日，购惠普传真机一台，价值 3 000 元，增值税 390 元，财务部使用，使用年限 5 年，按照平均年限法（一）计提折旧，净残值率 10%，附单据 2 张。

（2）2021 年 1 月 29 日，利用固定资产系统自动计提折旧，并生成折旧分配凭证传递到总账系统。

（3）2021 年 1 月 29 日将奥迪车出售，收回 170 000 元，支票结算，附单据 2 张。

9.2.5 【案例 9—5】 固定资产管理系统期末处理

（1）固定资产管理系统月末结账。

（2）固定资产管理系统取消月末结账。

9.3 固定资产管理系统账套初始

9.3.1 系统启用

【案例 9—2】 系统启用

兴华股份有限公司 2021 年 1 月 1 日在启用总账的同时启用了固定资产系统。

【操作步骤】

【基础设置】—【基本信息】—【系统启用】，选中【固定资产】，启用“固定资产”系统，点击【确定】，如图 9—2 所示。

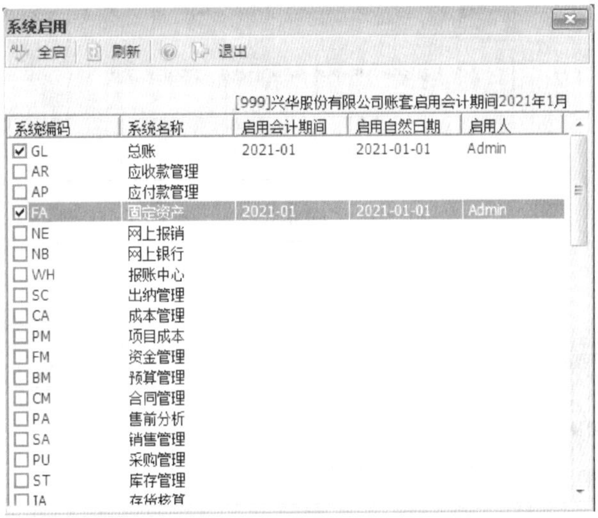

图 9—2

9.3.2　账套初始

账套参数设置主要包括基本信息、折旧信息、与账务系统接口、编码方式和其他五方面的内容，它是固定资产管理系统运行的前提条件，也是固定资产系统基础设置的基础。对固定资产系统进行初始化操作，是根据企业的具体情况，建立一个固定资产子账套的过程。

【案例 9—2】　账套初始（见表 9—9）

表 9—9　　固定资产的系统参数

控制参数	参数设置
折旧信息	本账套计提折旧方法：平均年限法（一） 折旧汇总分配周期：1 个月
编码方式	资产类别编码方式：2112 固定资产编码方式：按“类别编码＋部门编码＋序号” 自动编码卡片序号长度为 3
财务接口	与账务系统进行对账，对账不平允许结账 对账科目： 固定资产对账科目：固定资产（1601） 累计折旧对账科目：累计折旧（1602）
补充参数	业务发生后立即制单 月末结账前一定要完成制单登账业务 固定资产默认入账科目：1601 累计折旧默认入账科目：1602

【操作步骤】

（1）初次进入固定资产系统，系统弹出“这是第一次打开此账套，还未进行过初始化，是否进行初始化？”提示框，点击【是】，如图 9—3 所示。

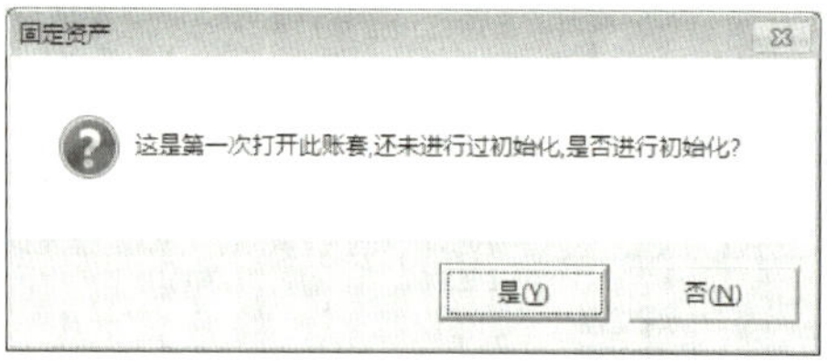

图 9—3

(2)选择“我同意”,点击【下一步】,如图 9—4 所示。

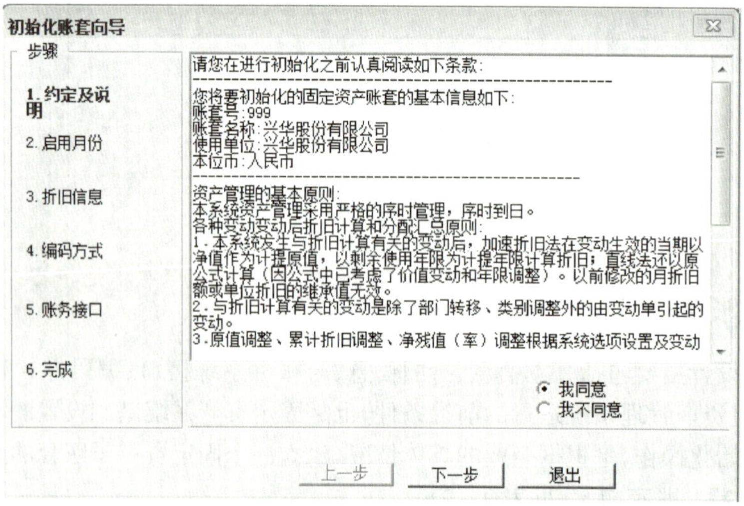

图 9—4

(3)启用月份只能查看不能修改,当确定启用日期后,在该日期前的所有固定资产都将被作为期初数据,在启用月份开始计提折旧,点击【下一步】,如图 9—5 所示。

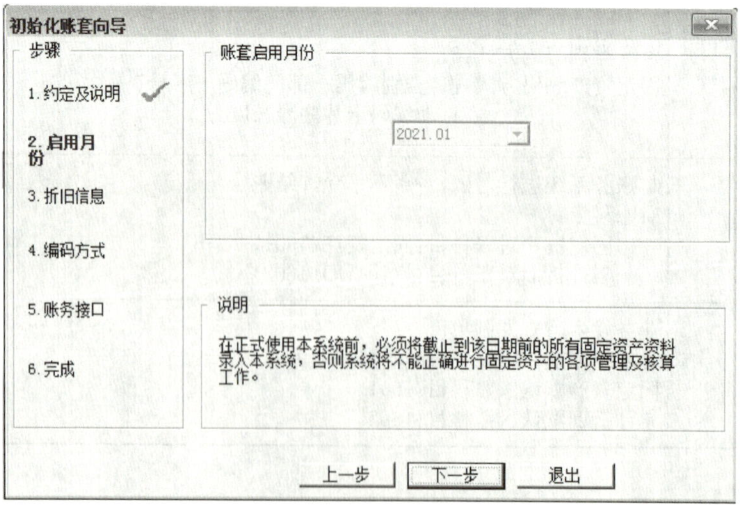

图 9—5

(4)录入固定资产折旧信息,点击【下一步】,如图 9—6 所示。

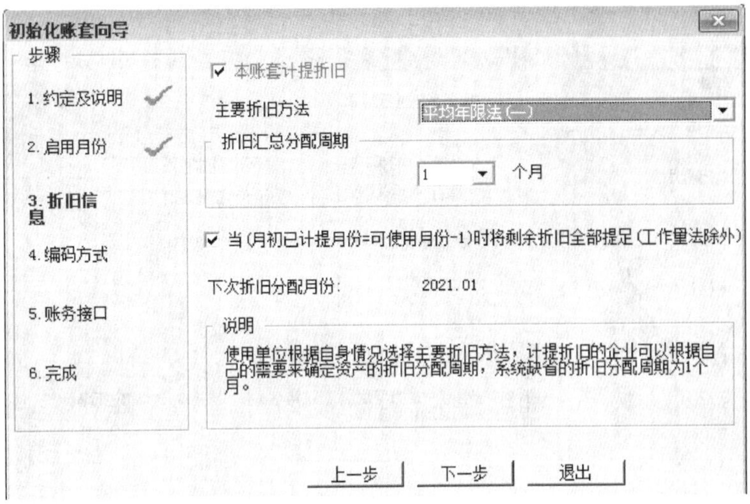

图 9—6

(5)录入固定资产编码方式,点击【下一步】,如图 9—7 所示。

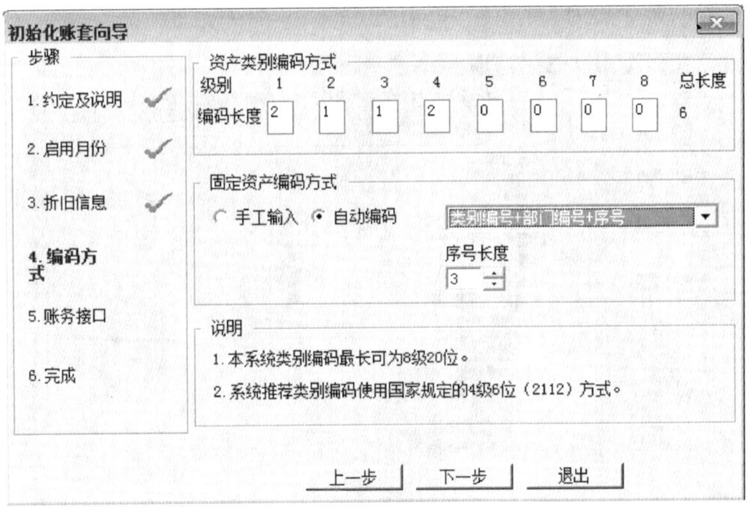

图 9—7

【提示】

①资产类别编码方式设置后,一旦某一级设置了类别,该级的长度就不能修改了,没有使用过的各级的长度可以修改。此外,每一个账套的资产自动编码方式只能选择一种,一经设定,就不得修改。

②固定资产编码方式:固定资产编号是资产的管理者给资产所编的编号,可以在输入卡片时手工输入,也可以选用自动编码的形式自动生成。如果选择了“手工输入”,则卡片输入时通过手工输入的方式录入资产编号。如果选择了“自动编码”,根据系统初始化设置的编码方式,不能修改编码方式,但可修改序号长度。

(6)录入固定资产财务接口信息，点击【下一步】，如图 9—8 所示。

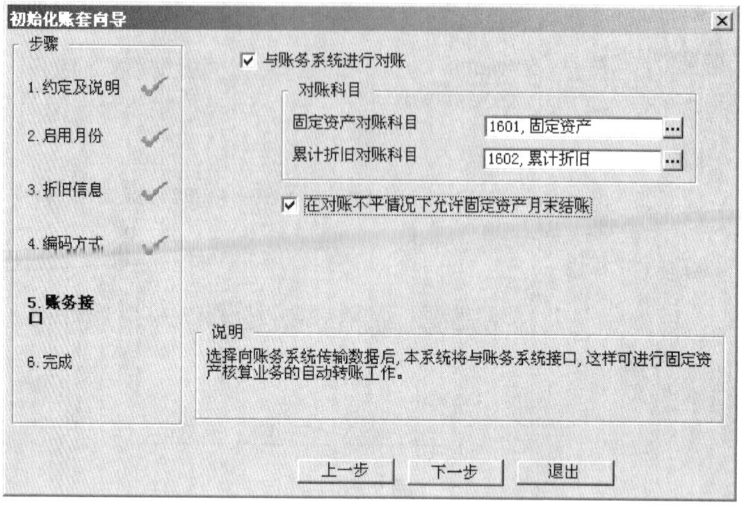

图 9—8

(7)显示该账套的基本内容，点击【完成】，如图 9—9 所示。

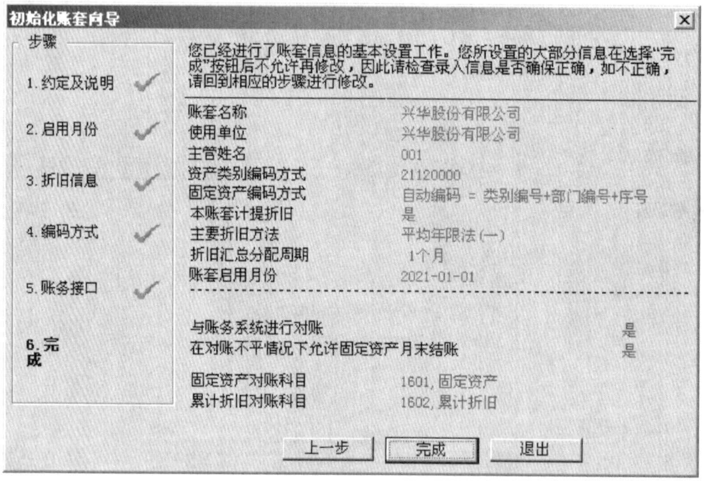

图 9—9

(8)点击【是】，保存设置，如图 9—10 所示。

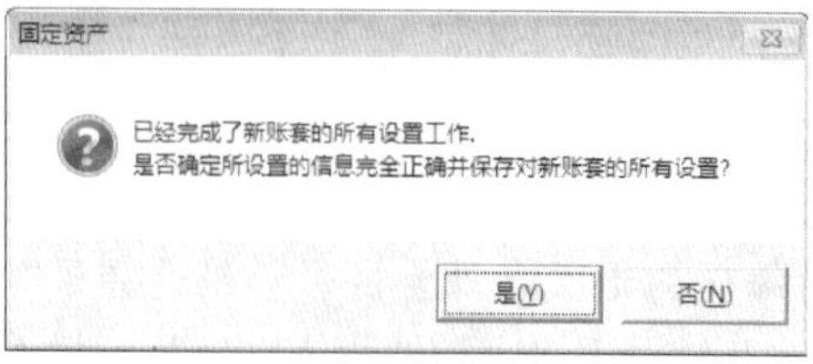

图 9—10

(9)点击【确定】，即可完成初始化设置，如图 9—11 所示。

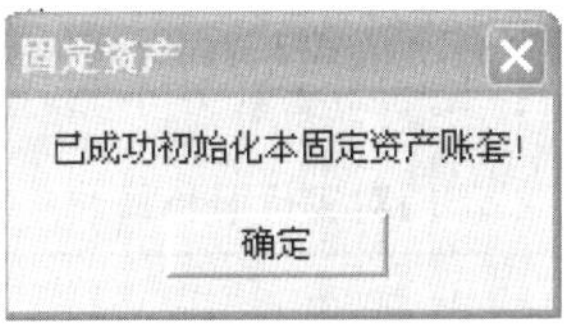

图 9—11

(10)完成建账之后，如果需要对账套中的某些参数进行修改，点击【设置】—【选项】，点击【编辑】，进行补充参数定义，“业务发生后立即制单，月末结账前一定要完成制单登账业务，固定资产默认入账科目：1601，累计折旧默认入账科目：1602”，然后点击【确定】，如图 9—12 所示。

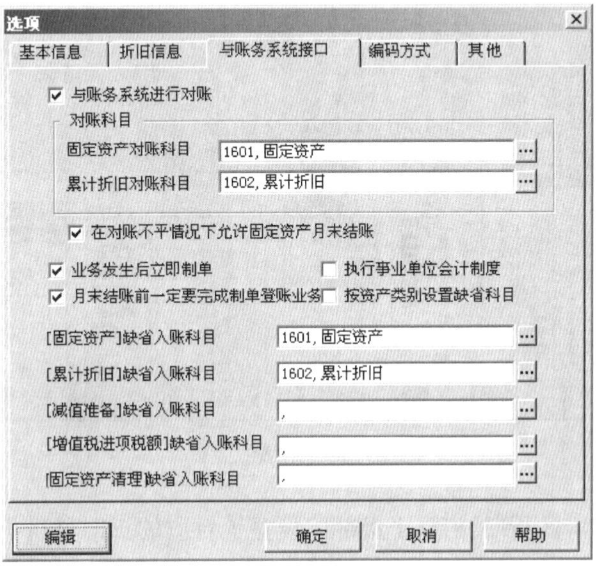

图 9—12

9.4　固定资产管理系统基础设置

在开始记账前，用户必须将手工记账时采用的信息在账套内进行设置，这些基础设置是使用固定资产系统进行资产管理和核算的基础。系统的各项基础设置中除资产类别和建账期初数据必须由用户设置外，其他各部分都有默认的内容。

9.4.1　部门对应折旧科目

资产计提折旧后必须把折旧归入成本或费用，根据不同使用者的具体情况，可按部门归档，也可按类别归档。对应折旧科目是指计提折旧时所对应的成本或费用科目。

部门对应折旧科目的设置是指在部门档案设置中可对企业的各职能部门进行分类和描述，以便确定资产的归属。对应折旧科目是指折旧费用的入账科目，部门折旧费用的设置就是给每个部门选择一个折旧科目，这样在录入卡片时，该科目将自动添入卡片，而不必再一个一个地录入。

【案例 9－3】 部门对应折旧科目(见表 9－10)

表 9－10　　部门对应折旧科目

部　门	对应折旧科目
人事部、财务部、采购部	管理费用
销售部	销售费用
生产一部、生产二部	制造费用

【操作步骤】

(1)【设置】—【部门对应折旧科目】,选择相应部门,点击【修改】,如图 9－13 所示。

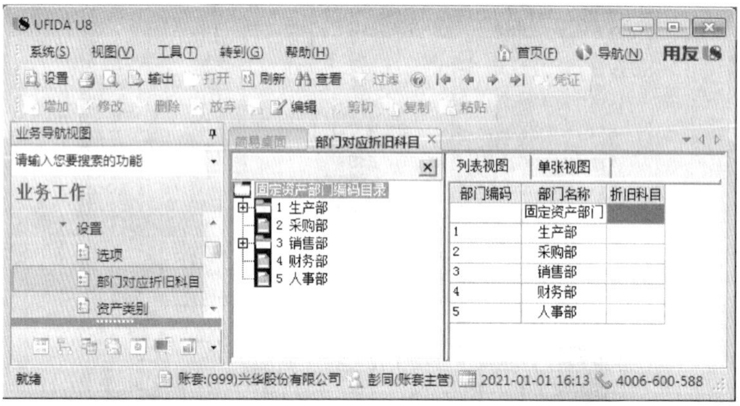

图 9－13

(2)选择各部门对应的折旧科目,上级部门设置了对应的折旧科目,下级部门将继承上级部门的设置,点击【刷新】,则所有下级部门替换为同样的折旧科目,点击【保存】,如图 9－14 所示。

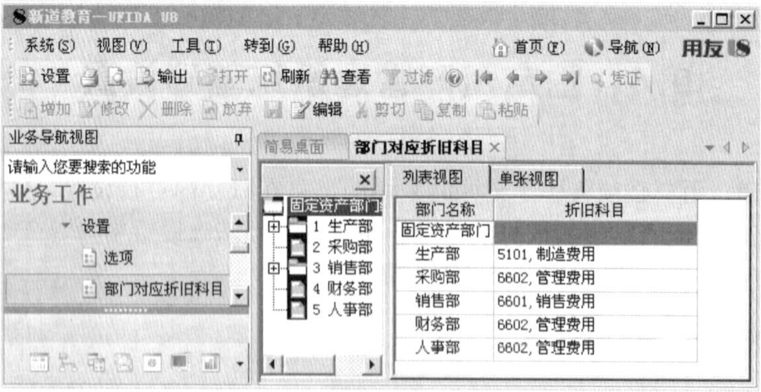

图 9－14

9.4.2　资产类别

资产类别管理是企业要强化固定资产管理，及时准确地做好固定资产核算，必须科学地对固定资产进行分类，为核算和统计管理提供依据。企业可以根据自身的特点和在管理方面的要求，制定一个合理的资产分类方法。

【案例 9—3】 资产类别(见表 9—11)

表 9—11　　　　**资产类别**

类别编码	类别名称	计提属性	折旧方法	卡片样式
01	房屋及建筑物	正常计提	平均年限法（一）	含税卡片样式
02	机器设备	正常计提	平均年限法(一)	含税卡片样式
03	运输设备	正常计提	平均年限法(一)	含税卡片样式
04	办公设备	正常计提	平均年限法(一)	含税卡片样式

【操作步骤】

(1)【设置】—【资产类别】，点击【增加】，录入相应信息，点击【保存】，如图 9—15 所示。

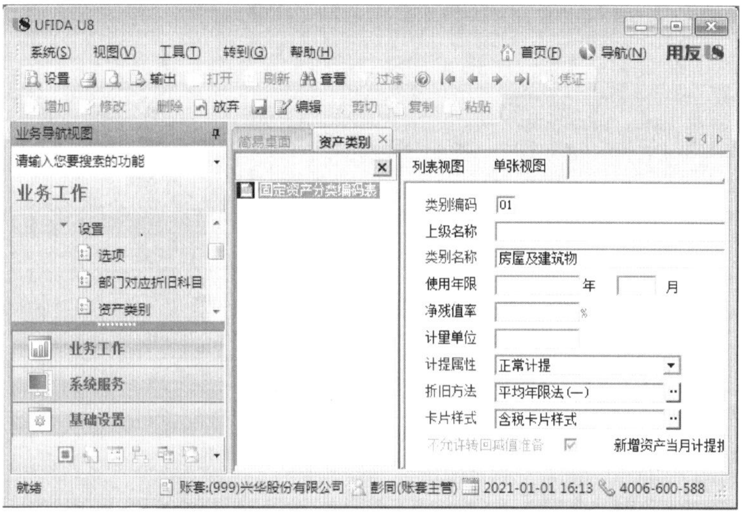

图 9—15

(2)全部录入完毕，如图 9—16 所示。

图 9—16

9.4.3 增减方式对应入账科目

固定资产增减方式的设置主要是在固定资产有增加或减少的业务时使用，企业可根据实际需要增加或减少，固定资产增减方式包括增加方式和减少方式两类。资产的增加或减少的方式不仅可用以确定资产计价和处理的原则，明确资产的增加或减少方式，还可对固定资产增减的汇总管理做到心中有数。在用友 ERP-U8V10.1 应用系统中，固定资产的增减方式可以设置两级，用户可根据需要自行增减。

【案例 9—3】 增减方式的对应入账科目(见表 9—12)

表 9—12　　增减方式的对应入账科目

增加方式	对应入账科目	减少方式	对应入账科目
直接购入	银行存款(1002)	出售	固定资产清理(1606)
投资者投入	实收资本(4001)	捐赠转出	固定资产清理(1606)
在建工程转入	在建工程(1604)		

【操作步骤】

(1)【设置】—【增减方式】，选择一种“增减方式”，录入“对应入账科目”，点击【保存】，如图 9—17 所示。

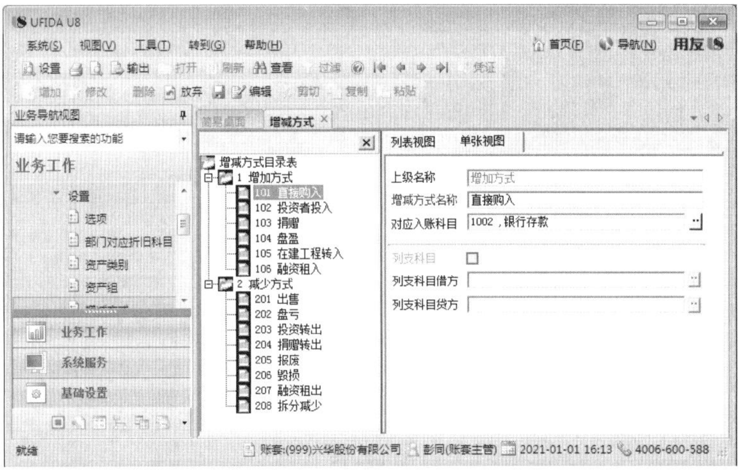

图 9—17

(2)全部录入完毕，如图 9—18 所示。

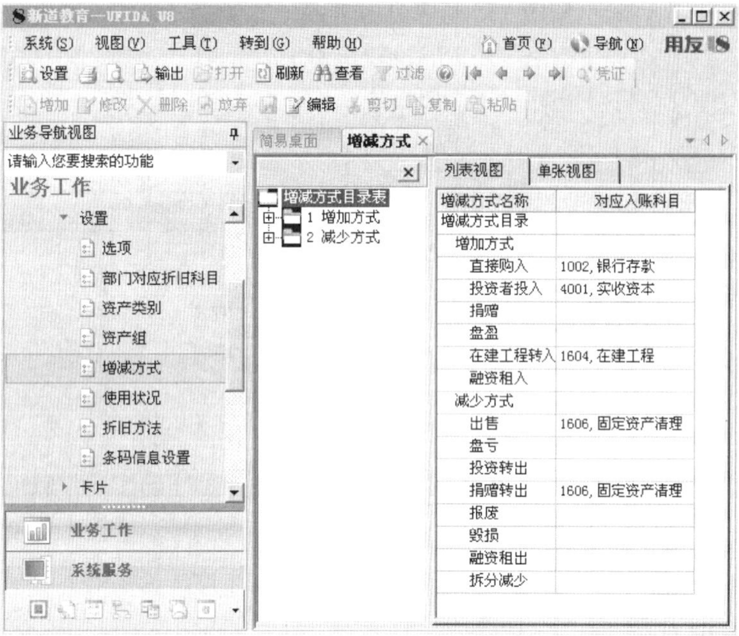

图 9—18

9.4.4　使用状况

固定资产从核算和管理的角度需要明确资产的使用状况，一方面可以正确地计算和计提折旧，另一方面也便于统计固定资产的使用情况，提高资产的利用效率。用友 ERP-U8V10.1 固定资产子系统的使用状况有“使用中”“未使用”“不需用”三种一级使用状况，用户不能对其进行增加、修改或删除，但可在一级使用状况下增加二级使用状况。

【操作步骤】

(1)【设置】—【使用状况】，如图 9—19 所示。

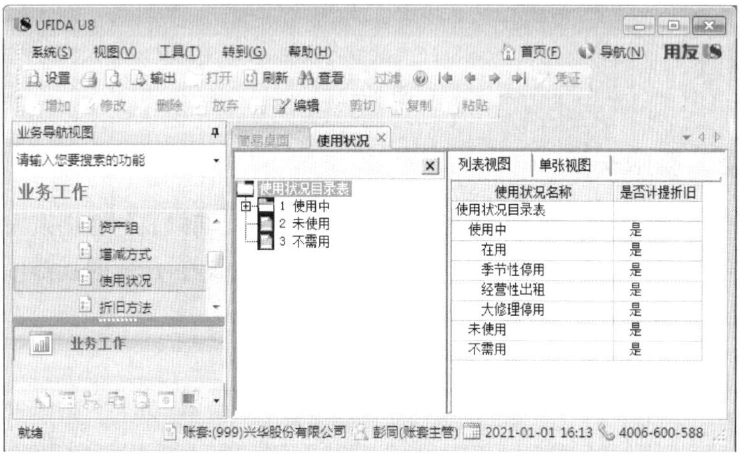

图 9—19

(2)如果需要新增一种使用状况，则可以选择一级使用状况，点击【增加】，系统将自动转换到该类别的“单张视图”窗口，如图 9—20 所示。

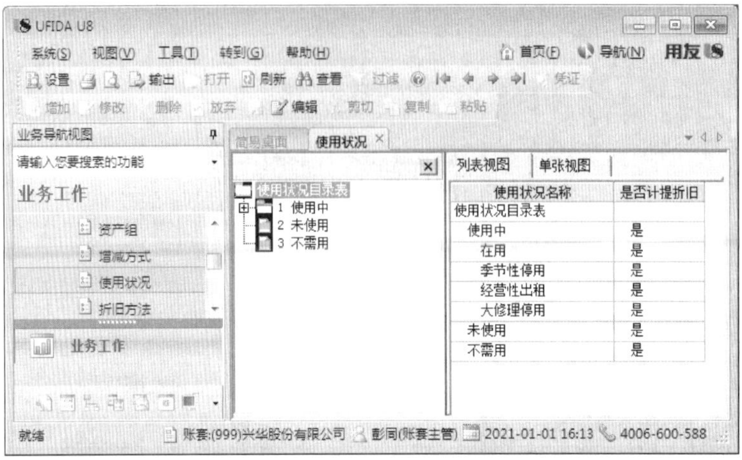

图 9—20

9.4.5 折旧方法

折旧方法设置是系统自动计算折旧的基础。系统给出了常用的五种方法:不提折旧、平均年限法(一)和(二)、工作量法、年数总和法、双倍余额递减法。这几种方法是系统设置的折旧方法,这几种折旧方法只能选用,不能删除和修改。

【操作步骤】

【设置】—【折旧方法】,如图 9—21 所示。

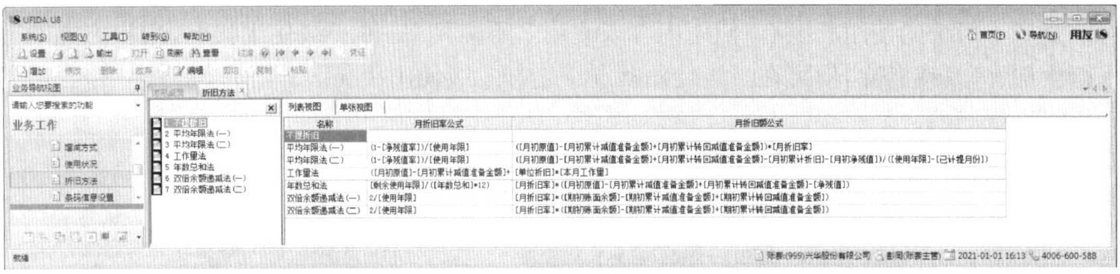

图 9—21

9.4.6 录入原始卡片

在使用固定资产管理系统进行核算前,还必须将建账日期以前的数据录入系统中,保持历史数据的连续性。原始卡片的录入不限制在第一个期间结账前,任何时候都可以录入。

【案例 9—3】 固定资产原始卡片(见表 9—13)

表 9—13 **固定资产原始卡片**

名　称	类 别	规　格	部　门	使用年限(年)	开始使用日期	原　值(元)	累计折旧(元)	残值率(%)
办公楼	01	2 000 平方米	多部门	30	2015-10-01	740 000	71 276	5
小型机	02	SY	生产一部	5	2018-01-01	120 000	17 783. 33	3

续表

名　称	类 别	规　格	部　门	使用年限（年）	开始使用日期	原　值（元）	累计折旧（元）	残值率（%）
程控交换机	02	IBM	生产二部	4	2017-06-01	20 000	2 425	3
奥迪车	03	ST2000	财务部	10	2019-07-01	250 000	69 270	5
电脑	04	联想	人事部	4	2019-10-01	13 000	2 889	3
电脑	04	HP	生产二部	4	2018-10-01	12 568	2 793.76	3
合　计						1 155 568	166 437.09	

注：原始卡片增加方式，均为直接购入的方式，使用状况均为在用，各卡片均为“平均年限法(一)”。办公楼各部门的使用比例为：财务部“20%”、销售一部“10%”、销售二部“10%”、采购部“20%”、生产一部“10%”、生产二部“30%”。

【操作步骤】

(1)【卡片】—【录入原始卡片】，选择卡片所属的资产类别，点击【确定】，如图 9—22 所示。

图 9—22

(2)录入固定资产详细信息，如图 9—23 所示。

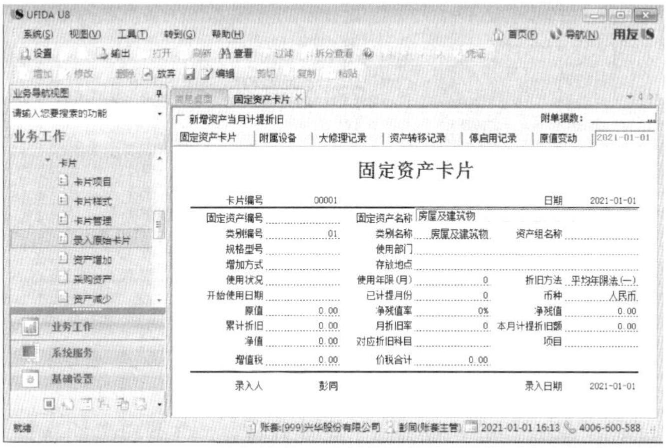

图 9—23

(3)固定资产涉及多部门使用，选择“多部门使用”，点击【确定】，如图 9—24 所示。

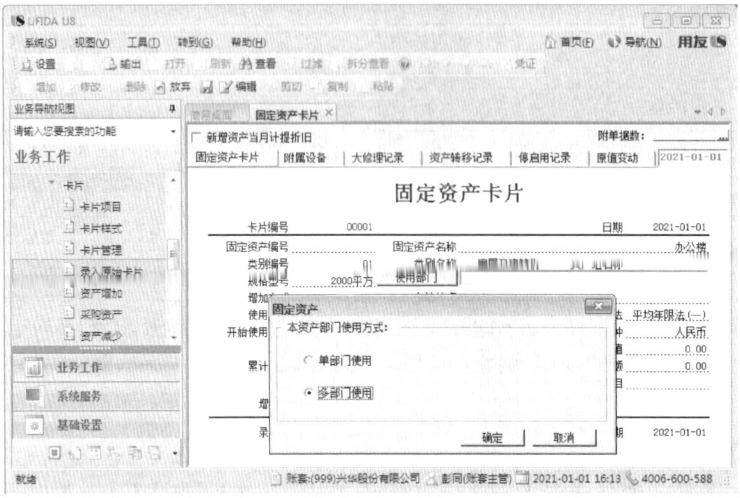

图 9—24

(4)分别录入各部门及所占比例,如图 9—25 所示。

序号	使用部门	使用比例(%)	对应折旧科目	项目大类	对应项目	部门编码
1	财务部	20.0000	6602,管理费用			4
2	销售一部	10.0000	6601,销售费用			301
3	销售二部	10.0000	6601,销售费用			302
4	采购部	20.0000	6602,管理费用			2
5	生产一部	10.0000	5101,制造费用			101
6	生产二部	30.0000	5101,制造费用			102

图 9—25

(5)录入完毕,点击【确定】,如图 9—26 所示。

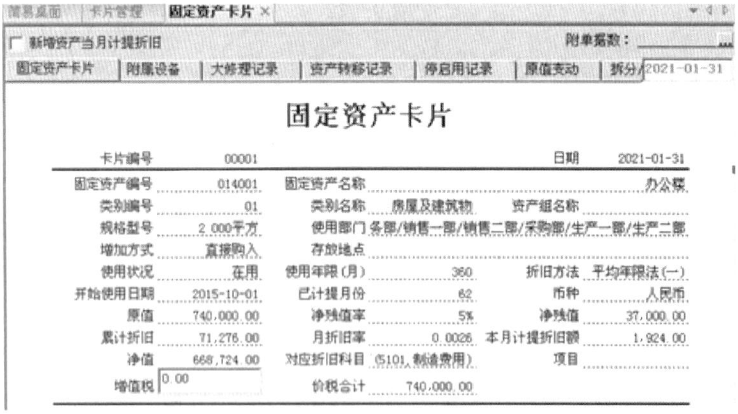

图 9—26

【提示】

①卡片中的固定资产编号根据初始化或【设置】—【选项】中的编码方式。

②单个资产对应单个使用部门时,卡片上使用部门列示部门名称,可根据科目参照修改。单个资产对应多个使用部门时,卡片上的对应折旧科目处不许录入,只能按使用部门选择时的设置确定,原值、累计折旧等数据可以在部门间按设置的比例分摊,各部门的使用比例之和必须为 100%。

③开始使用日期,必须采用"年-月-日"——YYYY-MM-DD 的形式录入。其中只有"年"和"月"对折旧计提有影响,"日"不会影响折旧的计提,但也必须录入。

④原值、累计折旧、累计工作量录入的一定要是卡片录入月月初的价值,否则将会出现计算错误。已计提月份必须严格按照该资产已经计提的月份数,不包括使用期间停用等不计提折旧的月份,否则不能正确计算折旧。与计算折旧有关的项目录入后,系统会按照录入的内容将本月应提的折旧额显示在"本月计提折旧额"项目内,可将该值与手工计算的值比较,看是否有录入错误。

⑤卡片上的对应折旧科目处显示所有已定义的折旧科目编码、名称,用"/"分隔。对应折旧科目不是项目核算的也能为项目管理提供项目折旧信息。

⑥"录入人"自动显示为当前"操作员","录入日期"为当前"登录日期"。

9.4.7　卡片管理

固定资产卡片管理是对固定资产管理系统中所有卡片综合管理的功能操作,包括卡片查询、卡片修改、卡片删除和卡片打印等。

卡片查询是指原始卡片录入完毕后,可以通过卡片查询到所有录入的卡片的固定资产开始使用日期、使用年限、原值、净残值率等内容。

卡片修改是指在使用过程中发现卡片录入有错误或资产在使用过程中需要修改卡片的一些内容时,可通过卡片修改功能来实现。这种修改称为无痕迹修改,在变动清单和查看历史状态时不体现,无痕迹修改前的内容在任何查看状态下都不能再看到。

卡片删除是指把卡片资料彻底从系统内清除,并不是资产清理或减少。

【操作步骤】

(1)【卡片】—【卡片管理】,注意录入正确的"开始使用日期",否则可能查询不到所有的卡片,点击【确定】,如图 9—27 所示。

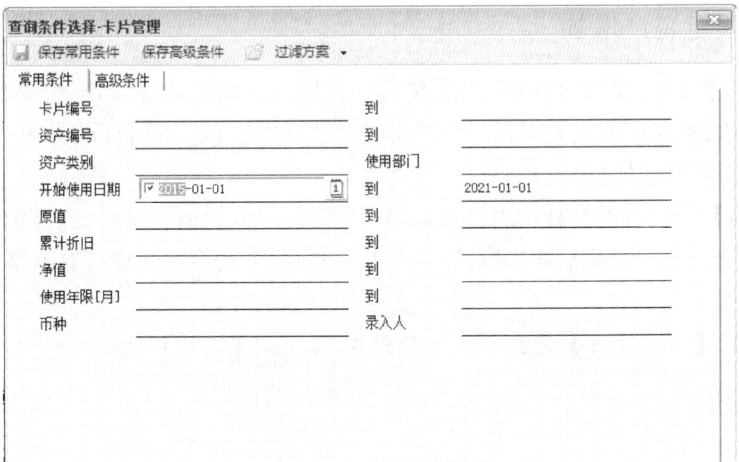

图 9—27

(2)进行卡片查询、修改、删除,如图 9—28 所示。

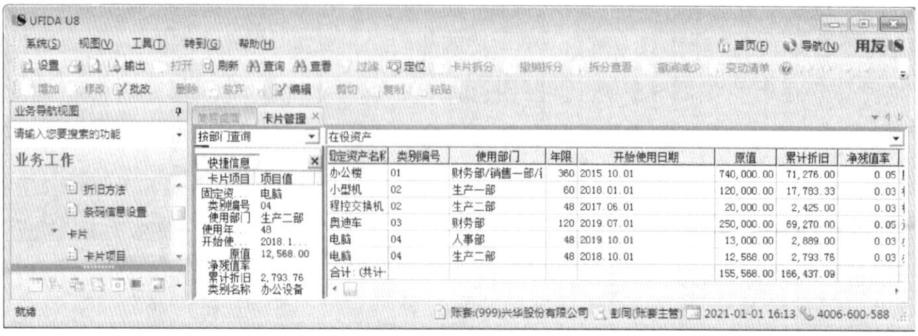

图 9—28

【提示】

①原值、使用部门、使用状况、累计折旧、净残值(率)、折旧方法、使用年限、资产类别各项目月末结账后,只能通过变动单或评估单调整,不能通过卡片修改功能改变。

②通过“资产增加”录入系统的卡片,在没有制作凭证和变动单、评估单的情况下,录入当月可修改。如果做过变动单,只有删除变动单才能修改。如果已制作凭证,就要在修改原值或累计折旧必须删除凭证后,才能修改。

③修改前的内容不可恢复。

9.5　固定资产管理系统日常业务处理

9.5.1　固定资产增加

在系统日常使用过程中,企业会购进或通过其他方式增加企业资产,资产增加也是一种新卡片的录入,与原始卡片录入相对应。只有当资产增加的开始使用日期必须大于等于录入日期时,才能通过“资产增加”录入。

【案例 9—4】 2021 年 1 月 12 日,购惠普传真机一台,价值 3 000 元,增值税 390 元,财务部使用,使用年限 5 年,按照平均年限法(一)计提折旧,净残值率 10%,附单据 2 张。

【操作步骤】

(1)【卡片】—【资产增加】,选择相应的资产类别,点击【确定】,如图 9—29 所示。

图 9—29

(2)录入固定资产详细信息,点击保存,如图 9—30 所示。

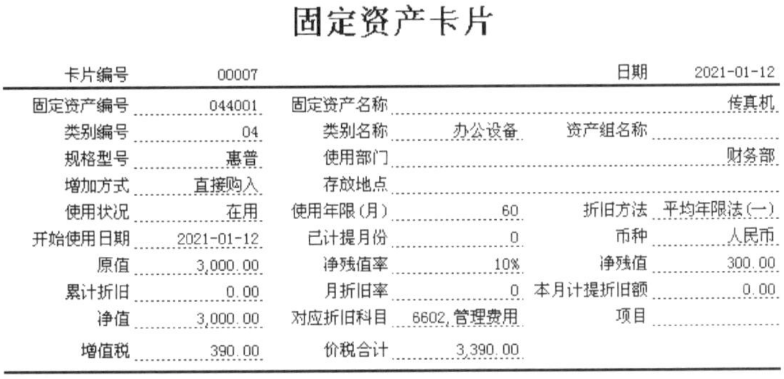
固定资产卡片

卡片编号	00007			日期	2021-01-12
固定资产编号	044001	固定资产名称	传真机		
类别编号	04	类别名称	办公设备	资产组名称	
规格型号	惠普	使用部门	财务部		
增加方式	直接购入	存放地点			
使用状况	在用	使用年限(月)	60	折旧方法	平均年限法(一)
开始使用日期	2021-01-12	已计提月份	0	币种	人民币
原值	3,000.00	净残值率	10%	净残值	300.00
累计折旧	0.00	月折旧率	0	本月计提折旧额	0.00
净值	3,000.00	对应折旧科目	6602,管理费用	项目	
增值税	390.00	价税合计	3,390.00		

图 9—30

(3)只有在【选项】中选择“业务发生后立即制单”,新增加固定资产卡片后,才会自动弹出【填制凭证】窗口;否则,只能在【处理】—【批量制单】中生成凭证。如果凭证正确,则点击【保存】,“已生成”凭证传递到总账系统中,如图 9—31 所示。

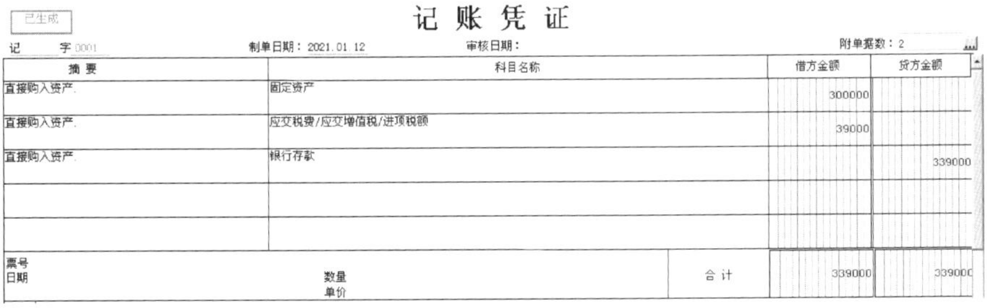
已生成

记 账 凭 证

记 字 0001 制单日期:2021.01.12 审核日期: 附单据数:2

摘要	科目名称	借方金额	贷方金额
直接购入资产.	固定资产	300000	
直接购入资产.	应交税费/应交增值税/进项税额	39000	
直接购入资产.	银行存款		339000
票号 日期	数量 单价 合计	339000	339000

图 9—31

9.5.2 计提折旧

当开始计提折旧时，系统将自动计提所有资产的当期折旧额，并将当期的折旧额自动累加到累计折旧项目中。在计提工作完成后，还需要进行折旧分配，以形成折旧费用。系统除了自动生成折旧清单之外，同时还生成折旧分配表，以完成当期折旧费用登账工作。

【案例 9－4】 2021 年 1 月 29 日，利用固定资产系统自动计提折旧，并生成折旧分配凭证传递到总账系统。

【操作步骤】

(1)【处理】—【计提本月折旧】，弹出“是否要查看折旧清单?”提示框，点击【是】，如图 9—32 所示。

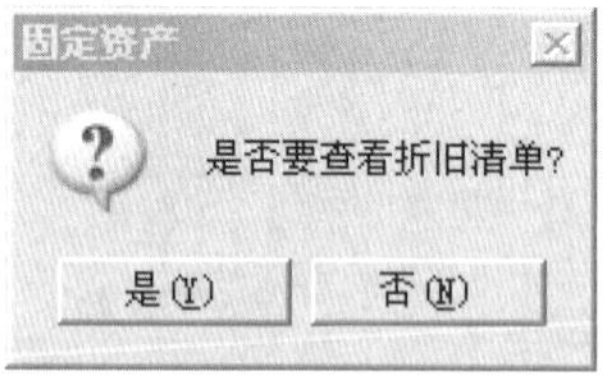

图 9—32

(2)弹出“……是否要继续?”提示框，点击【是】，如图 9—33 所示。

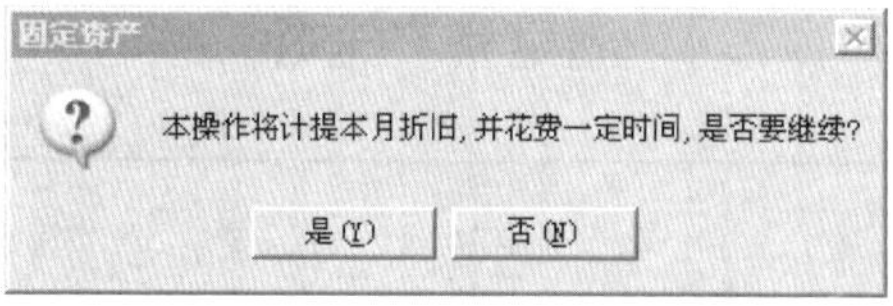

图 9—33

(3)出现固定资产折旧清单，点击【退出】，如图 9—34 所示。

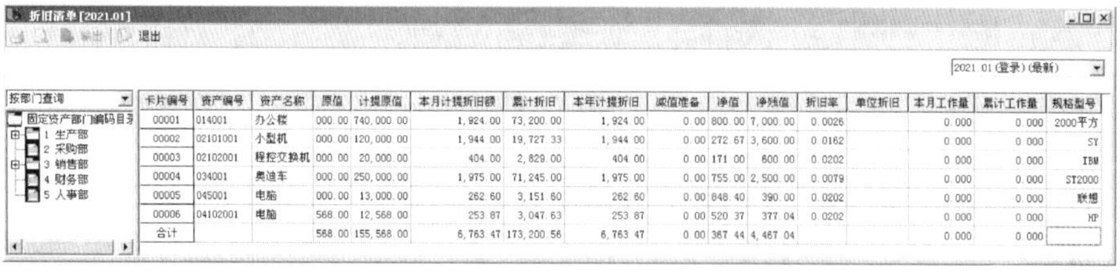

卡片编号	资产编号	资产名称	原值	计提原值	本月计提折旧额	累计折旧	本年计提折旧	减值准备	净值	净残值	折旧率	单位折旧	本月工作量	累计工作量	规格型号
00001	014001	办公楼	000.00	740,000.00	1,924.00	73,200.00	1,924.00	0.00	800.00	7,000.00	0.0026		0.000	0.000	2000平方
00002	02101001	小型机	000.00	120,000.00	1,944.00	19,727.33	1,944.00	0.00	272.67	3,600.00	0.0162		0.000	0.000	SY
00003	02102001	程控交换机	000.00	20,000.00	404.00	2,829.00	404.00	0.00	171.00	600.00	0.0202		0.000	0.000	IBM
00004	034001	奥迪车	000.00	250,000.00	1,975.00	71,245.00	1,975.00	0.00	755.00	2,500.00	0.0079		0.000	0.000	ST2000
00005	045001	电脑	000.00	13,000.00	262.60	3,151.60	262.60	0.00	848.40	390.00	0.0202		0.000	0.000	联想
00006	04102001	电脑	568.00	12,568.00	253.87	3,047.63	253.87	0.00	520.37	377.04	0.0202		0.000	0.000	HP
合计			568.00	155,568.00	6,763.47	173,200.56	6,763.47	0.00	367.44	4,467.04			0.000	0.000	

图 9—34

(4)出现固定资产折旧分配表，点击【退出】，如图 9—35 所示。

部门编号	部门名称	项目编号	项目名称	科目编号	科目名称	折旧额
101	生产一部			5101	制造费用	2,136.40
102	生产二部			5101	制造费用	1,235.07
2	采购部			6602	管理费用	384.80
301	销售一部			6601	销售费用	192.40
302	销售二部			6601	销售费用	192.40
4	财务部			6602	管理费用	2,359.80
5	人事部			6602	管理费用	262.60
合计						6,763.47

图 9－35

(5)如果凭证正确,点击【保存】,“已生成”凭证传递到总账系统中,如图 9－36 所示。

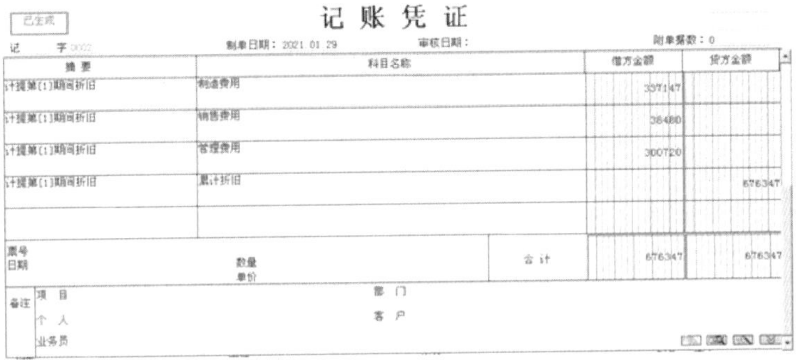

摘要	科目名称	借方金额	贷方金额
计提第[1]期间折旧	制造费用	337147	
计提第[1]期间折旧	销售费用	38480	
计提第[1]期间折旧	管理费用	300720	
计提第[1]期间折旧	累计折旧		676347
票号 日期 数量 单价	合计	676347	676347

图 9－36

9.5.3　资产减少

资产在使用过程中由于各种原因(如毁损、出售和盘亏等)退出企业时,需要进行资产减少处理。在企业的日常业务中,不可避免地会由于出售、盘亏、投资转出、捐赠转出、报废、毁损和融资租出等原因,发生固定资产的减少。由于固定资产在减少当月仍需要计提当月折旧,所以固定资产减少的核算必须在计提了当月的固定资产折旧之后才能进行。与固定资产增加处理类似,在固定资产减少时,先要从固定资产原始卡片中将该资产卡片删除,再进行凭证处理。

【案例 9－4】　2021 年 1 月 29 日,将奥迪车出售,收回 170 000 元,支票结算,附单据 2 张。

【操作步骤】

(1)【卡片】—【资产减少】,只有在计提折旧后,才可执行资产减少,录入要减少的固定资产信息,点击【确定】,如图 9－37 所示。

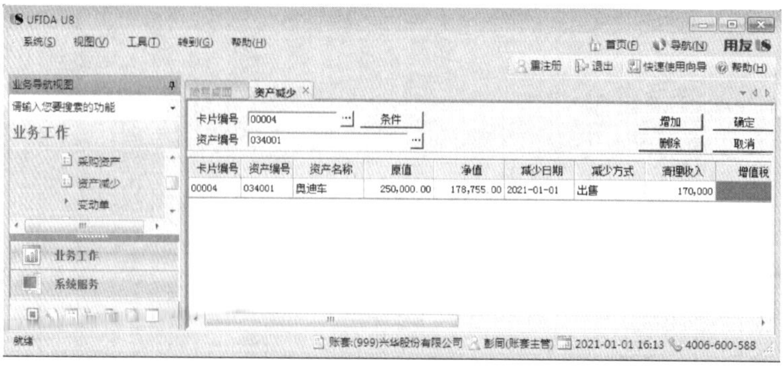

图 9—37

(2)生成固定资产减少凭证,点击【保存】,“已生成”凭证传递到总账系统中,如图 9—38 所示。

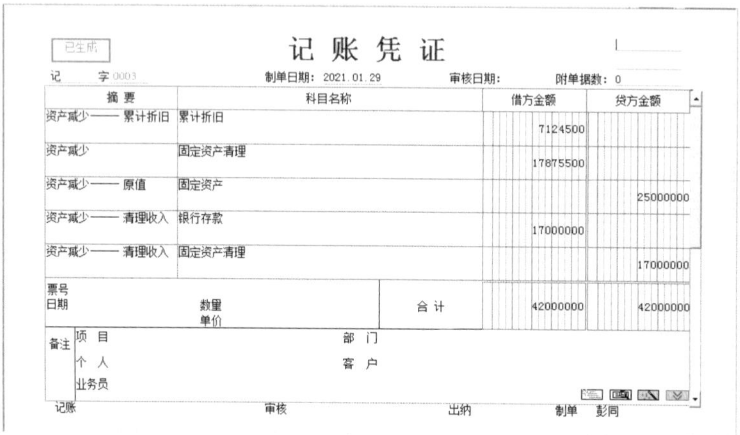

图 9—38

9.5.4 凭证查询、删除、冲销

【操作步骤】

(1)【处理】—【凭证查询】,查询已生成的凭证,如图 9—39 所示。

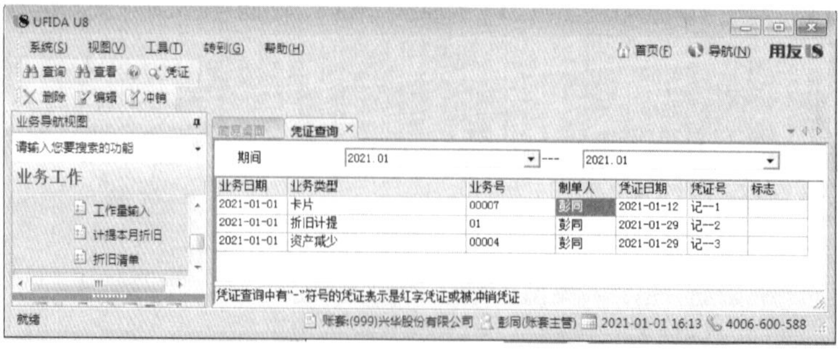

图 9—39

(2)选择要删除或冲销的凭证,点击【删除】或【冲销】,如图 9—40 所示。

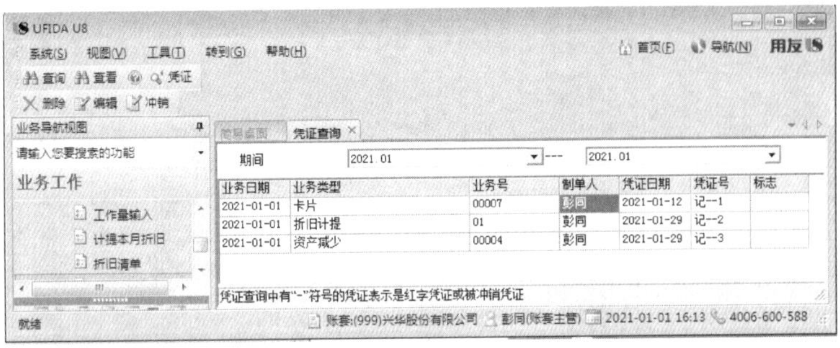

图 9—40

9.5.5　账簿查询

以"固定资产折旧计算明细表"为例,介绍固定资产账套的账簿查询。

【操作步骤】

(1)【账表】—【折旧表】—【固定资产折旧计算明细表】,选择"固定资产折旧计算明细表",如图 9—41 所示。

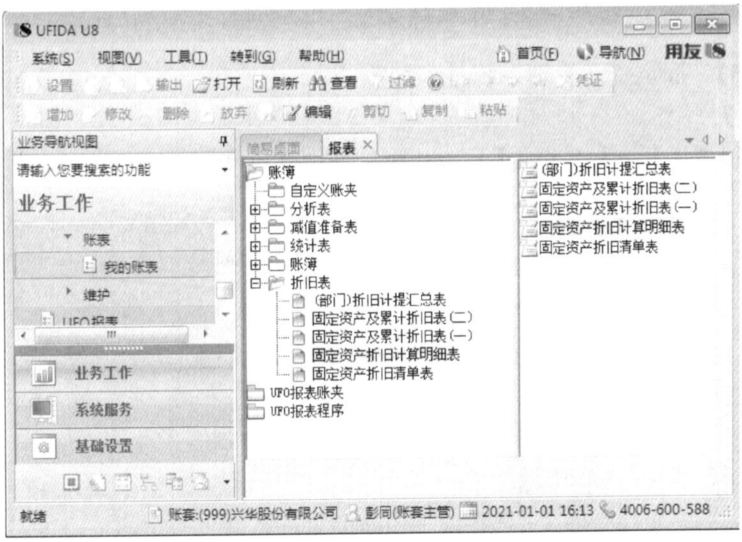

图 9—41

(2)选择"部门",点击【确定】,如图 9—42 所示。

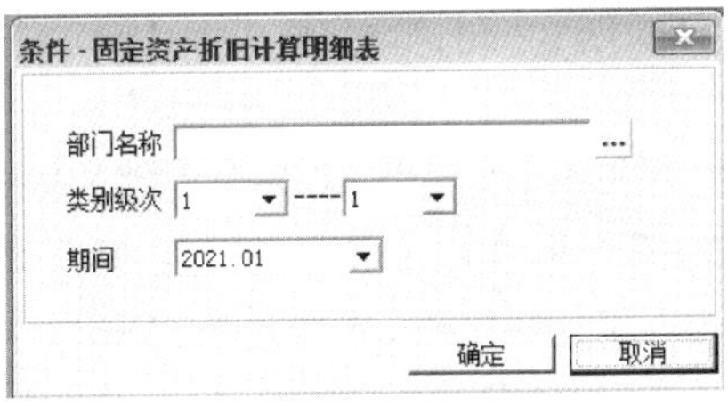

图 9—42

(3)查询各部门资产原值及折旧,如图 9—43 所示。

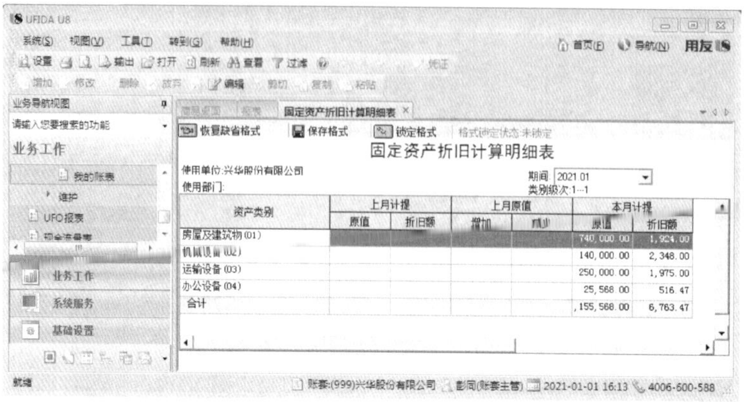

图 9—43

9.6 固定资产管理系统期末处理

9.6.1 固定资产管理系统月末结账

【案例 9—5】 固定资产管理系统月末结账

【操作步骤】

(1)【处理】—【月末结账】,点击【开始结账】,如图 9—44 所示。

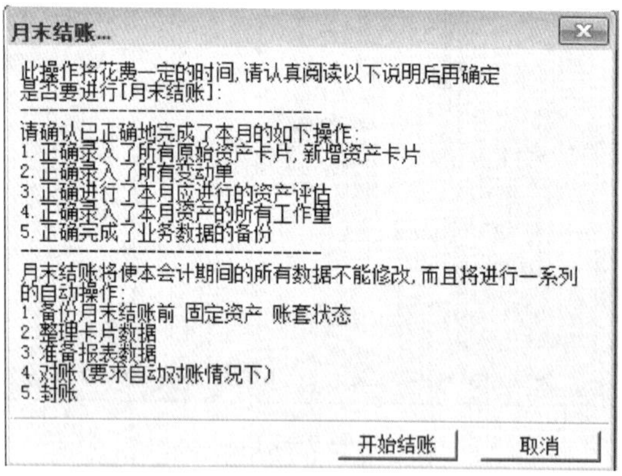

图 9—44

(2)显示固定资产账套与总账账套的对账结果,点击【确定】,如图 9—45 所示。

【提示】

①两个系统的资产价值是否相等,通过执行系统提供的对账功能实现,系统在运行过程中,应保证固定资产管理系统的固定资产的价值和账务处理系统中固定资产科目的数值相等。只有系统初始化或选项中选择了与账务对账,才能进行对账操作。

②月末结账每月进行一次,结账后当期的数据不能修改。12 月底结账时系统要求完成当年所有应制单业务,也就是说,必须保证批量制单表是空的才能结账。

③如果当期不结账，则不能处理下期的数据；结账前一定要进行数据备份，否则数据一旦丢失，将造成无法挽回的后果。

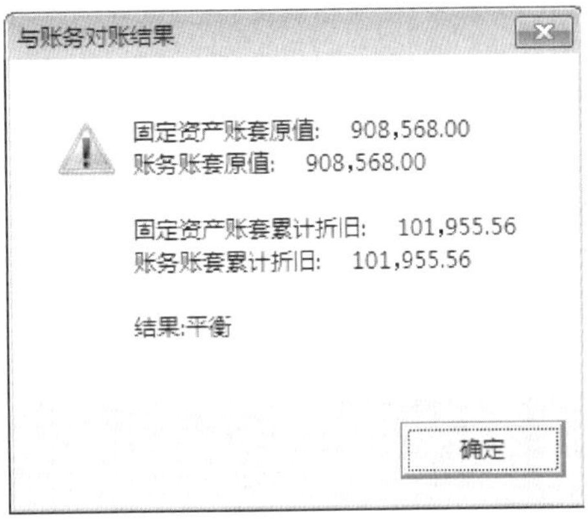

图 9—45

9.6.2　固定资产管理系统取消月末结账

【案例 9—5】　固定资产管理系统取消月末结账。

恢复月末结账前状态，又称“反结账”，是系统提供的一个纠错功能。如果由于某种原因在结账后发现结账前的操作有误，而结账后不能修改结账前的数据，就可使用此功能恢复到结账前状态去修改错误。

【操作步骤】

(1)【处理】—【恢复月末结账前状态】，点击【是】，如图 9—46 所示。

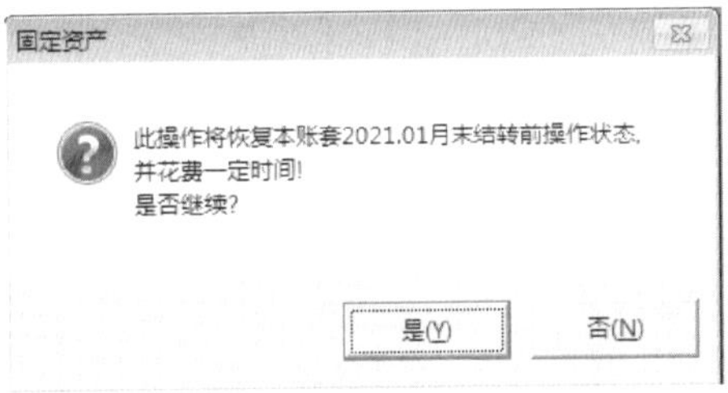

图 9—46

(2)系统弹出“成功恢复账套月末结账前状态”提示框，点击【确定】，如图 9—47 所示。

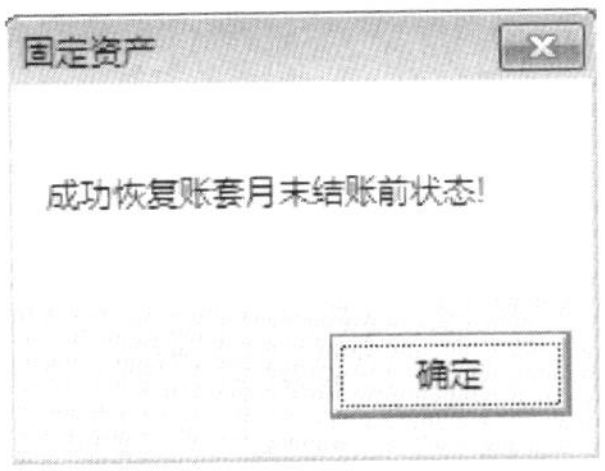

图 9—47

【提示】

①只有账套主管具有取消月末结账功能。当用户在结账后发现结账前的操作有误,而结账后禁止修改结账前的数据时,可使用该功能恢复到结账前状态去修改错误。

②此功能不能跨年度恢复数据,即本系统年末结账,不能利用本功能恢复结转。恢复到某个月月末结账前状态之后,本账套内对该结账后所做的所有工作都将不可恢复性删除。

③月末结账每月进行一次,结账后当期的数据不能修改,如果必须修改结账前的数据,只有通过使用“恢复结账前状态”功能来返回修改。

④因为成本管理系统每月从本系统提取折旧费用数据,因此一旦成本管理系统提取了某期的数据,该期就不能反结账。

⑤恢复到某个月月末结账前状态后,本账套内对该结账后所做的所有工作都无痕迹删除。

第 10 章　会计报表系统

学习目标

本章重点介绍了用友 ERP-U8V10.1 通用报表处理系统的基本功能和处理流程。通过本章学习，能够掌握模板生成会计报表、自定义生成会计报表和下月生成会计报表的编制方法，了解如何应用报表模板、如何设计报表结构、定义关键字、使用各种函数定义单元公式等自定义生成报表的操作方法。

10.1　会计报表系统概述

会计报表系统是会计信息系统中的一个独立的子系统，它为企业内部各管理部门及外部相关部门提供综合反映企业一定时期财务状况、经营成果和现金流量的会计信息。

10.1.1　会计报表系统功能

用友 UFO 报表系统是报表事务处理的工具，利用 UFO 报表系统既可编制对外报表，又可编制各种内部报表。它的主要任务是设计报表的格式和编制公式，从总账系统或其他业务系统中取得有关会计信息自动编制的各种会计报表，对报表进行审核、汇总并生成各种分析图，且按预定格式输出各种会计报表。UFO 报表的主要功能有文件管理、格式管理、数据处理、图表功能、打印功能和二次开发功能，提供各行业报表模板。编制会计报表是每个会计期末最重要的工作之一，从一定意义上说编制完会计报表是一个会计期间工作完成的标志。在报表管理系统中，会计报表的数据来源一般有总账系统的账簿和会计凭证、其他报表、人工直接录入等，还可以从应收、应付、薪资、固定资产、销售、采购、库存等系统中提取数据，生成财务报表。

(1)会计报表基础知识。

①报表结构。

报表一般由 4 个基本要素组成：标题、表头、表体和表尾。不同的报表，上述 4 个基本要素是不同的。

标题：用来描述报表的名称。

表头：用来描述报表的编制单位名称、日期等辅助信息和报表栏目。

表体：是报表的核心，决定报表的横向组成。它是报表数据的表现区域，是报表的主体。表体在纵向上由若干行组成，这些行称为表行；在横向上，每个表行又由若干个栏目构成，这些栏目称为表列。

表尾：指表体以下进行辅助说明的部分以及编制人、审核人等内容。

②格式状态与数据状态。

UFO报表将含有数据的报表分为两大部分来处理，即报表格式设计工作与报表数据处理工作。报表格式设计工作和报表数据处理工作是在不同的状态下进行的。

格式状态：在格式状态下设计报表的格式，如表尺寸、行高列宽、单元属性、报表公式等。在格式状态下所看到的是报表的格式，报表的数据全部都隐藏了。在格式状态下所做的操作对本报表所有的表页都发生作用。在格式状态下，不能进行数据的录入、计算等操作。

数据状态：在数据状态下管理报表的数据，如录入数据、增加或删除表页、审核、舍位平衡、作图形、汇总和合并报表等。在数据状态下不能修改报表的格式。在数据状态下所看到的是报表的全部内容，包括格式和数据。

③报表文件及表页。

一个或多个报表以文件的形式保存在存储介质中称为报表文件，每个报表文件都有一个名字，例如，“利润表.rep”。

表页是由若干行和若干列组成的，一个报表中的所有表页都具有相同的格式，但其中的数据不同，每一张表页都是由许多单元组成的。一个UFO报表最多可容纳99 999张表页。

为了便于管理和操作，一般把经济意义相近的报表放在一个报表文件中，例如，各月编制的利润表就可归集在“利润表.rep”报表文件中。在报表文件中，确定一个数据所在的位置，其要素是“表页数”“行号”“列号”。

④单元及单元属性。

表中由表行和表列确定的方格称为单元，专门用于填制各种数据。单元是组成报表的最小单位，每个单元都可用一个名字来标识，称为单元名。单元名用所在行和列的坐标表示，行号用数字1—9 999表示，列号用字母A—IU表示，例如，A2表示报表中第2行第A列对应的单元。

单元属性包括单元类型、对齐方式、字体颜色、表格边框等。

单元类型有数值型、字符型和表样型。

数值单元：是报表的数据，在数据状态下录入。数值单元必须是数字，可直接录入也可由单元中存放的公式运算生成。建立一个新表时，所有单元的单元类型均默认为数值型。

字符单元：是报表的数据，在数据状态下录入。字符单元的内容可以是汉字、字母、数字及各种键盘可录入的符号组成的一串字符。字符单元的内容可以直接录入，也可以由单元公式生成。

表样单元：是报表的格式，是在格式状态下录入的所有文字、符号或数字。表样单元对所有表页都有效。表样单元在格式状态下录入和修改，在数据状态下只能显示而无法修改。对齐方式有左对齐、右对齐、居中等。

⑤区域。

区域由一张表页上的一组单元组成，自起点单元至终点单元是一个完整的矩形块。在UFO报表中，最大的区域是整个表页，最小的区域是一个单元。在描述一个区域时，开始单元(左上角单元)与结束单元(右下角单元)之间用冒号“:”连接，例如，A3:D6。

⑥组合单元。

组合单元由相邻的两个或更多的单元组成，这些单元必须是同一种单元类型(表样、数值、字符),UFO 报表在处理报表时将组合单元视为一个单元。组合单元的名称可以用区域的名称或区域中的单元的名称来表示。例如,把 C2 到 C3 定义为一个组合单元,这个组合单元可以用“C2”“C3”或“C2:C3”表示。

⑦固定区与可变区。

固定区是组成一个区域的行数和列数的数量,是固定的数目。区域内其单元总数是不变的,且设定好以后,在固定可变区是屏幕显示一个区域的行数或列数是不固定的数字,可变区的最大行数或最大列数是在格式设计中设定的。

在一个报表中只能设置一个可变区,或是行可变区或是列可变区,行可变区是指可变区中的行数是可变的,列可变区是指可变区中的列数是可变的。设置可变区后,屏幕只显示可变区的第一行或第一列,其他可变行、列隐藏在表体内。在以后的数据操作中,可变行、列数根据使用的需要而增减。有可变区的报表称为可变表,没有可变区的报表称为固定表。

⑧关键字。

关键字是游离于单元之外的特殊数据单元,可以唯一标识一个表页,用于在大量表页中快速选择表页。UFO 报表共提供了以下 6 种关键字,关键字的显示位置在格式状态下设置,值则在数据状态下录入,每个报表可以定义多个关键字。

单位名称:字符型(最大 28 个字符),为该报表表页编制单位的名称。

单位编号:字符型(最大 10 个字符),为该报表表页编制单位的编号。

年:数值型(1980—2099),该报表表页反映的年度。

季:数值型(1—4),该报表表页反映的季度。

月:数值型(1—12),该报表表页反映的月份。

日:数值型(1—31),该报表表页反映的日期。

除此之外,UFO 报表有自定义关键字功能,可以用于业务函数中。

(2)报表格式设计。

报表格式设计包括设计报表的表样和定义报表的公式。设计报表的表样包括表尺寸、行高列宽、单元属性、组合单元、关键字、可变区等;定义报表的公式包括单元公式、审核公式、舍位平衡公式等。

(3)报表数据处理。

报表数据处理主要包括生成报表数据、审核报表数据和舍位平衡操作等工作,数据处理工作必须在数据状态下进行。在处理时,计算机会根据已定义的单元公式、审核公式和舍位平衡公式自动进行取数、审核及舍位等操作。报表数据处理一般是针对某一特定表页进行的,因此,在数据处理时还涉及表页的操作,如增加、删除、插入、追加表页等。报表的数据包括报表单元的数值和字符以及游离于单元之外的关键字。数值单元能生成数字,而字符单元既能生成数字又能生成字符;数值单元和字符单元可以由公式生成,也可以由键盘录入。关键字则必须由键盘录入。

10.1.2　会计报表操作流程

利用 UFO 报表处理系统编制会计报表的流程与手工方式下编制会计报表类似,但并不完全相同。一般的报表处理包括启动系统、建立(打开)报表、设计格式、数据处理、退出系统等基本过程,如图 10—1 所示。

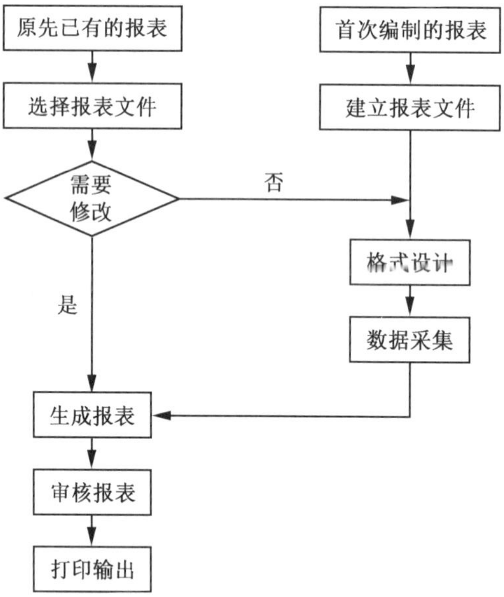

图 10—1

10.2 会计报表系统案例

沿用第 2 章“2.2 系统管理应用案例”、第 3 章“3.2 基础设置应用案例”和第 4 章“4.2 总账系统案例”，生成会计报表。

10.2.1 【案例 10—1】 模板生成“资产负债表”

10.2.2 【案例 10—2】 自定义生成“管理费用明细表”

管理费用明细如表 10—1 所示。

表 10—1 管理费用明细

单位名称：善粮公司 2021 年 1 月 单位：元

项　目	折旧费	工　资	差旅费	电话费	管理费用
生产部					
工程部					
采购部					
业务部					
财务部					
人事部					
合　计					

制表人：

10.2.3 【案例10－3】 生成下月资产负债表

10.3 模板生成会计报表

模板生成报表，是指套用系统提供的模板自动生成报表的一种方式。用友财务报表系统为用户提供了多个行业的各种标准财务报表格式。用户可以套用系统提供的标准报表格式，并在标准格式基础上根据自己企业的具体情况加以局部的修改，免去从头至尾建立报表、定义格式公式的烦琐工作。另外，对于一些本企业常用但报表模板没有提供标准格式的报表，在定义完这些报表以后可以将其定制为报表模板，以后使用时可以直接调用这个模板。系统中提供了多个行业的标准财务报表模板，用户可根据自己企业财务核算的特点直接调用系统内的报表模板。

【案例10－1】 模板生成“资产负债表”

【操作步骤】

(1)启用UFO系统，选择【财务会计】－【UFO报表】，如图10－2所示。

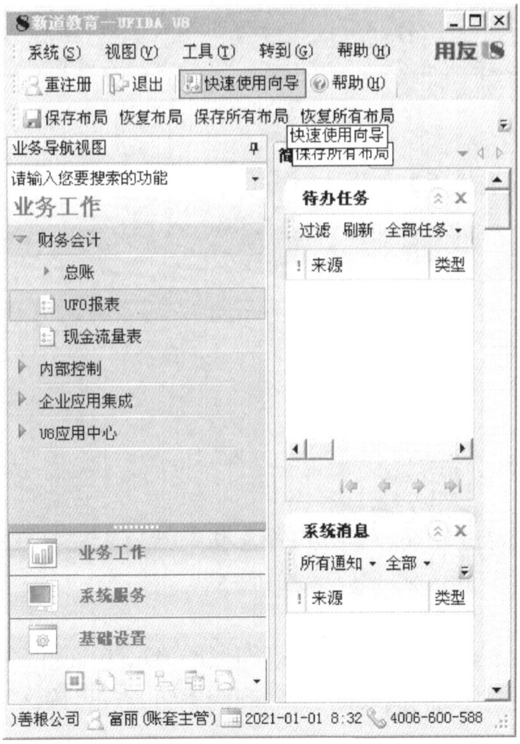

图10－2

(2)系统弹出“日积月累”提示框，点击【下一个】查看报表提示；点击【关闭】结束查看窗口；不希望看到“日积月累”提示框，则取消复选框里的“√”标记，如图10－3所示。

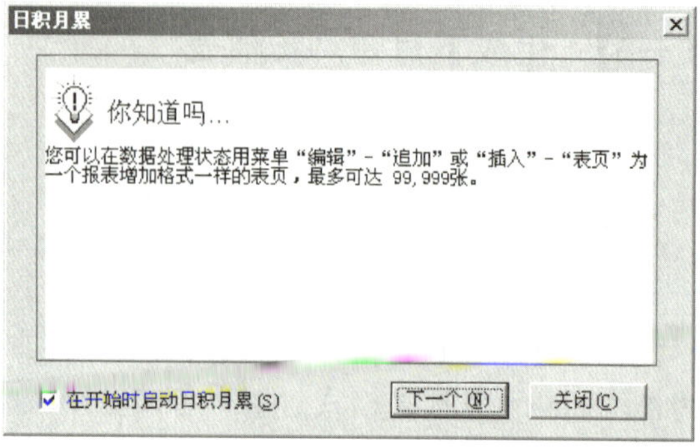

图 10—3

(3)选择【文件】—【新建】，新建一张报表，如图 10—4 所示。

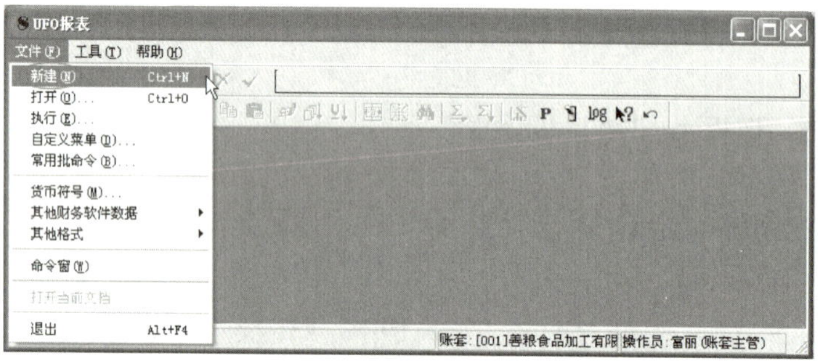

图 10—4

(4)选择【格式】—【报表模板】，如图 10—5 所示。

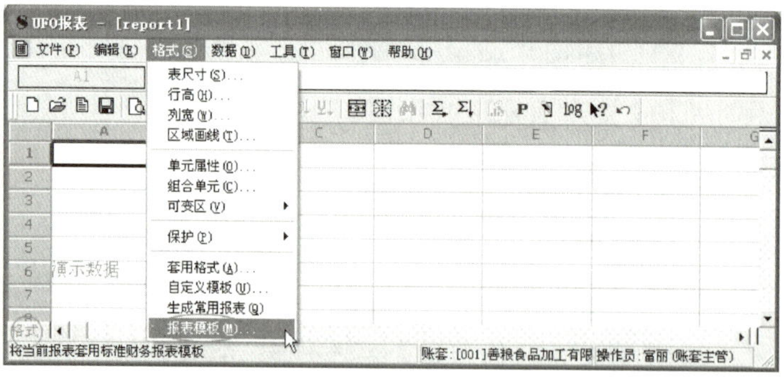

图 10—5

(5)“报表”的行业性质与“账套”的行业性质必须一致，为“2007 年新会计制度科目”，财务报表选择“资产负债表”(如生成利润表则选择“利润表”)，点击【确认】，如图 10—6 所示。

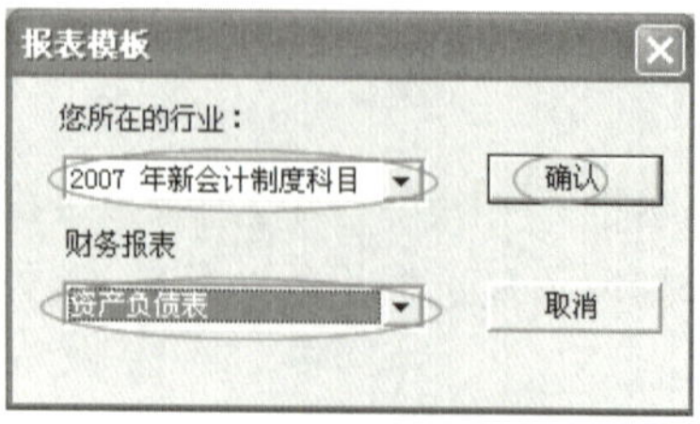

图 10—6

(6)系统自动弹出一张“2007 年新会计制度科目”的“资产负债表”，如图 10－7 所示。

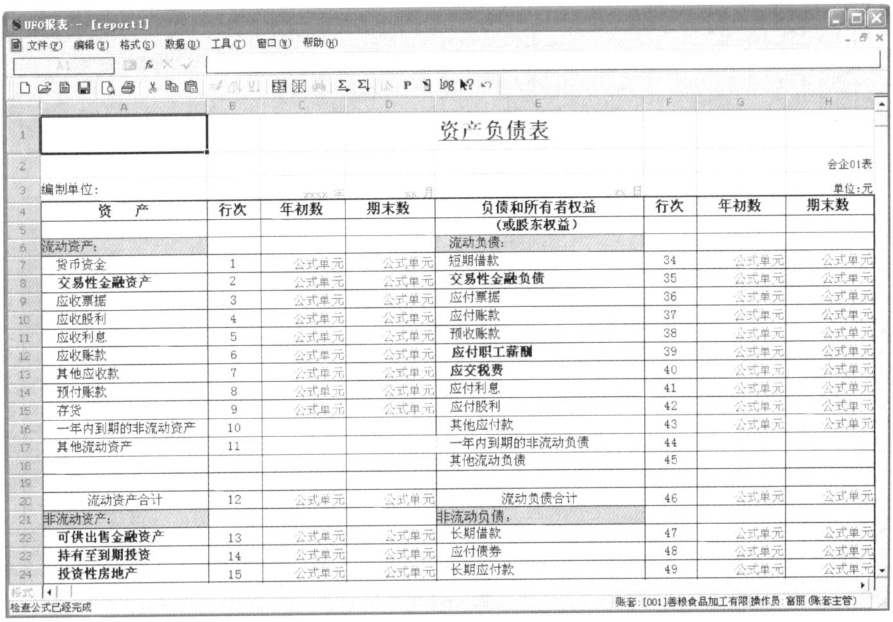

资产负债表

会企01表

编制单位：　　xxxx 年　xx 月　xx 日　　单位：元

资　产	行次	年初数	期末数	负债和所有者权益（或股东权益）	行次	年初数	期末数
流动资产：				流动负债：			
货币资金	1	公式单元	公式单元	短期借款	34	公式单元	公式单元
交易性金融资产	2	公式单元	公式单元	交易性金融负债	35	公式单元	公式单元
应收票据	3	公式单元	公式单元	应付票据	36	公式单元	公式单元
应收股利	4	公式单元	公式单元	应付账款	37	公式单元	公式单元
应收利息	5	公式单元	公式单元	预收账款	38	公式单元	公式单元
应收账款	6	公式单元	公式单元	应付职工薪酬	39	公式单元	公式单元
其他应收款	7	公式单元	公式单元	应交税费	40	公式单元	公式单元
预付账款	8	公式单元	公式单元	应付利息	41	公式单元	公式单元
存货	9	公式单元	公式单元	应付股利	42	公式单元	公式单元
一年内到期的非流动资产	10			其他应付款	43	公式单元	公式单元
其他流动资产	11			一年内到期的非流动负债	44		
				其他流动负债	45		
流动资产合计	12	公式单元	公式单元	流动负债合计	46	公式单元	公式单元
非流动资产：				非流动负债：			
可供出售金融资产	13	公式单元	公式单元	长期借款	47	公式单元	公式单元
持有至到期投资	14	公式单元	公式单元	应付债券	48	公式单元	公式单元
投资性房地产	15	公式单元	公式单元	长期应付款	49	公式单元	公式单元

图 10－7

(7)录入“编制单位”，如图 10－8 所示。

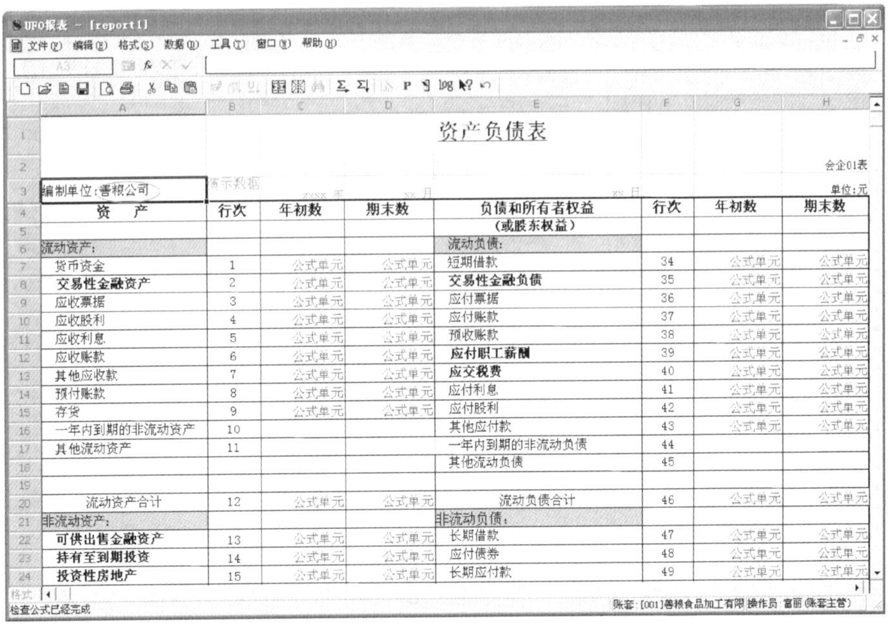

资产负债表

会企01表

编制单位：善粮公司　　xxxx 年　xx 月　xx 日　　单位：元

资　产	行次	年初数	期末数	负债和所有者权益（或股东权益）	行次	年初数	期末数
流动资产：				流动负债：			
货币资金	1	公式单元	公式单元	短期借款	34	公式单元	公式单元
交易性金融资产	2	公式单元	公式单元	交易性金融负债	35	公式单元	公式单元
应收票据	3	公式单元	公式单元	应付票据	36	公式单元	公式单元
应收股利	4	公式单元	公式单元	应付账款	37	公式单元	公式单元
应收利息	5	公式单元	公式单元	预收账款	38	公式单元	公式单元
应收账款	6	公式单元	公式单元	应付职工薪酬	39	公式单元	公式单元
其他应收款	7	公式单元	公式单元	应交税费	40	公式单元	公式单元
预付账款	8	公式单元	公式单元	应付利息	41	公式单元	公式单元
存货	9	公式单元	公式单元	应付股利	42	公式单元	公式单元
一年内到期的非流动资产	10			其他应付款	43	公式单元	公式单元
其他流动资产	11			一年内到期的非流动负债	44		
				其他流动负债	45		
流动资产合计	12	公式单元	公式单元	流动负债合计	46	公式单元	公式单元
非流动资产：				非流动负债：			
可供出售金融资产	13	公式单元	公式单元	长期借款	47	公式单元	公式单元
持有至到期投资	14	公式单元	公式单元	应付债券	48	公式单元	公式单元
投资性房地产	15	公式单元	公式单元	长期应付款	49	公式单元	公式单元

图 10－8

(8)报表格式设置完毕，由“格式状态”转换成“数据状态”，转换方法一：【编辑】—【格式/数据状态】；转换方法二：CTRL＋D；转换方法三：点击页面左下角的“格式”，如图 10－9 所示。

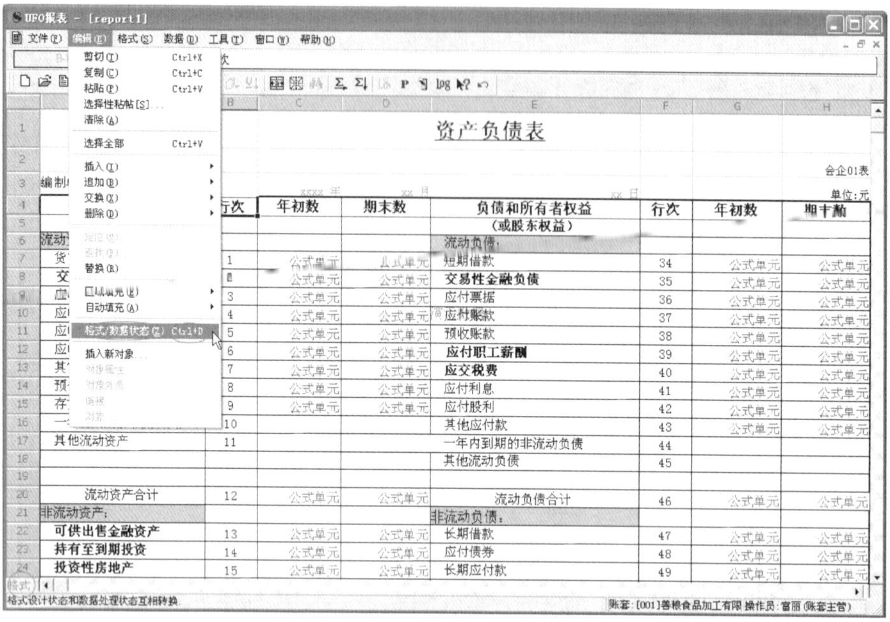

图 10—9

(9)点击【数据】—【计算时提示选择账套】,可防止系统中并存多个账套时,生成报表取错数据,如图 10—10 所示。

图 10—10

(10)点击【数据】—【关键字】—【录入】,如图 10—11 所示。

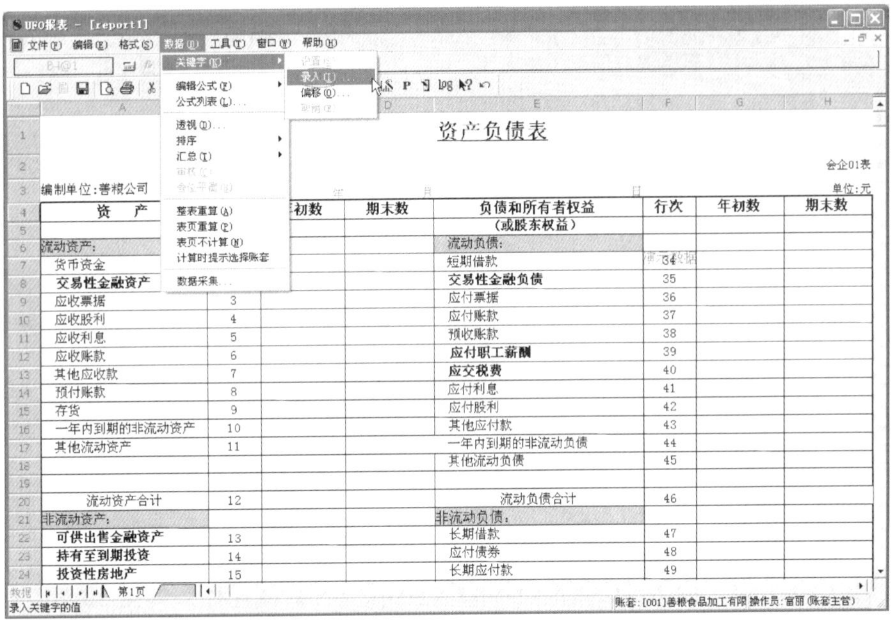

图 10—11

(11)录入关键字“年”“月”“日”,点击【确认】,如图 10—12 所示。

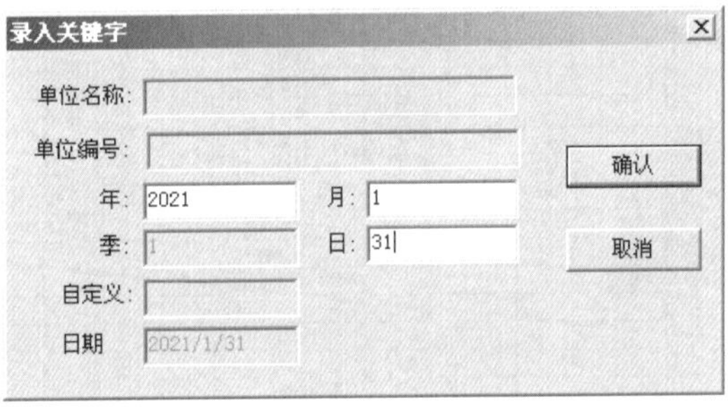

图 10—12

(12)点击“是”,如图 10—13 所示。

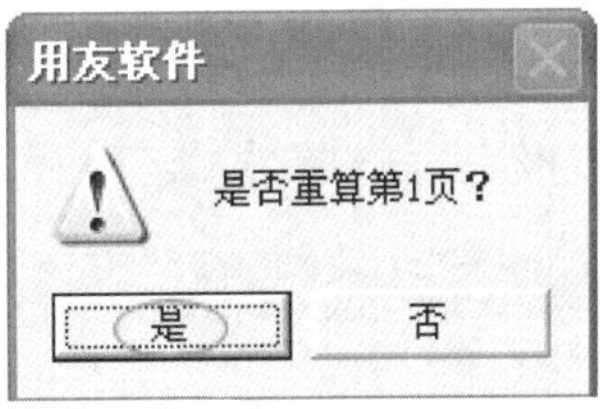

图 10—13

(13)在数据状态下,点击【数据】—【计算时提示选择账套】,系统会弹出“选择账套”的提示框,录入操作员、账套、操作日期等信息,确保取数正确,如图 10—14 所示。

图 10—14

(14)生成 2021 年 1 月 31 日“资产负债表”，点击【文件】—【保存】，如图 10—15 所示。

图 10—15

(15)建立一个文件夹，命名为“报表”，选择“报表”路径，进行保存，如图 10—16 所示。

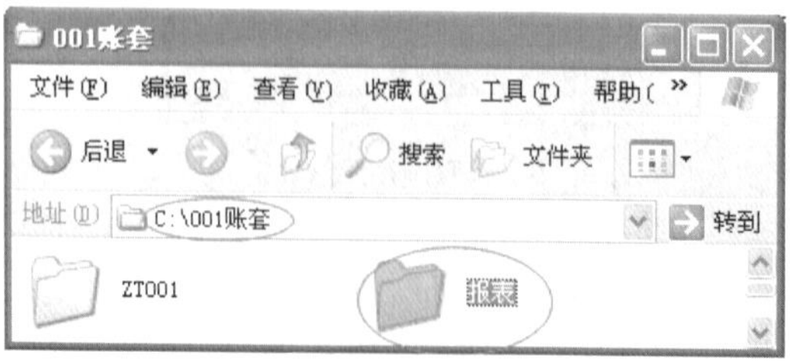

图 10—16

(16)文件名为“资产负债表. rep”,文件名后缀必须为“. rep”,如图 10—17 所示。

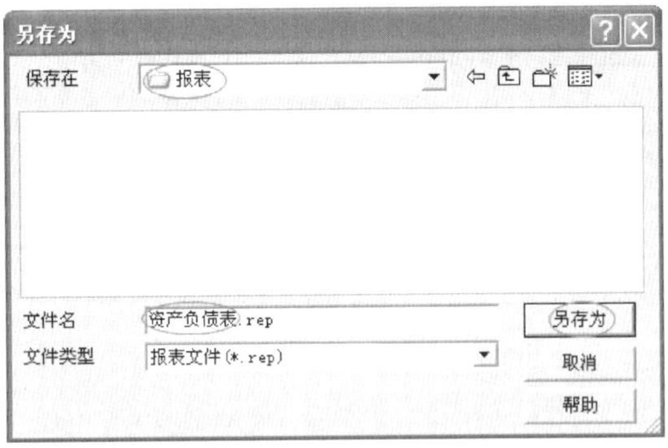

图 10—17

10.4 自定义生成会计报表

自定义报表,是单位根据实际需要定制的内部报表模板,定义好的模板可直接加入系统提供的模板库内,报表模板需要定义报表的所属行业及报表名称。

【案例 10—2】 自定义生成“管理费用明细表”(见表 10—2)

表 10—2 **管理费用明细**

单位名称:善粮公司 2021 年 1 月 单位:元

项　目	折旧费	工　资	差旅费	电话费	管理费用
生产部					
工程部					
采购部					
业务部					
财务部					
人事部					
合　计					

制表人:

【操作步骤】

(1)选择【财务会计】—【UFO 报表】,点击【文件】—【新建】,选择【格式】—【表尺寸】,录入行数、列数后,点击【确认】,如图 10—18 所示。

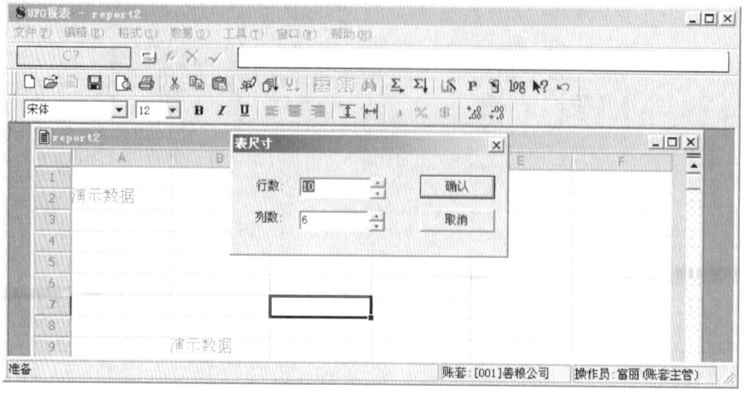

图 10—18

(2)调整【格式】—【行高】【列宽】,对指定区域进行【区域画线】,选择"网线",点击【确认】,如图 10—19 所示。

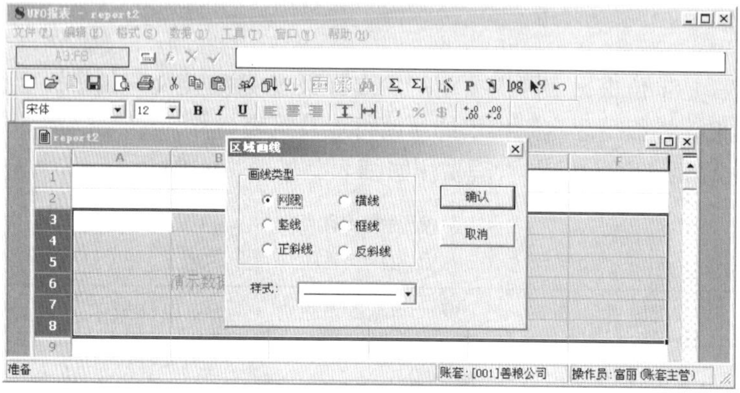

图 10—19

(3)选中第一行,点击【格式】—【组合单元】,选择"整体组合",将第一行调整成一个单元格,如图 10—20 所示。

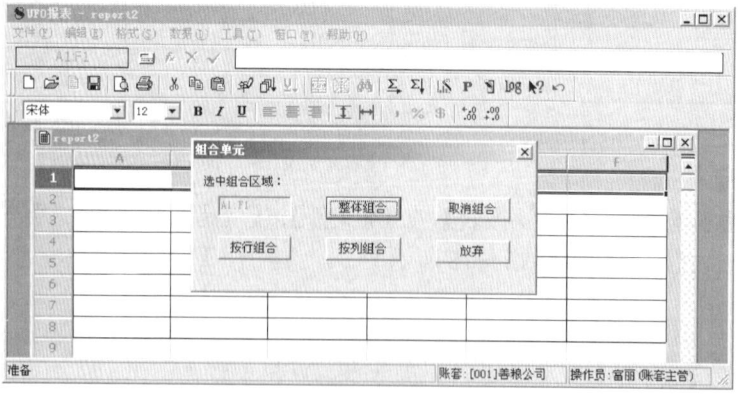

图 10—20

(4)录入文字内容，调整格式，如图 10—21 所示。

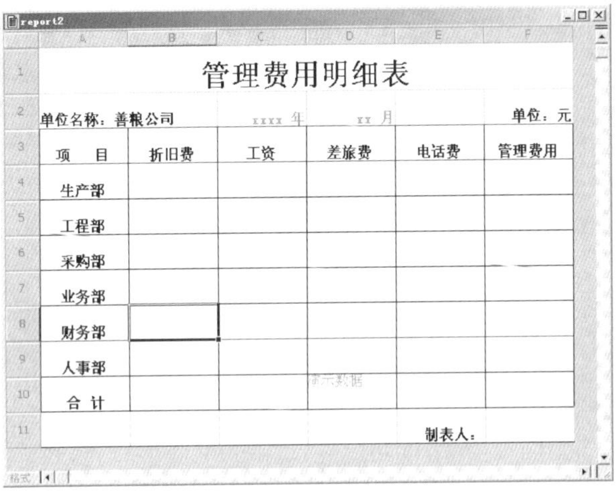

图 10—21

(5)【数据】—【关键字】—【设置】及【偏移】，关键字每次只能设置一个，如图 10—22 所示。

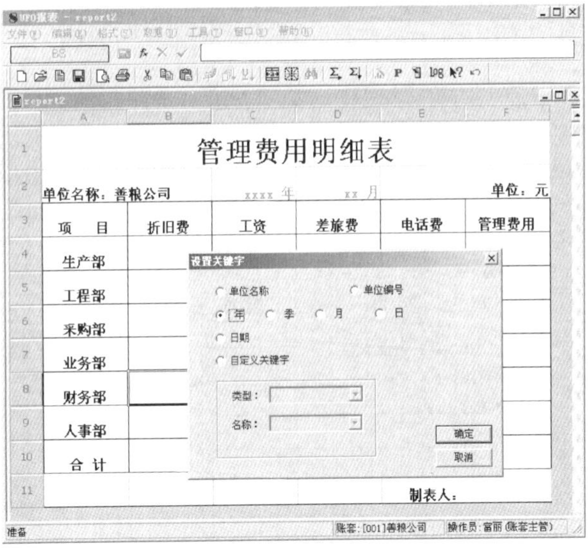

图 10—22

(6)如果关键字设置错误，也可以取消，点击【数据】—【关键字】—【取消】，取消时可以同时取消多个，如图 10—23 所示。

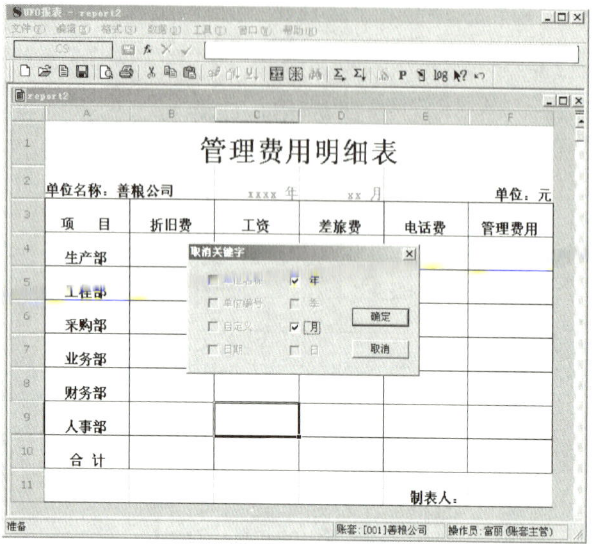

图 10－23

(7)选择 B4 单元格,录入取数公式,点击【数据】—【编辑公式】—【单元公式】,如图 10－24 所示。

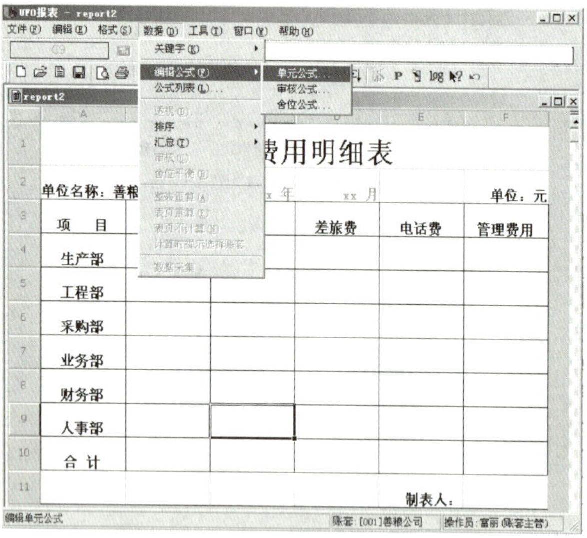

图 10－24

(8)点击【函数向导】,如图 10－25 所示。

图 10－25

(9)选择"用友账务函数",双击"发生(FS)",[或者选择"发生(FS)",然后点击"下一步""参照"],如图 10—26 所示。

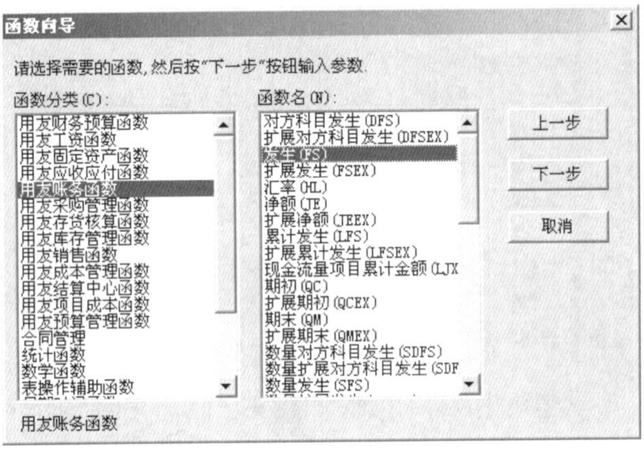

图 10—26

(10)选择正确的"会计科目""期间""方向",点击"部门编码",选择财务部,点击【确定】,如果"科目"未设置部门核算,则不会出现部门编码,如图 10—27 所示。

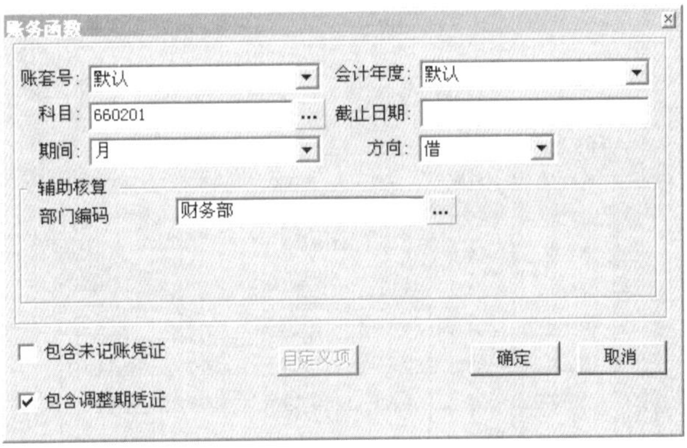

图 10—27

(11)录入完成后显示函数公式,如正确,则点击【确认】,如图 10—28 所示。

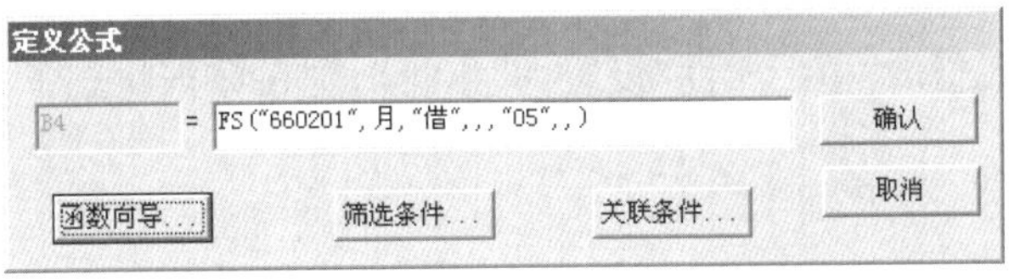

图 10—28

(12)录入其他项目的公式单元,然后选择横行的"公式单元",点击"向右求和Σ",如图 10—29 所示。

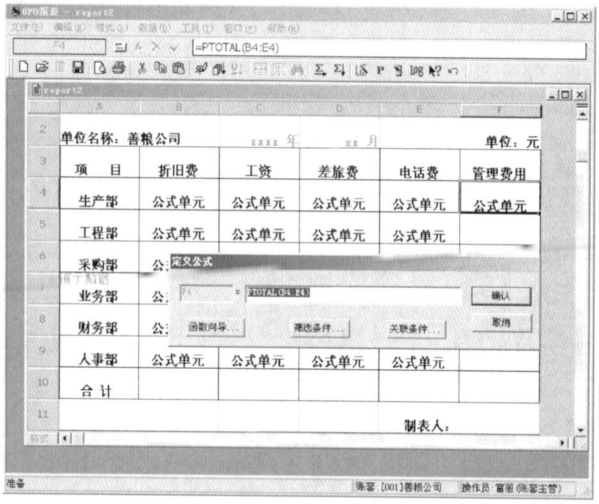

图 10－29

(13)再选择竖行的"公式单元",点击"向下求和Σ↓",如图 10－30 所示。

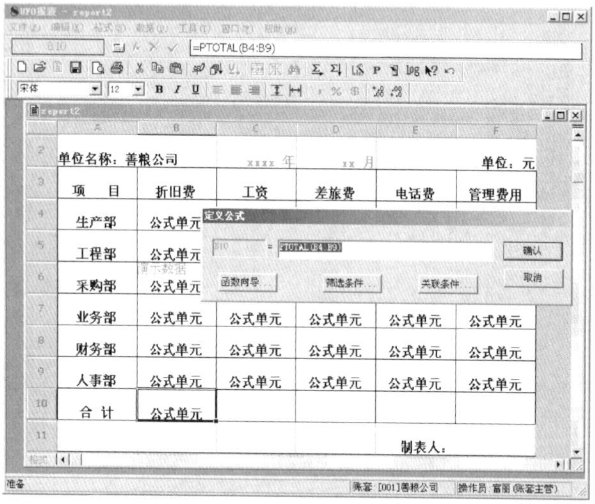

图 10－30

(14)将"F11"单元格的"单元属性"设置为"字符",则在数据状态下可以录入制表人姓名,如图 10－31 所示。

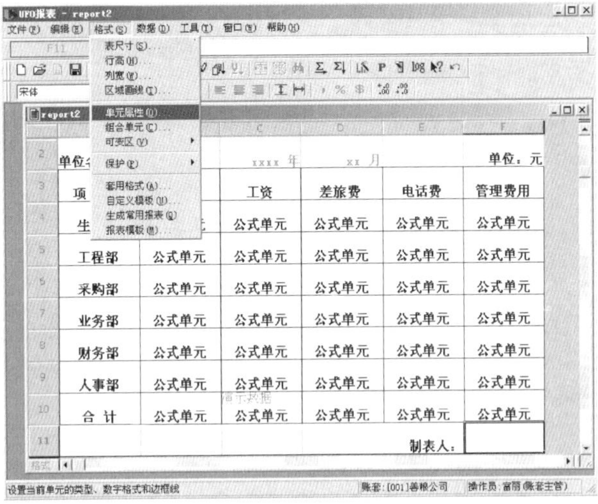

图 10—31

(15)调整“格式”状态为“数据”状态，点击【数据】—【计算时提示选择账套】，然后进行【数据】—【关键字】—【录入】，生成“管理费用明细表”，如图 10—32 所示。

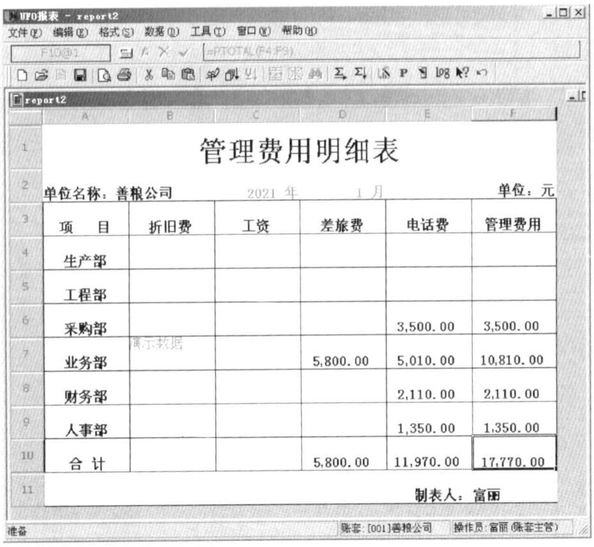

图 10—32

(16)点击【保存】，选择路径，录入文件名，点击【另存为】，如图 10—33 所示。

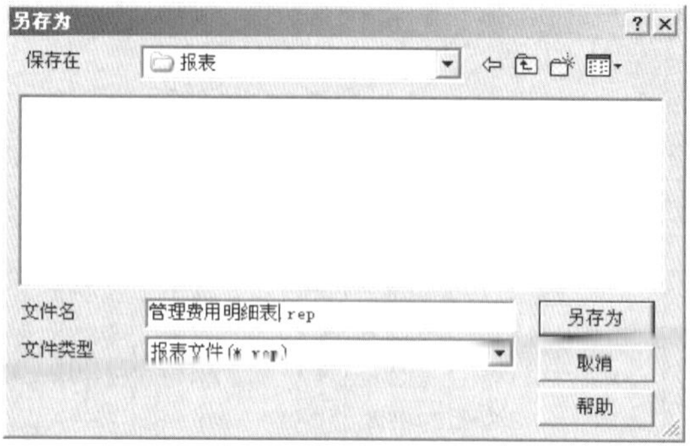

图 10—33

10.5 下月生成会计报表

下月生成报表，是单位根据报表系统提供的模板格式或者定制好的内部报表模板格式，直接在数据状态下生成其他月份报表的方式。

【案例 10—3】 生成下月资产负债表

【操作步骤】

(1)选择【财务会计】—【UFO 报表】，点击【文件】—【打开】，如图 10—34 所示。

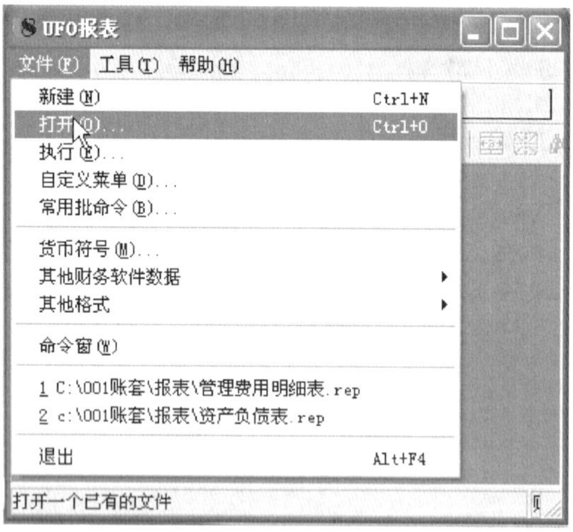

图 10—34

(2)选择报表模板所在的路径，找到需要打开的报表，点击【确定】，如图 10—35 所示。

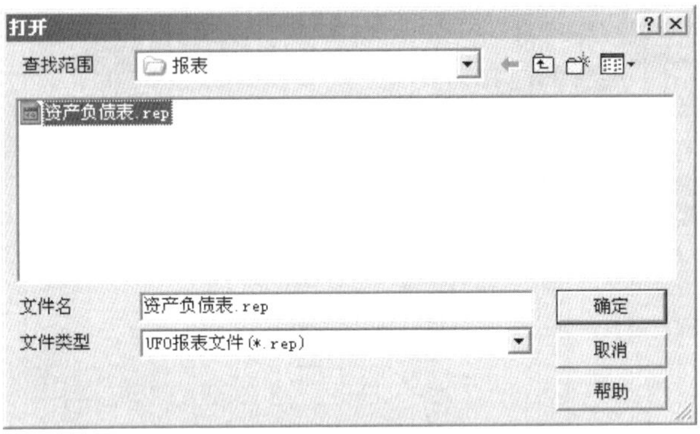

图 10－35

(3)选择【编辑】—【追加】—【表页】,增加空白表页,如图 10—36 所示。

图 10－36

(4)录入所需表页的数量,如图 10—37 所示。

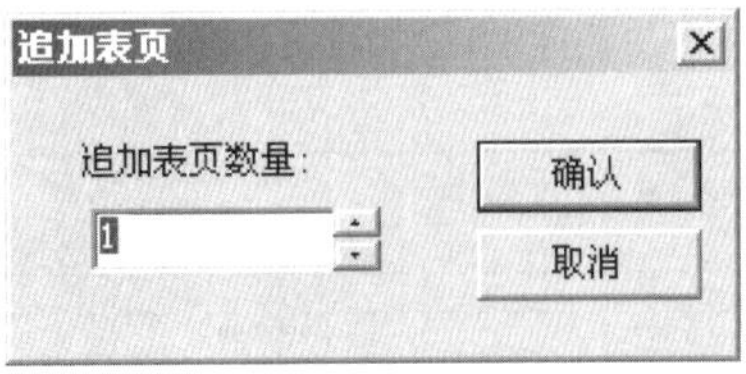

图 10－37

(5)选择新追加的表页,点击【数据】—【关键字】—【录入】,如果不选择新追加的表页,新生成的 2 月份报表将覆盖 1 月份报表,如图 10—38 所示。

图 10—38

(6)录入关键字,点击【确认】,生成下月报表,如图 10—39 所示。

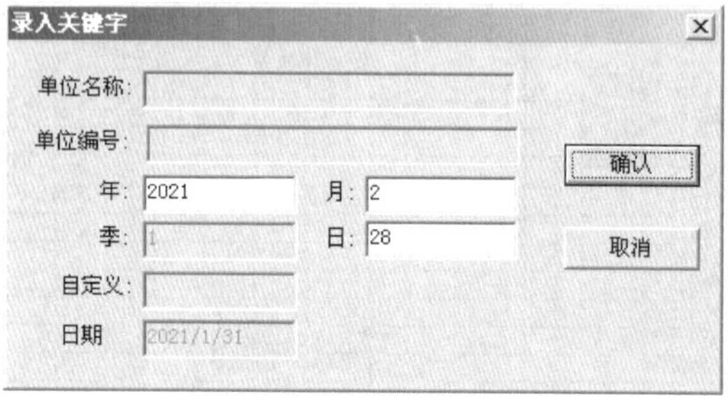

图 10—39

(7)点击【文件】—【保存】,将生成的 2 月份资产负债表保存至"资产负债表. rep"中,如图 10—40 所示。

图 10—40